教育部新世纪优秀人才支持计划资助

北京大学文化产业基础教材

Introduction to
Cultural Industries

文化产业导论

向 勇 著

北京大学出版社
PEKING UNIVERSITY PRESS

图书在版编目(CIP)数据

文化产业导论/向勇著. —北京：北京大学出版社，2015.2
ISBN 978-7-301-25724-1

Ⅰ.①文… Ⅱ.①向… Ⅲ.①文化产业—高等学校—教材 Ⅳ.①G114

中国版本图书馆 CIP 数据核字(2015)第 078631 号

书 名	文化产业导论
著作责任者	向 勇 著
责 任 编 辑	胡利国
标 准 书 号	ISBN 978-7-301-25724-1
出 版 发 行	北京大学出版社
地 址	北京市海淀区成府路 205 号 100871
网 址	http://www.pup.cn
新 浪 微 博	@北京大学出版社 @未名社科-北大图书
微信公众号	北京大学出版社 北大出版社社科图书
电 子 邮 箱	编辑部 ss@pup.cn 总编室 zpup@pup.cn
电 话	邮购部 62752015 发行部 62750672 编辑部 62753121
印 刷 者	三河市北燕印装有限公司
经 销 者	新华书店
	730 毫米×980 毫米 16 开本 26.5 印张 418 千字
	2015 年 2 月第 1 版 2024 年 9 月第 8 次印刷
定 价	54.00 元

未经许可，不得以任何方式复制或抄袭本书之部分或全部内容。
版权所有，侵权必究
举报电话：010-62752024 电子邮箱：fd@pup.cn
图书如有印装质量问题，请与出版部联系，电话：010-62756370

目 录

绪论 / 001
范式、理论与文化产业研究

一、文化产业的发展轨迹 / 004

二、文化产业的理论源流 / 006

三、文化产业的研究内容 / 012

四、文化产业的研究方法 / 014

五、文化产业学的可能性 / 016

本章要点 / 020

第一编　概念范畴

第一章 / 025
文化、创意与产业：文化产业关键词

一、文化的意涵与特征 / 025

二、创意的意涵与特征 / 032

三、产业的意涵与特征 / 037

四、文化产业相关概念演变 / 042

本章要点 / 055

第二章 / 058
文化产业的特征、内涵与外延

一、文化产业的门类 / 058

二、文化产品的特征 / 063

三、文化产业的本质 / 066

四、文化产业的发展趋势 / 073

本章要点 / 078

第三章 / 080
文化产业发展的缘起、历程与模式

一、文化产业的发展动因 / 080

二、文化产业的世界状况 / 084

三、文化产业的中国历程 / 091

四、文化产业的发展模式 / 101

本章要点 / 104

第二编 要素创新

第四章 / 109
文化资源：文化产业的驱动要素

一、文化资源的定义、种类和特点 / 111

二、文化资源的构成要素 / 114

三、文化资源的评估指标 / 116

四、文化资源的开发模式 / 122

本章要点 / 131

第五章 / 133

文化技术:文化产业的价值创新

一、文化技术的历史变迁 / 134

二、文化技术的发展现状 / 136

三、文化技术的价值反思 / 139

四、文化科技融合的巧创新 / 150

本章要点 / 153

第六章 / 156

文化资本:文化产业的价值转换

一、文化研究的理论范型 / 156

二、文化资本的形式与功能 / 161

三、文化资本的转换机制 / 166

四、文化资本的产业特性 / 172

本章要点 / 175

第七章 / 178

文化资产:文化产业的价值评估

一、文化资产的产权特征 / 179

二、文化资产的价值内涵 / 185

三、文化价值的评估方法 / 191

四、经济价值的评估方法 / 197

五、文化资产价值评估体系 / 207

本章要点 / 215

第三编 组织管理

第八章 / 219
文化创意：文化产业的故事驱动

一、文化创意的故事特征 / 219

二、文化创意的故事原则 / 224

三、文化创意的故事管理 / 228

四、故事驱动的原型应用 / 237

五、故事驱动的原型功能 / 241

本章要点 / 244

第九章 / 247
创意领导力：文化产业的创意管理

一、创意管理的基本内涵 / 247

二、创意经理人的胜任力模型 / 256

三、创意领导力的战略创新 / 260

四、创意领导力的创意企业家精神 / 265

五、创意领导力的战略领导力 / 268

六、创意领导力的组织管理 / 271

本章要点 / 275

第十章 / 277
文化经营：文化产业的商业创新

一、文化企业的组织模式 / 277

二、文化企业的商业模式 / 283

三、文化市场的竞争模式 / 290

四、文化市场的消费模式 / 295
　　五、文化市场的营销模式 / 297
　　本章要点 / 303

第十一章 / 306

文化金融：文化产业的资本运营

　　一、文化金融的常规模式 / 306
　　二、文化金融的企业并购 / 314
　　三、文化金融的创新模式 / 317
　　四、文化金融的风险规避 / 327
　　本章要点 / 331

第四编　社会治理

第十二章 / 335

文化聚落：文化产业的集群效应

　　一、文化产业的集群理论 / 336
　　二、文化产业的园区集聚 / 344
　　三、文化产业的集聚要素 / 350
　　四、文化产业的集群模式 / 353
　　本章要点 / 357

第十三章 / 359

文化软实力：文化产业的全球竞争

　　一、文化软实力与全球化格局 / 360
　　二、国际文化贸易的发展形势 / 367
　　三、国际文化贸易的战略模式 / 374

四、对外文化贸易的中国方略　/ 381
　　本章要点　/ 386

第十四章 / 388

　　文化治理：文化产业的政策规制

　　一、文化治理与文化政策模式　/ 389
　　二、文化产业政策的中国转型　/ 393
　　三、文化产业政策的绩效评价　/ 399
　　四、文化产业政策的治理建议　/ 403
　　本章要点　/ 406

结语 / 408

　　文化与产业：文化产业的发展迷思

　　一、中国复兴的救赎途径：文化复兴还是经济振兴　/ 408
　　二、文化产业的效益评价：文化重构还是经济彰显　/ 409
　　三、文化产业的驱动模式：艺术创意还是管理创富　/ 411
　　四、文化产业的学科定位：人文学科还是社会科学　/ 412

建议阅读书目 / 414

主要人名对照表 / 417

绪论
范式、理论与文化产业研究

  文化产业是一种文化产品的生产机制,是一系列的"艺术世界",是一个复杂的艺术、商业和技术实践的混合物。① 在许多国家和地区,文化产业已经逐渐成为核心的、真正的经济活动的组成部分。文化产业是现代性②的结果,也是现代性的推动力量之一,人类的现代性统一于物质现代性和文化现代性的逻辑反思与协同互动。经历前现代的农业社会,现代的工业社会,人类社会的伟大转型正朝向于后现代的文化社会。文化产业是实现文化传统的现代转换的主要方式之一,这种转换的根本目的是摆脱马尔库塞(Herbert Marcuse)所谓"单向度的人"③,要实现人的物质需求和精神需求的双重平衡,实现灵与肉、心与身的和合共生。"因为从根本上说,人不仅是社会的动物,不仅是政治的动物,不仅是会制造工具的动物,而且还是有灵魂的动物,是有精神生活和精神需求的动物,是

---

  ① 〔英〕贾斯汀·奥康诺:《艺术与创意产业》,王斌、张良丛译,北京:中央编译出版社2013年版,第106页。
  ② 从5世纪一个指涉"当下"和"现在"的相对语汇,到欧洲文艺复兴特别是18世纪,在地理大发现、工业革命、政治革命的形塑下,"现代化"作为一个不断扩张、调整和修正的历史进程,在过去五个世纪以来,成为全球社会演进的变迁模式,政治、经济、社会、文化等人类社会生活的各个层面,都统统被编织于"现代性"的宏大叙事的历史交响曲之中。参见单世联:《现代性与文化工业》,广州:广东人民出版社2011年版。
  ③ 〔美〕赫伯特·马尔库塞:《单向度的人——发达工业社会意识形态研究》,刘继译,上海:上海译文出版社2008年版。

一种追求心灵自由即追求超越个体生命有限存在和有限意义的动物。"①这种转换，呈现的更多的是一种产业的力量，一种市场的力量。马克思（Karl Marx）把物质生产和文化生产统一起来，认为物质生产创造经济财富，文化生产创造精神财富，"在异化范围内，全部人的活动迄今都是劳动也就是工业，就是自身异化的活动"②。文化产业作为一种社会生产方式，在创造精神财富的同时，也在创造经济财富。因此，文化产业具有天然的双重属性——经济属性和文化属性，向社会贡献着双重效益——经济效益和社会效益。

越来越多的事实表明，人们的幸福感并不随着经济的发展和物质财富的增加而必然地同步提高。日本文化经济学者驮田井正提出了一个幸福公式，即人们的生活幸福度＝文化力×经济力。在这里，"经济力"特指创造物质财富的能力；"文化力"指将物质财富转化为幸福感的能力，即通过尽可能少的物质牺牲获得尽可能大的幸福满足。因此，人们在追求幸福生活的过程中，采取两种活动：防卫性活动，即排除痛苦、追求舒适与便捷，其结果是滋生惰性、厌倦感，并且会常态化；创造性活动，即追求快乐、高兴的事，不会产生惰性与厌倦感。从历史上来看，文化力与经济力的关系存在以下五种假设：第一，文化力与经济力之间无任何关系，互不影响，这是古典经济学派对待文化的立场。威廉·佩蒂（William Petty）认为"土地是财富之母"，强调以土地、矿产为代表的物质要素作为经济发展的基本动力；第二，经济力提高使得文化力提高，马克思主义学派认为以文化为代表的上层建筑由经济基础决定；第三，经济力提高使得文化力下降，全球化学者认为经济全球化也使得文化全球化，使得文化多样性逐渐降低；第四，文化力的提高使得经济力提高，马克思主义学派和人力资本学派认为文化可以让经济发生超常规效率；第五，文化力的提高使得经济力下降，文化主义学者认为幸福取决于文化与经济之间的函数，比如不丹国王提出的国民幸福指数和联合国教科文组织提出的人文发展指数，正是对文化力发展指数的强调。③

一个完整而系统的文化力发展指数正有待实践的检验，但至少包括以下四

---

① 叶朗：《美学原理》，北京：北京大学出版社2009年版，第23页。
② 《马克思恩格斯全集》第42卷，北京：人民出版社2013年版，第127—128页。
③ 参见〔日〕驮田井正、浦川康弘：《文化时代的经济学》，尹秀艳、王彦风译，北京：经济科学出版社2013年版。

个层次:文化原创力、文化生产力、文化创新力和文化软实力,构成文化力的四大指标。文化力四大指标呈现一个金字塔结构或靶环状结构,自上而下或由内向外分别为文化原创力、文化生产力、文化创新力和文化软实力,并相应地推动了文化在四个不同层面上的发展:文化原创力推进了文化艺术的繁荣发展,文化生产力推进了文化产业的快速发展,文化创新力推进了文化经济的持续发展,文化软实力推进了文化社会的融合发展(见图0-1)。文化发展的四个面向是特定历史时期人类建构的一种系统的文化发展观,在实践中呼应了文化现代性的必然要求。文化艺术强调文化的原创性和原真性,以文艺美术、音乐舞蹈、戏曲戏剧等艺术形式为载体;文化产业强调复制性和商业性,推进"文化的产业化",具有技术化的生产方式、规模化的生产效益、市场化的生产目的、企业化的生产主体和金融化的生产手段等文化生产的基本特点;文化经济强调文化资本、知识产权和符号价值等生产要素的投入,协同推进"文化的产业化"和"产业的文化化",通过整合产业价值链和塑造文化品牌来提升各个产业的附加价值;文化社会强调文化的外部效应和创意的溢出效益,实行生产、生态与生活的立体互动,园区与社区的双向融合,乡村、城镇与都市的全面耦合,以文化力和创意力改变我们的思维模式、生活方式、环境营造和社会治理。在这个金字塔或靶环状文化力结构中,作为文化生产力表现形式的文化产业,是其中关键的一层或一环。

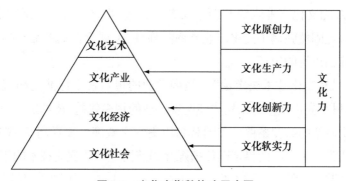

图 0-1 文化力指数构建层次图

一、文化产业的发展轨迹

对于文化产业发展的确切起源与历史分期,学术界基于不同的理论假说,存在几种不同的看法。

第一种是"精神生产决定论"。无论是上古时期的实用艺术还是原始宗教的装饰艺术,都是人类社会的一种精神生产,"实用艺术中精神劳动与物质劳动紧密结合,并统一于物质生产活动之中;而装饰艺术则主要是一种精神劳动,尽管它并没有与物质劳动相分离,但至少已独立于物质生产活动之外"。"艺术商品化是和物质产品商品化几乎同时开始的",到北宋时,中国的文化产业已经非常繁荣了①。此种观点认为广泛意义上的文化产业伴随着人类社会生存、发展和繁衍的整个时期,东西方的上古时期即出现了文化产业的萌芽,将文化产业发展历程分为"元文化产业期""前文化产业期"和"新兴文化产业期"。此种观点泛化了文化产业的发展历史,将精神生产现象等同于产业现象,将人类基本性的审美需求等同于超越性的审美需要。

第二种是"文化市场决定论"。产业由市场决定,文化产品若以市场为交换法则,出现赞助式的艺术创作或订单式的文化生产,文化产品转化为文化商品,即视为文化产业的诞生。据此推测,中国的文化产业大概起源于北宋至明代中期②,而西方的文化产业大概起源于文艺复兴前期,源于中小工商业阶层的兴起。此种观点固然强调了文化产业的商品属性,但偶然性的商品交换无法证明大规模的商品市场的出现。

第三种是"文化技术决定论"。强调产业的重点在于标准化和规模化的生产特征,而只有先进技术的采用才能实现产业的规模效益,技术是推动文化资源转变为文化产业的必要条件。美国著名历史学家威廉·麦克高希(William Mc-Gaughey)认为人类文明的界定以传播媒介为前提,"新的文化技术的相继引进标志着新的文明的开始"。文化技术(cultural technologies)不同于机械技术,前者

---

① 参见李向民:《中国文化产业史》,长沙:湖南文艺出版社2006年版,第2—9、170—210页。
② 同上书,第206页。

与表达、交流思想、影像、文字、数字、精神感受以及情感相关。他以文化技术为参考值,将世界史划分为表意文字(原始书写,开始于公元前 4000 年苏美尔人和古埃及人所刻画的表意符号)、音标字母(字母书写,开始于公元前 1000 年的中东、希腊和印度)、印刷技术(开始于 15 世纪中叶金属活字印刷术的发明)、电子影像(19 世纪和 20 世纪由欧洲和美国的发明家开创)以及计算机和数字技术(开始于 20 世纪后半期)等五个时期,重新划定了世界文明史的分期[①]。技术是文化成为产业的必要条件,文化成为产业是技术发展的结果,技术从来都是文化产业发展的关键要素之一。从某种意义来说,文化产业的形态是由科学技术的样式所塑造的。据此,我们可以发现,世界文化产业先后经历的萌芽期、探索期和发展期等三个时期,都与这些"文化技术"的变迁有关。

世界文化产业的萌芽期开始于 1450 年德国人古登堡(Johann Gutenberg)印刷技术的成功发明和产业实践。当时欧洲出现了大量的印刷厂,大量地复制图书,逐渐催生了出版业雏形,其后内容审查和版权保护也相继出现。这一萌芽期持续了四百年左右,直到 19 世纪前后平版印刷术的出现,这一阶段即麦克高希所谓的"印刷技术时代";世界文化产业的探索期开始于 1839 年达盖尔(Louis-Jacques-Mandé Daguerre)摄影术的发明和 1877 年爱迪生(Thomas Alva Edison)留声机的发明,其后出现了摄影、广播、电影和电视等新型文化产品,出现了资本主义工业化、规模化的文化生产模式;世界文化产业的发展期开始于 20 世纪四五十年代计算机的应用和 80 年代数字技术的出现,全球性的文化市场和跨国性的文化集团形成,直至 21 世纪新兴国家的文化力量不断崛起。

中国文化产业可以分为四个阶段:神话期、冬眠期、浪漫期和史诗期。中国文化产业的神话期从 19 世纪末 20 世纪初到 1949 年前夕,以电影业、唱片业、新闻出版业为代表的中国文化产业从无到有,发展艰难,在国家动荡的年代发展创造了文化产业的奇迹,在艺术创意、产业运营和资本运作等领域都达到了令人慨叹的高度;中国文化产业的冬眠期从 1949 年到 1985 年,文化生产作为国家意识形态生产,随着文化领域的公私合营和社会主义改造运动的结束,文化创作纳入国家统购统销,到"文化大革命"时期更是将文化作为社会改造和政治批判的工

---

① 参见〔美〕威廉·麦克高希:《世界文明史:观察世界的新视角》,董建中、王大庆译,北京:新华出版社 2003 年版。

具,文化市场基本消失,文化产业活动完全停滞;文化产业浪漫期开始于1985年国务院颁布《关于第三产业的统计》,文化市场的改革与开放促使了事业、民营和外资文化机构的快速发展;中国文化产业的史诗期开始于1998年文化部文化产业司的成立,随着2001年中国加入世界贸易组织(WTO)和2002年中国共产党的十六大报告对"经营性文化产业与公益性文化事业作为社会主义文化建设的一体两翼"的策略性表述,中国的文化体制改革不断深入推进,文化产业成为促进中国政治、经济、社会、文化和生态文明协同建设与立体发展的时代命题和宏大叙事。

二、文化产业的理论源流

文化产业理论研究源于20世纪30年代法兰克福学派等西方马克思主义的批判主义理论,最初是一个文化哲学的批判理论;20世纪60年代发展为伯明翰学派西方文化研究学者和传媒主义者的中性话语,是文化研究的主要对象;20世纪80年代以后成为西方文化经济学派和中国产业经济学者的褒扬对象,文化产业成为推动社会经济发展的重要力量。80多年来,文化产业研究经历了从20世纪初的西方式批判到80年代开始的中国式反思,再到21世纪中国和西方共同追捧的学术命运。作为一个发展中的社会实践,对文化产业展开理论研究的学术脉络是跨界多元的,其学术根源是丰富多彩的。从总体上来看,文化产业理论范式来自文化哲学、文化社会学、文化经济学、文化管理学和文化创意学等交叉学科的学术滋养。

文化哲学为文化产业理论提供了思辨气质,是一种对文化产业进行批判性论述而建构起来的元叙事和元理论。马克思主义对文化产业的最大贡献在于"再生产"理论的开创性见解和系统性论证。马克思在《神圣家族》中第一次使用"精神生产"的概念,并在《德意志意识形态》中指出精神生产就是"思想、观念、意识的生产"①。基于马克思的"经济基础—上层建筑"模型,某种社会形态是特定的生产力和生产关系结合在一起的具体的生产方式。"不管生

---

① 〔德〕马克思、恩格斯:《德意志意识形态》,北京:人民出版社1961年版,第19页。

绪论 范式、理论与文化产业研究

产过程的社会形式怎样,它必须是连续不断的,或者说,必须周而复始地经过同样一些阶段。一个社会不能停止消费,同样,它也不能停止生产。因此,每一个社会生产过程,从经常的联系和它不断更新来看,同时就是再生产过程。"① 对"经济基础—上层建筑"模型的解释后来出现了两种立场:一种在传统上被看作直接经济决定式的机械性因果关系:文化上层建筑的本质成为经济基础的直接反映;另一种主张这种模型仅仅表达了某种象征意义,经济基础与上层建筑之间的关系应该是互动的,文化被赋予大量形式意义的自主性。因此,包括文化、教育在内的社会再生产不是物质系统或生物系统的相同复制,而是意味着因由分化、增长和变革而产生的重新创造②。文化再生产就是韦伯(Max Weber)所谓"意义的生产",就是吉尔兹(Clifford Geertz)所言"符号的意义的解释"。文化再生产是一种"非物质劳动",是后工业经济劳动的经典形式,包括了关于文化信息内容的智力技能,集中了创造性、想象以及技术和体力劳动的手工技能,包括在管理社会关系和建构人们作为其整体中的一分子的社会协作网络而出现的企业经营技能。③ 本雅明(Walter Benjamin)开创了文化生产模式研究,指出在机械复制技术的影响下,文化就是在生产和消费中意义符号的生产和接受的过程。法兰克福学派(Frankfort School)的先驱们,通过对启蒙运动的哲学反思,对资本主义文化工业进行了深入的文化剖析,揭示了文化工业对大众启蒙意识形态的控制本质。然而,随着文化技术的进步和消费社会的发展,大众文化已经成为与消费社会紧密相连的文化形态。费瑟斯通(Mike Featherstone)指出,后现代主义的特征是"日常生活审美化",艺术与日常生活、高雅艺术与大众文化之间的边界不复存在④。是时,"文化完全大众化,高雅艺术与通俗文化、纯文学与通俗文学的距离正在消失。商品化进入文学意味着艺术作品正成为商品"⑤。

---

① 〔德〕马克思:《资本论》第1卷,北京:人民出版社1975年版,第621页。
② 〔美〕雷蒙德·艾伦·蒙罗、卡洛斯·阿尔伯特·托雷斯:《社会理论与教育:社会与文化再生产理论批判》,宇文利译,上海:上海人民出版社2012年版,第7—9页。
③ Maurizio Lazzarato, *Immaterial Labor*, in Paolo Virno and Michael Hardt ed., *Radical Thought in Italy: Apotential Politics*, Minneapolis, Minn: University of Minnesota Press, 1996:133—147.
④ 〔英〕迈克·费瑟斯通:《消费文化与后现代主义》,刘精明译,南京:译林出版社2000年版。
⑤ 〔美〕杰姆逊:《后现代主义与文化理论》,唐小兵译,北京:北京大学出版社2005年版,第123页。

文化社会学者关注符号生产的三个要素：文化产品的供给者或生产者、文化产品，以及文化产品的需求者或消费者。[1] 文化社会学为文化产业理论贡献了基本的分析对象。"经济学上把循环往复的生产过程称为物质再生产。文化传承这种周而复始的延续过程也可比作一种再生产，即文化再生产。与物质再生产各环节有所不同，文化再生产可分为创作、生产、传播和消费四个环节。"[2]法国文化社会学家布尔迪厄(Pierre Bourdieu)改造了马克思的再生产理论，建构了"文化再生产"的文化社会学模式。他通过"文化资本""惯习"和"场域"等分析概念，认为不同"符号的生产"构成了不同权力关系的"场域"，"有限的生产场域"和"大规模的生产场域"可以凭借不同的经济资本、社会资本和文化资本的力量发生互动关系。伯明翰学派(Birmingham School)在文化的生产与消费过程不同力量的对比中，比起生产者的"编码"，更关注消费者的"解码"，强调对现存文本意义的接受与解释。丹麦商业人类学家布莱恩·摩尔安(Brian Moeran)结合布尔迪厄的"场域"和美国直觉认知心理学家詹姆斯·吉布森(James Gibson)的可供性(affordance)理论，构建了"可供性环路"来解释文化再生产的可能性和合理性[3]。鲍德里亚(Jean Baudrillard)认为"后现代性的命运"是"消费社会"降临人间，消费具有神奇的地位，其根本特征是符号系统的形成。在这里，消费者不是对具体的物的功用或个别的使用价值有所需求，而是对商品所赋予的意义（及意义的差异）有所需求，即符号的消费，象征的消费[4]。

文化经济学为文化产业理论贡献了分析模型，整合了艺术经济学、政治经济学、审美经济学和产业经济学等领域的研究范式。自20世纪60年代以来，文化经济学沿着两条路径演进：狭义文化经济学和广义文化经济学。狭义文化经济学研究文化产业、文化产品和文化市场，广义文化经济学"研究文化因素对经济思想和经济发展之间的关系及经济行为的影响"[5]。鲍莫尔(William Baumol)从艺术资源配置的角度研究了表演艺术的经济困境，揭示了以表演艺术为代表的

---

[1] 周宪：《中国当代审美文化研究》，北京大学出版社1997年版，第20页。
[2] 高书生：《文化再生产论：文化与经济融合》，载《人民日报》2011年7月20日。
[3] Brian Moeran, *The Business of Creativity: Toward an Anthropology of Worth*, Left Coast Press, 2013.
[4] 参见〔法〕鲍德里亚：《消费社会》，刘成富、全志钢译，南京：南京大学出版社2008年版。
[5] 梁碧波：《文化经济学：两种不同的演进路径》，载《学术交流》2010年第6期，第74—78页。

绪论 范式、理论与文化产业研究

准公共文化产品的"鲍莫尔成本病"(Baumol's disease)①。大卫·索罗斯比(David Throsby)借用布尔迪厄文化资本的概念,将文化资本置于实物资本、人力资本和自然资本之外的第四种资本形态,研究了文化价值的评估方法和博物馆的价值模型②。大卫·赫斯蒙德夫(David Hesmondhalgh)以文化经济学、政治经济学和文化社会学的多元视角研究了文化产业的发展历程、商业策略和全球化模式,系统探讨了文化产业的内在特征和生产体系③。鲁思·陶斯(Ruth Towse)在文化经济学权威教科书里,从"文化经济人假设"和"艺术资源配置"的微观经济学视角出发,研究了艺术家劳动力市场的供需结构、文化商品及其价格的内在特点和运行规律④。斯科特(Scott Lash)和厄里(John Urry)认为,伴随着资本主义的"非组织化"而出现了零散的、柔性的生产种类,由于文化能力的日益渗透,增加生产的不是物质客体而是符号,流动和自反性的后现代社会现象使得"真的时间"让渡给"抽象的空间"、符号价值接管物质价值,出现了"符号经济和空间经济"的后现代价值走向⑤。格尔诺特·波梅(Gernot Bohm)认为,"光晕"的存在赋予"审美劳动"以神奇的魅力,创造出展示价值,商品审美化的"审美劳动"可以增加商品的交换价值并满足人们的欲望,这一过程就是审美经济产生的过程⑥。大卫·罗伯茨(David Roberts)以审美经济的出现审视了文化产业的发展,指出审美经济以无处不在的审美化为前提,包括真相的审美化以及其他关于审美劳动和审美价值生产的审美化。⑦ 乔安妮·恩特维斯(Joanne Entwistle)认为在审美经济领域里,审美特性不是事先附加在产品上的一种装饰性特征,也不是事后主观定义的产品风格,而正是产品本身,这恰恰是文化产业过程中经济运转实践的核心。⑧ 文化产业经济学将文化产业视为一个有机整体,探讨以文化生

---

① William J. Baumol, William G. Bowen, *Performing Arts: The Economic Dilemma*, The MIT Press, 1968.
② David Throsby, *Economics and Culture*, Cambridge University Press, 2001.
③ 参见〔英〕大卫·赫斯蒙德夫:《文化产业》,廖佩君译,台北:韦伯文化国际出版有限公司2006年版。
④ Ruth Towse, *A Textbook of Cultural Economics*, Cambridge University Press, 2010.
⑤ 参见〔英〕斯科特·拉什、约翰·厄里:《符号经济和空间经济》,北京:商务印书馆2006年版。
⑥ Gernot Bohme, "Contribution to the Critique of the Aesthetic Economy," *Thesis Eleven*, May, 2003.
⑦ David Roberts, "Illusion Only Is Sacred: from the Culture Industry to The Aesthetic Economy," *Thesis Eleven*, 2003, Vol. 73, No. 1.
⑧ Joanne Entwistle, "The Aesthetic Economy of Fashion Markets and Value in Clothing and Modelling," *Socidogical Review*, 2010, Vol. 58, No. 4.

产为中心的产业活动间的关系结构,以包括市场结构(Structure)、市场行为(Conduct)和市场绩效(Performance)的 SCP 模型为产业分析框架,探讨文化企业、文化产业和文化市场的组织形式和相互关系。① 文化产业经济学的研究对象"不是文化本身,而是文化产业,即为社会公众提供文化产品和文化相关产品的生产活动",包括文化产品供需与产业成长、文化产业组织与结构、文化产业监管以及文化产业发展战略与模式等主要内容。②

文化管理学为文化产业理论贡献了实践操作的能力模块和实务流程,广义的文化管理包括文化事业管理和文化产业管理,而新兴的"文化产业管理"本科专业的官方名称似乎也昭然揭示了文化产业研究旨归的学科近似性和人才培养的产业实践性。与文化管理学理论源流相联系的还有艺术管理学理论和创意管理学理论。管理的本质是"在现有的条件下,通过计划、组织、领导、控制等活动,通过合理的组织和配置人、财、物等因素,最终提高生产力水平"。管理学强调了"领导与计划、运营与创新、资源与能力以及治理与控制"等四个核心职能③。文化管理学一般会涉及文化事业、文化产业、文化政策、文化战略、文化遗产等知识框架④。文化产业管理要求从业者"要有介入现实的决心,发现问题的敏感,协调不同学科和部门去解决问题的能力",具备"良好的部门协调能力和人际沟通能力"。⑤ 艺术管理学⑥着眼于促进艺术与商业的融合,主要研究艺术机构的商业运营,包括人员管理、市场营销、预算管理、艺术政策、公共关系、融

---

① 参见顾江编著:《文化产业经济学》,南京:南京大学出版社2007年版。
② 参见焦斌龙主编:《文化产业经济学》,北京:高等教育出版社2014年版。
③ 参见陈劲:《管理学》,北京:中国人民大学出版社2010年版。
④ 此类文化管理学教材近些年问世不少(比如,田川流、何群:《文化管理学概论》,昆明:云南大学出版社2006年版;孙萍主编:《文化管理学》,北京:中国人民大学出版社2011年版;高永贵主编:《文化管理学》,北京:北京大学出版社2012年版;刘吉发、金陈昌、陈怀平:《文化管理学导论》,北京:中国人民大学出版社2013年版)。
⑤ 彭锋:《文化产业与模式二知识》,载《新美术》2013年第11期,第37页。
⑥ "艺术管理学"在英文中相似的术语有"arts administration""arts management"和"arts leadership"。艺术管理学高等教育开始于20世纪70年代的美国,后扩大到西方主要国家。早期艺术管理的对象是剧院、博物馆、美术馆、交响乐团、歌剧院、芭蕾舞团、画廊、拍卖行、艺术节等非营利文化艺术机构,后扩大到电影、电视、音乐、新媒体等文化商业组织。艺术管理教育者协会(Association of Arts Administration Educators, AAAE)1975年成立于美国。

资、项目开发和评估、活动组织以及观众发展等具体内容。① 克里斯·比尔顿（Chris Bilton）是创意管理学的首倡者，认为创意是包括新颖性的创新和合乎目的性的价值在内的统一体，强调在文化产业（或创意产业）更大的范畴内推动"艺术"与"商业"的再连接，通过创意准备、孵化、阐明和证实等过程，以及创意团队、系统、组织、消费和政策等体系，让"创意"真正成为"产业"。②

文化创意学为文化产业理论研究贡献了核心对象。文化产业是关于精神产品的生产，是意义、象征、价值等文化符号的物化过程，是将观念想象具体化为有形产品的过程。在这一过程中，创意是关键，而创意生产的过程就是故事驱动的过程。故事驱动推进了文化符号的衍生裂变，实现"文化的产业化"和"产业的文化化"的融合创新。因此，故事创作（Storytelling）或故事驱动（Storydriving）是文化产业的实践起点和重点环节。以"故事创作"为中心，文化创意是"依托一定的文化资源，通过创意思维的运作"以及"借助高科技手段共同形成新颖独特的创意形态"，分为原创型、再创型和集成型等不同类型。③ 文化创意包括创意思维的教育、创意氛围的培育、创意设计的提升、创意策划的训练以及创意生态的构建等诸多领域。在数字技术的推动下，文化创意更加关注具有即时性、交互性、超链接性、高技术性以及全年龄段等特征的创意机制的营造④。我国台湾政治大学创新与创造力研究中心通过开办创意通识课程，组织"玩物工坊""创意大盘点"、创新论坛等活动，培养大学生的创意、创新和创业的整合能力。故事作为终端产品，造就了庞大的文化产业。故事还可以运用在很多领域，例如在商品与服务的研发阶段，透过剧本法，帮助设计者营造拟真情景，看见使用者的潜在需求。产品上市后，也利用说故事的方法帮助行销、创造话题、扩散效应和形塑深植人心的品牌。邱于芸博士甚至以说故事的方式开创了"创立方"创业平台，带动共同工作空间，培育故事力，用故事活化台湾的空间、社区、乡村，帮助创

---

① Meg Brindle, Constance Devereaux, eds, *The Arts Management Handbook: New Directions for Students and Practitioners*, M. E. Sharpe, 2011.
② 参见〔英〕克里斯·比尔顿：《创意与管理：从创意产业到创意管理》，向勇译，北京：新世界出版社2010年版。
③ 吴廷玉：《文化创意策划学》，大连：大连理工大学出版社2010年版，第57—59页。
④ Carolyn Handler Miller, *Digital Storytelling: A Creator's Guide to Interactive Entertainment*, Focal Press, 2014.

业家创业。①

三、文化产业的研究内容

随着"文化的产业化"和"产业的文化化"的融合发展,文学艺术、创意设计、新闻出版、广播影视、文物工艺品、动漫游戏、节庆旅游、广告会展等文化产品在创意、生产、流通和消费等价值链环节中呈现了独特的产业特征和发展规律。文化产业的研究对象正是对这些产业特征与发展规律的探索。

文化产业的研究内容,包括文化产业具体门类的横向研究和文化产业基本理论的纵向研究。文化产业的横向研究是一种整体性研究,注重研究文化产业运动的一般规律和一般特征②,经历了文化研究、行业研究、市场研究到产业研究的实践发展,包括基础性研究、产业性研究和特殊性研究③。文化产业的纵向研究是一种通论性研究,重视文化产业理论的分析模型、理论框架和核心命题的研究。自进入21世纪第二个十年以来,文化产业理论界开始从文化学、艺术学、经济学和管理学等传统单一学科领域如同盲人摸象般局部探测文化产业的神秘构造,转向以"价值评估""创意管理""艺术授权""故事驱动""符号生产""文化治理"等整合性的原理突破和学理贯通来融合文化产业学科的核心理论和研究范式,达到知识协同和理论创新的学术新高地。目前,推动这个正在发生的学术分野,尤以北欧和澳大利亚的学者用力甚甚。而中国的文化产业学者们,大多数正在艰难地应对政策解读和产业规划,研究状态的从容不迫和思想状态的知识能力似乎还是一个理论上的奢侈品。因此,文化产业的研究内容,应该聚焦于文化生产活动中的一些基础性和原理性问题的探讨。这些问题被划分为概念范畴、要素创新、组织管理和公共治理等四大部分,涵盖了文化产业创意视角、经济视角和管理视角的复合视野和统合范式。

文化资源与价值评估问题:这类问题包括文化资源的类型、内涵、性质和特

---

① 邱于芸:《故事与故乡:创意城乡的十二个原型》,台北:远流出版公司2012年版,第19—90页。
② 胡惠林主编:《文化产业概论》,昆明:云南大学出版社2006年版,第20页。
③ 魏鹏举编著:《文化创意产业导论》,北京:中国人民大学出版社2010年版,第1—14页。

征。在文化生产的视野下,如何解释文化资源的分类标准和价值属性?历史性文化资源和现实性文化资源的开发模式有什么不同?文化产品的本质特征是什么?中国是文化资源大国,却不是文化产业强国,静态的文化资源转化为动态的文化产业,其中的转化过程、转换途径和转变机制值得探究。

故事驱动与符号生产问题:文化生产的本质是符号生产。基于符号价值产生的价值和意义,构成了文化产业精神生产的基本目标。符号生产的连接方式就是故事创作和故事驱动。符号生产是一种区别于物质生产的无形生产,其生产的基础和标准,有着特殊性。

文化技术与价值转换问题:技术是文化成为产业的必要条件,文化成为产业是技术发展的结果。技术推动了文化产品的价值从单一的膜拜价值向展示价值和体验价值转换,使得文化产品在文化产业语境下显现三大价值共生的复合价值形态。文化与科技的融合,要处理好融合驱动的机制问题、融合转化的方式问题、融合氛围的培育问题和融合品质的提升问题。

文化金融与艺术授权问题:文化产业无形资产包括知识产权、商业秘密、商誉等诸多品类。文化资源转变为文化产业,其间的关键环节就是对文化创意和设计服务实现知识产权化表达。伴随现代产业中文化经济和符号经济的双重转向,无形资产成为文化产业主要资产的表现形式。文化产业无形资产价值实现包括"确权""估权"和"易权"三个阶段。其中,"确权"即文化资源的无形资产化或知识产权化阶段;"估权"即文化产业无形资产价值评估阶段;"易权"即文化产业无形资产价值交易阶段。这些都是文化金融和艺术授权需要关注的问题。

文化市场与文化消费问题:文化市场是文化产业生产要素的聚集空间,也是文化产品交易体验的交换场所。文化消费的方式、层次和趋势,决定了文化市场的渠道、规模和结构。发挥文化市场在文化生产中的决定性作用,满足作为文化公民的文化权益,包括自由创作的生产权利和无歧视差别的消费权利,充分实现文化生产与消费的公平与效率法则。

创意管理与文化治理问题:在文化经济视野下,文化产品的价值从单纯的艺术价值的考虑转向复合的商业价值的诉求;从单纯关照艺术家个人的艺术体验和人文追求转向团体的共同协作和产品的规模效益。文化产品的评价也从艺术的追求和创造的个性转变为效益、经济和利润。在这个语境下,创意不再是个人的天赋,而是团体的共识;创意不再是为了创新而创新,而是为了"合乎目的的适用",要有价值;创意不再是一个思维灵感迸发的结果,而是多元思维相互作用的过程;创意不再是个人的战斗,而是团体和组织的协同。创意管理不仅要考虑文化产品的商业价值,更要考虑文化产品的艺术价值,而艺术价值是文化产品的根本。创意管理的目的是要使文化产品创造符合大众的象征符号,这种象征符号具有意义和价值,情感和体验,责任和使命。

文化集聚与文化分工问题:由于地理环境和历史传统的时空影响,文化首先在地理空间上呈现出聚落效应。文化聚落在一定范围内的空间积淀与富集共生,产生了创意集聚。创意集聚以不同的产业要素为依托,形成了产业价值链的协同效应,构成了产业集群。基于国内文化产业的竞争优势和全球化浪潮的国际分工,文化产品向国际市场推广,进而发展成为文化产业的国际贸易,这成为国家软实力建构的重要推动方式。文化产业的功能集聚区、特色产业带和国际竞争力,是文化集聚问题研究的重要范畴。

此外,文化产业的艺术劳动、符号资本、组织模式和商业模式等问题,构成了文化产业理论观照的重要视野,都将是文化产业研究的重点内容,成为文化产业理论体系的关键性组成部分。

四、文化产业的研究方法

文化产业研究是一种应用性研究。文化产业是伴随着工业革命出现的一种新的文化生产模式,不是单纯意义上的文化现象,也不是一般意义上的经济现象,而是涉及文化与经济、艺术与商业的复合领域,包括文化创意、内容生产与体验消费的全过程。从文本研究到文化研究,从文化工业研究到文化产业研究,百余年来东西方这种理论研究的学术转向显示了一条从纯粹抽象的逻辑思辨过渡到具体实务的运用研究的演进线索,呈现出一种应用研究的理论特色。针对文化产业发展实践中的现实问题和应用目标,文化产业研究侧重于这些文化产业运行规律的探讨和实际问题的解决。

文化产业研究是一种跨学科研究。英国科学家齐曼(J. M. Ziman)在《元科学导论》中提出科学研究的三个维度,即知识或科学哲学维度、共同体或社会维度、个人或心理学维度。① 科学研究正是这三个维度间不同作用所展现的科学活动的复杂景观。文化产业研究是人文学科与社会学科的交叉研究,与许多学科都有非常密切的联系,是一种跨学科的复杂性研究。跨学科研究本身体现了当代学科探索的新范式。"跨学科研究根据视角的不同,可概要地分为方法交叉、理论借鉴、问题拉动与文化交融四个大的层次"。跨学科表现为研究方法、知识层次、问题综合与文化渗透的互动,"通常表现为新兴学科向已成熟学科的求借和靠近,或成熟学科向新兴学科的渗透与扩张"。文化产业研究与美学艺术学、经济学管理学、社会学人类学等学科都有密切的关系。文化产业研究要有跨学科的学术视野、开放包容的研究心态、不断吸纳相关学科的研究方法和理论成果。

文化产业研究是一种整合性研究。文化产业研究跨学科的目的是实现一种整合性研究。文化产业整合性研究是整合性思维方式与产业整体性观照的必然要求。整合性研究范式是希望建立一个更广泛意义的研究范式,将文化产业作为文化生产体系、文化评价体系和文化资助体系进行整体性研究和系统性分析。文化产业研究的整体性在于文化产业活动的社会性和连续性。文化产业整合性研究的关键是统合本体性的选择。

文化产业研究是一种发展性研究。一方面,文化产业实践具有发展经济学的某些特征,尤其是像中国这样的文化产业后发国家,侧重资源驱动、制度红利、资本累积和政府扶持的发展模式,文化产业研究要关注发展中国家的制度、道路和理论的特殊性;另一方面,文化产业研究还远未发展成为一套具有现代学科和理论范式的学术体系,还依赖于文化产业发展实践的进一步深化和丰富,依赖于国内外学者共同创造理论体系。不同国家和地区的现代文化产业实践进入21世纪之后,具有很强的共时性特征,国际频繁的产业互动和学术交流使得文化产业研究体系的确立成为国内外学术界共同努力的方向。

文化产业研究是理论与实践、逻辑与观察、归纳与演绎以及其他用于推理的基础模型或参考框架的相互激荡。美国著名社会学者艾尔·巴比(Earl Babbie)

---

① 参见〔英〕约翰·齐曼:《元科学导论》,刘珺珺等译,长沙:湖南人民出版社1988年版。

曾指出,"从事社会研究并没有什么妙方。事实上,社会研究的大部分功能和潜在的用途来自其本身所包含的各种有效途径"。他概括了个案式和通则式解释模式、归纳与演绎理论、定量与定性资料、纯粹研究和应用研究等四组辩证关系。① 一个好的文化产业研究者要充分掌握这些研究方法。

文化产业研究设计包括研究主题、研究对象、研究方法、研究目的、理论框架和分析模型。文化产业研究要满足三个基本的研究目的:描述、解释和探索。所谓描述研究,指研究者把科学观察到的文化产业的发展情况、具体事件和典型现象进行仔细、客观、中立而谨慎的准确描述。所谓解释,即研究者不满足于描述,通常会探究文化产业特定事件发生、事物存在的理由及其内在的意涵,并对这些原因做出合理清晰的解释。所谓探索,即研究者从好奇心和求知欲出发,在大量的文献阅读和实践观察的基础上做出研究假设,运用多种研究方法获得新材料进行资料处理和分析,最终提炼出某种有关文化产业运动的规律性的结论,这样不仅试图圆满地回答研究预设的问题,而且其他人还可以运用这些研究结论去解释同类议题。

五、文化产业学的可能性

学术界对文化产业研究所具有的知识地位的质疑,源于对知识生产模式的不同理解。今天的知识生产模式正在由"模式一"向"模式二"转型,即由纯粹的科学知识的生产转向某个具体的应用目标的生产。"模式二"的知识生产独立于任何事先准备好的知识体系,具有明显的跨学科特征和自我反省的机能②。学科建设是一个新兴学科领域。从基础理论探索性研究进入人才培养成熟性发展研究,从而获得规范性、独立性和合法性身份认同的标志性体现,对于一个新兴学术领域的发展和成熟具有重要的意义。一般而言,学科建设都要经历一个

---

① 参见〔美〕艾尔·巴比:《社会研究方法》,邱泽奇译,北京:华夏出版社2007年版,第22—27页。其中,个案式解释方式:人们试图穷尽某个特定情形或是事件的所有原因;通则式解释方式:人们试图寻找一般性影响某些情形或事件的原因。归纳逻辑模型:普遍性的原理是从特定的观察中发展起来的,从个别出发以达到一般性;演绎逻辑模型:特定的命题来自普遍性的原理,从一般到个别。

② 彭锋:《文化产业与模式二知识》,载《新美术》2013年第11期,第35—36页。

绪论 范式、理论与文化产业研究

漫长的发展过程①。托马斯·库恩(Thomas Kuhn)认为,科学界是由一个流行的范式所控制的,代表了科学界的世界观,指导和决定问题、数据和理论的选择,直至新的范式将其取代。他进一步解释,范式具有这样的特征:是一种全新的解释系统,即有关对象的本体论、本质与规律的理解系统;是一种全新的知识体系,即构成该学术群体的研究基础及范围、概念系统、基本范畴和核心理论架构;是一种全新的理论背景,即范式是一个学术共同体,是学者共同遵守并捍卫的学术平台;是一套新颖的方法论,代表一种学术传统、学术品种和学术派别。学科范式是一门学科成为独立学科的"必要条件"或"成熟标志",使学科之间的独立发展和双向对话成为可能。托马斯·库恩主要考察了自然科学史的科学范式,正是这种范式的不断更替,推动了科学知识的进步与发展。而人文社会科学的范式发展的特征不是范式取代,而是范式转换,不断对传统学科进行补充和延伸,在更深入或交叉的学术领域实现新的范式转换。按照托马斯·库恩的范式理论,文化产业学科建设的标志就是要形成文化产业的学科范式,即要有标志性的学科理论、明确性的研究对象、系统性的理论体系、独立性的研究方法和规范性的人才体系。而按照这个标准来检验,中国文化产业的学科建设还处在初级发展阶段,文化产业研究问题的整体症状为理论幼稚综合征:只能讨论文化产业实践的基础性问题,没有形成独立的概念、范畴体系和研究方法;还没有构建出理论大厦,鲜明的学科特征还未形成,与其他学科的对话能力还比较弱。

由于政府的高度重视和媒体的集中报道,文化产业研究在中国逐渐发展成一个公共学术话题,谁都可以对此说上几句,谁都可以对此评价一番。当然,这除了产业实践的躁动使然,更主要的还是文化产业的学科范式尚未形成。中国学者在进行文化产业学科建设中逐渐划分成两种学术目标。一种是将文化产业学科建设置于传统学科的分类之下,比照国务院学位办颁布的学科目录,希望将文化产业管理作为"管理学"门类下的一级学科,与工程管理、工商管理、农林经济管理、公共管理等管理学科并列。2004年教育部试点文化产业管理本科专业

---

① 以公共管理学科建设为例。1887年美国学者伍德罗·威尔逊(后任美国总统)发表《行政学研究》("The Study of Administration"),主张将行政与政治分开,将行政学作为一门专门的学问来研究,至此,公共管理学科建设经历了120多年的发展历史。

也是要求授予管理学学士学位,2011年教育部修订的本科专业目录正式将文化产业管理置于工商管理之下,可以授予管理学或艺术学学士学位;另一种就是将文化产业学科作为一个学科群来建设,可以从传统学科,比如文学、艺术学、传播学、经济学、管理学等任何一个学科角度对文化产业进行研究,可以在传统学科专业下自设方向,比如艺术学专业文化产业研究方向、企业管理专业文化产业研究方向、经济学专业文化产业研究方向。相比之下,第一种学科建设的目标更加富有学科建设的理论自信和实践勇气,而第二种学科建设的目标更符合目前中国学科建设的理论研究的实际情况。

文化产业学科建设的关键落实在于人才培养。"文化产业要求一种新的人才类型,这种兼具理论、实践和管理能力的人才不再是传统意义上的知识分子,或是我们姑且称之为新型知识分子。"[①]文化产业的人才培养根本在于培养人才的文化产业研究思维和研究方法,尤其对于本科人才培养。这种思维不同于文学研究、哲学研究和艺术学研究的思维,也不同于传播学研究、经济学研究和管理学研究的思维。目前,这种独特的思维在本科阶段很难实现,文化产业的知识谱系和课程设置庞杂、经典著作和师资队伍严重缺乏,这都很难为本科生构建一个具有核心竞争力的知识体系和思维能力。而在中国,发展文化产业本科专业还要面临能力教育与职业教育的平衡,即要使文化产业专业的本科生在经历四年的培养训练后获得职业市场所需要的知识和技能,这种知识和技能高度区别于在传统学科专业下所获得的训练结果。很显然,目前试点的文化产业管理本科专业没有办法获得这种优势,所以面临招生市场"火"和就业市场"冷"的冰火两重天的尴尬遭遇。现阶段,要平衡文化产业学科建设的综合性(交叉性)与实用性、广博性与专业性的对立矛盾以及基础理论研究的不足和学科建设经验的缺乏,使得文化产业本科专业的人才培养困难重重。

文化产业人才培养的核心目标是培养创意经理人。这种人才具有文化产业的专业思维,这种专业思维表现在创意管理、符号(象征)价值创造和授权经营模式上,因为文化产品满足的是精神消费、创造的是符号(象征)价值、产业价值链式是通过知识产权授权经营来实现的。因此,创意经理人的核心能力在于创

---

① 彭锋:《文化产业与模式二知识》,载《新美术》2013年第11期,第38页。

绪论　范式、理论与文化产业研究

意领导力,这种创意领导力就是经营管理能力,就是创意管理能力。这是文化产业人才培养的核心目标。这种创意领导力包括了基础创意管理能力和专业创意管理能力,而专业创意管理能力又包括了文化行业经验、创意价值鉴别力、审美辨别力、创意控制力、文化界人脉资源、文化市场营销力和政策运用力。显然,这些能力的获得需要行业的经验和实践的操作,这也是单纯的本科教学所承载不了的。因此,文化产业的人才培养层次重点在硕士阶段,最好重新开设"创意管理硕士"(Master of Creative Adminstration,简称 MCA)专业学位,培养具有文化产业核心思维理论和操作运营技能的硕士生。如果要开设本科专业,建议开设本科双学位,在本科学生接受传统学科训练的同时,选修文化产业管理本科双学位,重点建设文化产业概论、文化产业管理学、文化产业经济学、文化资源与文化产业、文化创意研究、文化产业项目管理、文化产业版权管理、文化产业法规、文化产业案例研究和文化产业商业实践等核心课程,针对创意管理能力的核心胜任力进行训练。

文化产业人才培养的基本模式是创设理论教学和实践操作的双重模式,即在毕业论文的基础上增设毕业作品环节。因此,要建设创意实验室,进行文化产业创意经理人才的创意管理的知识和技能的实践训练。

英国学者迈克尔·曼(Michael Mann)在《社会权力的来源》中定义了社会权力的四种来源,即经济、意识形态、军事和政治。随着大众传媒的影响,后来发展成为社会的四种权力,即宗教权力、政治权力、商业权力以及传媒娱乐权力。文化作为第五种权力,曾经是一种"隐权力",要通过前四种权力来表现,引导和推动着前四种权力。现在,随着文化产业的发展,文化变成一种"显权力",成为一种"软权力"和"硬权力"高度叠合的"巧权力",直接表现在人们的宗教、政治、经济和娱乐社会生活中。这是一种新的身份认同的构建。因此,文化产业的学科建设将面临塑造文化作为第五种权力的神圣责任。

一个国家和地区的社会发展程度不取决于种族的纯或杂的生物基因[①],也

---

① 法国人类学家亚瑟·德·戈比诺(Joseph-Arthur de Gobineau)就在《人种不平等之探源》中指出:人种天生是不平等的;白种人是人种之极品;血统纯粹与高级文明有必然的关系;混种是文明衰败与退步的原因。

不仅仅是由地理环境的阻碍和自然资源的不平等造成①,而主要决定于人际互动关系的内容、形式和结构,决定于文化创新的方式、制度和系统。作为一种具有自我调节能力的文化创新系统,文化产业构成了极其重要的组成单元。

本章要点

社会现代性统一于物质现代性和文化现代性。人的现代化统一于物质现代化和文化现代化。文化产业实现了人的物质需求与精神需求的双重平衡。后现代社会的特征是符号经济和空间经济。文化产业正是符号资本生产和空间场域营造的主要模式。

物质生产和文化生产是统一的社会生产。人们社会生活的幸福度是文化力与经济力共同作用的结果。文化力发展模型呈金字塔结构或洋葱模型结构,包括文化原创力、文化生产力、文化创新力和文化软实力等四个层次,分别以文化艺术、文化产业、文化经济和文化社会为发展载体。

文化产业的起源与发展受精神生产决定论、文化市场决定论和文化技术决定论等不同的理论假设的影响,呈现不同的发展分期。世界文化产业先后所经历的萌芽期、探索期和发展期等三个时期,都是文化技术变革与驱动的直接结果。

文化产业理论范式来自文化哲学、文化社会学、文化经济学、文化管理学和文化创意学等交叉学科的学术滋养。不同的学术气质、思维方式、研究方法和研究立场,会生成不同的研究结论和分析理论。文化产业实践的丰富性造成了文化产业研究的不确定性。然而,正是这种不确定性构成了文化产业研究的学术魅力。

文化哲学为文化产业理论提供了思辨气质,是一种对文化产业进行批判性论述而导致的元叙事和元理论。文化社会学者关注符号生产的三个要素:文化产品的供给者或生产者、文化产品以及文化产品的需求者或消费者。文化经济学为文化产业理论贡献了分析模型,整合了艺术经济学、政治经济学、审美经济

---

① 参见〔美〕贾德·戴蒙(Jared Diamond):《枪炮、病菌与钢铁》,王道还、廖月娟译,台北时报1998年版。

学和产业经济学等领域的研究范式。文化管理学为文化产业理论贡献了实践操作的能力模块和实务流程。文化创意学为文化产业理论研究贡献了核心对象。文化产业是关于精神产品的生产,是意义、象征、价值等文化符号的物化过程,是将观念想象具体化为有形产品的过程。

文化产业研究内容包括文化产业具体门类的横向研究和文化产业基本理论的纵向研究。"价值评估""创意管理""艺术授权""故事驱动""符号生产""文化治理"等整合性的原理突破和学理贯通,是今后文化产业研究的理论重点,被划分为基础概念、理论框架、产业运营和公共治理等四大部分。

文化产业研究是一种应用性研究、跨学科研究、整合性研究和发展性研究。文化产业研究方法包括个案式和通则式解释模式、归纳与演绎理论、定量与定性资料、纯粹研究和应用研究等四组辩证关系。文化产业研究要满足三个基本的研究目的:描述、解释和探索。

文化产业研究是一种模式二的知识生产,这种知识生产模式是某个具体的应用目标的生产。文化产业学科建设的标志就是要形成文化产业的学科范式,即要有标志性的学科理论、明确性的研究对象、系统性的理论体系、独立性的研究方法和规范性的人才体系。目前,中国文化产业的学科建设还处在初级发展阶段,文化产业研究同样处在起步阶段。

第一编 概念范畴

第一章
文化、创意与产业:文化产业关键词

文化产业是现代社会进入后工业形态下的产物,代表了大规模、标准化的福特主义(Fordism)[①]向"弹性专殊化"和"海量客制化"的后福特主义(Post-Fordism)生产模式的转型。文化产业将意义符号系统纳入社会生产体系,用以提升产业价值、解决社会就业和增加国家财富,成为社会变革的主导形态。文化产业的理论辨析与运作实践,首先在于"文化""创意"和"产业"等名词概念及其组合的文化产业相关概念的内涵辨析与外延界定。

一、文化的意涵与特征

1. 文化的内涵

在中国,"文化"是一个较早出现的概念。其中,"文",指各色交错的纹理,如《易·系辞下》谓"物相杂,故曰文",《礼记·乐记》称"五色成文而不乱"。《说文解字》道"文,错画也,象交叉"。"化",指改易、生成和变化,如《庄子·逍遥游》言"化而为鸟,其名曰鹏",《易·系辞下》讲"男女构精,万物化生"。"文"与"化"的合同,指"以文教化",较早记载于《周易》:"关乎天文,以察时变;关乎

[①] 20世纪20年代起,美国福特汽车创立的流水线生产方式,影响了整个资本主义世界的生产方式,发达国家从此进入工业化大生产时代,史称"福特主义"时代。

人文,以化成天下。"西汉之后,"文"与"化"合成一个整词,如《说苑·指武》记载:"圣人之治天下也,先文德而后武功。凡武之兴,谓不服也;文化不改,然后加诛",表示"品德的涵养、性情的陶冶"。

在西方,"文化"一词在早期指涉"心灵的状态或习惯,智性和道德活动",之后其外延开始扩展到生活方式的整个层面。英语中的"culture"一词原意指"土地的耕作",到了16世纪转变为"心灵的培育",19世纪初以后,逐渐延伸出与物质性意义相对的精神含义,具有性情陶冶、品德教化的含义,用来描述人类文明整体心智能力与精神状态的发展。到最后,文化成为一个统称的概念,用以指某个群体共同接受的生活方式和生活样法。英国人类学者爱德华·伯内特·泰勒(Edward Burnett Tylor)认为"文化或文明是一个复杂的整体","它包括知识、信仰、艺术、道德、法律、风俗以及作为社会成员的人所具有的其他一切能力和习惯",文化发展的最终目的是为了促进人的善良、力量和幸福,而"进步、退化、幸存、复兴和修正都是将文明这张复杂的网络编织在一起的联系方式。"①文化是在一定范围内,人们共同遵守和价值认同的行为礼仪、价值规范和精神信仰。

因此,文化是一个非常广泛而复杂的概念,要对其给出一个严谨而精准的定义,如同"将风关进竹篮子里",是一件非常困难的事情。阿尔弗雷德·克罗伯(Alfred Kroeber)和克莱德·克拉克洪(Clyde Kluckhohn)在1952年出版的《文化:概念和定义的批评考察》②一书中提到了164种有关"文化"的定义。如今,这个数量恐怕不低于三百个。广义的文化,包括人们所创造的物质财富和精神财富的综合,包括物质层面的符号系统、行为层面的制度系统和精神层面的价值系统。这种文化,在钱穆那里又指文明。狭义的文化,特指运用非物质生产方式所创造出的精神财富。从中外历史溯源的角度观照,"文化"一词的含义有诸多变化,经历了从"只关注艺术创作和文化遗产"到"对生产模式和生活方式的阐释"的演进转型。

英国生物学家理查德·道金斯(Richard Dawkins)注意到基因无法解释人类

---

① 〔英〕泰勒:《原始文化》,杭州:浙江人民出版社1988年版,第1—15页。
② A. L. Kroeber, Clyde Kluckhohn, *Culture: A Critical Review of Concepts and Definitions*, Cambridge Massachusetts U.S.A., Published by the Museum, 1952.

包括语言、习俗等在内的文化传承与创新现象。"我们人类的独特之处,主要可以归结为一个词——'文化'"。他在《自私的基因》(*The Selfish Gene*)一书中仿造 Gene(音译为"基因",特指"生物基因"或"遗传基因")一词提出了一种新的复制基因——"meme"(音译为"觅母",意译为"模因"或"文化基因"),用以"表达作为一种文化传播单位或模仿单位的概念"。觅母作为一种复制因子,区别于生物基因的生理遗传,主要通过记忆、模仿、创新、传承等环节来实现信息遗传和符码传递。人之所以为人,不仅在于基因的遗传作用,更在于觅母的进化结果。

"曲调、概念、妙句、时装、制锅或建造拱廊的方式等都是觅母",道金斯认为,觅母是一种"有生命力的结构",通过模仿的过程,在人类文化环境中不断自我复制和进行变异性传播。"苏格拉底在今天的世界上可能还有一两个活着的基因,也可能早就没有了……苏格拉底、达·芬奇、哥白尼、马可尼等人的觅母复合体在今天仍盛行于世,历久而弥坚"。觅母具有遗传性,其传播的过程就是遗传的过程,如某种宗教信仰的传播,宗教信仰作为一种觅母,不断在信者身上遗传;觅母具有变异性,其传递过程并非尽善尽美,如人们在转述一个事件时,或添加或删减一些内容;觅母具有选择性,不同的觅母的传播能力各不相同,某些觅母更易于被传递,某些觅母则很难被传播,如有些歌曲比较容易记忆,并能很快传播,有些歌曲则很少被传唱。① 觅母所具有的这种遗传、变异和选择的特征,使它成为一种复制因子。人类是基因机器建造的,却是觅母机器培养的。在道金斯看来,基因是自私的,动物无法抵抗这种与生俱来的自私基因,而只有人类才可以抗拒那些自私无情的复制基因的暴政,可以审慎地培植纯粹的、无私的利他主义。基因决定了人的物理特征和物质需求,而觅母解释了人的文化特质和需求的文化本质。

2. 文化的意涵

中国最大的综合性辞典《辞海》对"文化"做出了四个层面的界定:"第一,指

---

① 〔英〕理查德·道金斯:《自私的基因》,卢允中、张岱云、陈复加、罗小舟译,北京:中信出版社 2012 年版,第 214—227 页。

人类在历史发展过程中所创造的物质财富和精神财富的总和,特指精神财富,如文学、艺术、教育、科学等。第二,指同一历史时期的不以分布地点为转移的遗迹、遗物的综合体。第三,指同样的工具、用具,用同样的制造技术等,是同一文化的特征,如仰韶文化、龙山文化。第四,指运用文字的能力及其一般知识水平。"按照雷蒙德·威廉姆斯(Raymond Williams)的理解,"文化"的当代用法包括三种情形:第一,用来描述知识、精神、美学发展的一般过程;第二,用于指涉一个民族、一个时期、一个团体或整体人类的特定生活方式;第三,象征知识,尤其是艺术活动的实践及其成品。①

总体而言,在大卫·索罗斯比看来,文化的意涵包含以下三个层面:

文化的第一层意涵在人类学及社会学架构下经常用到,即用来描述任何群体所共有的独特认同。此种群体可为政治的、地理的、宗教的和种族的。文化可以分类为语言、宗教、科学、技术、哲学、艺术和规则等组成部分,具体形式是字符、言语、声音、数字、线条、图形、音符、色彩等不同的符号表达。② 在这一层面的定义之下,文化具有以下五个基本特征:第一,文化是物质之外的人类所有的成果或习性,包括精神性和制度性两方面;第二,文化是组织、社会乃至人类行为的平台;第三,文化是人类文明的体现;第四,文化在不同时空中表现出来的具体内涵不同;第五,文化在不同环境中也有不同的表现。在这个层面上,文化有时又是一把双刃剑。一方面,人类交流的效率和交流的功效是以文化作为交流的平台和基础来实现的;另一方面,文化是阻碍创新的因子,其消极作用与其延续性成正比③。

文化的第二层意涵是比较实用导向的,标示着人类从事的某种活动,而这些活动的产物与人类生活的知识、道德与艺术层面有关。在这个层面上,文化与人类心智经启发、培育后所从事的活动有关,而不是仅指获得某种技术或专业技能。"文化"一词更像形容词,"文化商品""文化机构""文化部门""文化产业"。

---

① Raymond Williams, *Keywords: A Vocabulary of Culture and Society*, Oxford University Press Inc, 1985, p.90.
② 韩东屏:《分而后总:中国传统文化的当代价值与世界影响力》,载《学术月刊》2010年第8期,第15—25页。
③ 参见陈少峰:《文化产业读本》,北京:金城出版社2009年版,第6—7页。

第一章 文化、创意与产业:文化产业关键词

再如,我们说一个人闯红灯就是"没文化"等等,其实是说这个人不遵守公共秩序,没有文明礼仪。在这一层面上,人们赋予文化和社会活动以某种特定的意义。这些意义,同经济力量和自然力量一样,能够对社会产生真实的影响。在这个意义上,文化有时会被按照精英文化、大众文化、民间文化进行分类。这种分类可能会涉及"雅俗高低"的价值较量,挑起精英文化与大众文化的品位争辩。文化品位的高低与否,是一个横亘人类历史的古老话题。在新媒体点燃大众文化、文化产业化如火如荼的当代社会,变革的文化同许多新生事物一起,挑战着人类曾经恒定的价值判断和精神秩序。

文化的第三层意涵比第二层意涵更加精确,强调来自人类活动的某些特征,而这些特征具有客观定义,至少包括以下三点:第一,在生产活动中融入"创意"(creativity);第二,活动涉及了"象征意义"(symbolic meaning)的产生与传达;第三,该活动的产品含有某种形式的"知识产权"。这样,文化从意识形态和价值观念,进入到文化创制与意义生产的实践环节,文化与产业、文化与经济也取得了某种程度的社会联系。

纵观以上对文化意涵的梳理,大卫·索罗斯比认为,还有三个方面仍需进一步厘清:第一,"文化"一词通常适用于正面意义,隐含道德及提升生命的特质。第一层意涵下的"文化",也有可能形成残暴与压迫的工具,例如希特勒所宣扬的"纳粹主义"。第二,"文化"不仅是一个静态的事物,更是一种动态的过程。第三,"文化"的意涵与社会学所关心的"社会"的观念有很大程度上的重叠。

3. 文化的价值

文化产业是以精神消费为主要生产目的、以符号生产为主要生产内容、以创意管理为主要治理模式的新型产业形态。文化具有三种价值,分别为膜拜价值、展示价值和体验价值。在文化产业的经营策略下,就是要运用文化创意和设计服务的手段,通过知识产权的多元运营,以故事驱动为核心,以生活方式为载体,针对市场需求,将这三种文化价值融合为一种多元复合的立体体验和交感体验。

我们知道,艺术曾作为巫术、神秘主义、皇权崇拜和宗教神学的工具,参与生活实践;之后,艺术逐步独立,某种神秘的沉思冥想保留在物态形式的器物之中,即艺术品原作。在人与艺术品原作的交流中,等级制、神权等客观社会的现象映

射到艺术品中,而显现人自身的谦卑。瓦尔特·本雅明提出,艺术品原作具有"光晕"(aura)效应,这种"光晕"效应产生膜拜价值,具有独一无二的原真性和此时此地的在地性。"光晕"是在一定距离之外,但感觉上如此贴近实物的独一无二的显现。观赏者亲临独一无二的原真艺术品所体验到的敬畏感与崇拜感,就是膜拜价值。① 膜拜价值具有原真性、唯一性和在地性的特点。

随着机械复制技术逐渐介入文化复制和艺术创作,艺术品原作的"光晕"衰竭,艺术品实物的复制品克服了独一无二性,艺术品的膜拜价值被面向大众传播的展示价值所取代。在机械复制时代,器物中的神学力量进一步退化,复制技术让艺术品原作得以亲近普罗大众。艺术复制品同样供人观赏,但不复具有神圣性和神秘性,艺术品的展示价值满足着大众展示和观看自身形象的需要。复制技术满足现代人渴望贴近对象、通过占有对象复制品来占有对象本身的欲望。文化产业的最大价值在于复制性的规模效益。在现代文化产业语境下,文化产品的可复制性要平衡手工复制与机械复制,兼顾艺术性和效率性,对文化产业的生产环节进行价值链分析,保留某些流程的手工环节,在某些环节适当引进机械生产和高技术生产。展示价值具有技术性、复制性和在场性的特点。

随着数字时代和体验经济时代的到来,艺术品在地性的膜拜价值和在场性的展示价值让渡给了在线性的体验价值。体验价值指文化消费者从文化产品或服务中所体会到的源于个体身心感受的价值,包括了感官体验、情感体验和精神体验。感官体验包括眼、耳、鼻、舌、身等五官交互作用所产生的交感体验;情感体验指基于个体身心体悟的喜怒哀乐和爱欲憎恨而扩展到某种群体的情感共鸣;精神体验指价值观意义上的认同建构,产生了与"光晕"体验同样效果的高强度认同价值。体验价值具有娱乐性、参与性、互动性、时尚性的特点。

文化的价值从膜拜价值、展示价值到体验价值,再回到膜拜价值,形成一种文化的价值循环。在这种生生不息的价值循环中,文化价值的形态创新推动了文化产业的模式创新。比如,工艺美术品的价值提升难度在于如何增加工艺品的体验价值,既要考虑到多重感官的复合体验,又要结合时尚趋势和当下生活习

---

① 〔德〕瓦尔特·本雅明:《机械复制时代的艺术作品》,王才勇译,北京:中国城市出版社2002年版,第13—14页。

第一章 文化、创意与产业:文化产业关键词

惯。壹基金公益基金在2008年四川汶川地震后积极介入灾区的绣娘帮扶,实施"壹基金羌绣帮扶计划",统一设计绣品式样和艺术风格,培养绣娘的时尚观念和现代手工技能,与旁氏、爱马仕等国际时尚品牌和伊利诺伊等高档家具展开品牌合作,使羌绣的品种超越了传统的手工饰品,成为时尚的现代用品。这样既保存了羌绣传统的手工价值,又拓展了羌绣新兴的现代价值。

文化价值具有时间上的可变性,同一地域里不同时代的文化有不同时代的价值解读,所谓"历时变性";文化价值具有空间上的差异性,同一时代不同地域里的文化有不同地域的价值理解,所谓"共时差异";文化价值具有人性上的可通约性,不同时代不同地域的文化有相同的价值体验,所谓"人性可通"。一般来说,不同的文化价值可转换成不同的文化产业形态。文化的膜拜价值转化为传统文化产业,比如文化旅游、艺术收藏、节庆会展和表演艺术等;文化的展示价值转化为现代文化产业,比如广播影视、新闻出版等;文化的体验价值转化为新兴文化产业,比如数字内容、动漫游戏、创意设计等。当然,随着高新技术的运用,传统文化产业、现代文化产业和新兴文化产业的行业形态也在不断地发生转变。

4. 文化的观念

20世纪50年代以来,中国文化发展的内涵曾经长期被桎梏于意识形态控制和文化政治规训的教化功能。改革开放以来,文化发展逐渐摆脱了单一的意识形态功能,尤其是进入21世纪以后,文化发展积极诉求文化事业与文化产业双轮驱动的文化大发展大繁荣,谋划建设现代文化强国的发展目标。文化产业的发展给中国政治、经济、社会和文化的综合发展提供了内涵式支撑。文化产业的发展实践不仅促进了中国经济的转型和产业结构的调整,支持了文化遗产的保护和公共文化服务体系的健全,而且在更深层次上改变了中国社会对待文化发展的价值观念,推动文化发展的观念转变(见图1-1)。

中国共产党在领导中国的革命、建设和改革事业过程中,始终高度重视文化的意识形态属性,重视文化的民族凝聚和国家认同的作用。改革开放以来,随着市场经济建设的逐渐深入,开始理性地看待人们多元化的精神文化需求,逐渐看到文化所同时具有的文化价值和经济价值。1998年文化部成立文化产业司,将

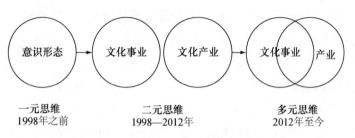

图 1-1　文化发展观念的历史演变

文化产业纳入中国政府的宏观治理,是一个里程碑式的文化事件,标志着文化发展观进入辩证主义的二元思维模式,意味着开始正视文化的双重属性——意识形态属性和商品经济属性,开始发挥文化的双重效益——社会效益和经济效益。韩国和中国台湾先后在 20 世纪 80 年代中后期经历了相似的社会转变,辅以多样化的文化发展政策,极大地促进了文化艺术的多元化繁荣和文化产业的多样性发展。

文化是创意的基础与平台,提供了创新所需的素材。中国共产党的十七大报告、十七届六中全会决定、十八大报告和十八届三中全会决定等重要文件先后指出,"文化越来越成为民族凝聚力和创造力的重要源泉、越来越成为综合国力竞争的重要因素、越来越成为经济社会发展的重要支撑","丰富精神文化生活越来越成为中国人民的热切愿望","文化在综合国力竞争中的地位和作用更加凸显,增强国家文化软实力、中华文化国际影响力要求更加紧迫"。这些论断表明,中国已进入一个文化的时代,一个以多元思维模式来看待文化发展价值的时代。

二、创意的意涵与特征

1. 创意的定义

学术界和实践界对与人的素质紧密相关的三个关键词——"创造"(Invention)、"创新"(Innovation)和"创意"(Creativity)有不同的理解。一般意义上认为,"创造"即发明,主要着眼于能够提供一种新技术、新发明和新观念并产生积极的社会意义和社会价值的人的行为活动。因此,科学上的发现、技术上的发明、文学艺术上的创作,都是创造活动。而创造中的"原创"就是指从无到有的创造过程或是重新改造已有事物的过程。创造能力是人的一切能力的基础能力。

美国著名经济学家约瑟夫·熊彼特(Joseph Schumpeter)把"创新"分为五种情况:(1) 采用一种新产品,或某种产品的一种新特性;(2) 采用一种新的生产方法,比如改手工生产方式为机械生产方式;(3) 开辟一个新的市场,比如从国内市场走向国际市场;(4) 取得原材料或半制成品的一种新供应来源;(5) 实现任何一种产业的新组织,比如新兴的文化企业组织。他把"创新"纳入了经济活动,以此来区分日常意义上单纯技术发明的"创造",认为企业家不是创造发明家,而是具有创新精神的经济活动创新者,是推动经济发展的动力①。

"创意"指"创出新意",是人类最向往的一种能力。迄今为止,虽然在心理学领域关于"创意"的研究已经很广泛,但对"创意是人的一种属性还是原创观念产生的一种过程"仍然没有达成共识。要对"创意"进行一种简单而直接的定义显得困难,甚至可以说,为"创意"下一个规范、标准的定义本身就违背了创意的本质。汉语"创意"一词最早见于《论衡·超奇》②,意指"提出有创造性的想法"。王国维在《人间词话》中分析了"创调"与"创意"的区别。③ 在中国,无论古今,创意特指一种创作思考的思维活动,是一种构思立意的创作能力,是打破常规的智慧方法。在西方文化传统中,最早在杰弗雷·乔叟(Geoffrey Chaucer)④的《坎特伯雷故事集》中关于"教士的故事"集中出现"creative"(创意的)一词,来源于希腊文"*creō*"(译为英文"to create,make")。一直到文艺复兴时期,创意在欧洲被普遍看成是上帝的工作,如果巫师和诗人有创意,那也是一种

---

① 〔美〕熊彼特:《熊彼特:经济发展理论》,邹建平译,北京:中国画报出版社2012年版,第68—72、77—83页。
② (汉)王充:《论衡·超奇》:"孔子得史记以作《春秋》,及其立义创意,褒贬赏诛,不复因史记者,妙思自处于胸中也。"
③ 王国维《人间词话》"三三篇":"美成深远之致不及欧秦。唯言情体物,穷极工巧,故不失为第一流之作者。但恨创调之才多,创意之才少耳。"
④ 杰弗雷·乔叟(约1343—1400),英国的诗歌之父,使用英语创作,首创了"英雄双韵体",其最著名的作品是《坎特伯雷故事集》。

"天赋",是一种"神授的灵感"。随着工业时代的到来,创意被视为一种思考想象和产品实现的双重过程。创意不仅提供新的想法,而且还要符合某种适用性。美国心理学家罗伯特·J.斯腾伯格(Robert J. Sternberg)认为,"创意是生产作品的能力,这些作品既新颖(也就是具有原创性,是不可预期的),又适当(也就是符合用途,适合目标所给予的限制)"。这个定义将"创意"划出了两个面向:"构想"面向与"执行"面向。定义中的"新颖性"属于创意的构想面;"适当性"属于创意的执行面。我国著名话剧导演赖声川说,"创意是看到新的可能,再将这些可能性组合成作品的过程"。约翰·库地奇(John Kurdich)说,"创意是一种挣扎,寻找并解放我们的内在。"这是同一过程的另一种说法:"寻找"与"解放"在更深的层面说明以上两种面向的创意的可能性。① 创意是一种为形式赋予新的意义的能力,包括"化心于物"和"转物为心"。创意包含激发创意本身的欲望,以及欲望被激发之后,如何找到途径让欲望成形。

联合国贸发会议(UNCTAD)专家埃德娜·多斯桑托斯通过人类行为的不同领域来解释创意的特征,进一步解释了"文化创意""科技创造"和"经济创新"三者之间的区别:"文化创意包括想象力,是一种产生原创观念的能力,以及能用新的方式阐释世界,并用文字、声音与图像加以表达;科技创造包括好奇心、一种勇于实验的愿望和在解决问题时创建新的联系;经济创新是能够引导在技术、商业实践以及市场营销等方面创新的动态过程,同时也与争取经济中的竞争优势紧密相连"。② 厉无畏同样区分了"文化创意"和科技创意(科技创新),认为科技创新是通过效率的提高使人拥有更多的自我时间;文化创意是通过内容的创造使人在有限的自我时间中拥有更精彩的体验,"科技创新在于改变产品与服务的功能结构,为消费者提供新的、更高的使用价值,或改变生产工艺以降低消耗和提高效率。而文化创意为产品和服务注入新的文化要素,如观念、感情和品味等因素,为消费者提供与众不同的新体验,从而提高产品与服务的观念价值。"③在这里,创意是连结文化与经济、文化与产业的关键因素。

---

① 赖声川:《赖声川的创意学》,桂林:广西师范大学出版社2011年版。
② 参见联合国贸发会议埃德娜·多斯桑托斯主编:《2008 创意经济报告》,北京:三辰影库音像出版社2008年版。
③ 厉无畏主编:《创意产业导论》,上海:学林出版社2006年版,第4—5页。

第一章 文化、创意与产业：文化产业关键词

创意还可以被看作一种可测度的社会进程。理查德·佛罗里达(Richard Florida)提出了全球创意力指数(Global Creativity Index,即 GCI)来衡量世界创意经济的竞争力,根据经济增长中的科技、人才和宽容度去测算一个国家的创意竞争力。香港特别行政区学者许焯权(Desmond Hui)的"创意指数研究(A Study on Creativity Index)"小组进一步提出了创意指数 5C 模型,将创意的经济成果(创意产出和成果)以及四种创意资本(社会的、文化的、人力的、结构或体制的)作为香港创意经济的创意指数。创意资本互动形成的创意活动不断循环作用,累计效应就是创意的成果。在这里,创意就是观念产生、联结和转化为价值的过程。

在世界文化经济的时代背景下,"创意"是以"文化"为素材进行的"创造"和"创新"活动,"文化创意"或"文创"逐渐成为时代新词。创造性思维是人的本质,创新精神是人的发展动力。在文化经济时代,创造和创新更多地体现了"文化"内涵,即为创意。文化创意是"基于某种文化立场和价值观及其由内而外化生的张力"构成的创造意识与力量[1],推动人类社会在经历了农业时代、工业时代进入到信息时代之后,进入到创意时代。文化创意成为新时代中推动经济发展重要的驱动力。2002 年美国《哈佛商业评论》甚至预测,未来不久以培养创意人才为目标的 MFA(艺术硕士,Master of Fine Art)将击败 MBA(工商管理硕士),成为经济社会中最受欢迎的学位之一。

"创意"变为"产业"的过程在于"创意管理"(Creative Management)。罗布·奥斯汀(Rob Austin)和李·德温(Lee Devin)认为,极高的个人天赋也不能保证一个有价值的结果,但"一个戏剧公司一贯在固定截止时间的压力下(晚上上演)交付一件有价值的新产品。这个产品,即一演出,非常严格地一遍一遍演出,每次都融合了重要的创新,但是每次都以同样的时间结束,误差不会超过 30 秒"。他们把这个过程概括为"经济而快速的反复",认为实现这种"反复"创造价值的秘诀就在于"创意管理",这是艺术化创造和商业化制造相结合的过程。在这里,创意管理是为了区别于技术制造的过程,是为了鼓励商业的技术管理向

---

[1] 宋建明:《当"文创设计"研究型教育遭遇"协同创新"语境:基于"艺术+科技+经济学科"研与教的思考》,载《新美术》2013 年第 11 期,第 12 页。

艺术的创意管理学习。约翰·霍金斯提出了创意管理的十大原则：创意者、思想家的工作、创意企业家、后就业的工作、即时化的人、临时性的公司、网络化办公与实体事业群聚、团队合作的模式、财务（懂得将专利、版权和商标用作贷款抵押）、寻求交易与热卖的机会。在这里，霍金斯几乎涉及了文化产业所需的全部要素，创意管理就是对这些要素进行计划、组织、控制和监督。

英国学者克里斯·比尔顿（Chris Bilton）系统深入地研究了"创意管理"。他认为一般管理者讨论"创意"仅仅将其视为创新的能力和思想的差异。但是，如果这种能力不能跟组织资源、组织能力和组织系统相匹配的话，其结果是毁灭性的。创意要与组织结构和组织战略息息相关，"创意管理"是"创意产业（文化产业）"中的经营管理能力。创意的过程是个性的、自主性的，是从创意准备（Preparation）、创意孵化（Incubation）、创意阐明（Illumination）到创意证实（Verification）的过程，而创意管理就是组织创意激发（Innovation activation）、灵感产生（Idea generation）、联结建立（Coalition building）、灵感实现（Idea realization）和创意转换（Transfer）、传播（Diffusion）的过程。创意管理的关键环节是关注"文化企业的战略、组织领导力、风险预防、商业模式和组织变革、文化市场和消费以及文化政策"。创意管理是文化产业管理的核心，是实现文化到产业的决定力量。①

2. 创意的内涵

克里斯和斯蒂芬·卡明斯（Stephen Cummings）对"创意"做了创造性的定义，将其分为三个层面来理解：作为"过程的创意"、作为"内容的创意"和作为"结果的创意"。

"创意的过程需要我们联结不熟悉的参考框架并利用不同的思维方式（左脑和右脑），也可能需要我们与不同类别的人联结；创意的内容应该既有新颖性又有价值。为了评价一些东西是否达到了这个标准，我们必须把想法和应用相联结，使创意落脚于目的、行动和结果。单纯的新颖性不能等同于创意；创意的结果与它发生的领域或范围相联结。有创意的想法转换成内容或它们周围的

---

① 向勇：《创意领导力：创意经理人胜任力研究》，北京：北京大学出版社 2011 年版，第 34—37 页。

'概念空间',为未来的创意开启了新的可能。个体有创意的想法具有集体性的结果。"①这样,我们就可以清楚地看出,"创意的内容"描述了包含着创意工作性定义的基本要素;"创意的结果"是创意产出或创意影响更实用的评估,否则创意行为是没有意义的;"创意的过程"描述了创意发生后的动态过程和互动影响。

根据《牛津大辞典》(*The Complete Oxford Dictionary*)的解释,"企业家"的英文单词"entrepreneur"源于法文,其原初意义指一个公共音乐机构的负责人,他具备把以音乐剧为代表的表演艺术向市场推广以达到最大的受众的能力,因此,"企业家"扮演了嫁接艺术创意与可预见市场的桥梁。这种桥梁作用就是一种文化商业的管理能力和创意创业的实践能力,这种文化企业家就是创意企业家。克里斯和斯蒂芬在《创意战略》里为创意企业家构建了一整套系统的创意战略理论。这套创意战略理论包括"战略创新、创意企业家精神、创意领导力和创意组织"等四大要素,而这四大要素又是在"发现、专注、宽松和集中"的四个内部因素与"展望、互动、涉猎和创造"的四个外部因素的相互作用、互相影响下得以形成。他们认为,"战略创新创造了增值人类生活的潜力,但要将创新有效地'导入市场',则有赖创意企业家精神提供必要的原动力;然而,为了建立企业家的市场滩头堡,就必须靠创意领导力将短期机会转换成长期的方向;但要让创意领导力能发展出正确的创意组织,就必须提供一个供联结与改变的框架;而为了让创意组织能长久保持活力如新,又需要战略创新。"②

三、产业的意涵与特征

1. 产业的定义

产业,英文为"Industry"(在实际中可根据句意的上下文译为"工业"或"产业"),其意义的改变发生在英国的工业革命之后。工业革命之前,"产业"指一种人类特质,如技艺、努力、坚毅和勤奋;工业革命之后,"产业"用来描述人类的

---

① Chris Bilton & Stephen Cummings, *Creative Strategy: Reconnecting Business and Innovation*, Wiley, 2010.

② Ibid., p. 45.

生产制造体制及其一般活动,描述具有某种同类属性的经济活动的集合或系统。产业是社会生产力不断发展的必然结果,是社会分工的产物。亚当·斯密(Adam Smith)在《国富论》中首次使用这一概念。

20世纪20年代,国际劳工局①把人类的整个社会生产分为三个部分,初级生产部门、次级生产部门和服务部门。1931年德国经济学家霍夫曼(W. C. Hoffman)为了研究工业化进程中产业结构之间的比例关系和变动趋势,在《工业化的阶段和类型》中将产业分为消费资料产业(包括食品业、纺织业、皮革业、家具业等)、资本资料产业(包括冶金及金属材料工业、运输机械业、一般制造业、化学工业等)和其他产业(包括橡胶、木材、造纸、印刷等工业)。1935年新西兰经济学家费希尔(A. G. D. Fisher)在《安全与进步的冲突》一书中首先创立三次产业分类法②。三大产业的划分反映了泰勒主义(Taylorism)③和福特主义的工业模式,这是一种以生产为主导,以分工和专业化为基础,以较低产品价格作为竞争手段的大规模、标准化的刚性生产模式。英国经济学家克拉克(Colin Clark)在1940年出版的《经济进步的条件》一书里研究了经济发展同产业结构化之间的关系,并围绕需求与效率、产品与消费者的距离、产品是否有形、生产过程与消费过程是否分离等问题探讨产业的划分标准与规律,拓展了产业结构理论的应用研究。经济合作与发展组织(OECD)以经济活动与自然界的关系划分三大产业:从自然物当中直接获得消费材料的生产部门就是第一产业,从自然当中获取材料,作为生产性消费材料,人们不能直接消费,要经过再加工才能被人消费的为第二产业。第一产业和第二产业都属于物质生产,都是物质产品。第三产业

---

① 国际劳工组织(International Labour Organization,简称ILO)成立于1919年,其常设机构是国际劳工局,旨在促进社会公正和国际公认的人权和劳工权益。

② 费希尔认为:综观世界经济史可以发现,人类生产活动的发展有三个阶段。在初级生产阶段,生产活动主要以农业和畜牧业为主……迄今世界上许多地区还停留在这个阶段上。第二阶段是以工业生产大规模地迅速发展为标志的,纺织、钢铁和其他制造业的商品生产为就业和投资提供了广泛的机会。显然,确定这个阶段开始的确切时间是困难的,但是很明显,英国是在18世纪末进入这个阶段……第三阶段开始于20世纪初,大量的劳动和资本不是继续流入初级生产和第二级生产中,而是流入旅游、娱乐服务、文化艺术、保健、教育和科学、政府等活动中。处于初级阶段生产的产业是第一产业,处于第二阶段生产的产业是第二产业,处于第三阶段生产的产业是第三产业。

③ 泰勒主义即科学管理理论,由弗雷德里克·温斯洛·泰勒(Frederick Winslow Taylor)在1912年出版的《科学管理原理》一书提出。泰勒主义基于"人是'经济人'"的管理哲学假设,运用工程学原理,通过科学化、标准化的管理方法,促进组织生产效率的提高,使管理从经验上升到科学。

属于非物质生产,是非物质产品。1968年美国经济学家钱纳里(H. Chenery)和泰勒(L. Taylor)将不同经济发展时期对经济发展起主要作用的制造业部门划分为初期产业、中期产业和后期产业,以揭示制造业内部结构转换的原因,指导政府部门制定促进结构优化的产业政策。目前,国际标准产业分类体系(International Standard Industrial Classification of All Economic Activities,英文缩写为ISIC,1946年颁布,经1958年、1968年、1990年、2002年和2008年多次修订),是最有影响力的产业分类体系之一。除此之外,按照资源密集度分类,可以将产业分为劳动密集型产业、资本密集型产业和技术密集型产业;按照增长率分类,可以将产业分为发展产业、成长产业、成熟产业和衰退产业;按照发展趋势分类,可以将产业分为幼小产业、新兴产业、朝阳产业、衰退产业、夕阳产业和淘汰产业。

1949年以来,中国受马克思唯物史观和历史唯物论的影响,把社会总产品划分为生产资料和消费资料两大部类,只涵盖物质生产部门,这不利于产业经济的全面分析。1985年,国务院办公厅转发国家统计局《关于建立第三产业统计的报告》,中国标准局颁布了《国民经济行业分类与代码》(1984年施行,经1994年、2002年、2011年、2017年四次修订),将产业划分为三大类(包括20个门类、97个大类、473个中类和1381个小类)。第一产业为农业(包括农、林、牧、渔);第二产业为工业(包括采掘、制造、自来水、电力、蒸汽、热水、煤气)和建筑业;第三产业分为流通和服务两部分,共四个层次。其中,第一层次,流通部门,包括交通运输、邮电通讯、商业、饮食、物资供销和仓储等。第二层次,为生产和生活服务的部门,包括金融、保险、地质普查、房地产、公用事业、居民服务、旅游、咨询信息服务和各类技术服务等。第三层次,为提高科学文化水平和居民素质服务的部门,包括教育、文化、广播、电视、科学研究、卫生、体育和社会福利等。第四层次,为社会公共需要服务的部门,包括国家机关、政党机关、社会团体以及军队和警察等。对文化产业而言,第三产业中第二层次的旅游和咨询信息服务以及第三层次大多属于文化产业的范畴。

三大产业的划分促进了发达资本主义国家全球范围内的合法性扩张和殖民式统治,直到20世纪60年代爆发福特主义危机,西方主要国家开始进行经济结构调整。从20世纪70年代到90年代,随着信息技术、微电子技术、卫星技术和网络技术的迅猛发展,西方开始出现了新福特主义、后福特主义的产业特征。由于日本丰田汽车首创的"丰田方式"是福特主义的终结者,因此后福特主义也被称为丰田主义(Toyotaism)。后福特主义生产以满足个性化需求为目的,以信息和通信技术为基础,生产过程和劳动关系都具有灵活性,具有大规模定制、水平性组织形态、精益性生产、消费者主导和竞合性市场结构等产业特征。

产业模式从福特主义向后福特主义的转向带动了生产—消费权力结构的变化,生产要素从土地、劳动力、资本等传统有形资产转变为信息、知识和创意主导的无形资产;企业经营从生产制造导向和产品功能导向转变为消费导向和符号导向;社会发展从要素驱动和资本驱动转向创新驱动和财富驱动。"在后福特主义时代中,商品的价格和功能都不再成为优先考虑,取而代之的,是其中所蕴含的文化元素与符号意义。就消费面向而言,休闲时间与可支配所得的增加,使对休闲产品与文化产品的消费也随之上升,其满足的是精神方面的需求,而非衣食住行等基本物质需求。"[①]在此之下,"文化"不仅代表了不同国家和地区精神生活的全部归属,而且作为人类生活方式的综合意涵,被置入物质生产的全过程,文化产业作为一种新兴产业的生产模式,开始从文化生产自身领域扩展到整个社会生产。运用产业化的生产模式提升文化的整体价值,开掘文化资源所蕴含的经济潜能,让消费者感受到一般产品的精神价值,感受文化创新的时代新生。

2. 产业的特征

一般而言,"产业"包含两个方面的特征:规模化生产和商业化运营。规模化生产是从技术层面考虑的,产业化的生产模式就是标准化产品的批量制造、连续性的生产过程;商业化运营是从市场层面考虑的,产业化的生产目的就是产品的使用价值要通过市场机制实现交换价值。因此,当谈到"产业"的时候,既强调技术的逻辑又强调商业的逻辑。技术的逻辑强调的是技术化的生产方式、标准化的生产模式和规模化的生产效益;商业的逻辑强调的是市场化的生产目的、企业化的生产主体和金融化的生产手段。

到目前为止,自由竞争使市场经济成为一种持续有效的资源配置的社会经济制度。在市场经济条件下,产业要具备获取并利用资源、开拓市场、占据市场

---

① 李天铎编著:《文化创意产业读本:创意管理与文化经济》,台北:远流出版公司2012年版,第21页。

并获取利润的竞争能力。产业竞争力包含产业竞争实力、产业竞争潜力和产业竞争环境等三个要素。其中,产业竞争实力是指竞争主体在一定竞争环境下将竞争潜力转化为竞争优势的能力,包括产业盈利能力、市场化能力、资源转化能力和技术创新能力等指标;产业竞争潜力指竞争主体的比较优势和其他可控的发展条件,包括技术投入、价格与成本方面的比较优势等指标;产业竞争环境指竞争主体不可控的发展条件,主要包括贸易环境、技术环境、相关产业发展环境及产业政策等指标。① 在国际分工和全球价值链下,产业竞争力成为国家竞争力的重要组成部分。一个国家和地区所具备的国际产业竞争力包括绝对竞争力、相对竞争力和差别竞争力等三种形式,相应形成了外生比较优势、内生比较优势、相对竞争优势和绝对优势的国际竞争格局。②

产业集群(或产业集聚)是产业在空间上的一种组织形式。按照迈克尔·波特的看法,产业集群是在某个主导产业的特定领域中,大量在地理上相近、联系密切的企业、科研机构等相关支撑机构在空间上集中,以共通性和互助性相连接,形成强劲、持续的协同效应。③ 一般意义上,产业集群包括了产业链的上下游企业、互补产品供应商、专业化基础设施的供应者以及提供教育、培训、研究和技术支持的研究机构和中介服务机构,发挥规模经济、范围经济、知识共享和学习创新的整合优势。美国洛杉矶好莱坞是文化产业的典型集聚,作为电影制作的特殊的地理现象,垂直整合了电影制作的全部单位,发展出一套纵横交叉的产制体系,形成了一种电影片厂与相关产制销活动密集的产业复合体,凝聚了美国电影生产的国际优势,甚至发展成全球各国电影生产争先效仿的产业典范。

3. 产业的效用

文化作为一种精神性的价值意涵,同时具有文化教化的功能和满足民众文化需求的功能,其存在形态既包括精英文化、大众文化和民间文化等不同层次的

---

① 汪莹:《产业竞争力理论研究述评》,载《江淮论坛》2008 年第 2 期,第 30—38 页。
② 赵洪斌:《论产业竞争力——一个理论综述》,载《当代财经》2004 年第 12 期,第 67—70 页。
③ 〔美〕迈克尔·波特:《竞争论》,北京:中信出版社 2003 年版,第 181—243 页。

文化产品,存在高雅与通俗的品位分野;又包括公共文化服务和大众文化产品等不同类型的文化产品,阻隔"文化"与"商业"的融通结合。不管是"文化产业化"还是"产业文化化",都是文化因应现代产业作为一种有效率的社会生产模式,满足了人们对商品功能价值之外的文化价值消费的需要,使得文化与经济之间的界限越来越模糊,进而发展出潜能无限的文化经济。因此,产业化手段推动了文化与商业的联姻,要求艺术价值和商业价值双重属性兼具的文化优品的出现。

在文化产业的语境里,不应该存在文化产品的艺术性和商业性对立的悖论。文化产品的艺术价值是文化产品相互区别的艺术属性,是产业化的基础。从产业化的角度来看,文化产品的出发点不是文化产品的艺术性和文化内涵,而是从商业化的角度来审视文化艺术。文化产业视野下的文化创作、制作、传播和消费,需要从"是否面向市场需求、是否存在企业经营、是否利用高新技术、是否形成产业集群"等角度来审视文化生产的产业化症候。创新是商业活动的本质,创新的目的是最大限度地发挥资源开发的综合效益。

从满足大众的需要、有效率地利用资源、维护可持续发展等产业化效果来看,文化的商业化和文化的产业化有助于促进文化艺术的繁荣发展。比如,博物馆传统的展示方式只是将文物进行静态的展览,如果博物馆利用现代化的科技手段,对文物展品进行动态性的、立体化的展示,与观众之间形成了动态的互动,会让观众更直观、亲在地感受展品的文化价值。博物馆还可以提取展品的文化元素、数字图像或文物知识进行文物仿制品和艺术纪念品等衍生商品的开发,通过工作坊、研讨会、论坛、博览会、设计讲座、研习营等形式训练传统产业的设计团队,在体悟文物的美学感知、历史价值等文化价值的同时启发文化创意、数字加值和文化营销等产业价值,不仅有利于文物知识的教育普及和艺术价值的推广传播,而且还有助于推动传统文化资源的当代转换,产生包括艺术价值和商业价值在内的多元价值效益。

四、文化产业相关概念演变

文化产业是"文化"与"产业"的复合概念,是以精神产品的创造、生产、交换和消费为主要特征的行业集合。其中,"文化"是一个纵向历史性的概念,构成了一个国家和民族共有的知识谱系、价值观念、道德信仰和艺术审美,透过人的各种活动从远古走到今天。一般来说,文化分为三种形态:精英主流文化、公共事业文化和大众娱乐文化。这三种文化或形成金字塔形状,塔尖层是精英主流文化,塔底层是大众娱乐文化,中间层是公共事业文化;或形成靶心状结构,内核层是精英主流文化,外围层是大众娱乐文化,中间层是公共事业文化;或形成三维立方体结构,由此三种结构分别作为立方体的三个维度,三种文化之间互相交织,相互影响。"产业"是一个横向空间性的维度概念,包含了技术化复制方式、规模化生产模式和金融化经营形态。产业具有按照现代市场和国际市场进行产品经营,通过资本运营,按照项目经营和企业经营实现规模效益的特征。

"文化"是一个模糊的概念,在"产业"的价值链中就变成一种基于创造性而生发的"创意",这种创意不再是单纯为了"新意而创新",而是为了"合乎目的的适用",要有使用价值;这种创意不再是一个思维灵感迸发的结果,而是多元思维相互作用的过程;这种创意不再是个人的战斗,而是团体和组织的协同。在这里,促使创意达成的非创意行为与创意行为同等作用。在这里,消费行为的过程由于文化产品象征性的特征而变成一种创意性消费。因此,创意不仅使"文化"变成"产业"成为可能,实现"文化创意"到"产业创富"的价值飞跃,还正在塑造一个国家和地区产业的新形象,一个民族的创意力在国民经济的推动因素中占据了重要的位置。无论是西方传统还是中国历史,"文化""创意"和"产业"在漫长的历史长河中分属不同的支流领域。文化产业作为进入后工业社会、现代服务业高度发达的国家和地区选择的一种新兴产业,是现代社会向后现代社会转型的一次产业升级。现代化追求的是现代社会,也就是工业社会,其主要增长模式是工业主义的物质增长;后现代社会,也就是后工业社会,增长的模式向文化主义转向,生产目标也从工业社会无限制的开掘自然资源转向后工业社会对文化资源的利用。

"文化""创意"和"产业"是矛盾着的概念,互相之间包含着对立的因素:文化的沿袭会成为创意创新的阻碍因子,标准化的产业方式会伤害文化的创意。在人类进入后工业社会的文化经济时代,这"文化之水""创意之水""产业之水"的三股支流汇合成"文化创意产业"的巨河。当三者汇流时,"文化"传达的是"讲求内涵的厚度","创意"强调的是"诉求感动的深度","产业"彰显的是"追求接受的广度","创意"让"文化"成为"产业"。文化资源成为后工业社会的主要生产要素,具有信息、知识和创意等不同表现形态。因此,文化产业经营管理能力就在于如何开掘这些文化资源,变成文化产品,成为文化品牌,最后实现文化产业的效益腾飞。

"文化""创意"与"产业"这三个概念的不同组合产生了诸如文化产业、创意产业、文化创意产业等不同的概念,在实践上带来极度的混淆,会在一定程度上降低产业推广的成效。"上自富商巨贾、骚人墨客,下至地产商、市井小民,言必称文化,个个都是创意专家,浮泛的言说,弄得夜市小吃、观光节庆、民俗庙会、美食名酒等,都是文化产业;名牌消费、奢华休旅、精品时尚、地景豪宅等,都是创意产业。一时之间,数字内容、动漫游戏、创意设计相关议题的研讨讲座、培训课程、育成方案等纷纷展开;地方工艺、童玩花祭、文化园区等成为城市县市乡镇发展的不二法门;各式标榜风格首创的时尚精品充斥着街头巷尾,热闹非凡。"[①]文化产业发展最大的困扰在于概念不清造成的实践混乱。不同国家和地区的政府部门因由自身的资源禀赋和发展愿景的不同,在不同的内涵界定和外延囊括的话语体系之下,针对"文化产业"等不同概念制定出了不同的政策措施。因此,文化产业的研究首先要对文化产业及其相关概念进行理论上的辨析与梳理。从历史进展和现实发展来看,文化产业及其相关概念包括文化工业、文化产业、创意产业、文化创意产业、版权产业、内容产业、传媒产业、娱乐产业等。

1. 文化工业

法兰克福学派[②]创造了"文化工业(Culture Industry)"一词来区别于"大众文化",指出文化工业就是大众文化的产品和生产过程。文化工业成为法兰克福

[①] 李天铎编著:《文化创意产业读本:创意管理与文化经济》,台北:远流出版公司2012年版,第19页。

[②] 法兰克福学派,是指与法兰克福大学社会研究所有关的一群德国西方马克思主义知识分子。该学派起源于1923年社会研究所的成立,1933年希特勒上台后前往美国,先后附属于纽约的哥伦比亚大学和伯克利的加利福尼亚大学,1949年迁回德国。1980年后随着主要代表人物的相继去世和后继者之间的观点分歧,作为一个强有力的学派开始解体。法兰克福的理论被称为社会批判理论,其代表人物有霍克海默、阿多诺、卢卡奇、马尔库塞、弗洛姆、哈贝马斯和施密特等。

学派对西方资本主义文化生产进行强烈批判和猛烈抨击的理论工具。1947年霍克海默(Max Horkheimer)和阿多诺(Theodor Adorno)合著出版的《启蒙辩证法》所辑录的《文化工业:作为大众欺骗的启蒙》,成为法兰克福学派文化工业批判理论的经典之作。他们对"文化工业"进行了批判性分析,认为文化工业的存在基础注定其不可能实现自由创造;文化工业使人的个性逐渐趋于消亡;文化工业的基石注定其无法实现艺术的超越性;先进技术的采用降低了文化产品的艺术价值;文化工业中的创作必然走向程序化;文化工业产品消费者的独立判断能力正日益丧失。正是通过上述批判性剖析,法兰克福学派巧妙地完成了自己对文化工业的批判,更把现代资本主义国家的极权主义归结为资本主义的文化工业对大众意识形态的操纵。

霍克海默和阿多诺认为文化的理想状态是艺术,他们批评已遭商品化的大众文化,批判大众文化的资本主义生产方式——"文化工业",批判在资本渗透和运作下的大工业生产方式将文化包括文学、艺术、报刊、广播、电视等所有文化形态完全商品化和市场化,将文化产品完全等同于一般物质产品。虽然法兰克福学派所原创的"文化工业"一词具有强烈的批判性和否定性意味,但就在法兰克福学派对文化工业这种批判中揭示了文化产业的本质特征:文化产业是面向先进技术的一种产业,是一种规模化复制化的产业方式;是面向市场的一种产业,具有一种商业性营利性的产业目的。当然,以霍克海默和阿多诺批判理论为代表的法兰克福文化工业批判理论具有历史的局限性,他们没有看到大众作为文化产品的消费者所起到的积极作用以及文化产品在创意过程中对艺术价值的不断追求。①

2. 文化产业

"文化工业"一词曾被广泛用来批判当代文化生活的现实局限,1979年被法国文化社会学家伯纳德·米亚基(Bernard Miege)采用,并将单数的文化工业(Culture Industry)转换成复数的"文化产业(Cultural Industries)",以展示文化产业的复杂形态和运作逻辑。米亚基等人批评了阿多诺和霍克海默乌托邦

---

① 向勇:《创意领导力:创意经理人胜任力研究》,北京:北京大学出版社2011年版,第57页。

式的文化理想,认为这是其对前工业时期文化产制抱有怀旧遐想的孤芳自赏。文化的产业化和商品化是矛盾而复杂的、充满争议的演变过程,会带来令人激赏的创新方向,这是充满智慧却绝对悲观的阿多诺与霍克海默难以想象的。①

"文化产业"的概念是经政策领域的发布而得到广为传播的。1980年初,欧洲议会文化合作委员会举行会议,召集政、产、学界人士专门探讨"文化产业"的内涵、时代背景及其对社会发展的未来影响等诸多议题。"文化产业"作为专有名词开始正式区别于学术术语"文化工业",不再带有先前的贬义色彩,成为积极的被充分认可的现代生活中所有共存的文化生产形式,进而发展成为一种具有广泛意义的"文化经济"形态。联合国教科文组织(UNESCO)从1979年和1980年起开始大幅度推出国际性的文化产业资助计划。2005年,联合国教科文组织与世界知识产权组织(WIPO)和亚洲开发银行在印度举行"亚太创意社区:面向21世纪的战略(Asia-Pacific Creative Communities: A Strategy for the 21st Century)"专题会议,发布了《文化产业背景报告》。

联合国教科文组织从生产特征和经济性质两个方面对"文化产业"的概念进行了界定,指出"文化产业是那些有形或无形艺术性与创意性产品创制的产业,是按照工业标准生产、再生产、存储以及分配文化产品和服务的一系列活动。采取经济战略,其目标是追求经济利益而不是单纯为了促进文化发展",认为文化产业经由文化资产的开发,"结合创作、生产与商业的内容,同时这内容在本质上是具有无形资产与文化概念的特性,并获得知识产权的保护,而以产品或服务的形式来呈现"。②

在中国,文化产业被定义成"为社会公众提供文化、精神、娱乐产品和服务的活动,以及与这些活动有关联的活动的集合",文化产业被塑造成为"市场经济条件下繁荣发展社会主义文化的重要载体,是满足人民群众多样化、多层次、多方面精神文化需求的重要途径,也是推动经济结构调整、转变经济发展方式的

---

① 〔英〕David Hesmondhalgh:《文化产业》,台北:韦伯文化国际出版有限公司2006年版,第16—17页。
② 林炎旦:《文化创意产业理论与实务》,台北:师大书苑有限公司2011年版,第7页。

第一章 文化、创意与产业：文化产业关键词

重要着力点"①，强调文化产业发展要维护社会效益和经济效益，并以社会效益为先。

文化产业的概念强调了文化资源的利用与开发，尊重历史演进的根源性，一般来说是广泛指称"以生活方式、价值信仰、社会情境、历史文物、自然景观为素材，予以系统化与产值化，创造经济效益，例如地方工艺、旅游观光、聚落古迹、休闲娱乐、艺术成品等等"。文化产业概念的关键词是"文化素材""系统化""产值化"和"文化经济"，强调运用创意力、文化知识和知识产权去生产具有社会文化意义的产品和服务。②

3. 创意产业

1997 年，英国首相托尼·布莱尔(Tony Blair)在考察了开始于 90 年代初澳大利亚"创意澳洲"的政府经验后，成立了文化传媒体育部(The Department for Culture, Media and Sport，简称 DCMS)，提出发展创意产业(Creative Industries)。《创意产业图景报告》(*Creative Industries Mapping Document*)指出，"创意产业是起源于个体创意、技巧与才能，透过知识产权的生产与利用，而有潜力创造财富和就业机会的产业"。英国咨询师查尔斯·兰德利(Charles Landry)从创意城市(Creative City)的视域对创意产业进行了理论探索和实践规划③，并迅速被英国媒体理论家约翰·霍金斯和美国文化社会学家理查德·佛罗里达发展为对"创意经济"和"创意阶层"更广泛和更深入的学术探讨。

联合国贸易和发展会议(UNCTAD)和联合国开发计划署(UNDP)也是倡导创意产业的国际组织，认为创意产业就是"创意与知识资本的投入，由一套以知识为基础的经济活动构成，包含产品与服务的创作、生产和销售的循环过程，还生产包含创意内容、经济价值与市场目标的智力或艺术服务"。"创意产业"一词的应用范围比"文化产业"更加广泛，涵盖了文化产业和创新依赖产业的商品

---

① 参见 2009 年 7 月 22 日温家宝主持召开国务院常务会议讨论并原则通过的《文化产业振兴规划》。
② 李天铎编著：《文化创意产业读本：创意管理与文化经济》，台北：远流出版公司 2012 年版，第 82—84 页。
③ Charles Landry, *The Creative City: A Toolkit for Urban Innovations*, Earthscan Publishment Ltd, 2000.

和服务,包括多种类型的研究和软件开发。①

理查德·凯夫斯(Richard Caves)认为"创意产业"是在经济刺激下,艺术家和一般人之间的商业合作。"创意产业"是在"文化产业"的概念前提下,特指"以高思维的玄妙想象,应用科学技术,予以高巧思的符号化,创造高附加经济产值"。创意产业源自个人或集体创意、技术和才华,重视知识产权的开拓与利用,具有开创财富和就业机会的潜力。创意产业关注设计、电影、音乐、广告、动画、网络游戏等领域里的文化创意和创意设计活动。创意产业的关键词是"科技""符号化""创意经济",是具有高附加价值、创意以及高流通性的产业形式。②

创意产业强调现实创意的草根性,一般分为两种形式:一种是由传统工艺作坊式的创意单元组成的创意群落,如具有艺术风格的美术工作室、非物质文化产品的手工坊;另一种是由新兴创意设计带动的数码创意单元组成的产业集群,如工业设计、动漫、新媒体、网络游戏开发与制作。

4. 文化创意产业

"文化创意产业(Cultural and Creative Industries)"由我国台湾地区在2002年《挑战2008:台湾发展重点计划》中提出,并于2009年擘画了"创意台湾——文化创意产业发展方案行动计划",希冀依托高科技产业和国际贸易的优势,促进"商业""科技"和"文化""艺术"的融合发展,创造潜能无限的新经济价值。2010年台湾"文化创意产业发展法"指出,文化创意产业指"源自创意或文化积累,透过智慧财产之形成及运用,具有创造财富及就业机会潜力,并促进全民美学素养,使国民整体生活环境提升之产业"。台湾地区的"文化创意产业"定义既强调了文化艺术具有产业价值,又强调了文化艺术是创意的来源与核心,更注重国民美学素养的提升,与微观层面的"生活美学运动"、中观层面的"社区总体营造"和宏观层面的"文化创意"战略交相辉映,去努力创造一个"睥睨欧美日、

---

① 联合国教科文组织、联合国开发计划署编:《2013创意经济报告——拓展本土发展途径》,意娜等译,北京:社会科学文献出版社2014年版,第2页。

② 李天铎编著:《文化创意产业读本:创意管理与文化经济》,台北:远流出版公司2012年版,第84页。

美学的、风格的、品位的文明国度"。

北京基于"推动产业替代和结构优化升级"的考虑,扬弃了中央政府统一使用的"文化产业"概念,2006年1月在《北京市国民经济和社会发展第十一个五年规划纲要》草案中出现了"文化创意产业"的新名词,并很快成立了北京文化创意产业领导小组和文化创意产业促进中心,颁布了《北京市促进文化创意产业发展的若干政策》。《北京市文化创意产业分类标准》指出,文化创意产业是指"以创作、创造、创新为根本手段,以文化内容和创意成果为核心价值,以知识产权实现或消费为交易特征,为社会公众提供文化体验的具有内在联系的行业集群"。

随着北京市推动文化创意产业的强力举措和媒体的竞相报道,带来了"文化创意产业"概念同"文化产业""创意产业"等概念之间交叉、重叠和边缘模糊的现象,造成了大众理解和实践发展的困惑。2006年在中国文化产业发展史上被称为"概念纷争年",甚至之后造成学术研究者与政策制定者之间较为激烈的学术争议。一方面,有学者指出文化创意产业完全不同于过去文化产业的新的发展形态,"是一种历史性出场","创意产业是文化产业发展新阶段的产物"。① 另一方面,有政府决策者认为"文化产业"与"文化创意产业"在出发点、实施主体、产业性质、管理部门和理论基础等方面都有显著不同,"文化创意产业"的提法会带来统计工作的边界混乱和媒体宣传的语义矛盾。② 我们认为,"创意产业"和"文化创意产业"虽然在创意资源依托的侧重点上存在差异(创意产业注重现实中的个体或集体创意,文化创意产业注重文化内容、历史资源和现实创意),但两个概念并无实质区别,在很多情况下可以互用。而"文化产业"概念强调精神性消费,"创意产业(或文化创意产业)"强调创新价值,两个概念虽然都重视知识产权的开发与利用及依赖产业价值链的衍生而创造出来的经济价值和国民财富,但总体而言,"创意产业(或文化创意产业)"概念的外延要远远大于"文化产业"。

---

① 金元浦:《文化创意产业的历史性出场》,载《求是》2008年第19期,第57—58页。
② 王永章:《创意产业能替代文化产业?》,载《民营经济报》2007年5月16日第A2版。

5. 版权产业

版权产业(Copyright-based Industries,标准译法应为"基于版权的产业")是在法律属性和经济属性的双重语境下重视知识产权价值的一种提法,是以版权为基础的产业。版权产业强调"生产经营具有版权属性的作品(产品)",依靠版权法和相关法律强有力的保护而创造经济价值。版权产业涉及文学艺术作品、科学技术发明的创作、复制、发行和传播,涵盖信息、知识和创意的采集、存储和开发。版权产业是建立在知识和信息的生产、存储、使用、消费之上的产业形态,覆盖文学艺术、新闻出版、广播影视、文化娱乐、工艺美术、计算机软件、信息网络等多个领域。其实,版权产业更规范的说法是包括专利、版权、商标和设计权等在内的知识产权产业(Intellectual Property Industries)。

版权产业的概念最早于1978年由瑞典提出,1986年德国和奥地利、1990年美国知识产权联盟(IIPA)都开始系统地研究版权产业的价值、内涵和外延。根据世界知识产权组织的分类,美国的版权产业分为核心版权产业(Core Copyright Industries)、部分版权产业(Partial Copyright Industries)、关联版权产业(Inter-dependent Copyright Industries)和非专一支援版权产业(Non-dedicated Support Industries)。其中,核心版权产业指以生产和销售版权为目的的行业,包括出版业(报纸、图书、期刊)、音乐、音像业(唱片、磁带和CD)、影视业(电影、电视、广播)、电脑软件业(应用软件、娱乐软件)、广告服务业及书店、报摊和照相馆等。部分版权产业指那些产品中只有部分享有版权的行业,包括纺织品、家具、建筑、地毯、垫子和编织物等。关联版权产业指传播、承载和利用版权产品的设备制造业,包括计算机、收音机、电视机、收录机等。非专一支援版权产业指分销版权材料的行业,包括批发、零售业及与发行有关的电信行业和运输服务业。[①] 美国的版权产业被誉为美国最重要、最有价值的资产,促进了美国经济的持续增长,成为美国经济的支柱性产业。总体而言,"文化产业"相当于核心版权产业,版权产业的范畴也远远大于文化创意产业(见图1-2)。

[①] 参见柳斌杰主编:《中国版权相关产业的经济贡献》,北京:中国书籍出版社2010年版。

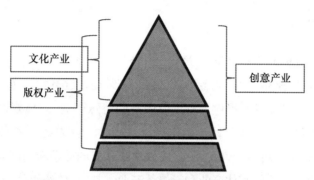

图1-2 文化产业、创意产业和版权产业的关系图

6. 内容产业

"内容产业(Cultural Content, Creative Content)"是在韩国和日本比较流行的一种说法,指以知识性、信息化和创意性内容为主的行业,这些内容包括肖像、卡通形象、角色等。这些内容的创意以历史、艺术等文化元素为基础,涉及出版、漫画、音乐、游戏、电影、动画、广播、广告、肖像授权以及教育娱乐。内容产业重点偏向作为内容的信息及其发布系统,整合了内容和媒体,比如各种媒介上的印刷品(报纸、书籍、杂志等)、电子出版物(联机数据库、音像制品服务、网络出版物、电子游戏等)、音像传播(电视、录像、广播和影院)及软件业等。大卫·赫斯蒙德夫用"文本"来指涉各种文化作品的集合名词,包括节目、影片、唱片、书籍、漫画、影像、杂志和报纸等文化产业所产制的成品内容。

在文化产业语境中,与"内容"相对应的是"渠道(Channel)",故有"内容为王"还是"渠道为王"的争论。内容与渠道的取舍,反映了信息化基础上的内容产业的运营法则。在信息产业背景下,对内容传输渠道的强调,指出了文化产品和服务的传输都是通过音频、视频、网络和影映窗口等信息传播渠道和实体发行渠道来实现的现实。当然,随着新媒体,尤其是网络媒体和手机移动媒体的勃兴和媒介融合趋势的加强,新兴文化产业出现了这样的趋势:或通过"内容整合全媒体渠道",形成全产业链优势,或内容和渠道被平台整合,凸显"平台为王"优势。

7. 传媒产业

传媒产业(Media Industries),是指"传播各类信息、知识的传媒实体部分所构成的产业群,它是生产、传播各种以文字、图形、语言、影像、声音、数码、符号等形式存在的信息产品以及提供各种增值服务的特殊产业"。传媒产业强调文化生产模式中的复制和传播手段。传媒产业是一种注意力经济和影响力经济[①],强调信息服务,是一种政策性垄断、经济性垄断和资源性垄断的产业。[②]

传媒产业分为传统媒体产业和新媒体产业。其中,传统媒体产业包括图书、报纸、杂志、电影、广播、电视;新媒体产业包括网络、手机、数字出版、动漫、游戏、电子报刊、手机报刊、数字电影、电视电影、网络广电、数字电视、手机电视、移动电视、楼宇电视、IPTV、电子商务、视频、社交、即时通信、无线增值、在线阅读、显示屏、数据库。

8. 娱乐产业

娱乐产业(Entertainment Industries),是指提供以娱乐性和时尚性为消费特征的产品和服务的行业。娱乐产业包括文化娱乐、体育娱乐和休闲娱乐,形成娱乐经济。娱乐产业是一种体验经济,是为了满足消费者生理和心理的趋乐欲望和精神愉悦。娱乐产业受社会发展水平、经济收入状况、技术发展条件和人们休闲时间的影响,塑造了现代人的生活方式。随着娱乐产业与信息产业的融合发展,娱乐一体化和娱乐品牌化激发了无边界娱乐的趋势与商机。

总之,任何一种文化周期都包括了文化创造、文化生产和文化传播等不同阶段(见图1-3)。这个过程可以是制度化的,或非规程化的;也可以是国家管控的,或社会自发的。在全球化浪潮和符号消费趋势下,如果将文化产业及其相关概念统合在文化产业的大背景下去观察,就会发现这些概念间的区别与联系。按照文化产业的价值链理论,文化产品的生产从创作到消费,经历了由文化作品

[①] 喻国民:《影响力经济——对传媒产业本质的一种诠释》,载《现代传播》2003年1期,第1—3页。
[②] 蒋旭峰、郑丽勇:《文化强国战略视野下的媒介价值链"双轨制"整合模式研究》,载《中国出版》2013年第7期,第6—10页。

转为文化产品,再变为文化商品,经过内容渠道到达文化市场的过程。因此,强调文化产业价值链上的不同环节的不同特征的重要程度,就可以找出这些概念对应环节的出发点和落脚点(见图1-3)。

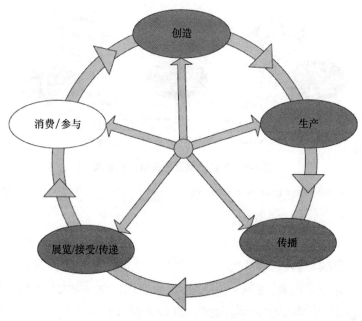

图1-3 文化周期图

来源:联合国教科文组织统计研究所:《2009年联合国教科文组织文化统计框架》。

在文化作品到文化产品的过程中,创意本身以及创意的知识产权保护非常重要,因此用"创意产业"和"版权产业"的概念来强调。而在文化产品变为文化商品的阶段,经历了标准化、规模化的工业生产过程,因此以"文化工业"来强调。当文化商品向市场推出时,分别强调传播渠道或内容创意,因此用"传媒产业"或"内容产业"的概念来指称。在进入市场之后,强调产品与消费者的互动所形成的娱乐体验,因此用"娱乐产业"的概念来强调。我们可以看出,这些概念在本质上没有实质性的差别,都强调了灵感、创意、知识产权,并带来经济潜能和就业,促进经济发展转型与产业结构调整。这些概念的核心范畴的覆盖范围

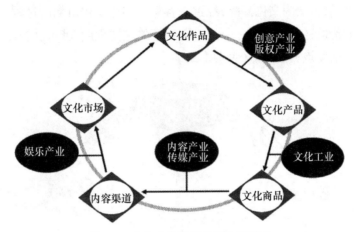

图1-4 文化产业及相关概念关系图

是相同的,其核心要素都强调"资源、人才(创意)、资本、市场"①。当然,基于这些概念的衍生范畴是有差异的。

当前,在世界各国和地区以及中国各地针对文化产业及其相关概念有不同的提法。如英国、澳大利亚称为"创意产业",欧洲大陆比较慎重使用"文化产业",有时会用影音产业(近似于传媒产业)来取代。美国称为"娱乐产业"或"版权产业",日本、韩国称为"内容产业"。在我国,台湾、香港和北京称为"文化创意产业",上海及大多沿海地区称为"创意产业",中央部门及大部分内地省市称为"文化产业"。许多国家、地区或城市因为社会形势的变化和发展目标的调整,为了尽可能将相关产业纳入治理视野和扶持对象,会在不同的发展阶段选择使用不同的概念。比如,香港在2003年发布了《香港创意产业基础研究报告》,在2005年又开始使用"文化创意产业"的概念。而澳门甚至同时出现了隶属于政府部门的创意产业促进厅和文化产业委员会的并列提法。

因此,文化产业是"以创作、创造、创新为根本手段,以文化内容和创意成果为核心价值,以知识产权实现或消费为交易特征,为社会公众提供文化体验的具有内在联系的行业集群。"正如联合国教科文组织指出的,文化是人类的精神财富,是空间的聚集和时间的累积。创意是人类文化定位的一个重要部分,强调

---

① 范建华:《文化与文化产业发展新论》,北京:人民出版社2011年版,第55—58页。

"创造价值"和"知识产权",可以是物质的商品或非物质的服务,可被不同形式表现。"文化产业"适用于那些"以本质为无形的文化内涵为内容,经过创造、生产与商品化结合的产业"。文化产业的生产内容典型地受到著作权保护,并且可以采用产品或者服务的形式来表现,可被视为"版权产业"。文化产业可被视为"创意产业";以经济术语来说,是"朝阳或者未来取向产业"(Sunrise or Future Oriented Industries);或者以科技术语来说,称为"内容产业"或"传媒产业"。

本章要点

文化是一个非常广泛而复杂的概念。文化是在一定范围内,人们共同遵守和价值认同的行为礼仪、价值规范和精神信仰。"文化"一词的含义有诸多变化,经历了从"只关注艺术创作和文化遗产"到"对生产模式和生活方式的阐释"的演进转型。

人之所以为人,不仅在于基因的遗传作用,更在于觅母的进化结果,觅母就是文化基因。觅母是一种"有生命力的结构",通过模仿的过程,在人类文化环境中不断自我复制和进行变异性传播。基因决定了人的物理特征和物质需求,而觅母解释了人的文化特质和需求的文化本质。

文化具有三种价值,分别为膜拜价值、展示价值和体验价值。在文化产业的经营策略下,就是要运用文化创意和设计服务的手段,通过知识产权的多元运营,以故事驱动为核心,以生活方式为载体,针对市场需求,将这三种文化价值融合为一种多元复合的立体体验和交感体验。我们对待文化功能的观念也从意识形态功能的一元思维转向文化事业与文化产业共同发展的二元思维,再转向文化引领与产业协同的多元思维。

创意指"创出新意",意指"提出有创造性的想法",特指一种创作思考的思维活动,是一种构思立意的创作能力,是打破常规的智慧方法。"创意"是以"文化"为素材进行的"创造"和"创新"活动,"文化创意"或"文创"逐渐成为时代新词。"创意"变为"产业"的过程在于"创意管理"。

"创意的内容"描述了包含着创意工作性定义的基本要素;"创意的结果"是创意产出或创意影响更实用的评估,否则创意行为是没有意义的;"创意的过程"描述了创意发生后的动态过程和互动影响。

　　工业革命之前,产业是指一种人类特质,如技艺、努力、坚毅和勤奋;工业革命之后,产业用来描述人类的生产制造体制及其一般活动,描述具有某种同类属性的经济活动的集合或系统。产业是社会生产力不断发展的必然结果,是社会分工的产物。当前,产业模式从福特主义向后福特主义的转向带动了生产—消费权力结构的变化,生产要素从土地、劳动力、资本等传统有形资产转变为信息、知识和创新主导的无形资产;企业经营从生产制造导向和产品功能导向转变为消费导向和符号导向;社会发展从要素驱动和资本驱动转向创新驱动和财富驱动。

　　产业包含两个方面的特征:规模化生产和商业化运营。规模化生产是从技术层面考虑的,产业化的生产模式就是标准化产品的批量制造、连续性的生产过程;商业化运营是从市场层面考虑的,产业化的生产目的就是产品的使用价值要通过市场机制实现交换价值。

　　"文化工业"成为法兰克福学派对西方资本主义文化生产进行强烈批判和猛烈抨击的理论工具。文化产业经由文化资产的开发,"结合创作、生产与商业的内容,同时这内容在本质上具有无形资产与文化概念的特性,并获得知识产权的保护,而以产品或服务的形式来呈现"。创意产业就是"创意与知识资本的投入,由一套以知识为基础的经济活动构成,包含产品与服务的创作、生产和销售的循环过程,生产包含创意内容、经济价值与市场目标的智力或艺术服务"。

　　文化创意产业指"源自创意或文化积累,透过智慧财产之形成及运用,具有创造财富及就业机会潜力,并促进全民美学素养,使国民整体生活环境提升之产业"。"创意产业"和"文化创意产业"虽然在创意资源依托的侧重点上存在差异(创意产业注重现实中的个体或集体创意,文化创意产业注重文化内容、历史资源和现实创意),但两个概念并无实质区别,在很多情况下可以互用。

　　版权产业强调"生产经营具有版权属性的作品(产品)",依靠版权法和相关法律强有力的保护而创造经济价值。传媒产业是指传播各类信息、知识的传媒实体部分所构成的产业群。娱乐产业包括文化娱乐、体育娱乐和休闲娱乐,形成娱乐经济,是一种体验经济。

　　在文化产业价值链视野下可以将文化产业及其相关概念进行一定程度的区

别理解与概念整合。在文化作品到文化产品的过程中,创意本身以及创意的知识产权保护非常重要,因此用"创意产业"和"版权产业"的概念来强调。而在文化产品变为文化商品的阶段,经历了标准化、规模化的工业生产过程,因此以"文化工业"来强调。当文化商品向市场推出时,分别强调传播渠道或内容创意,因此用"传媒产业"或"内容产业"的概念来指称。在进入市场之后,强调产品与消费者的互动所形成的娱乐体验,因此用"娱乐产业"的概念来强调。我们可以看出,这些概念在本质上没有实质性的差别,都强调了灵感、创意、知识产权,并带来经济潜能和就业,促进经济发展转型与产业结构调整。这些概念的核心范畴的覆盖范围是相同的,当然,基于这些概念的衍生范畴是有差异的。

第二章
文化产业的特征、内涵与外延

文化产业不仅促进了一个国家和地区消费形态的转型,也推动了产业的升级与竞争。文化产业是来自个人(团队)创意(基于文化的创意)或传统的文化积累(历史文化素材),提供的是满足精神消费的文化产品,必须要运用科技与创新研发,基于知识产权(包括版权、商标、专利权和工业设计权)、面向国际市场和现代市场,产生符号价值和象征价值。因此,文化产业必须具备艺术创意、现代科技、国际市场、金融资本等产业特征,以高新技术、领军人才、多元化的环境、商业模式、文化资源等产业要素,实现两个层面的产业转型:第一个层面是以文化为基底的产业,即"文化产业化";第二个层面是"运用文化、创意元素为企业、社会创造附加价值"的思维,即"产业文化化"。

一、文化产业的门类

文化产业的发展要注重以下原则:第一,注重艺术创意与文化保存、文化创意与科技创新的结合;第二,注重城乡统筹与区域协调的均衡发展,重视地方特色与国际潮流的平衡发展;第三,注重国民的艺术素养及全社会的文化普及。

目前,文化产业的分类存在概念模糊、边界不清的问题,由此带来了统计、研究等诸多方面的不便。按照文化产业理论推论,文化产业可以分为产品层、服务

第二章 文化产业的特征、内涵与外延

层和交叉层等三个层次,共16个门类(详见表2-1)。

表2-1 文化产业分类指标的学理体系

分层	分类
第一部分:产品层	包括音乐及表演艺术业,视觉艺术业,新闻及出版业,广播影视业,动漫及游戏业,工艺及古董业,数字内容(包括网络文化),总共7项
第二部分:服务层	包括产品设计(工业设计、建筑设计、视觉传达设计、时尚品牌设计),公关及广告业,节庆会展,咨询服务,共4项
第三部分:交叉层	包括文化旅游,体育休闲,文化设施应用,教育培训,以及其他经中央机关认定的行业等,共5项

这个分类指标体系可以概括为"N+1"体系。其中,"N"为 National Index 的简写,意为国家指标,指前15项;"1"为最后1项,即地方特色文化产业,希望纳入统计口径,但须经中央机关认定。其中,第一层产品层是以精神消费为直接目的、大多以版权为主要的存在方式的行业,包括音乐及表演艺术业,视觉艺术业,新闻及出版业,广播影视业,动漫及游戏业、工艺及古董业,数字内容(包括网络文化),总共7项。第二层服务层是为其他行业提供创意服务的行业。第三层交叉层是与科技、旅游、体育、文化事业、教育等相互交叉的行业。

但是,需要注意的是,在旅游行业中,我们常常用"吃住行游购娱"来形容旅游行业,其中"吃住行"的部分就不全是文化产业的范畴。在体育行业中,体育用品制造业就不属于文化产业的范畴。在文化设施应用中,公共文化服务的部分不属于文化产业的范畴,而博物馆中文物衍生产品的开发等则属于文化产业的范畴。在教育培训业中,义务教育和高等教育的部分不属于文化产业的范畴。

此外,如果一个传统产品的市场价格有超过40%以上的增加值来自创意、品牌、设计等带来的文化附加值,那么这个传统产品的增加价值部分就可以归类为文化产业收入(比如古典家具);如果一个传统企业的营业收入超过40%来自文化产品的销售收入,那么这个企业也可以归类为文化企业。文化产业的统计数据要包括文化产业企业数(不同性质企业数)、营业额(包括总收入、外销收入、内销收入以及16个具体行业的数据)、附加价值(营业额—生产投入)、GDP增加值、就业人数等宏观数据以及一些重要的微观数据、结构数据。

由于各国对文化产业采用不同的概念指称和定义,所以不同国家和地区有各自不同的产业门类的统计选择,大致上包括三大部分:艺术、工艺和古董等传统产业群;电视、广播和电影等现代产业群;软件、互动式休闲游戏等数字内容的新型产业群。不同国家和地区,在不同概念的指导下对这三大产业群采取了不同的组合,因而产生了不同的类别(见表2-2)。

表2-2 主要国家和地区文化产业的分类

国家/地区/组织	文化产业相关概念	文化产业的门类
联合国教科文组织	先采用"文化产业";后改为"创意产业"	视觉艺术、表演艺术、工艺与设计、印刷出版、电影、广告、建筑设计、歌舞剧及音乐制作、多媒体、视听产品、文化观光、体育运动等12项
英国	创意产业	广告、建筑、艺术品和古玩市场、工艺品、设计、时装、电影与录像、互动休闲软件、音乐、表演艺术、出版、电脑软件、电视和广播等13项
韩国	内容产业	出版、漫画、音乐、游戏、电影、动画、广播、广告、肖像授权、教育和娱乐等11项
新西兰	创意产业	视觉艺术(精致艺术、工艺与古董)、设计、时尚设计、出版、电视与电台、电影及录像带、广告、建筑、音乐与表演艺术、软件与电脑服务(包括休闲软件)等10项
澳大利亚	创意产业	娱乐业及剧场、设计、文学出版杂志、电影电视、录像带及广播、图书馆、社区文化发展、博物馆美术馆、动物园植物园、多媒体等11项
马来西亚	创意产业	电影录影和摄影、电视和广播、音乐、广告、表演艺术、印刷出版、艺术和古董业、建筑设计、时尚设计、互动游戏、信息技术和软件、研发、手工艺等13项
新加坡	创意产业	艺术与文化(包括摄影、表演及视觉艺术、艺术品与古董买卖、手工艺品);设计(包括软件设计、广告设计、建筑设计、室内设计、平面产品及服装设计);媒体(包括出版业、广播业、数字媒体及电影)等三大类13项
中国香港	先采用"创意产业";后改为"文化创意产业"	文化艺术(包括艺术、古董和工艺、音乐、表演艺术);电子媒体(包括数字娱乐、电影与录像带、软件与计算机、电视与广播);设计(包括广告、建筑、设计、出版)等三大类11项

(续表)

国家/地区/组织	文化产业相关概念	文化产业的门类
中国澳门	"文化产业""文化创意产业"同时使用	艺术收藏(古玩、艺术品拍卖、雕塑、绘画、书法、摄影、园艺等)、数码媒体(影视、漫画、书刊出版、电子出版、录像制品、游戏软件开发、动画、机械玩偶制作等)、文化展演(歌剧、音乐剧、戏剧、音乐、戏曲、艺术经纪代理、职业表演、舞蹈、节庆休闲活动、表演幕后服务等)和创意设计(时装、品牌设计、创意产品、纪念品设计、平面设计、广告、饰品、展览设计、建筑设计、室内设计、工业设计等)共四大门类
中国台湾	文化创意产业	视觉艺术产业、音乐与表演艺术产业、文化展演设施产业、工艺产业、电影产业、广播电视产业、出版产业、广告产业、设计产业、数字休闲娱乐产业、设计品牌时尚产业、创意生活产业、建筑设计产业等十六项

在中国,文化产业的统计指标经历了两次调整。2004年,国家统计局颁发了《文化及相关产业分类(2004)》,将文化产业界定"为社会公众提供文化娱乐产品和服务的活动,以及与这些活动有关联的活动的集合"。据此,文化产业分为三大层次,共九个门类(见图2-1),并作为国家统计标准颁布实施。

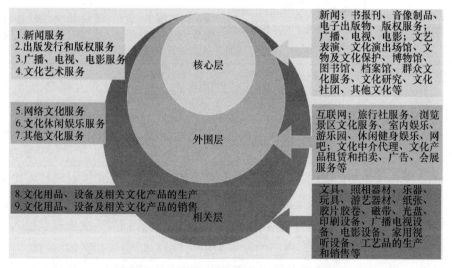

图2-1 中国2004版文化及相关产业分类

随着文化体制改革的深入推进和文化产业的持续发展,为了适应新颁布的《国民经济行业分类》(GB/T4754—2017)和联合国教科文组织的《文化统计框架—2009》(见图13-1),2018年国家统计局颁布了新修订的《文化及相关产业分类(2018)》标准。2018版分类将中国文化产业及相关产业分为四层:第一层分为"文化核心领域"及"文化相关领域"两部分;第二层根据管理需要和文化生产活动的自身特点分为9个大类,即"新闻信息服务""内容创作生产""创意设计服务""文化传播渠道""文化投资运营""文化娱乐休闲服务""文化辅助生产和中介服务""文化装备生产""文化消费终端生产";第三层依照文化生产活动的相近性分为43个中类;第四层是具体的活动类别,共计146个小类(见表2-3)。

表2-3　中国2018版文化及相关产业分类

第一层(2)	第二层(9)	第三层(43)	第四层(146)
第一部分 文化核心领域	新闻信息服务、内容创作生产、创意设计服务、文化传播渠道、文化投资运营、文化娱乐休闲服务	…… 新闻服务、出版服务、数字内容服务	…… 广播、电视、图书馆
第二部分 文化相关领域	文化辅助生产和中介服务、文化装备生产、文化消费终端生产	…… 会议展览服务、版权服务、文化辅助用品制造	…… 版权和文化软件服务、文化活动服务、文化艺术辅导

此外,由于中国部分省、自治区和直辖市采用不同的文化产业概念,在分类上也有不同。比如北京,分为文化艺术,新闻出版、广播、电视、电影,软件、网络及计算机服务,广告会展,艺术品交易,设计服务,旅游、休闲娱乐,其他辅助服务等九大门类。但是需要注意的是,网络及计算机服务行业的增加值占北京市文化创意产业总体增加值的三分之一,然而其中的一些企业如中关村科技园中的一些企业并不算严格意义上的文化产业。上海分为研发设计创意、建筑设计创意、文化艺术创意、时尚消费创意、咨询策划创意等五大门类。文化产业投入无形资产和有形资产(以无形资产的投入为主),以媒体、文化和艺术、设计、科学技术为手段,以内容创意和知识产权为产出,推动产业集聚和经济发展,其外延有很大的包容性和延展性。

第二章 文化产业的特征、内涵与外延

今后,为了进一步促进中国文化产业的发展,要积极推动、认真落实好以下几项重点工作:第一,为了提高部门间协作效率,应成立"中央文化产业推动办公室"和"国务院文化产业工作委员会",建立常规的部际协调机制,进一步推进"文化大部制";第二,从长远来看,制定《中华人民共和国文化产业振兴法》极为关键;第三,在政府统计和政策制定层面,文化产业的概念最好全国统一,而在学界、业界和民间存在多样的称呼是可以被接受的;第四,文化产业统计指标要在全国范围内强制执行,各地区必须严格按照统计指标体系的范围执行。各省、自治区和直辖市根据实际情况进行辖区统计时,可以少于国家的统计分类,但不能超出国家统计局发布的范围;第五,文化是软实力,文化工作却是硬任务。各级政府领导推动文化产业发展的文化责任要制定绩效指标,要层层落实。

二、文化产品的特征

无论采用何种概念,或将哪些门类纳入统计范畴,文化产业都应该符合一些基本条件。第一,文化产业强调原创性,无论是在地的文化资源还是个人的才识技能,都重视文化产业对于创意、信息和知识的生成与运用;第二,文化产业注重产业链的拓展和产值的提升,能够推动经济增长和产业加值;第三,文化产业推动文化产品的市场化和国际化,强调最大范围内文化消费的满足;第四,文化产业重视知识产权的保护,文化产业内容的无形性和价值的衍生性都需要知识产权的保护和开发。

按照联合国教科文组织对文化产品的界定,"文化产品一般是指传播思想、符号和生活方式的消费品,它通常由文本内容和载体构成,文本内容指的是文化作品所要表述的思想、观点和主要内容等,具有抽象性和无形性,其本质体现为信息。载体则是信息传播所必需的固定介质或传播渠道。而文化服务则包括表演服务,出版、发行、新闻、通讯、建筑服务,与此同时还包括视听、图书馆、档案馆、博物馆及其他服务。"[①]此外,联合国贸易与发展会议在

[①] 陈柏福:《中国文化产业"走出去"发展研究——基于文化产品和服务的国际贸易视角》,厦门:厦门大学出版社 2011 年版,第 12—13 页。

《2008年创意经济报告》中提到了文化产品和服务的概念和特征,"认为艺术品、音乐表演、文学作品、影视节目和视频游戏等文化产品都具有三个方面的共同特征:其一,文化产品和服务的生产需要投入大量的人类创作力;其二,对于文化产品和服务的消费者而言,他们是象征性的信息工具;其三,文化产品和服务至少潜在地包含一些归因于个体或群体生产商品或服务的知识产权。"[①]

2012年2月,商务部等10部委联合发布《文化产品和服务出口指导目录》,指出文化产品和服务主要包括新闻出版、广播电视、文化艺术、综合服务等四个大类的内容,以新闻出版类为例,其中又可具体细分为期刊数据库服务、电子书出口、传统出版物境外发行、出版单位版权输出等。[②]2018年5月,国家统计局新修订的《文化及相关产业分类(2018)》将文化及相关产业定义为"社会公众提供文化产品和文化相关产品的生产活动的集合",指出文化及相关产业的范围包括以下两个层次:第一,以文化为核心内容,为直接满足人们的精神需要而进行的创作、制造、传播、展示等文化产品(包括货物和服务)的生产活动。具体包括新闻信息服务、内容创作生产、创意设计服务、文化传播渠道、文化投资运营和文化娱乐休闲服务等活动。第二,为实现文化产品的生产活动所需的文化辅助生产和中介服务、文化装备生产和文化消费终端生产(包括制造和销售)等活动。[③]

理查德·凯夫斯以版权经济的视野研究文化产业的基本特征。他认为,文化产业所生产的文化产品,具有以下几个特征:第一,文化产品具有需求的不确定性。由于创作者难以真正在消费者面前创作,创作者对作品的过度投入造成对等的无知,致使无法掌控消费者对文化产品的评价。第二,文化产业的创意者十分关注自己的产品。艺术家非常重视对艺术真实的追求,创作者的品位偏好会影响到作品创意,企业家很难平衡艺术家创作的产品特征与其雇佣条件。第三,文化产品不是单一要素的产品,其完成需要多种技能。大多数文化产品需要

---

① 陈柏福:《中国文化产业"走出去"发展研究——基于文化产品和服务的国际贸易视角》,厦门:厦门大学出版社2011年版,第12页。
② 中华人民共和国商务部等:《文化产品和服务出口指导目录(2012)》。
③ 中华人民共和国国家统计局:《文化及相关产业分类(2018)》。

不同专业的创意工作者共同完成,某些产品要求完成者必须在场工作或在某个环节参与服务。第四,文化产品是一种区隔性产品,特别关注自身的独特性和差异性。消费者一般通过垂直型区隔(如同一题材的不同电视和电影)或水平性区隔(如两部不同题材的电影)来评价文化商品。第五,文化产品注重纵向区分的技巧。创意者被熟悉市场的经理人定位在不同的水平上,通过排名评价建构文化市场的价格体系。第六,时间因素对于一个创意产品的传播销售具有重大意义。部分文化产品的创作要求所有创作者同时在场,人力成本变成重要参考变量,具备短期密切合作及快速兑现利润的经济依赖性。例如,电影是由临时团队在有限的时间内制作完成,而院线公映前一周甚至前两天就能决定其电影票房的生死。第七,文化产品的存续具有持久性与营利的长期性。艺术的不朽具有共性,许多文化产品是耐久性的,并会随着每一次的演出或播放而累积价值。①

文化产业是文化商品的生产、流通与消费的经济活动的集合。文化商品是文化产品的商品化形态,即将原本具备美学素质的"作品",转化成具备高社会附加价值的"商品"的过程和结果。按照商品价值理论,文化商品也具有使用价值和交换价值。对一般商品而言,马克思认为商品价值是凝结在商品中无差别的人类劳动,并以社会必要劳动时间来衡量。而对于文化商品来说,虽然文化商品带有明显的价值特征,但很难实现等价交换。文化商品的消费带有明显的主体特征,由于消费者的文化素养、经济条件和闲暇状况不同,文化商品使用价值的实现程度也不同。

文化产业生产出满足精神消费的文化产品,这种文化产品提供的精神消费包括"信息"和"体验"两种类型,其中"信息"由"资讯信息"和"知识信息"构成,"体验"由"娱乐体验"和"审美体验"构成。文化产品包含了文化价值和经济价值,其中文化价值包括膜拜价值、展示价值和体验价值,而文化产业视域下的文化产品最主要就是要具备体验价值,这种体验价值是通过互动性、时尚性、参与性来实现的,这种体验价值主要以大众娱乐文化的文化形态出现。

---

① 〔美〕凯夫斯:《创意产业经济学:艺术的商业之道》,孙绯等译,北京:新华出版社2004年版,第5—17页。

因此,文化产业生产的文化产品具备如下几个特征:第一,文化产品满足的是精神消费,包括信息(知识、资讯)和体验(娱乐、审美)。第二,文化产品传播的是大众文化(通俗文化),具有时尚化、娱乐性和互动性的特点。第三,文化产品要能够被批量化生产和大规模传播。第四,文化产品创造了符号价值,可以被知识产权化,成为文化品牌,最终通过授权经营实现规模效益。

三、文化产业的本质

英国学者大卫·赫斯蒙德夫认为,由于文化产品是一种具有多重"问题类"特征的产品,这就造成文化产业某些特殊属性[①]。

第一,文化产业是一种高风险的产业。文化产品的消费者具有消费偏好的不确定性和消费习惯的反复无常。文化消费是一种精神消费,人们购买文化产品的主要目的是获得咨询信息、获得文化体验。一方面,由于性别、种族、民族、阶层、年龄等方面的不同,消费者有着不同的消费偏好。消费者为了显示与众不同而随时改变自己的消费偏好。如此一来,即使采取再多的营销手段,投入再高的营销费用,红极一时的文化产品都可能如明日黄花,遭遇过时。另一方面,文化企业给予文化创意者有限的自主权,文化产品的创制往往是多个公司或一个公司的多部门集体完成,即便是精确评估,也无从判断文化产品的价值生产与传递的市场知名度。

第二,文化产业是一种具有高投产成本与低复制成本的产业。与传统制造行业不同,固定成本高而变动成本低的特征导致了文化产品具有被"抄袭"的可能性。例如,音乐的制作成本高昂,词曲创作、录制、混音与编曲都需要耗费时间与人力,但"原版"制作出来的复制成本极低,在互联网上甚至为零。文化产业盗版的动力在于生产与再制成本的比例。生产纽扣、铁钉等低端产品的传统制造业,原版的成本低,再制成本也低;生产汽车等高端产品的传统制造行业,其原版成本高,再制成本也高。因此,这两种情况都不会出现盗版。文化产业是一种版权产业,文化产品的存在形式是以版权作为商业价值的兑现。文化产业的制

---

① David Hesmondhalgh, *The Cultural Industries*, London: SAGE Publications Ltd, 2007.

第二章 文化产业的特征、内涵与外延

作成本往往高于流动成本,因此需要最大化地扩展文化产品的流通渠道。

第三,文化产业是一种生产新公共文化产品的产业。一般而言,根据政府和市场的关系,按照同时消费的排他性和竞争性,可以把产品分为公共产品和私人产品两大类。文化产品具有天然的文化外部性和创意溢出价值,消费文化商品不会造成商品的损耗,在一定范围内具有消费的非竞争性和非排他性。因此,在公共文化产品与私人文化产品之间存在半公共文化产品和半私人产品,构成准公共文化产品。文化产品公共性与私人性之间的界限模糊,会降低文化产品的市场化程度和深度,增加文化企业的经营风险。

为此,大卫·赫斯蒙德夫针对文化产业的特殊问题,提出了一些解决办法。

第一,通过大量生产以提高得失比,平衡失败产品与热销产品。文化企业通过过量生产的手段,使失败产品与畅销产品相互抵消。以好莱坞电影为例,电影公司每年从一万个剧本里面选出十个来拍电影,其中两部赚钱,两部赔钱,六部不赚不赔,但是十部相加,公司总体上还是可以盈利。

第二,通过集中、整合与品牌管理等方式实现企业化经营。文化企业通过水平整合、垂直整合、国际化、多部门及多媒体整合等经营手段,促进企业形态的大型化,控制产业环节,从而降低风险。其中,水平整合就是并购其他事业相近的企业,如一家报纸企业兼并其他的报纸企业。垂直整合是产业链上下游的整合,或向下发展,如电影制片公司并购发行公司;或向上发展,如网络游戏运营公司并购研发公司。国际化整合,即并购或与国际公司合作。多部门及多媒体整合,即整合相关领域,便于交叉宣传和协同发展。

第三,通过渠道控制、广告限制和版权保护等手段制造资源的稀缺性。文化企业通过拥有的发行渠道及终端平台,控制文化商品发行的时间节点,掌握文化商品可供取得的便利程度。通过广告控制,针对市场分析进行有效的广告投放,从而影响销售利润。通过版权保护,禁止或有偿使用版权。例如,北京万达文化产业集团公司将旗下所有院线、剧场和文化旅游板块全部整合,并涉足上游的影视制片和音乐制作。万达通过发行放映渠道的全球控制,大大降低了文化产品的市场风险。

第四,通过明星制、类型化和系列化等手段制造品牌效应。明星制就是利用明星的号召力来宣传产品,从而降低风险。类型化就是通过细分市场降低风险。

如电影中的类型片,有惊悚片、动画片、喜剧片等等,产品的类型化是一种细分市场的策略,每个产品针对特定的消费人群进行营销推广,可以降低产品的风险。系列化就是通过系列化的口碑累积和品牌塑造降低风险,如好莱坞电影《加勒比海盗》系列、《变形金刚》系列等等。

第五,通过建立"松绑符号创造者的控制与严密管理渠道及营销",平衡创意与管理,注重发挥创意管理者的综合能力。在文化产业领域,存在艺术的创造者和严密的市场营销者之间的矛盾,创意管理者需要对二者进行协调,既保证艺术的内涵,又保证市场的需求。一方面,通过建立既松又紧的组织氛围,约束符号创意者的浪漫情怀,赋予其创意性自主权,摆脱经验型的品质保障模式;另一方面,又要在财务、发行、市场、渠道等环节采取严密的管控手段,评估风险,控制风险。

现代意义的文化产业具有以下本质特征:(1)文化产业要基于个人创意和创意阶层,是一种智慧产业、知识产业、版权产业和审美产业,是对本地传统文化的艺术创新;(2)文化产业要基于现代高新技术和新媒体,是一种传媒产业和内容产业,可以大规模复制和批量化生产;(3)文化产业要面向现代市场和国际市场,要形成规模化的文化市场和文化消费;(4)文化产业要实现产品经营与企业经营相结合,产业经营与资本经营相结合,短期、零散的项目利润经营要提升到长期、整体的企业价值经营。

根据文化产业发展钻石模型(见图2-2),文化产业发展要素包括技术(Technology)、人才(Talent)、环境宽容度(Tolerance)、区域发展和企业运用的经济模式(Economy)以及文化艺术创意类资源(Arts)等五大要素。其中,推动文化产业最为重要的发展动力有两个:一个是资源动力,另一个是产业动力;一个是内动力,另一个是外动力。资源动力主要是人才和文化资源,即人才如何利用文化资源作为素材进行创意策划、智慧生产;产业动力主要是新技术的普及程度、市场机制的发达程度和企业经营的主导力量。

总体而言,文化产业具有以下几个价值本质:(1)创新价值;(2)象征价值;(3)知识产权价值;(4)全产业链价值。

第一,创新价值。创新就是求新或求异,是对传统、惯习和常规的反叛。新颖性与原创性是文化产业发展的法宝。新奇总是相对而言的,一个新点子对于

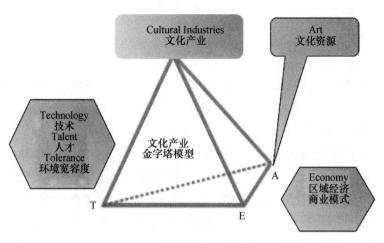

图 2-2 文化产业发展要素金字塔模型

构思它的人来说可能是新的,但即便尽可能快地表达出来,却还是会发现他人早已捷足先登。玛格丽特·伯登(Margaret Boden)将创新分为"P—创新"和"H—创新",前者对个人而言是新的,后者则从历史上对全世界来说是新的。创新理论大师熊彼特提出了产品、流程、材料、组织和市场等五种创新类型,将创新作为一种工艺转变和技术变革的生产函数,把创新看作工艺流程中发明、创新和传播三阶段的一个环节。创新分为硬创新(Hard Innovation)和软创新(Soft Innovation)。硬创新是"功能性"创新,侧重于对产品实施技术性、科学性的功能改变,以科技为主导。软创新是一种"主要影响产品和服务感官知觉、审美情趣、知识认知的非功能性表现"的创新,是改变产品象征价值(Symbolic Value)的创新制。文化产业创新就是要超越硬创新,关注软创新,实现硬创新与软创新的融合创新,达到"巧创新(Smart Innovation)"。"巧创新"分为产品的审美价值创新和产品的功能差异创新两个面向。其中,"审美价值的巧创新"推动了文化的产业化发展,带来了文化产业规模效益;"功能差异的巧创新"是基于技术变革和价值突破的创新活动,包括垂直差异化和水平差异化,不仅在审美或认知上进步,而且在功能性上也有改进。巧创新推动了产业边界的消失,推动了产业之间的融合。

第二,象征价值。文化生产就是一种符号性创意,文化管理就是创意的组织流通。象征价值与符号、意义有关，是文化产业消费者实现自我表达、社会认同和精神感召的无形价值。象征价值包括膜拜价值、展示价值和体验价值等三种样式。膜拜价值是经由文化产品的原真性、在地性和距离性所带来的"光晕体验"；展示价值是经由文化产品的复制性、在场性和介入性带来的"震撼体验"；体验价值是经由文化产品的娱乐性、互动性和时尚性带来的"交感体验"。象征价值的体验价值又分为三个层次：感官体验，即文化消费已经跨越了视觉和听觉，发展到了嗅觉、味觉和触觉一体化的立体感官体验，要充分调动眼、耳、鼻、舌、身等多重器官互动参与，这是一种"直接体验"；情感体验，即文化消费通过故事驱动，通过个人情绪上的喜、怒、悲、恐、爱、憎等，达成个体"倾向于社会需求欲望上的态度体验"，这是一种"间接体验"；精神体验，即文化消费产生的一种价值感召、信仰诉求和认同建构的高峰体验，这是一种"内省体验"。体验价值是一种审美价值。文化产品的功能价值就是使用价值，而其他产品如果要提高产品的竞争力，也需要在功能价值基础上增加象征价值。法蓝瓷公司邀请台湾著名设计师林盘耸设计的海角清莲瓷盘，以台湾地貌为轮廓，彩绘多元面貌的台湾植物，透过浮雕工艺与手工彩绘，圆润晶亮，展现心灵故乡。秀雅素白的马蹄莲仿佛绽放在岛屿上，传递着春日美好的讯息，翠绿盘身是海芋叶脉相连的纹理，诠释着故乡的幽静与朴质，象征着对故乡的热爱和认同感。

第三，知识产权价值。伴随现代产业中文化经济和符号经济双重转向的发展趋势，知识产权在人们的经济生活和产业发展中日趋重要。知识产权是文化产业主要资产的表现形式，是文化生产的核心要素之一。知识产权是一个种类繁多、标的庞杂的现代资产范畴，包括商标、专利、版权、设计权等诸多品类。文化产业在美国被称为"版权产业"，创意产业在英国被规划为振兴经济的朝阳产业，源于人的技能、知识和创意，以知识产权等无形资产为存在样式，最终实现商业价值的产业形态。文化资源转变为文化产业，其间的关键环节就是对文化创意和设计服务实现知识产权化表达。被知识产权化的文化资源才能以合法化的商业形态行走在经济大道上，从而开始其全产业链经营的产业征途，创造难以估算的经济价值和社会价值。文化产业知识产权价值实现包括确权、估权和易权三个阶段。其中，确权即文化资源的知识产权化阶段；估权即文化产业知识产权价值评估阶段；易权即文化产业知识产权价值交易阶段。文化产品的知识产权

第二章 文化产业的特征、内涵与外延

再开发的价值越高,它的价值效益也就越高。所以,文化产业的发展路径就是以知识产权为中心,实现资源资产化、资产资本化、资本产权化、产权金融化。那么,从企业自身发展来看,应加强版权等文化无形资产规范管理和精细化运营;从市场环境来看,应夯实版权等文化无形资产登记、质押、评估等一系列文化无形资产基础产权服务体系,构建文化资产创新产权流转市场。

第四,全产业链价值。文化产业注重文化经济的生态营造,采取生态化经营策略,发展第六产业。文化创意的价值在于作为承载基础的行业。文化创意渗透到不同的行业,就创新出不同的行业价值。全产业链是由纵向价值链、横向产业链和斜向网络链等三条价值链整合形成的协同价值链(见图2-3)。全产业链以消费者的文化需求为导向,以文化价值为整合要素,采取横向整合、纵向整合和斜向整合。第六产业,即第一产业+第二产业+第三产业,也可以是1.5产业(农林牧业及其深加工)+4.5产业(服务业及其品牌化),2.5产业(工业及其设计)+3.5产业(物流及服务),或3产业+3产业。第六产业表达了创意经济、产业融合和产业跨界的创新观念,即以文化符号为链接、文化品牌为纲领,推动现代农业、特色加工业和现代服务业的跨界共生,大力推进"文化的产业化"和"产业的文化化"的协同发展,将第一产业、第二产业和第三产业融合为第六产业。文化产业的产业链与传统产业的产业链不同。以电影为例,从电影产业内部来讲,形成了从电影的剧本创作、拍摄、后期剪辑、发行和销售的产业链,同时还可以在其他的文化产业门类下进行多元开发、销售,如电影中的原声音乐可以出唱片,剧本可以改编成电视剧、舞台剧,电影里面的道具可以开发成玩具,甚至可以建设主题公园。从文化产业外部来讲,文化产业可以打破传统产业的疆界,形成产业交集和产业融合。如创意农业,就是将特色农业与文化产业相结合,进行景观种植、开发创意农产品、建设休闲主题农庄等等。因此,作为文化产业核心范畴的文化创意与设计服务业,可以着力推进"文化软件服务、建筑设计服务、专业设计服务、广告服务等文化创意和设计服务与装备制造业、消费品工业、建筑业、信息业、旅游业、农业和体育产业等重点领域的融合发展"。[①] 从这个意

---

① 参见国务院《关于推进文化创意和设计服务与相关产业融合发展的若干意见》(2014年10号文件),2014年2月印发。

义上来讲,文化产业可以为地方产业服务,与传统产业相结合,将地方文化资源与传统产业的价值提升相结合,通过文化产业介入社区营造,统合区域资源,构建地方文化生态,让文化产业的发展道路走得更远。

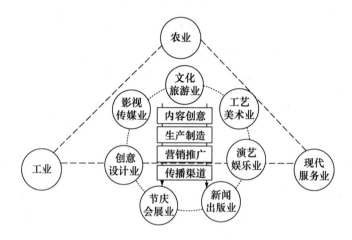

图 2-3　文化产业全产业价值链结构

　　文化产业与其他产业的差异,最主要的就是精神消费,生产出的产品是精神产品。其实,任何产品都包括了物质价值(功能价值)和符号价值(象征价值)。比如椅子,首先满足坐的功能,其"坐"的物质价值就是直接的。随着时间和空间的改变,这把椅子不断增加象征价值,具有收藏意义。再比如许多功能、材料和工艺都一样的手包,但 LV 包和其他没有品牌的包的价值差别很大,这个价值差别就是象征价值的差别。文化产业通过创意让文化满足人的精神消费,这是人在满足物质需要之后的高级需要,使文化成为一种生产力。从这个意义上,文化产业通过创造象征价值,从而提升产品的附加价值。① 传统农业、传统工业都要通过"文化创意"来增加产品附加价值,提升产业内涵。

---

　　① 此段论述参见向勇、叶臻:《走进创意时代——全球视野下的文化产业战略(专访)》,载《中华读书报》2010 年 2 月 3 日第 17 版。

四、文化产业的发展趋势

随着经济增长的方式调整、产业结构的优化升级、文化体制的改革深化,文化产业发展在政策治理、商业模式、消费方式、技术应用等方面都出现了新的发展趋势。

1. 文化产业的政策趋势:文化治理、宽松量化与融合发展

文化治理作为国家治理的重要组成部分,文化产业已经成为文化战略。德国哲学家哈贝马斯(Jürgen Habermas)认为市民社会要经历政治社会、经济社会和文化社会三个阶段。文化社会是国家市民社会发展的第三阶段,要求一个国家在政治治理和经济治理的基础上,具备文化治理能力。虽然出于文化产业社会效益和经济效益的双重属性以及国家意识形态引导和国家文化安全防卫的战略需要,一些基础性的文化资源将在一定时间内依然为政府垄断或政党管控,但是,一个国家的文化治理既要依托公共行政手段,又要发挥市场决定作用。今后一段时间,文化产业发展的市场化趋势将不断加快和增强。

伴随着中国经济体制改革而不断推进深入的文化体制改革,就是通过市场化的手段解放和发展文化生产力,达到公平与效率兼顾的两个目标:一是发展文化事业、构建公共文化服务普惠体系的公平与效率,一是发展文化产业、构建文化市场竞争格局的公平与效率。我国著名经济学家厉以宁指出,中国面临双重转型:从传统农业向现代工业的发展转型以及从计划经济向市场经济的体制转型。中国文化产业的发展也面临双重转型:自上而下的体制改革与自下而上的市场发展。这与其他文化产业发达国家和地区不同,中国的文化产业发展伴随着跟经济体制改革一样的文化体制改革。文化体制改革主要解决文化发展过程中面临的市场化程度不高的问题。

文化产业的政策制定越来越按照建立健全文化市场对文化资源起决定性作用的机制为目标。文化产业的管理主体将从党的宣传部门向政府的行政部门转移,政府管制也将从"办文化"向"管文化"转移,发挥政府"经济调节、市场监管、社会管理和公共服务"的政府职能。文化产品内容管理模式也将向可量化、可操作性的标准转化,实现分类分级管理。

文化产业的政策将越来越关注文化产业与相关产业的融合发展,注重国内文化市场和国际文化市场的拓展,注重文化消费的引导和审美素养的提高,注重文化环境的营造和区域发展的总动员,打造整体的文化空间。如《云南印象》,将云南原创乡土歌舞与民族舞重新整合,充满古朴与新意,既具有民族特色,又有国际市场。

2. 文化产业的商业趋势:价值成长、生态化经营与社会型企业

文化产业的运作主体是文化企业。企业经营不同于产品经营,企业经营注重企业整体价值的最大化,注重企业品牌价值的塑造,注重创造能使消费者成功的价值。文化产业是创造价值,而不仅仅是满足需求。文化企业以文化创意作为要素的整合手段,以数字化技术与移动互联网主导的平台趋势显现,通过企业并购,实现企业经营的整合价值。文化企业出现两极分化:航母型文化企业和小微型文化企业,它们之间的联系是生态化经营。

随着 SoLoMo 社会形态①的出现和后工业社会、后资本主义、后现代主义的社会转变,社会生产方式从福特主义转向了后福特主义,弹性专业化动态分工的网络模式,促使文化产业的组织形态发生了重大变革,出现了生态网络化的结构布局。比如,在美国好莱坞,电影公司已经摆脱了 20 世纪 50 年代以前制片人中心制的大制片厂工业化生产模式,转为以"打包—单位制"为核心的柔性化、自反性的组织管理。生态化经营是在文化产业的高度整合下,将内容创意、渠道终端、网络平台等整合为一个创意生态,改变"内容时代"的单一业务和"渠道制胜"的集成化产品生产体系,发展成为"平台为王"的综合多元化经营和"生态共生"的"端到端、点对点"的全产业价值链。

文化产品所具有的消费外部效应,使得文化企业与一般企业比起来,要承担天然的社会责任和价值理想。消费者在消费文化产品的过程中其实是两种角色,既是消费者又是被教化者。文化企业既要按"顾客就是上帝"的服务心态对

---

① SoLoMo 社会形态指 Social(社会化)、Local(本地化)和 Mobile(移动化)的社会形态,2011 年 2 月由 IT 风险投资人约翰·杜尔(John Doerr)提出,是移动互联网技术驱动下现代社会的主要特征。

待消费者,同时又要促进消费者文化素养的提升。消费者购买文化产品进行文化消费的过程,既是一个满足的过程,又是一个学习的过程。因此,如果文化企业没有一定的文化理想、文化素养和文化责任的经营理念,只是一味地迎合社会大众低俗、庸俗的心理需要,那么这个文化企业很难基业长青。

文化企业将出现社会型企业的发展趋势。我们已经看到,很多文化企业在产品的经营策略层面会采取一些非营利组织、非政府组织的运作模式作为自己的组织形态。企业在追求生存发展的同时,更要追求品牌价值的永续增长。新浪的微博、腾讯的微信,都以公共文化产品的形态免费让用户体验,运用一种多边市场的商业逻辑,发挥平台经济的规模效益和多重盈利手段。还有些文化企业采取美术馆展览的方式在博物馆推出自己的产品,先让博物馆收藏,进而建立产品独一无二的膜拜价值,然后再进入大众市场。其实,很多文化企业在早期就像非营利组织一样,追求公共效益和用户分享,到知名度或用户量到达一定程度后,就开始设计商业模式。文化企业的经营难度在于,其卖点是无形的柔性文化,是不确定的精神消费,无法像物质消费一样被量化。比如英国《大志》(*Big Issue*)杂志,就采取了社会企业的运作模式。文化企业的盈利周期一般比较长,其价值链经营模式也比传统企业长。文化本身是一个累积的过程,不能一蹴而就;文化企业的口碑、消费者的素养和忠诚度对产品和知名度的影响以及后续的拉动效应特别敏感。

3. 文化产业的消费趋势:时尚消费、体验消费与青少年消费主体

随着数字科技的进一步发展,青少年成为最主要的文化消费群体。北京大学文化产业研究院对中国本土文化消费展开的持续调查表明,在"电脑或手机游戏费用""付费下载或在线消费特定书刊、视听产品等文化产品""购买网站积分产品,如Q豆等"的平均花费上,16—35岁的青年消费者比36—55岁消费者多一倍以上。16—35岁之间的青年消费群体在"看电影""看演出""唱卡拉OK"和"逛美术馆、博物馆"等4个休闲娱乐方面的花费均高于36岁以上年龄段的消费者。伴随着社会发展的翻天覆地和网络发展的日新月异,80后、90后的青少年消费者张扬个性、表现自我、崇尚娱乐,追求时尚、潮流、个性的生活方式。

随着日常生活审美化的节奏加强,艺术与生活的融合更为紧密,一个大审美经济时代正在到来。与此同时,不同收入群体的文化消费也在发生分化。高收入群体追求更高层次的精品化、个性化的文化产品;中等收入群体正由文化消费的发展型向享受型、讲求数量消费向讲究消费质量和效果转变,是目前最为活跃、最具文化消费力的群体;低收入群体关注一般娱乐性文化消费,是中低档文化消费市场的主要需求者。①

总体而言,文化产品的诉求正从普及型、大众化,向精致化、个性化方向发展。从文化消费结构来看,发展性、智能性文化消费占主导地位,娱乐性、享受性、消遣性的精神文化消费所占比重逐渐扩大。新一代青年消费主体的出现,使得文化消费需求呈现多样化、多层次、多方面的趋势。文化消费正从封闭、内敛,向开放、互动演变,从求同、求稳向求新、求变、求时尚演进。

4. 文化产业的技术趋势:文化科技融合、数字化整合与移动互联网生态链

文化产业是一种精神生产,具有非物质生产的特征。科学技术是文化生产的重要手段。随着新技术的发明和应用,手机、3G等新媒体产业将持续兴起,将构建以手机、平板电脑和智能电视为终端的移动互联网传媒娱乐生态链。这个生态链的核心为终端和平台,其产业基础为基于App的数字产品的应用。

文化与科技的融合发展,提高了文化产品的传播效果。2010年上海世博会上的动态《清明上河图》,制作方水晶石数字科技有限公司运用高新技术,将原本静态的画作动态化,展现了北宋汴京的昼夜风景。

文化与科技的融合发展,提升了文化产品的内容创意。上海时空之旅公司经营运作的多媒体梦幻剧《时空之旅》,通过增加故事内容,将杂技变为杂剧。同时运用电子投影、数字舞台、超大水幕、巨型镜墙等高新技术将观众带入到一个梦幻之境。卡梅隆的3D特效电影《阿凡达》、梅帅元的山水实景演出系列作品,都是其中的佼佼者。

文化与科技的融合发展,促进了文化产业与其他产业跨界融合,使不同产业

---

① 韩海燕:《中国城镇居民文化消费问题实证研究》,载《中国流通经济》2012年第6期,第93—98页。

之间的边界消失。台北花博会的梦想馆,利用科技与艺术的结合,给观众带来全新的体验,这些文化科技包括领先全球的非接触式超宽带生理讯号传感应用,挑战极限的大曲面可调光电控液晶玻璃,艳惊世界的直立式裸眼 3D 立体显示器,超越想象的超小型读取器,蜚声国际的超薄音响喇叭。

总之,文化与科技的融合正在塑造我们泛在生存(Ubiquitous Being)的生活方式。世界史上最伟大的事件之一莫过于已经完成的两次工业革命以及正在发生的第三次科技革命。前两次革命以物质生产的效率提高为目的,而第三次科技革命以非物质生产的效率提高为目的,其核心内容以精神生产和物质生产的高度融合为鹄的,即加强科技创新与文化创意的高度融合。

5. 文化产业的融合趋势:产品价值转化、产业结构优化和区域价值融化

有学者指出,文化产业促进经济发展的转型有四种模式,包括资源转化模式、价值提升模式、结构优化模式和市场扩张模式。其中,资源转化模式,即将自然与人文、有形与无形结合,人的创造力、具有历史积淀的物质载体、神启的民间传说,社会生活中的元素都可以成为经济增长的主导资源。价值提升模式,既可以整合产业价值链,提升产业的附加价值;也可以分解产业价值链,提升产业的观念价值。结构优化模式,是将文化元素与相关产业融合,推动科技发展在文化产业中的运用。市场扩张模式,也就是通过文化精品的传播,增强产品的吸引力和辐射力;以文化创意推动品牌建设,以品牌拓展市场,在营销中心融入文化创意,引起消费者的文化认同,极富创意策划的广告和会展业将大大推动市场的扩张。①

具体而言,文化产业的融合趋势表现在五个方面:传统资源的活化、功能价值的转化、符号价值的强化、科技价值的深化和区域价值的融化。活化历史文化资源,开发多元的文化产品。台北故宫博物院为了形塑典藏新活力、创造故宫新价值,提出"Old is New"的战略口号,以"专业化、产业化、科技化、年轻化"为营运方针,旨在打造世界级的文化观光景点。台北故宫博物院通过授权文物图像及品牌和开发文物衍生商品,加强商品营销宣传,结合文物设计创意餐饮与空

---

① 厉无畏:《创意产业与经济发展方式转变》,载《社会科学研究》2012 年第 6 期,第 1—5 页。

间,推动了故宫馆藏文物的价值转化。

随着农业现代化、工业智能化和商业符号化,要转化农业遗迹、工业厂房和历史街区为创意园区,通过营造信息整合、产品设计、品牌推广、金融扶持、技术支撑、节庆打造、艺术营销等综合平台,推动文化资源的产业转化,将文化现象转变为经济影响。转变传统商品的功能价值为文化价值,增强文化体验和艺术设计,将传统商品改造为文化商品。促进跨界、流行文化和互动媒体的融合,推动科技、文化、空间、时尚和实验的深度整合,发挥市民的草根积极性和社群的集体力量,强化故事行销,进行专业的设计辅导和故事深化,积极与其他产业结合,广布通路,发挥区域融合的价值。

本章要点

不同国家和地区有各自不同的产业门类的统计选择,大致上包括三大部分:艺术、工艺和古董等传统产业群;电视、广播和电影等现代产业群;软件、互动式休闲游戏等数字内容的新型产业群。不同国家和地区,在不同概念的指导下对这三大产业群采取了不同的组合,因而产生了不同的类别。造成这种现象的原因,一方面是由于不同国家和地区采取不同的发展战略和不同的概念,另一方面是由于文化产业处在快速的发展过程中,很多新的行业不断涌现。

2012年版分类将中国文化及相关产业分为五层:第一层分为"文化产品的生产"和"文化相关产品的生产"两部分;第二层根据管理需要和文化生产活动的自身特点分为10个大类,即"新闻出版发行服务""广播电视电影服务""文化艺术服务""文化信息传输服务""文化创意和设计服务""文化休闲娱乐服务""工艺美术品的生产""文化产品生产的辅助生产""文化用品的生产""文化专用设备的生产"等;第三层依照文化生产活动的相近性分为50个中类;第四层是具体的活动类别,共计120个小类;第五层是对于含有部分文化生产活动的小类设置延伸层,共计29个。

文化产业生产的是满足精神消费的文化产品,这种文化产品提供的精神消费包括"信息"和"体验"两种类型,其中"信息"由"资讯信息"和"知识信息"构成,"体验"由"娱乐体验"和"审美体验"构成。

第二章 文化产业的特征、内涵与外延

文化产业产制的文化产品具备如下特征:(1)文化产品满足的是精神消费,包括信息(知识、资讯)和体验(娱乐、审美)。(2)文化产品传播的是大众文化(通俗文化),具有时尚化、娱乐性和互动性的特点。(3)文化产品要能够被批量化生产和大规模传播。(4)文化产品创造了符号价值,可以被知识产权化,成为文化品牌,最终通过授权经营实现规模效益。

文化产业具有以下本质特征:(1)文化产业要基于个人创意和创意阶层,是一种智能产业、知识产业、版权产业和审美产业,是对本地传统文化的艺术创新;(2)文化产业要基于现代高新技术和新媒体,是一种传媒产业和内容产业,可以大规模复制和批量化生产;(3)文化产业要面向现代市场和国际市场,要形成规模化的文化市场和文化消费;(4)文化产业要采取产品经营与企业经营相结合,产业经营与资本经营相结合,短期、零散的项目利润经营要提升到长期、整体的企业价值经营。

根据文化产业发展要素钻石模型,文化产业发展要素包括技术、人才、政策营造的环境宽容度、区域发展和企业运用的经济模式以及文化资源,共五大要素。其中,推动文化产业最为重要的发展动力有两个:一个是资源动力,另一个是产业动力;一个是内动力,另一个是外动力。资源动力主要是人才和文化资源,即人才如何利用文化资源作为素材进行创意策划、智慧生产;产业动力主要是新技术的普及程度、市场机制的发达程度和企业经营的主导力量。

文化产业具有以下四个价值本质:(1)创新价值;(2)象征价值;(3)知识产权价值;(4)全产业链价值。

文化产业发展在政策治理、商业模式、消费方式、技术应用等方面都出现了新的发展趋势。政策趋势:文化治理、宽松量化与融合发展;商业趋势:价值成长、生态化经营与社会型企业;消费趋势:时尚消费、体验消费与青少年消费主体;文化科技融合、数字化整合与移动互联网生态链;融合趋势:产品价值转化、产业结构优化和区域价值融化。

第三章
文化产业发展的缘起、历程与模式

一、文化产业的发展动因

如果生活在20世纪初的人有两次机会穿梭历史,第一次穿梭到20世纪50年代,第二次穿梭到2000年,在他面前将会是一个怎样的世界?在科学技术方面,从1900年到1950年有了巨大的发展,出现了摩天大楼,汽车、飞机等新式交通工具,收音机、电视机、自动洗衣机等各类家用电器;而到了2000年,除了电脑、互联网、CD、DVD、手机等,几乎对所有的技术都不陌生,似乎可视化、可想象的发明没有。在生活方式方面,从1900年到1950年,西方社会自18世纪工业革命以来没有太大变化:"完全相同的劳动分工和等级化管理系统,人们朝九晚五,工作时着正装,大多数是白人同事,很少有职业女性,服从集体价值准则,毕生在一家公司工作,很早娶妻生子,业余看棒球赛、打高尔夫、参加俱乐部或社团";而到了2000年,人们的生活方式上发生了巨大的变化:"工作着装休闲,来去自由,女性和非白人都可以担任管理人员,人们珍视个性,重视自我表达,经常跳槽,有不同种族的夫妇甚至同性的伴侣,业余忙于休闲、健身和旅游"。于是,人们的生活方式对象化、媒介化和品牌化,不管是"古登堡体系"中的印刷品传播,还是"麦克卢汉体系"中的大众传播,媒介即对象。媒介环境或媒介图景就是延伸的内涵物的丛林,媒介、品牌、符号成为全球文化产业流动的

第三章 文化产业发展的缘起、历程与模式

图景。① 生活方式的巨大变化表明整个人类社会已经从生产社会进入了如鲍德里亚所谓的"消费社会"。在消费社会中,商品的符号价值、观念价值对消费者起着决定性的引导作用。

进入 21 世纪以来,全世界范围内都共时性地处于一个重要的发展转型时期,一个重要的战略机遇期,这种转型包括了经济、社会、文化、政治、生态等多方面的全方位转型,这种转型的总体趋势是从物质逻辑为导向转为文化逻辑为导向。"在高科技、数字化的条件下,物质需求与精神需求的平衡已成为人类社会生存和发展的必要条件。物质生活与精神生活的失衡,已经成为当代社会面临的重大危机。如果我们在极端重视发展高新技术产业的同时,没有给予发展文化产业以足够的重视,那么我们的国民经济和社会生活就可能出现畸形,从而为我们民族的生存和发展带来严重的危机。"②

消费社会是一个消费民主化、艺术生活化的象征社会。随着生产技术的重大革新,尤其是通信技术、卫星技术和数字技术革命,推动了社会生产力的巨大发展,消费品不再为少数人所独占,大众需要成为社会生产的目标,人类物质生活逐步富裕,社会生活丰富多彩,经济收入大大提高,教育水平大大提高,闲暇时间也大大增加。米歇尔·福柯(Michel Foucault)认为,美的生活,就是把自己的身体、行为、感觉和刺激,把自己不折不扣的存在,都变成一件艺术品。理查德·罗蒂(Richard Rotry)认为,好生活的标准,就是欲望的实现、自我的扩张、对新感性和新品位的追求、探索越来越多的可能性。③ 经济增加带来的消费能力、教育提高带来的审美能力、闲暇增多带来的消费机会,使得文化消费应运而生。

消费社会就是象征消费,包括自由主义、符号价值和美学体验等三个要素。一个商品的使用价值包括功能价值和文化价值。功能价值满足人们的基本需要和生理需求,是商品在使用功能上的满足;文化价值满足人们的精神需求和无限需求,是商品的造型、材质、元素、符号组合所带来的美感经验。20 世纪 50 年代,整个社会关注商品的功能价值;20 世纪 60 年代以来,开始在商品功能价值

---

① 〔英〕斯科特·拉什、西莉亚·卢瑞:《全球文化工业——物的媒介化》,要新乐译,北京:社会科学文献出版社 2010 年版,第 19,79 页。
② 叶朗:《欲罢不能》,哈尔滨:黑龙江人民出版社 2004 年版,第 74 页。
③ 转引自詹伟雄:《美学的经济——台湾社会变迁的 60 个微型观察》,北京:中信出版社 2012 年版。

基础上关注商品的友好性、独特性和体验性等符号价值。世界各国的经济出现重大变化,即商品的文化价值逐渐超过商品的使用价值而成为主导价值。人们购买商品,不是着眼于其使用价值,而是着眼于其文化价值。鲍德里亚认为,商品世界代替了物理世界,商品及其形象构成了一个巨大的能指系统,不断刺激人的欲望,使消费成为非理性的狂欢。在消费社会里,人们不仅消费物质化的产品,更是消费象征性的符号。消费品由符号系统构成,身体变成了救赎物品,大众传媒成了魅惑工具,广告成为符号诱导,不断对大众进行着精神驯化。消费重新建构了人类自我表达的关系方式和社会逻辑,重塑了人们的信用关系、行为模式、价值网络和道德体系。①

消费社会是一种内容消费、文化消费和符号消费,而物质商品只是承载文化、内容和符号的媒介、载体与平台。商品注重符号系统的组合、符号意义的排序以及符号价值的历史感。迈克·费瑟斯通认为,当代社会出现"日常生活审美化"(The aestheticization of everyday life)转型。"日常生活审美化"正在消弭艺术和生活之间的距离。一方面,艺术和审美进入日常生活,被日常生活化;另一方面,日常生活中的一切,特别是大工业批量生产中的产品以及环境被审美化。"日常生活审美化"展现了文化产业的两个维度,即"文化产业化"和"产业文化化"。"文化产业化"就是通过技术形成规模化的文化商品,然后通过文化企业的主体来按照市场的需求经营。"产业文化化"就是利用文化创意提高传统产业的审美体验和文化价值。在当今,传统产业为了改变置于产业微笑曲线②(Smiling Curve)底端的命运,要向研发创意与品牌服务两端转移,提高其附加价值和品质内涵,都必须文化化、内容化和符号化,都要让生产的产品与服务成为文化、内容和符号的载体(见图3-1)。在文化消费的趋势下,所有传统产业都将是初级产业,必须重视产品生产的材料与制造方式。从某种意义上说,所有产业都最终要成为文化产业,必须展现独特的魅力与风格。③ 当然,一般产品文化价

---

① 参见〔法〕让·鲍德里亚:《消费社会》,刘成富、全志钢译,南京:南京大学出版社2008年版。
② "产业微笑曲线"是台湾宏碁集团创办人施振荣1992年提出的产业发展理论,认为制造加工位于产业链附加值曲线的底端,利润相对薄弱,如果要获得更多的附加值,就必须向两端延伸——向上游端的零件、材料、设备及科研延伸,或向下游营销端的销售、传播、网络及品牌延伸。与之相反的是,2004年日本索尼中村研究所所长中村末广提出的"武藏曲线"。
③ 台湾行政机构"文化建设委员会":《台湾文化创意产业发展年报2010》,2011年,第197页。

值的提升并不能以牺牲其功能价值为代价,人们的消费需求从功能性消费到文化性消费的转变,都是在保证产品功能价值的基础上才能实现的。

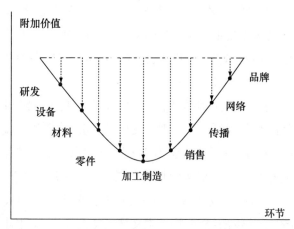

图 3-1　产业链环节与附加价值曲线

文化消费促使了产业结构的优化调整。当前我们所处的这个时代,不是从农业经济到工业经济到知识经济的线性过渡,而是实现现代农业、高制造业和高技术服务业的产业融合。农业经济、工业经济和文化经济之间不再是线性发展的替代关系,而是一个相互交织、相互包容的共生关系。目前,文化产业发展的规模和程度已经成为衡量一个国家或城市综合竞争力高低的重要标志。文化产业策略正成为新的企业经营模式和区域发展模式。约瑟夫·派恩(B. Joseph Pine)和詹姆斯·吉尔摩(James H. Gilmore)在《体验经济》一书中说,"如果你就原材料收费,你就是初级产品企业;如果你就有形产品收费,你就是商品企业;如果你就你与顾客相处的时间收费,你就是体验企业";如果就顾客所获得的荣耀与喜悦收费,你就是文化企业。文化产业是一种高附加值的高端产业,是一种节能环保的低碳产业。当前社会的产业转型和经济升级,绝不是简单、粗暴地依靠外在的设计手段实现"中国制造"向"中国创造"的转型,而是要战略性、系统化、根本性地实现文化改造、创意升级和内容革命。

文化消费促使了社会经济发展驱动要素、资本和创新形式的重大变化。迈克尔·波特曾指出,一个国家和社会的进步要经历要素驱动、资本驱动、创新驱动和财富驱动的更替。从某种意义上说,文化消费改变了驱动结构和驱动方式。

生产力要素包含了物质要素和非物质要素(文化要素),创新也从颠覆式创新和可持续创新角度包容了科技创新和文化创新。尤其是资本形态的变化,单一的经济资本逐渐转化为经济资本、文化资本、社会资本和象征资本等多元资本形式,而文化资本已经成为衡量一个国家或地区的综合实力的重要指标。非物质生产要素、文化创新和文化资本的投入,为经济资本相对较弱而文化资源比较丰富的地区提供了巨大的发展机遇。[①]

文化消费促使了文化与经济的相互作用,揭示了文化认同与商品流通的关系,催生了文化经济和创意经济的出现。文化是经济、社会和环境发展的驱动力和推动力。"文化经济涵盖了现代资本主义社会中所有为消费者娱乐消遣、点缀装饰、自我肯定和社会展示等需求服务的部门"。在社会生产力发展和生活方式转型的推动下,消费主权、网络民主、文化公民和个性自由成为这个社会的时代特征。整个社会从物质经济、物质主义转向文化经济、文化社会。文化经济和文化社会时代的到来为文化产业发展提供了广阔的发展空间。

二、文化产业的世界状况

文化产业作为一种新的发展范式,蕴藏着巨大的发展潜力,已成为全球一股强大的变革力量。联合国教科文组织和联合国贸发会议组织都分别以"文化经济"和"创意经济"的视角高度重视文化产业在创造营业收入、就业机会和出口创汇上的经济贡献,高度重视文化产业鼓励创新、建立认同、寻求包容性新型发展等超越经济范畴的社会贡献。文化产业以市场为驱动、以创意为手段,包含了政治发展、经济转型、社会进步和技术变革等诸多方面的跨界扩张和转型升级。无论是美国、日本、英国、德国、意大利、韩国、澳大利亚等文化产业发达国家,还是非洲、阿拉伯地区、南亚等发展中国家乃至欠发达地区,都不约而同地启动了"创意立国"和"文化立国"的国家战略,制定相关产业政策,鼓励文化创新,推动文化产业与经济发展、文化传承和社会进步相结合。文化产业日益成为经济发

---

① 叶朗:《文化产业与我国21世纪的经济发展》,载谢龙主编:《平凡的真理 非凡的求索——纪念冯定百年诞辰研究文集》,北京:北京大学出版社2002年版,第485—495页。

展的驱动力和社会可持续发展的推动力。

当前,全球文化产业发展主要有以下特征:(1)后工业化的城市群表征为高科技与文化联姻,多样性的文化资源和文化想象力与现代电子信息技术手段共同推动。(2)个性化时代的经济动力表现为作为资本的文化与创意,文化资本、创意阶层和知识成为经济发展的主要动力。(3)政府在发展文化产业中作用凸显,运用灵活的文化政策推进具有创造性的未来产业。(4)文化产业的区位特点越来越依托于中心城市,出现文化产业的城市群集聚,文化产业成为文化中心城市可持续发展的战略性产业,文化产业与城市发展形成深刻的良性互动。①

约翰·霍金斯在《创意经济》一书中指出,全世界文化经济每天创造 220 亿美元,并以 5% 的速度持续增长。依据联合国贸发会议全球创意经济数据库②,2011 年世界创意产品及服务交易额从 2010 年的 5595 亿美元上升到 6240 亿美元。其中,手工艺、书籍、图形和室内设计、时装、电影、音乐、新媒体、印刷媒体、可视化及音像制品等产品及服务在 2011 年的全球出口额高于 2009 年的 5360 亿美元和 2010 年的 5590 亿美元。2002 年到 2011 年的平均年增长率为 8.8%,这期间全球文化产品贸易翻了一番。③ 2002 年世界知识产权组织就开始展开文化产业(以"版权产业"为统计范畴)经济贡献的统计研究。截止到 2013 年,在 40 个调查的国家和地区中,版权产业对 GDP 的整体贡献值超过平均值 5.2% 的有美国、韩国、圣卢西亚、匈牙利、澳大利亚、圣基茨/尼维斯岛、中国、巴拿马、新加坡和俄罗斯。

大体而言,国外文化产业发展模式主要三种:以美国为代表的北美模式,是市场驱动型;以英法德为代表的欧洲模式,是资源驱动型;以日韩为代表的东亚模式,是政策驱动型。④

---

① 魏鹏举编著:《文化创意产业导论》,北京:中国人民大学出版社 2010 年版,第 37—39 页。
② 联合国贸发会议全球创意经济数据网址:www.unctad.org/creative-programme 或 http://unctadstat.unctad.org。
③ 联合国教科文组织、联合国开发计划署编:《2013 创意经济报告——拓展本土发展途径》,意娜等译,北京:社会科学文献出版社 2014 年版,第 148—149 页。
④ 本节相关数据参见熊澄宇:《世界文化产业研究》,北京:清华大学出版社 2012 年版。

1. 北美文化产业发展概况——市场驱动型

以美国和加拿大为代表的北美地区实行多元化文化政策,平等对待所有文化传统与少数族裔,鼓励多元文化的保护与交流。两国信奉自由主义市场经济,对文化产业采取"无为而治"。政府通过相关立法来规范和引导文化产业的发展。文化产业的发展主体立足于文化企业。北美地区文化产业发展"一枝独秀",是世界文化产业发展的重要一极,美国是北美地区文化产业的核心地区。

美国政府对文化产业采取市场自由竞争的立场,仅对文化艺术创作提供一些资助,且还不是主要力量,政府资助一般不会超过文化机构所得的20%,而联邦政府的直接资助比例极少。政府的资助起到一种示范作用,创造了一个支持艺术发展的良好环境。美国通过制定或制约文化技术标准与文化市场规则,充分发挥文化企业集团的竞争优势,发挥"赢者通吃"的马太效应,占有全球文化市场的最大份额,在文化产品的制作与营销方面占据绝对优势。文化产业成为美国最重要的出口产业。2013年美国版权产业对GDP的贡献率达到11%。

美国秉承自由主义传统,强调文化产业的高度市场化和政府的最小干预。美国中央政府不设文化部,各州和市政府有文化管理机构,遵循文化产业的发展规律,给予开放、优惠的扶植政策,鼓励多元投资机制和多种经营方式。

第一,遵循市场规律,追求高额利润。美国文化产业深谙市场法则,严格遵守市场规律,通过产品开发、建立全球销售网络、宣传促销和捆绑销售等多种手段和方法,延长文化产品的产业链,实现利润的最大化。好莱坞电影收入模式为:票房收入是第一轮收入;发行录像带、DVD是第二轮收入;电视媒体获取第三轮收入;主题公园的推广是第四轮收入;特许经营和品牌专卖是最后一轮收入。据统计,迪士尼一部电影的全部收入中,国内外的电影票房收入只占30%,主题公园收入占20%,其余的50%来自授权收入。

第二,合理调控,引领产业持续发展。美国政府采取各种手段,对文化市场进行合理调控,以保证产业的健康发展。为了推动文化企业的自由扩张、促进文化行业的充分竞争、提高媒体产业成熟度和国际竞争力,美国政府逐步放宽对媒体的管制。1948年的派拉蒙判决,就是为了打破好莱坞电影产业的垄断,营造公平竞争的市场环境。1971年颁布实施《黄金时间机会条例》,规定每天19:00

至23:00的黄金时间,电视网及附属台不能全部播出自己制作的娱乐节目。独立节目制作公司的出现不仅丰富了广播电视网的内容、提高了利润,还使节目从国内市场扩展到国外市场,从而造就和培育了美国电视节目的全球市场。1984年,里根政府在减少政府管制、增强竞争活力的理念下,放松了对媒体所有权的限制,在传媒业里形成了所有权兼并和集中的浪潮。1996年,克林顿政府签署了《联邦电信法》,放宽了对媒体所有权和跨媒体所有权的限制,规定有线电视无须申请特许就可以运营电话业务,鼓励电信和互联网业进入传统媒介市场,推动了世纪之交规模空前的媒体并购浪潮,促成了少数超大规模的文化产业集团的组建。

第三,注重文化创新,开拓产业资源。美国文化继承和发展了欧洲文化,又不断汲取世界各国优秀文化精华,不断演进,不断创新,成为一支生气勃勃、不断进取的文化力量。《花木兰》《角斗士》《功夫熊猫》等由外国传统文化改编的好莱坞电影在全球热卖;跨国公司制作的流行音乐在全球大行其道;由国外输入的百老汇音乐剧一年四季长盛不衰。美国文化产业不是对外国文化进行简单复制,而是大胆追求创新,进行美国式改造,保持文化产品的创新品质。凡此种种,都突显了美国文化产业面向全球资源巨大的萃取能力和创新能力①。

2. 欧洲文化产业发展概况——资源驱动型

欧洲各国文化政策目标都强调文化多样性、自主性和地方性,鼓励文化创造性和文化参与性。欧盟实施万花筒计划、亚利安计划和拉费尔计划等,旨在保护文化艺术的发展。其中,万花筒计划(Kaleidoscope 2000)鼓励欧洲范围内的艺术创意与文化合作。亚利安计划(Program Ariane)支持书籍出版、阅读以及作品外译。拉费尔计划(Program Raphael)通过应用技术的研发与应用,加强物质遗产和非物质遗产、建筑遗产与古迹群落的保护、维护与开发。1984年,欧盟颁布名为《通过卫星和有线电视建立共同市场指令》,要求欧盟内部的电视节目可以自由流通、发行,鼓励欧盟本土电视节目的制作,为电视广告的播放制定了统一规定,开放欧盟内部文化空间,促进传媒统一市场。欧盟颁布《关于促进欧洲多

---

① 《美国文化产业发展战略透析》,载《思想工作》2008年第3期,第38—39页。

媒体内容产业发展和鼓励在信息社会中使用多媒体内容的决定》，大力发展数字内容产业，制定《媒体追加项目(Media Plus 2001—2005)》《媒体2007(Media 2007)》，重点发展传媒产业。2005年，欧盟轮值主席国卢森堡协同欧洲音乐办公室(EMO)和欧洲出版联盟(FEP)，组织召开"支持文化产业的欧洲政策"研讨会，对文化产业实施全面支持计划。

1997年，英国首相布莱尔政府成立"创意产业特别小组"(Creative Industries Task Force)，正式提出发展创意产业。2001年英国政府发表《创意产业专题报告》，以详尽的数据表明创意产业已成为伦敦的核心产业。2003年英国《金融时报》称创意产业对伦敦经济的重要程度已超过金融业。2004年《创意产业经济估算统计公报》估算，2003年创意产业的整体经济贡献占英国附加值总额的8%，超过了英国的金融业（约占5%）。从1997年起，英国创意产业产值平均每年递增6%，而同期国内生产总值的年均递增额只有3%。1997年以来，创意产业从业人数年增长率高达3%，而其他行业平均不到1%。2002年创意产业出口额为115亿英镑，占英国出口总额的4.2%。1997年到2002年期间，创意产业的出口额以年均11%的速度增长，而同期英国的总出口额年均增长只有3%。

英国悠久的文化历史、文化多样性以及深厚的文化积累，为创意阶层的形成提供了有温度的成长土壤。第一，通过对传统文化资源的挖掘，打造文化城市。为了应对传统工业城市的衰退，文化深耕的都市更新思想成为英国城市规划的新策略。充分发掘城市传统文化资源，改变城市形象，吸引外来投资，成为都市转型的迫切任务。比如格拉斯哥拥有内在价值极高的历史文化资源，政府投入巨资用于文化设施的修复和建设，将有着悠久历史但已废弃掉的旧厂房改造成文创园区。通过文化引导的旧城改造，提升城市形象，吸引人们前往居住、工作和游乐。直接支持了很多跟文化相关的草根阶层的艺术活动，如短期展览、社区艺术竞赛等，极大地提升了文化在市民心目中的地位。苏格兰歌剧院、国家交响乐厅、布勒收藏馆、皇家音乐戏剧学院和音乐厅，成为城市发展的新地标。第二，营造浓郁的艺术氛围，为人才发展提供创业环境。英国表演艺术业非常繁荣，伦敦西区集中了数十家剧院，《西贡小姐》《猫》《悲惨世界》《李尔王》《哈姆雷特》等历史名剧常演不衰。英国拥有2400家以上鉴定合格的博物馆，其中包括18家国家博物馆、200家以上的公共博物馆、300家大学博物馆、800家以上的地区

第三章 文化产业发展的缘起、历程与模式

性博物馆以及 1100 家以上的独立博物馆。丰富的文化资源和浓郁的艺术氛围使得伦敦成为全球创意中心。在伦敦,有 68 万人从事与文化产业有关的工作,占全英的 12%,文化基础设施占全英的 40%,音乐唱片工作室占全英的 70%,音乐商业活动占全英 90%。伦敦占有全英 70% 的电影和电视业务量、46% 的广告业务量、55% 的时尚设计业务量和 27% 的建筑设计业务量。第三,注重人力资源的培养。2008 年英国发布《新经济下创意英国新人才战略报告》,提出要激发每个人的创意才能,缔造一流的创意企业、培养一流的创意人才。英国蜂拥而至的全球人才和历史悠久的教育传统为文化产业奠定了人力基础。英国拥有 4000 家商业设计咨询公司以及为数众多的自由设计师,规模庞大,风格多样,涵盖了品牌推广、图文制作、包装策划、室内设计、产品设计、多媒体创意和工业设计等多个门类。

法国文化遗产制度规定历史建筑及其附属物都是人类文化遗产,居住者或经营者必须定期进行修缮维护,否则重罚。私营者若承受不起可将所辖文化遗产卖给国家。法国政府重视人文景观的教育功能和社会效应,普遍压低门票价格,以便让所有人都拥有受教育和受熏陶的机会。法国提出"文化例外"的国际贸易主张,强调文化产品的特殊性,从 WTO 附属贸易规则上限制美国强势文化产品的入侵。法国政府积极扶持文化产业的发展,激励国内文化消费,致力于建立统一的欧盟文化市场。法国是一个拥有悠久文化传统的国家,艺术和文化的财富超越于政治制度,被看作实现民族团结和同一性的强力保证。20 世纪 80 年代,法国地方政府拥有相当的文化自主权,区域性文化发展与中央政府管制并行不悖,并形成一种良好的互助合作关系。法国文化政策与国家干预主义有关,法国文化部积极支持地方发展,各城市在文化事务上的职责也日益增加,各地发展出自己的文化政策。地方政府善用当代艺术的文化软实力,促使艺术融入公共空间以获得人们与地方的认同。无论是成立新的文化中心,或者推展城市文化复兴,都成功地彰显出文化艺术与创意经济是新一代重要的资产。地方文化政策围绕创新现场文化活动、传统文化设施翻新以及文化产业发展策略展开。第一,文化活动在法国文化政策中的作用与日俱增。巴黎作为法国文化产业的中心,占法国总面积的 2%,创造了 30% 的 GDP。巴黎是一个"流动的盛宴",拥有"白色之夜",通过公共艺术展示、夜间游乐场,让人们徜徉在巴黎夜色与文艺飨宴之中。2004年法国里尔借助火车站的改造、设置公共艺术、公共空间重新利用并结合艺术转化,进行一连串的文化转型,被选为欧洲文化之都。马赛为赢得2013年欧洲文化之都,展开地方文化设施与建筑物的改造计划,建设地中海文化主题博物馆,进行一系列的产业遗址更新与再利用,开展游船活动,体验海洋文化。第二,注重传统文化场所和全新文化场所的更新。凡尔赛宫引入当代艺术展览,以当代艺术介入传统文化,充满视觉的震撼以及富有争议的评论吸引了大量的游客前往参观。许多老旧建筑被改造成独具创意的文化空间,如鲁贝把废弃的游泳池改建为博物馆,使城市更具历史与文化。卢浮宫在朗斯建设分馆,向偏远地区延伸艺术中心,扩展典藏文物的展示空间,向公众开放与分享更多的文化资源。法国导演吕克·贝松将圣德尼的发电厂改造成电影制片厂,将其建设成为美国好莱坞式的影视重镇。

德国是法兰克福学派文化工业批判理论的发源地,联邦政府没有专门的文化产业管理机构,文化产业随着市场竞争而发展起来。德国最具优势的文化产业是出版产业和会展产业。据2006年全德文化经济会议统计报告,德国文化产业的从业人员达到93万人,高于欧盟其他国家,有13.4万人受雇于2至5名雇员的微型文化企业,创造产值350亿欧元,占国内生产总值的1.6%,与软件产业和能源产业的经济贡献旗鼓相当。到2005年,全德文化产业从业人员逾百万,超过了汽车产业的从业人员。

3. 东亚文化产业发展概况——政策驱动型

东亚地区文化产业的发展特征是以"文化立国"为战略,通过国家力量推动文化产业发展。政府积极制定产业振兴政策,推动文化对外输出,重视文化产业的辐射带动作用。政府的推动在日韩文化产业的发展过程中扮演了重要的角色,塑造了日韩文化产业的国际竞争力。

20世纪90年代日本泡沫经济崩溃,制造业出口竞争力衰落。政府强势推动漫画、动画、游戏等文化产业的快速发展。目前,日本是世界上最大的动漫制作国和输出国,日本动画在全球动画市场占65%,在欧洲高达80%。全球电子游戏市场90%以上的硬件份额、50%以上的软件份额都被日本掌握。2000年,国会通过《形成高度情报通信网络社会基本法》,2001年通过《文化艺术振兴基本法》。其后,日本政府成立知识财富战略本部,由首相亲自挂帅担任部长。2004年国会通过《关于促进创造、保护及应用文化产业的法律案》(《文化产业促进法》)。日本采取独特的"行政指导体制"①,通过提供各种信息、制定规划、出台扶持和刺激性政策,指导和协助文化企业提升全球化的竞争优势。政府发挥指引、中介、扶植和宏观调控的作用,扮演文化企业的领航员、仲裁者、银行家和保护人的角色,给文化产业注入巨大活力。②

韩国在1997年金融危机期间,对于外向型经济带来的国民经济脆弱问题进行了深刻反思,把发展文化产业作为重要的战略选择。1997年成立文化产业基金会,1998年确立"文化立国"发展战略,1999年颁布《文化产业振兴法》,2001年及其以后陆续设立文化产业振兴院等各种振兴机构,先后制定了《文化产业发展五年计划》《文化产业前景21》和《文化产业发展推进计划》等文化产业发展战略和中长期计划。2008年,韩国政府将广播电视产业振兴院和游戏产业振兴院并入文化产业振兴院,进一步提高了行政效率,完善了扶持职能。2010年正式推出旨在打造"故事强国"战略的"新话创造"项目,标志着韩国以电视剧为核心的第一代"韩流"到以流行音乐为先锋的第二代"韩流",正在网络技术、新媒体和政府政策的推动下,演变成第三代"韩流"的新模式。

文化产业的发展尽管受制于金融资本、人员素质和基础设施等要素,但深厚的文化传统、丰富的文化资源和务实的文化政策将会推动文化产业完成跨越式发展。文化产业正是实现联合国教科文组织提倡包容、公平和可持续发展目标的重要途径。

三、文化产业的中国历程

文化产业目前是世界经济中增长最迅速的部门之一,2002年至2011年的

---

① 日本政界认为,要避免采用生硬的法律约束,使政府和产业界建立相互信任的关系,从而在目标一致的基础上谋求积极而广泛的合作。行政指导是一种为实现特定目的,日政府不直接运用法律手段,而以相关法令为依据,通过产业部门行政主管机构提出劝告、建议、指导、指示、期望、要求、建议、警告、命令等行政裁决方式,促使企业接受政府的意图并付诸实现,从而控制特定对象的行为制度。

② 骆莉:《日本文化立国战略推动下的文化产业发展》,载《东南亚研究》2006年第2期,第42—51页。

年均增长率为8%,发展中国家的年增长率甚至高达12.1%。文化产业成为包括中国在内的发展中国家独具特色的发展道路。但是,世界各国文化产业发展水平差异较大,在全球文化市场中所占的份额也存在着实力悬殊。中国文化产业增加值在GDP的贡献率、在全球文化市场的份额都远远低于美日等文化产业发达国家。2018年,中国文化产业增加值4.1万亿元人民币,占GDP的4.48%。2019年,中国文化产业增加值4.5万亿元人民币,占GDP的4.54%。2013年,中国文化产业增加值占全世界文化市场总额的6.11%,远低于美国的31.65%(图3-2)。即便如此,从历史来看,中国文化产业经历了快速发展,实现了中国文化产业的飞跃式转型。

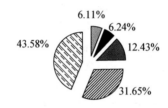

图3-2 中美日德等国在世界文化市场的份额

1. 文化产业发展的总体特征

伴随着中国经济体制改革而不断推进深入的文化体制改革,就是通过市场化的手段解放和发展文化生产力,达到公平与效率兼顾的两个目标:一个是发展文化事业、构建公共文化服务普惠体系的公平与效率,一个是发展文化产业、构建文化市场竞争格局的公平与效率。文化体制改革主要解决文化发展过程中面临的市场化程度不高的问题。从2003年中国文化体制改革试点启动,到2013年十八届三中全会提出全面深化文化体制改革,中国文化体制改革与文化产业发展走过了十年的春秋岁月。文化体制改革的主要举措,就是发挥市场的力量,营造公平竞争的市场环境,通过文化市场实现文化资源的自由配置,切实满足广大民众不断增长的文化消费的旺盛需求。文化体制改革的目标和路径,就是学习国际上市场驱动、资源依托和政策引导等三种文化产业发展模式的经验。过去的政策法规建设,主要是针对新闻出版业、影视业和演艺业,尤其是出版社和演艺业,制定了明确的改制进度安排和完成改制的效益标准。这些改制政策有效地推动了中国绝大部分文化事业单位的"转企改制",推动了国有文化企业实现现代企业制度的建立与完善。

从行业开放程度来看,以前完全处于事业垄断的广播影视业、出版业和演艺业等,现在已经基本实现市场化。电视台和广播台的改革经历了从20世纪90年代中期的制播分离,到现在的除新闻类节目外所有节目制作机构的"转企改制"和自由竞争,但在播出环节仍然保留事业单位的属性,改革还不彻底。文化产业从业人员占全部从业人员的比重,美国为4.77%、英国为7.70%、加拿大为3.9%;文化产业增加值占本国GDP的比重,美国为5.83%、英国为7.61%、加拿大为3.8%;这两项指标之比维持在1∶1左右,而中国为1.8∶1,表明中国文化产业创造的价值仍较低。

从政府部门的公共管理来看,文化产业更多行业市场开放的程度将会越来越高。2013年10月,北京市政府颁布了《关于进一步鼓励和引导民间资本投资文化创意产业的若干政策》,从放宽准入行业、简化行政审批、促进事业单位"转企改制"股权多元化、盘活现有文化基础设施、运营文化共性服务平台、鼓励内容创意、建设文化集聚、培育文化品牌等方面,积极引导民间资本和民营企业参与。

从价值链贡献值来看,文化产业的价值链环节包括创意研发、生产制作和交易体验等三个环节,处在前端的内容创意利润率为45%,中间的内容制作和内容复制分别为10%和5%,后端的交易服务为40%,而中国过去文化产业的发展重点主要集中在中间环节。因此,未来的政策应着眼于如何推动从中间环节走到产业链的前端和后端环节。比如,鼓励内容原创、加大知识产权保护和利用、加强文化品牌建设、提升服务水平、鼓励文化消费等政策措施,都急需尽快出台。虽然中国文化产业在对国民经济运行的贡献中占有一定的份额,但就产业单位而言,存在着单位规模偏小、高学历高职称的人才比重偏低、文化经营性企业单位负债经营较为普遍、文化事业单位的支出收入比偏高、人均创造利税额较少等情形。

从产业生命周期来看,中国文化产业的发展刚刚超越初级阶段,还处在起跑线上,主要依靠物质文化资源的开发,发展以文化旅游、节庆会展、特色园区等为代表的传统文化产业。因此,未来政策制定的关键着眼点在于推动影音传媒、数字内容、网络文化、创意设计等新兴文化产业的发展,推动文化产业的高速增长,甚至加倍增长,推动文化产业进入稳定增长阶段和成熟发展阶段,实现文化产业在国民经济中的支柱产业地位。

2. 文化产业发展的行业概况

电影业在中国是一个经济规模总量不大,但社会影响很大的文化行业,行业主体总体上是以国有企业为主,但市场化运营的程度已经比较高了。目前,电影行业存在的突出问题就是电影内容的管理方式。如何将审查制改为分级制,改变文化内容的管理方式,创新文化产品的内容评价指标,是电影业在今后的发展过程中需要思考和解决的问题。电影业在经历了20世纪90年代的低潮期后,在最近五年里连续保持30%的市场增长率,在商业大片日益成熟的同时,中小成本电影也表现日佳,电影业的市场化竞争与运行机制日益成熟。2019年中国电影票房收入642.7亿元,其中,国产影片票房收入411.8亿元,进口影片票房收入230.9亿元。2019年院线已达12408家,银幕数69787块,增长势头强劲。我国类型化电影的尝试逐渐增多,发行营销与新媒体结合更加紧密,二线、三线甚至四线城市成为助推国产影片的主力市场。

广播电视业是文化体制改革的先锋。电视业是中国文化产业领域的强势部门,行政管制严格。改革开放以来,规模总量不断扩张,以广告为主的收入增长快速。多年来,规模与收入均保持两位数以上的发展速度。中国建成世界上规模最为庞大的广电网络,电视机构、频道套数、播出时间都居世界首位。2019年我国有线电视用户2.07亿户,有线数字电视用户1.94亿户。广播节目综合人口覆盖率为99.13%;电视节目综合人口覆盖率为99.39%。2019年生产电视剧211148部、7229442集,电视动画片398685小时,创造了越来越高的经济收益。2019年全国广播电视行业实际创收收入比2018年增长19.99%,达6767亿元。

出版业是中国文化产业领域的传统优势行业,国有单位是行业的绝对主体,绝大多数出版机构实现事业单位的转企运营。中国出版业长期存在着条块分割、行政垄断与模式单一等问题,在经营与收入结构上过分依赖教材教辅,产业形态不合理。2019年我国新闻出版主要经济指标呈下行趋势,新闻信息服务固定资产投资增速为-14.3%,为文化核心领域降幅最大的产业。全国出版、印刷和发行服务实现营业收入18896.1亿元,较2018年增长1.1%;拥有资产总额24106.9亿元,增长3.0%;所有者权益(净资产)12156.2亿元,增长3.0%。其中期刊、报纸、音像制品出版总量规模缩小,电子出版物出版总量规模持续扩大,共出版电子出版物9070种,较2018年增长7.9%;出版数量29261.9万种,增长13.1%。目前,出版业面临的问题是传统出版数字化步伐较慢、数字出版人才匮乏、数字出版标准不足、数字版权意识淡薄等等。在未来,数字出版主要呈现出以下几个发展趋势:电子书将迎来高速增长;4G助推移动互联跃上新高度;智能语音技术、电子墨水显示技术、液晶显示技术、裸眼3D技术将获得大范围应用,云服务逐步推广;数字终端走向网络化、智能化和融合化。

艺术品业是一个传统的文化行业,随着经济的快速发展,经历了复杂的发展形态与历史阶段,成为世界艺术品市场的重要组成部分。艺术品的拍卖与收藏成为社会热点,艺术品已经成为与股票、房地产并列的三大投资对象。中国艺术品的三级市场日益活跃:一级市场经营是通过购买和销售直接完成艺术作品所有权的转移,主要是通过画廊、画店以及美术品公司来完成;二级市场以经纪行为的经营为主,通过第三方的中介行为及其他服务行为,如评估、鉴定、展览等,完成作品所有权的转移,主要是拍卖和经纪公司,还有新兴的文化产权交易所。三级市场经营是指综合性、国际化的大型艺术博览会。1992年10月,中国文物与艺术品拍卖业在深圳开启,文物艺术品拍卖业发展迅速。在经历2009—2011年的高速增长后,中国艺术品拍卖市场正处于理性回归、结构调整、优胜劣汰的阶段,拍卖业正经历业务结构从单一到多元、从自律到标准、从数量增长到质量提升的转变,市场成交呈现"量、额双减"形式。据统计,2019年中国艺术品拍卖市场艺术品总成交额为229.17亿元,同比下降6.86%,与2011年总成交额553.53亿元相比,降幅达58.6%[①]。

动漫游戏业是一个新兴的文化行业,受到社会各界的高度关注。动漫游戏业的增长速度很快,受众大多数是青少年,对青少年的价值观影响巨大。中国有

---

① 中国拍卖行业协会:《2019中国文物艺术品拍卖市场统计年报》。

超过3.5亿的青少年,拥有全球最大的动漫目标消费市场。随着中国动漫游戏业总体规模的不断扩大,国内动漫企业实力显著增强,动画影视和网络游戏得到较大发展。全国范围内的动漫产业园区和基地就有40余个,与动漫游戏有关的机构达到5000多家。2019年,中国动漫游戏产业规模和市场效益等指标总体平稳增长,总产值达1941亿元,动漫图书出版数量达1295种;电视动画生产备案数量达472部、188185分钟,电视动画生产完成数量达94659分钟;动画电影生产备案数量164部,完成生产数量51部;动画电影票房收入112.74亿元;游戏市场销售收入2330.2亿元;自主研发网络游戏海外市场销售收入111.9亿美元。

网络文化业是文化产业中的新型业态,网民文化消费的注意力向互联网转型的趋势已无法逆转。2019年,我国互联网网民人数已达9.04亿人,其中移动互联网用户13.19亿户,网民中使用手机上网的比例由2018年年底的98.6%提升至99.1%。截至2019年6月,网络新闻、网络音乐、网络游戏、网络文学、在线教育、网络视频、网络直播网民使用率分别达到80.30%、71.1%、57.80%、53.20%、27.20%、88.80%、50.70%[①],发展势头良好。

演艺业是传统文化产业的主要组成部分。商业演出大幅减少,演出公司和大小剧团面临生存挑战。话剧上演引发观众观剧热潮,国外经典剧目纷纷来华,争相开拓中国市场。大投资、全明星阵容的戏剧节举办,引发业界关注戏剧节与城市的互动发展。2019年,我国艺术表演机构17795个,从业人员41.25万人,全年演出场次297万场,观众达12.30亿人次,较上年增长4.63%,收入合计396.99亿元,同比增长8.25%。

创意设计业是文化产业中的新型业态,依赖知识产权的发展。文化创意和设计服务已贯穿在经济社会各领域各行业,呈现出多向交互融合的态势。国内设计业发展迅猛,据中华人民共和国国家统计局数据显示,2018年全国规模以上文化创意和设计服务业相关企业的营业收入为11069亿元,比上年增长16.5%;2019年前三季度全国规模以上文化创意和设计服务产业相关企业的营

---

① 中国互联网络信息中心(CNNIC):《2019年第44次中国互联网络发展状况统计报告》。

业收入为8256亿元,比上年同期增长12.2%,继续保持了平稳较快增长。

广告业随着数字化传播营销模式的发展,呈现缓慢增长的态势。传统媒体广告投放量有缩减的趋势,而移动互联网广告市场投放量反而提升,受众群也逐渐年轻化。2019年我国广告市场总体规模达到8674.28亿元,较上年增长了8.54%,占GDP的0.88%,其中互联网广告经营额增速为18.21%,成为引领广告市场发展的主导力量。随着网络广告业的壮大,快速反应和灵活创意的移动广告使原有的长流程作业和劳动密集型人员结构被消解,大型广告集团向小团队和个体方向转型。2019年中国广告从业人数为596.89万人,增幅仅6.92%,相较上一年度增幅明显收窄,达到近五年增幅的最低点。

节庆会展业是文化产业中的多边服务类行业,近年来的发展逐步驶入快车道,每年以20%至30%的速度发展,创造了巨大的经济效益和社会效益,"会展经济"已成为国民经济的重要组成部分。随着"大会展"意识的提高,节庆与会展合流已成趋势。2019年全国展览总数为11033场,展览总面积为14877.38万平方米,分别较2018年增长0.6%和2.0%。全年净增展览65场、展览总面积301.62万平方米,中国可供展览的场馆面积和展会举办规模均稳居世界首位。①2019年全国展览经济直接产值达6055.2亿元,同比增长约为2.91%,占GDP的0.61%。

教育培训业是知识经济时代最能吸引投资的文化行业之一,被公认为最具"钱景"的朝阳产业。在艺术教育方面,国家通过政策支持、资金投入,学校和社会各界通过举办文化艺术培训活动,企业通过开展课外艺术辅导班,共同促进艺术培训行业的发展,建设了良好的艺术教育生态环境。2018年,艺术教育业机构为122个,比2017年增加2个,在近五年中保持稳定;艺术教育业从业人员13037人,比2017年增长1.98%,稳中有增。②

文化旅游业是产业价值链较为完善的文化行业。2019年,我国文化旅游业保持健康较快发展,实现旅游总收入58563.4亿元,比上年增长11.44%;国内旅

---

① 参见中国会展经济研究会:《2019年中国展览数据统计报告》。
② 中华人民共和国国家统计局:《2019中国统计年鉴》。

游人数60.1亿人次,比上年增长8.48%;国内旅游收入57250.9亿元,比上年增长11.65%。在入境旅游方面,2019年入境旅游人数1.34亿人次,比上年增长2.91%。

体育休闲业是在我国经济面临下行压力下的经济增长点。数据显示,2015年到2019年,我国经常参加体育锻炼人数从3.9亿人增长到4.4亿人。随着锻炼人数的增长,我国体育产业产值同样持续增长。2019年,我国体育产业产值为2660.34亿元,较2018年增加251.30亿元,同比增长10.43%。中国体育消费市场也在逐年增长,市场规模从2015年的4760.10亿元增长到2019年的11654.80亿元,年复合增长率为19.61%。

3. 文化产业发展的区域状况

从区域分布来看,中国文化产业发展呈现明显的东部、中部和西部三个阶梯、三个层次与三种模式的发展形态,文化产业发展的不平衡与经济发展格局基本相同①。区域发展不均衡呈现出东高西低的态势,东部地区经济发达省份的文化产业发展规模以及创收能力大大高于中西部地区。省际文化产业发展尤为不平衡,文化产业发展的地区差距大于GDP的地区差距。随着国内文化产业的发展,中西部地区的特色优势逐步显现,文化产业在中西部地区实现跨越式发展中起到日益重要的作用。

按照东部发达地区、中部发展中地区和西部欠发达地区在经济水平、发展目标和发展方式等方面存在的较大区别,中国文化产业应该采取因地制宜的发展策略。东部地区的经济总量占全国的60%以上,第三产业发展成熟,人才集中,科技水平高。东部地区主要发展传统文化产业和新兴文化产业,出现三大文化产业集聚区:以北京、天津、大连为代表的"环渤海"文化产业集聚区;以上海、杭州、南京为代表的"长三角"文化产业集聚区;以香港、澳门、深圳为代表的"泛珠三角"文化产业集聚区。

中部地区的经济总量约占全国的20%左右,第一产业和第二产业的比重较

---

① 金元浦:《中国文化创意产业发展的三个阶梯与三种模式》,载《中国地质大学学报(社会科学版)》2010年第1期,第20—24页。

大。中部地区传统文化产业的优势明显,不断加大文化资源的开发与整合力度,出现两种文化产业的典型模式:以山西、河南为代表的古老文化资源与旅游结合的产业模式;以湖南为代表的湖湘娱乐文化与现代传媒结合的产业模式。

西部地区的经济总量在全国的比重最小,第三产业在总体上比较弱小。西部地区以民族与地域风情为特色的传统文化产业发展迅猛,对于文化资源与自然生态的开发与保护具有重要的示范价值,形成了四大地方特色文化产业生态区:以云南、广西为代表的民族文化与南国生态旅游区;以四川、重庆为代表的蜀地休闲文化旅游区;以新疆、内蒙古为代表的民族宗教文化与草原风光旅游区;以西藏为代表的民族宗教文化与高原风情旅游区。①

台湾地区进入后工业化时期,以大规模制造业为主的经济模式在国际竞争中失去优势,逐渐将文化产业作为台湾振兴经济的六大关键新兴产业之一。1990—1995年为台湾的"文化产业"的发展初期。1995年"文建会"举办"文化·产业"研讨会,在"文化产业化"与"产业文化化"的双重维度下推动"社区总体营造"的综合性发展。1995—2002年为台湾从"文化产业"到"文化创意产业"的转变期。当局政策包含了精致艺术的创作和发表、设计产业与建立在文化艺术核心基础上的应用艺术以及创意支持与周边创意产业等由内向外、由核心向周边的产业衍生。2002年5月通过《挑战2008——台湾发展重点计划》。2003—2010年为台湾文化创意产业的政策推动期。2009年通过《创意台湾——文化创意产业发展方案》,将台湾打造成为亚太文化创意产业汇流中心。2010年"文化创意产业发展法"通过实施,通过跨部委整合平台的建立和经费挹注、人才培养、园区建设等环境整备工作,构建产学研发辅导机制,推动文化创意成为台湾经济发展的DNA。全台湾每二十五家企业就有一家从事文化产业,2002年到2010年企业数的年均成长率为8.51%,年营业额的成长率为18.33%,2007年的营业总金额为6329.40亿元新台币。台湾文化产业以营业额的大小排序为:广告产业、广播电视产业、建筑设计产业、工艺产业、出版产业、设计产业、数字休闲娱乐产业、电影产业、音乐及表演艺术产业、视觉艺术产业以及文

---

① 魏鹏举:《文化创意产业导论》,北京:中国人民大学出版社2010年版,第125—131页。

展演设施产业。①

香港是东西文化的交汇地,鼓励发展包括文化创意产业在内的六大优势产业:创新科技产业、检测及认证产业、医疗服务产业、文化创意产业、环境保护产业、教育服务产业。香港拥有超过3万家与文化产业有关的机构,超过17万名从业人员,香港文化产业中最具优势的行业就是建筑设计、广告、文艺和影视。香港拥有健全的自由市场机制,完备的法制建设,自由的创意环境,国际化的交流平台和"泛珠三角"地区的产业协助等优势,具有文化产业发展的良好前景。

澳门是中西交融、独具特色的世界文化遗产城市,博彩业发展迅速,旅游业和节庆会展业也取得长足发展。澳门为了推动经济适度多元化发展,充分利用经济优势、金融优势、文化资源优势与"一国两制"的体制优势,以强大的博彩旅游产业为基础,充分利用新技术特点,制定产业发展规划,出台扶持政策,切实重视文化产业发展。澳门将文化产业定义为"指源自文化积累,运用创意及知识产权,生产具有文化含量的商品并提供有关服务和体验,创造财富及就业机会,促进整体生活环境提升的经济活动"。2010年3月,澳门特别行政区政府社会文化司文化局设立了文化创意产业促进厅,辅助与推动文化创意产业的发展;2010年5月,澳门特别行政区政府成立文化产业委员会,协助澳门特别行政区政府制定文化产业的发展政策、策略及措施;2013年10月,澳门文化产业基金设立,通过项目补贴、银行贷款贴息和免息贷款等资助方式,用于扶持"有助促进文化产业孵化、产业化或规模化的项目;具有鲜明本土特色,且具发展潜力的项目;推动文化创意商品的研发、设计、生产、营销和推广的项目;有助促进知识产权登记的项目"。

北京是中国文化人才、文化设施、文化企业总部和文化产业资本最集中的地区,是世界设计之都。2013年北京市文化创意产业增加值占全市GDP比重为12.3%。自2006年起共认定了30个市级集聚区,涵盖了全市16个区县及文化创意产业9大领域,初步形成了以文化艺术、广播影视、新闻出版为代表的传统行业,以广告会展、艺术品交易、设计服务为代表的优势行业,以文化科技融合、文化金融融合、文化与其他领域融合为代表的融合业态的产业结构体系。

---

① 台湾行政机构"文化建设委员会":《台湾文化创意产业发展年报2010》,2011年,第55页。

上海以建设成为国际文化大都市和"设计之都"为战略目标,积极推进文化创意产业的融合发展、聚焦突破和开放合作。2013年上海文化创意产业增加值占GDP的比重达11.29%。上海大力发展以文化为元素、以创意为驱动、以科技为支撑、以市场为导向的新兴业态。在全国开创了园区建设与历史建筑保护相结合的发展模式,推动文化创意与科技走向深度融合,推进文化创意产业园区的特色化和品牌化发展。

四、文化产业的发展模式

文化产业发展模式在发展经济学的视野下,反映了一个国家和地区文化生产的资源利用、要素组合以及产业结构的方式和能力。文化产业发展是包括文化资源、金融资源、人力资源、技术资源、政策资源、市场资源、地理资源等诸多资源要素综合作用的结果。根据绝对优势理论、比较优势理论、增长极理论和竞争优势理论假设,结合市场需求、产业竞争等外部条件以及产业自身的资源禀赋和约束条件等内部条件,不同国家和地区在不同阶段对这些资源进行不同的配置,制定不同的文化产业发展模式,从而获得最佳的盈利模式。文化产业发展模式是一个动态调整的过程。总体而言,文化产业发展模式包括资源型文化产业、制造型文化产业、内容型文化产业、平台型文化产业和生态型文化产业等五种发展模式。

1. 基于绝对优势理论的资源型文化产业发展模式

为了阐释"看不见的手"如何调节国际贸易分工,亚当·斯密在《国富论》一书中提出了"绝对优势理论",认为"一个国家和地区的绝对优势来源于自身的自然优势和获得性优势",可以依靠这些自身优势实现专业化分工和自由化交换。绝对优势强调了不同国家和地区产业之间的绝对差异和潜在优势,产业之间的合理分工在于该区域的资源禀赋和产业发展的天然条件。资源型文化产业主要指那些以具有绝对竞争优势的文化资源为依托,针对区域外市场发展起来的文化产业,包括文化旅游、休闲娱乐、节庆会展和工艺美术等行业。资源型文化产业是以文化资源的膜拜价值为开发和利用的焦点。资源型文化产业是一种传统文化产业,依靠膜拜价值的辐射力和吸引力,吸引外来游客观光、度假、休闲,以门票经济作为主要的收入来源,收入模式较为单一。由于具有膜拜价值的文化资源往往是公共资源和准公共资源,或法律规范要求不得市场化经营,或受众群规模小而导致市场化程度低,资源型文化产业的市场风险较大。资源型文化产业又是一种在地型文化产业,对地理环境、物理空间和场馆设施等物质条件要求较高,对旅游的配套服务要求较高,开发的前期投入较大,回收节奏较慢,回报期较长。资源型文化产业是一个国家和地区发展文化产业的现实起点,利用独特的文化传统和地理环境,比如自然山水、文化遗产、名人书画和历史典故,构建文化产业的竞争优势,逐步建构自己真正的核心竞争力。

2. 基于比较优势理论的制造型文化产业发展模式

英国经济学家大卫·李嘉图(David Ricardo)为了解决那些没有绝对资源优势的国家和地区如何参与国际贸易分工的问题而提出了"比较优势理论",认为只要各国和地区存在生产技术上的相对差别,产品在成本和价格上就会表现出相对差别。劳动力比较优势和原材料成本优势往往决定了生产要素相对禀赋的不同和产品生产方式的密集形式。比较优势理论支持了制造型文化产业的发展模式。制造型文化产业又称文化制造业或文化装备业,是文化产品的制造和销售为主的行业,包括印刷包装、影视器材、文化用品、演艺器材和娱乐设备等。此外,影视基地、艺术品复制业和动漫代工业也属于广义范围内的制造型文化产业。制造型文化产业是一种现代文化产业,需要一定的科学技术为支撑,需要消耗一定的物质材料和密集的劳动力,目前在中国文化产业的整体占比较大,接近70%。可以说,中国文化产业的结构是以制造型文化产业为主导的格局。制造型文化产业具有劳动密集型和生产密集型的特点,其利润率仅5%—10%,却带来巨大的碳排放、资源消耗和环境破坏。

3. 基于增长极理论的生态型文化产业发展模式

法国经济学家弗朗索瓦·佩鲁(Francois Perroux)在1950年提出增长极理论,用来解释地区增长的不平衡性。后来法国经济学家布代维尔(J. B. Boudeville)、美国经济学家弗里德曼(John Friedman)、瑞典经济学家缪尔达尔(Gunnar

Myrdal)和美国经济学家赫希曼(A. O. Hischman)进一步发展了此理论。增长极理论认为一个国家和地区要实现区域的平衡性发展是不可能的,经济增长通常是一个或数个"增长中心"逐渐向其他部门和区域传导。如果把发生支配效应的经济空间看作力场,那么位于这个力场中的推进性单元就可以被描述为"增长极"。因此,特定的经济空间所带来的区位经济、规模经济、活动经济和外部经济强化了竞争优势。增长极推进了集聚型文化产业的发展模式。生态型文化产业是一种集聚型文化产业,基于产业分工的特色资源、技术支撑等增长要素,形成特殊的文化经济空间。生态型文化产业是一种园区型文化产业,包括创意研发型、生产制作型和交易体验型等不同形态。

4. 基于竞争优势理论的内容型文化产业发展模式

迈克尔·波特1990年提出经济发展的四个阶段:要素驱动、资本驱动、创新驱动和财富驱动。其中,要素驱动指经济发展的驱动力来自廉价的劳动力、土地、矿产等资源;资本驱动指以大规模的金融资本的投入来组织大规模的社会生产;创新驱动指技术突破作为生产的主要驱动力;财富驱动指追求人的全面发展,对文学艺术、体育保健、休闲娱乐等生活享受的追求成为经济发展的主要动力。四个阶段的循环构成了一个国家和地区的产业周期。为了缩短产业周期的过渡时间,加快驱动力的转换,要构建竞争优势,包括区域间的比较优势和产业间的竞争优势。产业竞争优势来源于要素条件、需求条件、企业竞争、辅助产业状况、产业结构和竞争状况以及外部机遇与政府政策。竞争优势理论强调的是在全球文化市场竞争格局下同类文化产业的关系,重视文化产业的现实优势。竞争优势理论推动了内容型文化产业模式和平台型文化产业模式。

文化产业又称为"内容产业",强调内容为王,具有版权再生的高附加值的产业特征。内容型文化产业指以文化资源的内容创意和设计服务为手段,以具有知识产权的文化产品的创意、生产、销售和保存为目的的行业,包括文化艺术、新闻出版、影视音乐、设计咨询等领域。内容型文化产业的利润率为40%,但在中国文化产业的整体比重还不到10%。内容型文化产业是新兴文化产业,是文化产业的核心内容和逻辑起点。内容型文化产业的经营主体大多以原有新闻出版机构、演艺院团、电影机构转企改制而来的国有文化企业和中等规模的民营文化机构为主,兼有数量众多的小微文化企业和个人工作室。

5. 基于竞争优势理论的平台型文化产业发展模式

建构产业竞争优势的文化产业强调企业的创新能力、管理模式和核心竞争力。平台型文化产业是在卫星技术、网络技术移动互联网技术的推动下,产生了传媒、互联网和移动终端等平台运营的文化行业。平台型文化产业大多以国有电信运营机构、事业单位广播电视台和民营互联网企业为主,其企业的规模大,获益高,实力强。平台型文化产业的发展趋势是基于文化产业价值链从产品交易平台发展成为价值共享平台。在文化经济时代,大型企业要平台化,要建立一个开放的平台,吸附更多的吸引力资源和高黏性用户。平台型文化产业是以平台经济为商业模式,以开放、用户体验、无偿使用、互动参与、智能化管理为运用模式的新兴文化产业。文化产业平台型转型是文化创意与移动互联网媒合的结果。平台型文化产业利用网络化整合了无边界的内容资源,组织了无领导的创意团队,提供了无限制的消费用户。

当然,文化产业的发展模式不是一成不变的,是相互联系,相互贯通,互相转化的,会根据一个国家和地区的资源禀赋、发展阶段、市场环境等情况不断进行提升、转换、调整和完善。

本章要点

文化产业是在文化技术的推进下、兴起于生活方式的巨大变革。人类社会进入一个消费社会,商品的符号价值引导着人们的消费选择。消费社会就是象征消费,包括自由主义、符号价值和美学体验等三个要素。"日常生活审美化"展现了文化产业的两个维度,即"文化产业化"和"产业文化化"。

文化消费社会促使了产业结构的优化调整,促使了社会经济发展驱动要素、资本和创新形式的重大变化。文化消费促使了文化与经济的相互作用,揭示了文化认同与商品流通的关系,催生了文化经济和创意经济的出现。

第三章 文化产业发展的缘起、历程与模式

文化产业在全世界正不约而同地成为发达经济体的替代产业,成为发展中经济体赶超战略的产业选择,成为贫穷国家进入全球化的产业选择。

文化产业日益成为经济发展的驱动力和社会可持续全面发展的推动力。世界各国采取三种文化产业的发展模式:市场驱动型,以美国为代表的北美模式,以新自由主义市场观念为基础,中央政府不设文化部,政府通过国家艺术委员会支持非营利艺术机构和艺术项目,而好莱坞、百老汇和迪士尼等娱乐产业,跟一般商业没有区别,无须政府扶持,只靠市场驱动。资源依托型,以英、法、德为代表的欧洲模式,有丰富的历史文化遗产和政府大量财政投入建成的公共文化设施,为文化产业的发展提供了好的基础。产业政策引导型,以韩国和日本为代表的亚洲模式。为了摆脱经济发展的困境,政府集中产业政策,引导和推进文化产业的发展。

中国文化产业经历了跨越式的发展,面临文化体制改革和文化产业发展的双重任务。中国文化产业以传统产业(文化旅游、节庆会展、工艺美术等)和现代文化产业(新闻出版、广播电视、休闲娱乐等)为主,逐渐推动新兴文化产业(创意设计、数字内容等)的快速发展,成为经济转型、产业升级和产业融合发展的重要力量。

中国文化产业呈现明显的东部、中部和西部三个阶梯、三个层次与三种模式的发展形态分布不均衡。东部地区推进传统文化产业、现代文化产业和新兴文化产业的协同发展,大力发展高技术含量和资本密集的文化产业;中部地区推进传统文化产业和现代文化产业的携手发展,大力发展利用传统文化和资本密集的文化产业;西部地区以传统文化产业为发展主轴,推进文化产业与传统产业的融合发展,大力发展民族和生态文化资源的文化产业。

文化产业发展模式在发展经济学的视野下,反映了一个国家和地区文化生产的资源利用、要素组合以及产业结构的方式和能力,包括基于绝对优势理论的资源型文化产业发展模式、基于比较优势理论的制造型文化产业、基于增长极理论的生态型文化产业、基于竞争优势理论的内容型文化产业和基于竞争优势理论的平台型文化产业等五种发展模式。文化产业发展模式是一个动态调整、不断提升的过程。

第二编 要素创新

第四章
文化资源：文化产业的驱动要素

文化产业要素的合理组合是文化产业结构优化的根本目标。文化产业的资源要素包括文化资源、高新技术、金融资本、物质材料、人力资源、信息资源等。其中，文化资源是文化产业最为重要的驱动要素之一。文化产业的发展过程，就是文化资源通过文化资本转化成经济资本进而发展成产业效益、形成文化品牌的过程。现代社会与后现代社会的区别在于工业主义向文化主义的转向，在于生产目标从无节制地开掘自然资源转向有创意地开发文化资源。

图 4-1　文化资源开发的价值链结构

文化资源是文化产业发展的核心。从文化资源向文化品牌的转化要经历以下过程（见图4-1）：依托文化资源的开发和利用，通过创意设计和项目策划，发展为文化项目；文化项目包括有形的文化产品和无形的文化服务，通过商标、专利、版权等手段实现知识产权化；具有知识产权的文化项目就具备了文化资产的特征，然后将对文化产品进行价值评估，从而实现与文化市场的结合，形成文化资本的资产化；文化资产进一步发挥产业价值链效益，变成文化产权；文化产权与金融资本结合，形成文化金融；文化产品的持续化经营，就形成了文化品牌。因此，文化资源的辨识、开发与利用就成了文化产业发展的逻辑起点和关键环节。文化资源开发和利用成为全世界主要国家和地区一种普遍的文化产业发展模式。韩日把文化产业称为"内容产业",也是对文化资源作为内容生产的基本要素的作用的强调。中国是一个文化资源的大国,开发文化资源甚至成为中国文化产业发展的基本模式。

文化资源是人类社会生产活动的重要资源,既有物质形式,也有非物质形式。在文化发展战略格局下,无论是文化产业发展还是公共文化服务建设,都是围绕文化资源的调研、分析、评估和策划展开的。文化项目的设计和文化产业的规划,首先要把区域内的文化资源调查清楚,同时进行文化资源的价值评估,形成专业的文化资源评估报告。在进行文化资源调查时,既要调查无形的历史文化资源,也要调查有形的文物古迹资源和自然景观资源,同时还要对民间传说、名人故事、社会风俗等资源进行考察。通过对文化资源的定性分析和量化评估,分析文化资源的价值状态,从而设计合理的开发模式。文化资源的分析评估不仅要与当地现行的文化体制、公共文化服务、艺术创作、对外文化交流、文化遗产保护等现状进行结合,而且也要对当地的宏观环境、支撑条件、产业状况和园区建设进行全面的梳理和分析,最终形成因地制宜的文化发展战略规划(图4-2)。

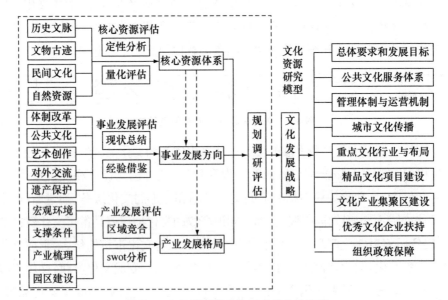

图4-2 文化发展战略格局中的文化资源

第四章　文化资源：文化产业的驱动要素

一、文化资源的定义、种类和特点

1. 文化资源的定义与种类

文化资源一般是指具有文化特征和人类精神活动痕迹,具有人文价值和传统价值的资源。文化资源凝结了人类的物质劳动和精神劳动,是所有具有精神属性的产品、服务和活动的综合,具有物质形态和非物质形态。总体而言,文化资源可以分为三类,即物质文化资源、非物质文化资源和自然文化资源,包括历史遗迹、民俗文化、地域文化、乡土风情、文学历史、民族音乐、宗教文化、自然风光等不同类别。

文化遗产是文化资源中级别较高的资源,其认定的标准和办法由世界组织和国家权威部门负责制定和实施。1972 年,联合国教科文组织在巴黎通过了《保护世界文化和自然遗产公约》,成立了联合国教科文组织世界遗产委员会,将世界遗产划分为自然遗产、文化遗产、自然遗产与文化遗产混合体(双重遗产)、文化景观以及非物质遗产等 5 类。其中,文化遗产分为有形文化遗产、无形文化遗产,包括物质文化遗产和非物质文化遗产。

物质文化遗产是具有历史、艺术和科学价值的文物,包括历史文物、历史建筑、人类文化遗址等文化景观。根据《中华人民共和国文物保护法》的规定,中国物质文化遗产包括古文化遗址、古墓葬、古建筑、石窟寺和石刻、壁画;与重大历史事件、革命运动或者著名人物有关的以及具有重要纪念意义、教育意义或者史料价值的近代现代重要史迹、实物、代表性建筑;历史上各时代珍贵的艺术品、工艺美术品;历史上各时代重要的文献资料以及具有历史、艺术、科学价值的手稿和图书资料等;反映历史上各时代、各民族社会制度、社会生产、社会生活的代表性实物;具有科学价值的古脊椎动物化石和古人类化石。

非物质文化遗产是指各种以非物质形态存在的与人们生活密切相关、世代相承的传统文化表现形式,包括被不同族群、团体和个人视为文化遗产的各种实践、表演、表现形式、知识和技能及其有关的工具、实物、工艺品和文化空间,具有历史价值、文学价值、艺术价值和科学价值。根据《中华人民共和国非物质文化遗产法》的规定,中国非物质文化遗产包括传统口头文学以及作为其载体的语言;传统美术、书法、音乐、舞蹈、戏剧、曲艺和杂技;传统技艺、医药和历法;传统礼仪、节庆等民俗;传统体育和游艺等形态。

非物质文化遗产的最大特点是民族个性、民族审美习惯的活态性、生活化的显现。它依托于人本身而存在,以声音、形象和技艺为表现手段,并以身口相传作为文化循环链而得以延续,是文化及其传统中的活化石和活标本。因此,如何对非物质文化遗产进行保护和开发是现在面临的主要问题。对于非物质文化遗产,应注重其真实性、整体性和传承性,坚持"保护为主、抢救第一、合理利用、传承发展"的原则,采取抢救性保护、整体性保护和生产性保护等不同的保护方式。其中,生产性保护作为一种开发性保护,与文化产业的发展关系密切。

自然资源之所以也能成为文化资源,在于我们以审美价值审视自然资源,而非以功利的使用价值去看待自然资源。① 当自然景观成为一种审美对象时,当山川河谷成为情景交融、物我同一的审美领域时,山水地景也就具有了精神消费的审美价值,因此自然也成为一种文化资源。山水印象是中国人的精神意象。中国五千年文明的精华,就是对山水精神的守望。山水精神是中国人追求自然、向往天道的内在气质。农耕文明的山水精神表现为水墨山水的艺术巅峰。在对西方工业文明的追赶中,中国人失去了与山水"生生不息、阴阳和合"的和谐共生,不仅造成自然山水的生态破坏,而且带来心灵山水的礼乐崩坏。在中国从工业文明向后工业文明发展的历史征程中,无论是产业发展模式倒逼式升级,还是经济发展模式自觉式转型,都要求我们要重新回望那一方山水,守住那一方乡愁,要从山水物质价值的攫取转移到山水文化价值的开发。比如实景演出,是在文化产业与旅游产业的双重产业的市场交汇下,将人文艺术与自然山水相结合,以旅游产业为载体,以文化创意为灵魂,探索出了一条演艺产业的价值衍生和旅游产业的内涵提升的发展之路。优秀的实景演出照亮了山水的美学价值,拓宽了自然山水作为一种文化资源的经济价值。

---

① 叶朗教授从"美在意象"的美学体系出发论证了自然美的特性,认为自然美是一种"'呈于吾心'而见于自然物、自然风景的审美意象",是"主观的生命情调与客观的自然景象交融互渗的灵境",是人与自然交互形成的一种意象世界。参见叶朗:《美学原理》,北京:北京大学出版社2009年版,第181页。

文化资源的形成与一个国家和地区的地理环境和历史传统息息相关,尤其是与生态环境之间相互影响、相互作用,互为因果。文化产业以文化资源为基础,与自然环境也存在着深刻的内在联系。文化资源在很多国家和地区往往与自然生态融合共生,形成独具特色的文化生态。文化生态不同于文化场域,不仅仅是以生态科学的视角看待不同文化类型诸种要素之间的竞争关系和权力结构,而是强调文化样式与生态环境的映射关系、影响机制和调节模式。"自然环境本身为发展视觉艺术、生态时尚和生态旅游"等文化产业创造了一个巨大的市场,而文化产业"利用传统的生产方式使人类的创意技能资本化"、文化资源产业化,具有对环境破坏小的优点,有助于生态环境及生物多样性的保护。①

2. 文化资源的特点

文化资源体现了文化价值,是发展文化产业的基本条件,具有以下特点:

第一,文化资源是一种无形的柔性化资源。文化资源内化于物理器物、人的头脑思想、手工技艺,有形的物理载体(无论是物的载体还是人的身体表演)是承载无形的精神文化的媒介,文化资源只有通过视觉、听觉等其他感官的符号捕捉和材质的感受,才能上升到精神上的体悟和审美上的感受。这种体悟是一种穿透时空的精神体验,不是强制性的,也不是线性的,是接受者调动内在身心交相互动的结果。

第二,文化资源是一种需求非稳定的不确定性资源。文化资源所具备的文化价值满足的是精神需求。精神需求受教育程度、文化水平、审美素养、收入状况和社会环境的影响,其刚性需求或弹性需求②的摆幅很大,具有高度的不确定性和易变性。文化资源的不确定性还体现为传承过程中的可替代性。

第三,文化资源是一种在产生、传播和接受过程中存在变化的差异性资源。由于地理环境的独特性和历史传统的时代性,每个个体和族群的觅母(文化基

---

① 联合国贸发会议埃德娜·多斯桑托斯主编:《2010 创意经济报告》,张晓明等译,北京:三辰影库音像出版社 2011 年版,第 63 页。

② 刚性需求,指商品供给中受价格影响较小的需求,这些商品一般是"必需品"。文化商品在多大程度上成为必需品,受到的限制因素比一般商品要复杂得多。弹性需求,指商品价格的变化直接反映到市场对该商品的需求上。

因)所延续而成的文化具有差异性,造成文化资源的差异性。这种差异性在某种意义上又成就了文化资源的稀缺性。每个国家和族群的语言、传统和价值观念都不相同。文化资源差异性既是文化多样性的表现,导致文化交流与共享的可能性,又是文化认同性的樊篱,导致文化冲突和对抗的可能性。

第四,文化资源是一种情境内生性的环境适应性资源。文化资源是对自然环境的反应,相似的自然环境会产生同样的文化反应,会接受彼此相似的生活方式。文化资源的生命力体现为一种社会情境或环境资源支持下的适境性。文化的适境性反映了文化的包容性、传承性和可持续发展性,通过潜移默化和耳濡目染,文化资源焕发出了新的生机与活力。具有适境性特征的文化资源随着历史的延续,会发展出各具特色的时间价值和特色价值。

第五,文化资源是一种基于人性需求的可通约性资源。文化资源在不同国家和族群之间,基于人类所共有、天然具备的精神属性——人性的需求,而实现交往、互助、理解、认同。文化资源的可通约性,让文化成为人与人之间、族群与族群之间、国与国之间交流的最大公约数。文化资源的可通约性使得文化资源具有可复制性和可传承性,如果在市场上流通就具有可消费性。文化资源的可通约性是不同国家和民族的人群可以互相交流、达成理解的根本内因。文化资源的可通约性使得文化具有了无限拓展的可能性。

二、文化资源的构成要素

资源是生产过程中所使用的要素投入。马克思说:"劳动和土地,是财富两个原始的形成要素。"按照恩格斯的释义,劳动和自然界在一起才是一切财富的源泉,自然界为劳动提供材料,劳动把材料转变为财富。[①] 可见,资源不仅包括自然资源,也包括与人的劳动有关的社会资源、技术资源等等。资源是一种存量,从静态层面反映了社会生产所面临的基础条件。但是,文化资源的禀赋能力不完全是文化产业的发展能力。文化资源的优化配置决定了文化产业的发展结构。文化资源是文化产业发展的基础,但不是所有的文化资源都可以进行产业

---

① 《马克思恩格斯选集》第 4 卷,北京:人民出版社 1995 年版,第 373 页。

第四章 文化资源：文化产业的驱动要素

化经营。因此，如果要对文化资源进行产业化经营，需要从文化资源的构成要素进行分析。

文化资源所彰显的符号象征形式和精神价值系统向外部进行文化辐射而产生感召力和吸引力，表现出文化的软实力。以地方独特的文化资源所建构的文化软实力系统包括四个层面：外显层面的文化符号系统、外隐层面的文化传播系统、内显层面的文化制度系统和内隐层面的文化价值系统。① 当然，对文化资源而言，最重要的是文化资源的符号系统和价值系统。文化资源的符号系统是最能代表区域文化形态及其最显著特征的凝练、突出而具高度影响力的象征形式系统；文化资源的价值系统又称为精神系统，指区域生活方式及文化符号表意系统所呈现出的一种微妙而又重要的理念、气质和禀赋，代表区域文化资源的最核心和最幽微的层面。② 文化资源的开发，正是基于文化资源的符号系统和价值系统的感性体验、艺术感悟和理性分析、科学评估而展开的一套创意策划、产品开发和市场推广的产业系统。

文化资源的构成要素包括品相要素、价值要素、效用要素、发展预期要素和传承能力要素等五个一级要素，其中每个一级要素下又包含五个二级要素，总共二十五个二级要素。第一，品相要素，包括文化特色、保存状态、知名度、独特性、稀缺性、分布范围；第二，价值要素，包括文化价值、时间价值（历史久远性和稀缺性、比较优势、可替代性）、消费价值、保护等级、关联价值；第三，效用要素，包括社会效用、经济效用、民间风俗礼仪、公共道德、资源消费人群、资源市场规模等。其中资源市场规模可以通过选取样本进行问卷调查的形式来预测；第四，发展预期，包括经济发展水平、交通便利度、生活服务能力、商务服务能力等。其中交通便利度上要考虑到消费半径的问题；在旅游行业中的"吃住行、游购娱"中，虽然"游"是主体，但也要有相对配套的"吃住行"的商务服务能力，否则也并不利于"游"的发展；第五，传承能力，包括资源规模、资源综合竞争力、资源成熟度、资源环境等。

---

① 王一川：《文化符号与北京的世界城市软实力建设》，载《前沿 创新 发展——学术前沿论坛十周年纪念文集(2001—2010年)》2011年12月，第232—237页。
② 王一川：《通往北京城市文化精神》，载《2011北京两届联席会议高峰论坛文集》2011年10月，第9页。

从历史维度来看,文化资源可以分为历史文化资源和现实文化资源,前者包括文物古迹、历史遗存、民间故事、神话传说等,后者包括手工技艺、社会风尚、民俗习惯、节庆礼仪、宗教信仰和个人或团队创意等。从空间维度来看,文化资源可以按照其不可脱离的地理环境和社会环境的特征进行分类,比如海洋文化资源、草原文化资源、黄河文化资源、长江文化资源等等。从价值目的来看,文化资源可以按照其精神系统的核心定位进行分类,红色革命文化资源、绿色生态文化资源、黑色工业文化资源等等。从价值共享来看,文化资源可以分为本地文化资源、区域文化资源、全国文化资源和世界文化资源。

文化资源作为一种客观存在的社会资源,作为一个地区的资源禀赋,对文化资源的开发和利用体现了产业结构转型的观念变化,符合世界经济发展的潮流。文化资源的开发体现了文化产品的转化能力和文化产业的经营能力。文化资源要文化资本化,进而经过文化创意转变成文化产品,进行产业化经营,形成文化品牌。文化资源的开发要立足于活泼的、当下的、适合现代生活方式的符号系统和价值共识。

三、文化资源的评估指标

文化资源开发的过程就是文化产业化的过程。文化资源的开发涉及文化资源的保护、文化传统的传承和文化发展的创新等相关问题。文化资源的开发具有经济效益和社会效益。文化资源的科学开发取决于文化资源的科学评估。文化资源的开发是综合性开发,文化资源的评估也应该是综合性评估。在对文化资源进行开发前要实施文化资源开发价值的经济效益评估和社会效益评估。"经济效益是文化资源开发的基本功能效益,也是市场对文化资源开发的动力源泉",包括直接经济效益和间接经济效益。"社会效益是文化资源的事业属性与产业属性共同作用的结果",既可以增加就业、创造财税、提高区域人均收入,又可以满足区域内民众文化需求,提升区域文化形象,促使文化资源自身价值的

第四章 文化资源:文化产业的驱动要素

保护与增长,发挥文化资源可持续的长期效益。① 因此,构建一套科学合理、完备有效的文化资源开发效益评估指标体系非常关键。

一般来说,评估指标的构建要符合 SMART 原则,即包括明确性原则(Specific),指标体系的构建要有明确的目的;可衡量原则(Measurable),目标是可以衡量的;可达成原则(Attainable),目标是可以达到的;相关性原则(Relevant),指标之间是相关性的;时限性原则(Time-bound),指标必须有明确的实现时间。此外,指标还要具有科学依据,具有一定的可操作性,还要符合国际法和国家政策法规的要求,指标数据的采集要结合定性方法与定量方法,具有准确性、可靠性和客观性。

北京大学文化产业研究院在多年参与区域文化产业规划的经验基础上,参考了国内外相关评估指标的方法与体系,构建了文化资源开发效益评估指标体系(见表4-1)。该指标体系包括文化价值和经济价值两个一级指标,分别反映了文化资源的社会效益和经济效益,构成文化资源综合效益评估的逻辑结构。其中,文化价值由奇特价值、传承价值、认同价值、艺术价值、历史价值和社会价值等六个二级指标组成;经济价值由规模价值、投资价值、带动价值、产业基础、配套服务和前景价值等六个二级指标组成。

具体而言,每个二级指标下都包含三个三级指标,共三十六个三级指标。文化价值的指标体系中,奇特价值由独特性、稀缺性、惊奇性组成;传承价值包括该文化资源对学术的积极意义、对提高人文修养的意义、增加凝聚力促进和谐的意义;认同价值是指对于该文化资源,本地人的膜拜程度、外地人的膜拜程度和向外人推介意愿的强烈程度;艺术价值从该文化资源所反映的民族性和地域性、艺术个性和水准、知名度等方面来评估;历史价值是从文化资源的久远程度、历史地位、遗存完整度方面来评判;社会价值是指该文化资源对于提高居民生活品质、科教意义、区域品牌提升意义方面的价值。这十八个三级指标构成了文化价值的评价体系。

经济价值的指标体系中,规模价值是指该文化资源的批量化复制与生产程

---

① 任玉平:《文化资源开发效益评价的指标体系研究》,载《太原大学学报》2008年6月刊,第5—13页。

度、规模化发展可能性与现代型生产、传播方式运用程度；投资价值由投资规模、投资回报率、回报周期构成，带动价值可以从带动产业与之的相关性、带动周边产业数量与规模方面来进行评判；产业基础是指技术和人才状况、现有市场情况以及发展水平、产业政策状况；配套服务针对交通便捷程度、配套软硬件设施水平进行评估；前景价值包括该文化资源的未来发展与现代技术的融合、与现代生活方式的吻合、与国家政策的契合。这十八个三级指标构成了经济价值的评价体系。

文化资源评估体系的指标权重来自德尔菲法的专家评分合成的结果，可以根据当地文化产业发展的具体情况进行设定和定期调整。每个指标可赋予0—5分，通过定量的数据分析、问卷调查和专家评分法获取数据，运用平均值进行数据阵整理，根据每个单项被赋予的相应权重，得到该项文化资源的人文价值总分值和经济价值总分值。

表4-1 文化资源开发效益评估指标体系

一级指标	二级指标	三级指标	指标权重
人文价值	奇特价值	独特性	注：各指标权重来自德尔菲法的专家评分合成的结果，需根据当地文化产业发展的实际情况进行设定和定期调整。
		稀缺性	
		惊奇性	
	传承价值	对学术的积极意义	
		对提高人文修养的意义	
		增加凝聚力促进和谐的意义	
	认同价值	本地人的膜拜程度	
		外地人的膜拜程度	
		向外人推介意愿	
	艺术价值	反映的民族性和地域性	
		艺术个性和水准	
		知名度	
	历史价值	久远程度	
		历史地位	
		遗存完整度	
	社会价值	提高居民生活品质	
		科教意义	
		区域品牌提升意义	

(续表)

一级指标	二级指标	三级指标	指标权重
经济价值	规模价值	批量化复制与生产程度	注：各指标权重来自德尔斐法的专家评分合成的结果，需根据当地文化产业发展的实际情况进行设定和定期调整。
		现代型生产、传播方式运用程度	
		规模化发展的可能性	
	投资价值	投资规模	
		投资回报率	
		回报周期	
	带动价值	带动产业与之的相关性	
		带动周边产业数量	
		带动周边产业规模	
	产业基础	技术和人才状况	
		现有市场情况以及发展水平	
		产业政策状况	
	配套服务	交通便捷程度	
		配套硬件设施水平	
		配套软件设施水平	
	前景价值	与现代技术的融合	
		与现代生活方式的吻合	
		与国家政策的契合	

　　文化资源经过评估后可以按照社会效益和经济效益的双重函数，从低到高进行分类分级，形成四种文化资源品级（见图4-3）。第一级为强势区，文化价值和经济价值的总分值均在3—5之间，呈现较高的综合价值，可以采取积极的政府扶持政策促进活跃的市场主体参与；第二级为优势区，文化价值总分值在1—3之间、经济价值总分值在3—5之间，这种文化价值低而经济价值高的文化资源，可以加强政府规范、发挥市场的主体性，营造自由竞争的文化资源开发环境；第三级为潜力区，文化价值总分值在3—5之间、经济价值总分值在1—3之间，这种文化价值高而经济价值较低的文化资源，可以采取政府公共财政投入为主，激励市场主体的社会责任，积极参与公益文化事业；第四级为一般区，文化价值和经济价值总分值均在1—3之间，该项文化资源的综合价值偏低，产业化开发难度较大，由于人们的认识水平、技术条件的局限，在现阶段无法看到该类文化资源的公共需求和私人需求，不具备开发条件。由于文化资源的评估具有评估

工具的有限性、评估人员的主观性和评估周期的相对性等因素的限制,文化资源的评估是一个动态的过程,应根据区域的经济发展水平、社会发展环境、产业开发能力的变化而不断开展评估和再评估。

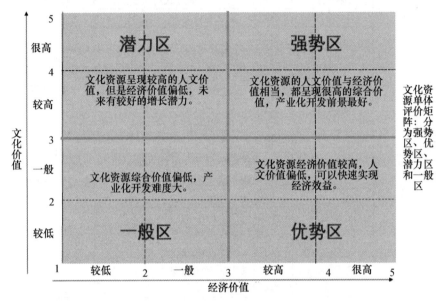

图 4-3 文化资源评估结果的品级分布

经过综合效益的评估可以发现,文化资源存量的丰富性并不必然带来文化产业发展的增长性。与此同时,文化资源现存状态的单一性、占有方式的公共性、消费形态的共享性和开发效益的模糊性,都使得我们要理智、审慎地看待文化资源与文化产业的关系。从某种意义上来说,由文化资源的深度和广度所构成的历史积淀和文化底蕴是把双刃剑,文化底蕴越深,可能带来的文化惰性越强,由此文化创新性越难,越不利于文化产业的发展,因此,对传统文化要进行创造性的转化。① 我们可以看到,经过评估后的文化资源可以更加科学有效地进行文化产业开发。评估度量后的文化资源可以选择进入市场或公共治理的方式和途径,更易于进行产业化开发。文化资源的评估与度量体现了人们对文化资源价值属性的一种新的认知模式,在一定程度上解决了文化资源进入创作/概念

---

① 陈少峰:《文化产业读本》,北京:金城出版社 2009 年版,第 93—99 页。

第四章 文化资源：文化产业的驱动要素

形成、生产/复制、市场经销、零售和消费等产业价值链的全过程的标准问题，明确了文化资源的综合价值和开发方式，是发展文化产业的前提条件。

中国是文化资源大国，却面临文化产业"文化匮乏"的发展困局。"文化匮乏"表现为在尊重和善用本土文化资源的基础上转化成为文化资本和文化产业的作品匮乏、创意匮乏和能力匮乏。文化产业的核心本质在于富有独特创意的创造性、生产象征价值和形成授权经营模式，而这点正是现阶段中国文化资源开发的软肋。约翰·托尔金(John Tolkien)的《魔戒》系列魔幻小说及好莱坞同名电影，《达·芬奇密码》和《哈利·波特》从小说到电影、品牌营销、旅游和衍生品的成功应该深刻地启示我们，要"认真学习文化传统，充分发掘和利用不同的神话资源，重新建构或再造一个新的神话系统"，增强对"文化资本的自觉锤炼"，经过文化再启蒙和创新再教育的洗礼，才能真正实现文化资本主导中国经济增长。①

雷蒙德·威廉姆斯指出，某一特定时期的文化形态应包括主流的(dominant)、新兴的(emergent)和剩余的(residual)等三种状态②，应该涵盖过去、现在和未来的时间尺度。剩余形态代表历史叙事，主流形态象征官方叙事，而新兴形态代表未来叙事。当前，中国文化资源的剩余形态和主流形态被过度强调，新兴形态还非常不足，这与中国的创新教育的现状有关。中国的创新教育一直受到诟病，成人的创意思维还在孩童时期就被僵化的应试教育模式所压抑，我们缺乏面对未来的想象力(这从2008北京奥运会和2010上海世博会的中国文化展示就可以看出来)，缺乏故事讲述(storytelling)的能力(这从我们每年几百部的国产电影和年产量世界第一的动画作品中精品寥寥无几就可以得出结论)，对物质文化资源的粗暴开掘、对知识产权的漠视保护更是饱受西方社会的争议。当"山寨经济"成为中国南方地区从劳动密集型企业向知识密集型企业转型的主流模式时，这种产业结构转型和产业形态升级病态式的前行，给中国经济发展和社会转型带来巨大的伤痛。我们希望中国文化产业的发展之路能幸免于这一创

---

① 叶舒宪：《迎接文化资本的新时代——中国文化产业学科面临的问题》，载《学术月刊》2010年8月，第5—8页。

② Raymond Williams, *Marxism and Literature*, Oxford: Oxford University Press, 1977, pp.121—125.

伤型的发展模式。① 作为一个拥有五千年文明的传统国家,又是一个经济崛起的现代国家,更是一个面向未来的世界大国,中国要以更加开放、包容、自信的姿态对待传统文化资源、建构现代文化资源、创造新兴文化资源。

四、文化资源的开发模式

文化资源的开发分为基础性开发和深度性开发。其中基础性开发是一种传统型开发,以资源型文化产业和制造型文化产业为发展模式。文化资源的基础性开发包括了文化旅游开发模式、主题公园开发模式、节庆会展开发模式和文化地产开发模式等。文化资源的深度性开发模式是一种创新型开发,以内容型文化产业和生态型文化产业为发展模式。文化资源的深度性开发模式包括创意产品开发模式、科技创新开发模式、特色产业带开发模式、生态博物馆开发模式和文创造镇开发模式等。

1. 文化旅游开发模式

文化资源的开发首选模式就是与旅游产业的融合,实施文化旅游开发模式。文化是旅游的灵魂,旅游是文化的重要载体。文化旅游开发模式,可以实现"以文化提升旅游的内涵质量,以旅游扩大文化的传播消费"的综合效益。国家有关部门和地方政府通过联合举办、政策优惠、资金补贴等多种方式支持文化旅游节,打造旅游演艺产品,开发文化旅游产品,打造文化旅游品牌,鼓励旅游度假区的连锁经营。

2014年,国家制定多项政策推进文化与旅游的融合发展,大力"支持开发康体、养生、运动、娱乐、体验等多样化、综合性旅游休闲产品,建设一批休闲街区、特色村镇、旅游度假区,打造便捷、舒适、健康的休闲空间,提升旅游产品开发和旅游服务设计的人性化、科学化水平,满足广大群众个性化旅游需求。加强自然、文化遗产地和非物质文化遗产的保护利用,大力发展红色旅游和特色文化旅游,推进文化资源向旅游产品转化,建设文化旅游精品。加快智慧旅游发展,促

---

① 向勇:《中国文创产业的"文化匮乏"尴尬》,载《旺报》2010年11月25日。

进旅游与互联网融合创新,支持开发具有地域特色和民族风情的旅游演艺精品和旅游商品,鼓励发展积极健康的特色旅游餐饮和主题酒店"①。文化旅游开发模式需要资源评估、市场分析、主题策划、产品组合、活动组织、环境营造等诸多环节来实现文化资源的旅游综合开发。

其中,以山水实景旅游演出为例。以"印象·刘三姐"2004年桂林公演为起点,实景演出在中国已经发展了十年,其间涌现了数百个实景演出,品质参差不齐,经营水平高低不平,其中的代表为王潮歌的印象模式和梅帅元的山水模式。实景演出重新彰显了山水的审美价值,是以中国人特有的美学理念对自然山水的再生产和再体验。因此,实景演出的核心在于发现因地制宜的山水价值。对山水资源的尊重、敬畏和守望,是实景演出制作的基本心态。对山水价值的文化挖掘是实景演出制作的基本开端。在这里,山水不是一种被征服的文化对象,而是一种被照亮的审美客体。实景演出收获的不只是由于游客驻足时间的延长而支付的额外花销,还是游客在对山水价值从膜拜、展示到体验的复合转化中的价值认同,在山水物境与情景场域中,以身心的交融去感受中国的山水精神。实景演出是表演艺术打破鲍莫尔成本病的"硬创新"努力,是旅游业融合自然之美与人文之美的"软创新"努力。实景演出是一种巧创新,是科技创新与文化创新的融合创新,是一种超越旅游的红海与文化的蓝海的创意创新。

2. 主题公园开发模式

主题公园(theme park),是为了满足旅游者多样化的休闲娱乐需求和选择而建造的一种具有创意性活动方式的现代旅游场所,是根据特定的主题创意,以文化复制、文化移植、文化陈列以及高新技术等手段,以虚拟环境塑造与园林环境为载体来迎合消费者的好奇心,以主题情节贯穿整个游乐项目的休闲娱乐空间。② 1955年迪士尼乐园的诞生在全世界推动了这种新型的文化资源开发模式。1989年深圳锦绣中华作为中国第一个主题公园开园,中国进入主题公园发

---

① 参见国务院2014年3月颁布的《关于推进文化创意和设计服务与相关产业融合发展的若干意见》。

② 董观志:《旅游主题公园管理原理与实务》,广州:广东旅游出版社2000年版,第15页。

展的快车道。

文化资源的主题公园开发模式主要依托在地的文化资源,以主题公园的模式进行资源开发。文化资源开发型主题公园分为名胜微缩、历史再现、文化表现、风情展现、科技娱乐和绿色生态等多种类型①。当然,随着经济社会的发展和人们审美需求的提高,名胜微缩型的主题公园被日渐淘汰。文化资源的主题公园开发应注重文化氛围的真实营造,"文化资源的开发应从真实的历史文化入手,进行保护性开发,以引导人们去体验真实的文化,在真实的文化情境中去了解历史、解读历史和体验历史"②。

主题公园开发模式是以主题性、情景化、立体性、空间感的方式呈现了文化资源的体验价值,主题公园的核心就是体验。影响主题公园体验价值的核心要素包括体验主题的凝练与提升、体验项目的设计与更新、体验活动的构思与变化、体验场景的布置与渲染、体验服务的完善与优化以及体验回忆的再现与沉淀等诸多方面。③

3. 节庆会展开发模式

节庆会展开发模式指以传统节庆、定期会展为载体和平台,在一段时间内通过对区域文化资源的全方位整合和综合性发掘,最终实现节庆经济和会展经济综合效益的文化资源开发模式。节庆会展不仅可以促销产品、展示企业,还对区域形象的提升和区域品牌的传播起到积极的推进作用。节庆会展开发模式是一种事件经济和活动经济(Event Economy),通过区域总动员的全方位整合,推动区域各要素的综合配置,构建价值网络效应,起到经济的辐射和产业的拉动作用。

节庆会展的经济影响包括门票收入、商品贩售收入、旅游拉动收入、周边产业经济辐射收入,形成一种规模化、长期性的商业价值、经济影响和社会口碑。

---

① 熊元斌、李艳:《城市主题公园客源市场开发与营销策略》,载《重庆商学院商报》2001年第6期,第59—61页。
② 张胜冰:《科学发展观视野下文化资源开发的创新——对中国文化产业发展模式的思考》,载《福建论坛(人文社会科学版)》2009年第4期,第69—73页。
③ 肖轶楠、夏沫:《论主题公园体验价值的创造——以深圳华侨城主题公园为例》,载《旅游学刊》2008年第5期,第57—60页。

第四章 文化资源：文化产业的驱动要素

节庆会展作为一种准公共文化产品,以政府扶持为辅、企业经营为主。节庆会展的策划要紧贴区域内的文化资源和社会中的时代主题,以高度整合地方文化资源为出发点,以市民参与和顾客体验为目标,提升内涵化的文化价值和精细化的服务品质。

4. 文化地产开发模式

作为一种新的地产模式,"文化地产"的提法至今还是一个行业术语,社会各界对其褒贬不一。作为一种客观存在的房地产业与文化产业的融合模式,文化地产开发模式是房地产企业为了在激烈的市场竞争中获得优势,以文化创意作为转型升级的途径,以文化资源作为竞争力要素实施的一种差异化和品牌化的开发模式。文化地产也是文化资源寻求地产载体所尝试的一种文化创新。文化地产的典型特征是将文化艺术融入地产开发,以主题社区、文化小镇、艺术商场、旅游地产等形式提高地产业的附加价值,是现代服务业的一种创新业态。如以 K11 为代表的文化商城(文化 MALL),就是一个将艺术、人文和自然三大核心元素融合,将艺术欣赏、人文体验、自然环保和商品购物等充分结合的时尚、创意商业品牌。

文化地产要以鲜明、独特的文化资源为核心。目前的开发模式中以旅游地产居多,包括自然风光型、人文景观型、主题公园型、乡村旅游型和休闲购物型。文化地产开发模式大致包括休闲地产型、体验地产型和产城融合型。文化地产的关键是主题策划、整体规划、故事挖掘和社区营造。文化与地产的结合是现代服务业的一种创新业态,是文化发展与地产创新的发展结果。①

5. 创意产品开发模式

文化资源的深度性开发要结合创意、科技等手段,挖掘文化资源的符号象征系统和精神价值系统,通过影视、动漫、音乐、舞蹈等文化产品进行开发。文化资源的创意产品开发模式是一种可持续、可循环的资源开发模式。文化资源的基

---

① 叶学平、倪艳:《文化地产的发展及文化 Mall 商业模式探析》,载《当代经济》2011 年第 11 期,第 12—15 页。

础性开发是以服务为中心、以空间为载体的文化资源开发模式,文化资源的深度性开发是以产品为中心、以渠道为载体的文化资源开发模式。

文化资源创意产品开发阶段一般分为文化商品的创意阶段、生产阶段和流通阶段(见图4-4)。基于文化消费的市场分析,寻找文化资源转化为文化产品的价值关键点,激发创意灵感,进行文化资源配置,将创意有形化、资源商品化,并结合市场需求进行创意营销。① 文化资源的创意产品开发模式分为以当地文化资源为导向的开发模式和以外地文化资源为导向的开发模式。其中,以当地文化资源为导向的创意产品开发模式在地方政府的政策扶持下,摆脱辐射区域在人口总量、结构特征、经济水平和开放程度等方面的制约因素,构建以中心辐射消费区——外围辐射消费区——外围文化爱好者为目标市场的开发路径。以外地文化资源为导向的创意产品开发模式应利用文化多元化的外部机遇,选取高知名度的外地文化资源,构建以同一创意产品为基础的多次产制的开发路径。②

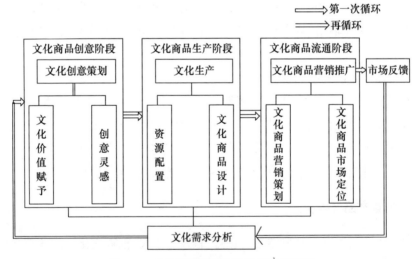

图4-4 文化资源创意产品开发转换模型

---

① 董云翔:《文化资源向文化商品的转化浅析》,载《商情(教育经济研究)》2008年第1期,第161—162页。

② 林明华、杨永忠:《创意产品开发模式》,北京:经济管理出版社2014年版,第70—79页。

第四章　文化资源：文化产业的驱动要素

6. 科技创新开发模式

文化资源的开发借助科技手段,发挥科技创新对文化创意的重要引领作用,凸显文化产业高附加值和高科技含量的新经济特征。文化资源的科技创新开发模式以市场牵引、应用驱动为原则,通过技术集成和模式创新,整合文化资源,统筹产业发展。通过文化科技的融合,推进文化资源的创意、生产、传播和消费的数字化、网络化进程,深入挖掘优秀的传统文化资源和深厚的文化底蕴,推动动漫游戏等产业优化升级,打造民族品牌,推动动漫游戏与虚拟仿真技术在设计、制造等产业领域中的集成应用。

文化资源的开发借助科技手段,通过研制文化资源统一标识、核心元数据、分类编码和目录体系、数据格式和数据交换等通用技术标准规范,建立文化资源数据库云平台,促进文化资源整合和共享。加强文化资源数字化保护和开发利用,重点针对文物、典籍、民俗、宗教等各类物质与非物质文化遗产传承和保护的需求,研究突破文化资源数字化关键技术,研究数字文化资源公益服务与商业运营并行互惠的运行模式,整合各类文化机构传统文化资源,开展文化资源数字化公共服务与社会化运营服务示范。①

7. 特色产业带开发模式

特色产业带开发模式是以特色文化资源为开发对象、以文化产业集聚区为开发形态、以发展特色文化产业为目的的文化资源开发模式。特色文化资源一般是指在某个特殊的民族和区域内独具特色的自然生态资源、民俗风情资源和历史人文资源,特色文化产业包括特色文化旅游、特色工艺美术、特色表演艺术、特色节庆会展等。由于特色文化资源具有区域集聚性、生态发展性和草根生活性等特点,其开发的模式特别借助于园区、产业带和特色功能区的空间形态,实现区域内文化资源开发的过程互助、开发的成果共享。

特色产业带开发模式注重跨区域合作,强调因地制宜。2014 年文化部、财政部制定的《藏羌彝文化产业走廊总体规划》,是以国家宏观角度和中央部委的

---

① 参见 2012 年 6 月科技部、文化部等六部委颁布的《国家文化科技创新工程纲要》。

行政高度对文化资源特色产业带开发模式进行的一次高层次的战略谋划。藏羌彝文化产业走廊位于中国西部腹心,区域内自然生态独特,文化形态多样,文化资源富集,通过重点发展文化旅游、演艺娱乐、工艺美术和文化创意等新兴业态,优化空间布局,加强产品生产,推动骨干企业和园区基地发展,扶持小微文化企业,培育知名文化品牌,将会发挥综合的开发效益。除此,国家还在酝酿丝绸之路文化产业带、运河文化产业带等项目规划,实施文化资源的特色产业带开发战略。

8. 生态博物馆开发模式

随着人们对文化资源与生态资源的共生、文化传统与地理环境的和谐关系的日益重视,文化资源的开发采用活态化、生活化、社区化的生态博物馆的开发模式。生态博物馆不同于传统文物典藏的博物馆,是将山明水秀的物理场景和人们行住坐卧的起居空间联结在一起,将某个特定的区域整体作为一座没有围墙的活的博物馆。文化资源的生态博物馆开发模式是一种保护性开发,实现了文化的原生地保护,维护了文化生态的可持续发展。

传统博物馆以"物"为展示与研究对象,对于无法置入博物馆的大型对象如建筑、古迹,发展出"野外博物馆"(field museum),将众多被展示的对象集合并且规划为一个区域,以博物馆理念经营,瑞典的"斯堪森民俗村"(Skansen)就是全世界第一个开放的野外博物馆。面对大自然的动植物群落或具有历史价值的古代遗迹、名人故居、城镇等文化资源,保存在现地才能彰显价值,因而发展出"现地博物馆"(site museum)。现地博物馆的被保存者,不仅包括收藏和展示的本体,也包括周遭文化与环境,具备"广域(全局)保存"与"自然环境与文化资产同时保存"原则,例如金字塔等大型古迹,发展成为展示古代生活现场的"情境博物馆"(living history museum)、历史事件博物馆(event museum)、考古遗址博物馆(archaeological site museum)等新型博物馆形态[①]。日本在20世纪60年代因为经济发展快速,众多古都老城受到开发冲击,有鉴于零散的古迹和遗址不能完整保存,于是展开"广域保存"。如日本古代朝廷源点"飞鸟地方"的明日香

---

① 吕理政:《博物馆展示的传统与展望》,台北:南天书局1999年版,第182—183页。

村,设立了"国家飞鸟历史公园",保存的核心地带达47公顷,当地居民更是以社区运动的形式保护了周围约五百公顷的区域。

"生态博物馆"(ecomuseum)是法国人希维贺(Grorge Hrrri Riviere)和瓦西纳(Hugues de Varine-Bohan)倡导的博物馆运动,来自生态学(ecology)和博物馆(museum)的集合。他们主张将地域以博物馆观念来思考,将自然生态与历史古迹统合在现代人的生活环境中,以便得到更加完整的保存和更具活化的展现。①

生态博物馆的规模可以大到区域带、城市,或小到整座村庄或一个文化生活圈,以所涉文化类型的整个区域作为博物馆的范围。生态博物馆通常会有一个"核心馆"作为游客服务中心和集散地,连接区域内数个卫星式的博物馆,形成博物馆网络。卫星式博物馆的收藏和展示方式没有限制,山、海、河、川、动植物、矿山、牧场、农场、渔港、森林、古迹遗址、聚落等,都可以涵盖在内,居民也可以居住其间。例如法国的露可颂生态博物馆(Museum of Man and Industries, Le Creusot),以矿山和相关产业的文化遗址为博物馆的保存对象,十多万居民仍然在区域内生活,游客可以随时与区域内的居民接触、交流。

9. 文创造镇开发模式

1991年,我国台湾邀请日本千叶大学宫崎清教授传授日本"文化造镇"的发展经验,随即在全台湾展开了一场以文化为主旨的"社区总体营造"运动。对于中国而言,新型城市化已不再是简单的大中小城市规模化的线性增长,而是新型城镇化的多元发展。新型城镇化的模式有很多,但以开掘文化资源、发展文化城镇为目标的"文创造镇"是其中一种重要模式。

文化资源的文创造镇开发模式是城镇化发展理念的根本转变,也是大文化资源开发思路的观念转变。"文创造镇"以文化为出发点和目的地,以"文化立镇"为发展理念,以"经济搭台、文化唱戏"为行动主轴,将"人、文、地、景、产"等多个面向作为城镇化发展的主要着力点,"找到土地草根的力量",找到城镇化

---

① 张誉腾:《生态博物馆——一个文化运动的兴起》,台北:五观艺术管理有限公司2005年版,第14—16页。

发展的文化宝藏,转变为城镇化管理和文化建设的核心资源,最终通过"文化故事"塑造城镇的文化品牌。

文化资源的文创造镇开发模式是城镇化驱动要素的根本转变。文化产业的发展逻辑在于重视开发文化资源的无形资产,运用文化力去改造传统的物质要素,将文化资源、文化资本、知识产权、符号价值作为城镇化的重要生产要素。"文创造镇"的战略就是要转变传统工业兴镇、制造业代工兴镇的物质主义为文化主义。中国的许多城乡拥有独特丰富的文化遗产、农业遗产、历史故事、民间传说以及独特的山水资源、自然风光,这是取之不尽、用之不竭的生产资源,具有最大的核心竞争力。

文化资源的文创造镇开发模式是城镇化发展模式的根本转变。"文创造镇"以大文化发展的观念,促进产业间的融合。以文化符号为链接、文化品牌为纲领,城镇化发展将推动现代农业、特色加工业和现代服务业的跨界共生,大力推进"文化的产业化"和"产业的文化化"的协同发展,将第一产业、第二产业和第三产业融合为第六产业,发展创意农业、农业休闲旅游和特色农产工艺品。台湾南投县埔里镇桃米村,原本以竹笋采收为主业,"9·21"地震后农业资源全部破坏,生产生活无以为继。后经专家调查发现,全台湾27种青蛙在桃米可发现至少20种。于是伴随灾后重建,村民合力建造文化生态村,结合来自日本的纸教堂,将生活场域的环保设计变成新的文化生活,向前来参访者不断讲述这个社区新生的生命故事。原本到外乡务农、在城里做劳工的村民经过再学习和训练,成为村镇游的农家乐主人、解说员和餐厅老板。"文创造镇",让桃米新村成为真正意义上的新故乡。

文化资源的文创造镇开发模式是城镇化发展主体的根本转变。"文创造镇"注重自下而上的文化主体的营造,在推动农民转变为市民的过程中,注重"文化市民"身份的塑造;"鼓励社区居民为创意人士,发动广泛的民众参与,创造多元的社区文化特征";鼓励民间社区参与,鼓励独立艺术家介入社区共建,增加城镇化区域中居民之间、游客与本地人之间的互动和沟通的公共空间,打造创意社群和文化聚落,营造城镇化的"创意阶层"。"文创造镇"的根本是"文化化人",要将政府的资源转移给基层的社区民众,协助民间团体建立自治权力模式,并且让城镇社区自己负责,凝练社区生命共同体,实现充分的社区自治。

第四章 文化资源：文化产业的驱动要素

文化资源的文创造镇开发模式是城镇化发展空间的根本转变。"文创造镇"是可视化的形象空间、产业化的功能空间和精神性的文化空间相融合的三重立体空间，将城镇视为"开展产业生产的场地、承载生活方式的空间、展示生态文明的环境"。"文创造镇"就是要提升城镇社区的文化设施，改善其文化资产和文化环境；要深入辅导城镇的文化创意，设计独具魅力的深度文化体验计划；要实施国家层面的城镇营造培育计划，将"老街再造、文化商圈开发、社区修景、环境美化"等公共行为和商业行为综合考虑。文化城镇是中国积累了几千年粗朴、匠艺、慢活的农耕文明的农村生活方式与现代、时尚、快速的工业文明的城市生活方式的空间融合，重塑了一种"精细的质朴""时尚的慢活""手工的高雅"的新型生活方式。

本章要点

文化资源是人类社会生产活动的重要资源，既有物质形式，也有非物质形式。文化资源的辨识、开发与利用就成了文化产业发展的逻辑起点和关键环节。文化资源可以分为三类，即物质文化资源、非物质文化资源和自然文化资源，包括历史遗迹、民俗文化、地域文化、乡土风情、文学历史、民族音乐、宗教文化、资源风光等。文化资源可以分为历史文化资源和现实文化资源。

文化资源的形成与一个国家和地区的地理环境和历史传统息息相关，尤其是与生态环境之间相互影响、相互作用，互为因果。文化资源是一种无形的柔性化资源。文化资源是一种需求非稳定的不确定性资源。文化资源是一种情境内生性的环境适应性资源。文化资源是一种基于人性需求的可通约性资源。

文化资源所彰显的符号象征形式和精神价值系统向外部进行文化辐射而产生感召力和吸引力，表现出文化的软实力。对文化资源而言，最重要的是文化资源的符号系统和价值系统。

文化资源的构成要素包括品相要素、价值要素、效用要素、发展预期要素和传承能力要素等五个一级要素，其中每个一级要素下又包含五个二级要素，总共二十五个二级要素。

文化资源的开发具有经济效益和社会效益。文化资源评估指标的构建要符合 SMART 原则。文化资源开发效益评估指标体系,包括社会效益和经济效益两个维度。文化资源经过评估后可以按照社会效益和经济效益的双重函数,从低到高进行分类分级,形成四种文化资源品级区:强势区、优势区、潜力区和一般区。评估度量后的文化资源可以选择进入市场或公共治理的方式和途径,更易于进行产业化开发。

中国是文化资源大国,却面临文化产业"文化匮乏"的发展困局。"文化匮乏"表现为在尊重和善用本土文化资源的基础上转化成为文化资本和文化产业的作品匮乏、创意匮乏和能力匮乏。中国文化资源的剩余形态和主流形态被过度强调,新兴形态还非常不足。文化资源的开发分为基础性开发和深度性开发。其中基础性开发是一种传统型开发,以资源型文化产业和制造型文化产业为发展模式。文化资源的基础性开发包括了文化旅游开发模式、主题公园开发模式、节庆会展开发模式和文化地产开发模式等。文化资源的深度性开发模式是一种创新型开发,以内容型文化产业和生态型文化产业为发展模式。文化资源的深度性开发模式包括创意产品开发模式、科技创新开发模式、特色产业带开发模式、生态博物馆开发模式和文创造镇开发模式等。

第五章
文化技术：文化产业的价值创新

文化产业发展的关键是看能否形成规模经济，而规模经济的形成决定于是否可以利用更多的技能。一般来说，文化产业"所需的技能及支持机制包括技术性能力、创业技能和领导力等三个方面的能力"①。文化生产活动最重要的基础是技术，无论是手工技艺、机械技术还是数字技术、网络技术。威廉·麦克高希从文明的起源与消亡的高度创造性地提出了"文化技术"的概念，认为世界历史发展的"基本论题是每一种文明都由一种占据定义地位的文化技术"来决定，这些文化技术可以分为表意文字(ideograms)、音标字母(phonetic alphabets)、印刷技术(printing)、电子影像(electronic images)、计算机或数字技术(computers or digital technology)。文化技术通过文化变革来推动世界文明的发展分期，不同的文化技术推动形成了不同文明的价值体系和社会环境。② 如果说产业结构的转型以技术为演进逻辑，那么文化产业的发展就是以文化与技术的双重逻辑为驱动要素。文化技术正是这对双重逻辑的联系纽带，促使了文化产品的价值转换，是文化产业发展壮大和结构调整的内在机制。

---

① 联合国教科文组织、联合国开发计划署编：《2013 创意经济报告——拓展本土发展途径》，意娜等译，北京：社会科学文献出版社 2014 年版，第 98 页。
② 〔美〕威廉·麦克高希：《世界文明史：观察世界的新视角》，董建中、王大庆译，北京：新华出版社 2003 年版，第 347 页。

一、文化技术的历史变迁

技术是文化成为产业的必要条件,文化成为产业是技术发展的结果,技术从来都是文化产业发展的关键要素之一。从某种意义来说,文化产业的形态是由科学技术的样式所塑造的。文化技术是一个集体性概念,并不是特指某一种技术形态,而是具有一个完整的发展历程,有相对独立的内涵、外延、特征和功效。从世界文化技术史来看,当今流行的"文化科技"的政策术语和业界概念,并不是一次崭新的历史性出场,而是具有历史的必然脉络和发展轨迹。

根据威廉·麦克高希关于"文化技术"的分类,整个世界史可以划分为表意文字时代、音标字母时代、印刷技术时代、电子影像时代以及计算机和数字技术时代等五个时期。现代文化技术发端于印刷技术的发明与应用,推进了社会分工的深化和产业结构的优化,推动世界文化产业经历了萌芽期、探索期和发展期等三个不同的历史时期。

印刷技术时代也就是世界文化产业的萌芽期,开始于1450年德国人古登堡金属活字印刷术的成功发明和商业实践。通过金属活字材料的选择和制造、印刷设备的研制、油墨的制造等一系列与出版产业有关的字模铸造与印刷技术的研发和制造,古登堡开启了人类文化生产与传播的新时代。在此之前,欧洲的文字信息的传播主要依靠手抄。金属活字印刷术具有快捷、大量、廉价、规范地复制文本信息的特点,让文化生产作为无差别的人类劳动成为可能,实现了文字信息的可复制性和标准化的批量生产。据日本人庄司浅水统计,到1500年前半个世纪内,印刷厂就遍布欧洲各国,总共约250家,出书达2.5万种。如果每种书籍以300部计,则欧洲在这50年间印刷金属活字本书籍达600万部。金属活字印刷技术的大规模使用,提高了欧洲的文化生产力,改变了欧洲的图书出版业,实现了阅读的大众化,打破了王室、贵族和僧侣对文化知识的垄断,推动了欧洲宗教改革和西方文艺复兴的传播,培育了现代公共舆论环境,有利于文化信息的传播、科学知识的进步和社会的民主化进程。后来,金属活字印刷术还催生了报纸的诞生,推动出版业的发展和新闻业的萌芽,促进了文化生产领域里内容审查机构和版权保护主体的权力制衡。古登堡印刷术推动了欧洲进入"印刷资本主义时代"。世界文化产业萌芽期持续了四百年左右,直到人类社会进入电力时代。

电子影像时代是世界文化产业的探索期,开始于 1839 年法国发明家达盖尔照相技术的发明和 1877 年美国发明家爱迪生录音技术的发明,这些发明推动了摄影业、电影业和唱片业的发展。其后,1901 年意大利发明家古列尔莫·马可尼(Guglielmo Marconi)无线电技术的发明和 1922 年美国发明家法恩斯·沃思(Philo Taylor Farnsworth)影音电子传输技术的发明,使得广播和电视等新型文化产品诞生。电子影像时代改变了印刷时代的图文生产方式,使得文化生产出现了更大规模的资本主义文化生产模式。之前的报纸,连同电报、电话、电影、电视等便捷的电力产品进入人们的日常生活,联结了杂乱无章的社会肌体和碎片信息,把人们的感官体验卷入电子媒介。麦克卢汉指出,媒介即讯息,媒介即人的延伸,"作家和制片人的职责,就是将读者或观众从他自己的世界迁移到另一个世界——印刷和胶片造成的世界中去。这一迁移极为明显,极为圆满,所以身历其境的人下意识地、毫无批判知觉地接受了这种迁移。在塞万提斯生活的世界中,印刷品犹如今天西方的电影一样是新式的媒介。对他而言,有一点似乎显而易见:印刷品和现在的银幕形象一样,篡夺了真实世界的地位,在印刷品魔力的迷惑之下,读者或观众变成了梦幻人。"①电子影像时代宣告人类真正进入文化工业时代,进入大众传媒时代。

计算机和数字技术时代是世界文化产业的发展期,开始于 20 世纪 40 年代至 50 年代美籍匈牙利数学家约翰·冯·诺依曼(John von Neumann)计算机的发明和 80 年代数字技术、网络技术②的出现,一直延续到今天我们所处的数字时代、信息时代或网络时代。以计算机、通信技术和多媒体技术为基础的网络技术和移动互联网技术成为联结未来信息社会的纽带,成为继报纸、广播和电视之后的第四传媒和第五传媒,彻底改变了人们的生活方式和生产方式。数字化生

---

① 〔加〕马歇尔·麦克卢汉:《理解媒介:论人的延伸》,何道宽译,南京:译林出版社 2011 年版,第 50 页。

② 数字技术指的是运用 0 和 1 两位数字编码搜索,通过电子计算机、光缆、通信卫星等设备,来表达、传输和处理所有信息的技术。数字化技术一般包括数字编码、数字压缩、数字传输、数字调制与解调等技术。网络技术是以计算机信息科学为基础,以计算机为载体,最大范围内提供信息服务的新兴技术。

存和网络化生存是人们以信息通信技术(ICT)为基础的崭新的社会生存方式和生存状态。数字技术与互联网技术为文化遗产的保存、文化资源的开发和文化产业的振兴提供了前所未有的机会。数字化时代在全球范围内推动了文化共同市场的形成和跨国性文化产业集团的形成,推动了新兴国家在21世纪跨越式、突变式的文化崛起。

可见,文化技术的演化变迁与文化产业的发展成熟紧密相关,丰富了文化产品的形式,与文化产品的创意、生产、流通和消费的各个环节密不可分,技术成为人的一部分,机械化工业的专业分工和市场组织给人类社会提出了新的挑战,"人的感觉——一切媒介均是其延伸——同样是我们身体上'固定的电荷'。"文化技术正在形成新的文化景观。① 总体而言,文化技术是指在文化产品的研发、生产、流通与消费过程中,将文化符号、新点子、好想法等无形文化资源表现为可感知化、可复制性、可推广性的技术手段。文化技术将个体性的、零散的、差异化的和一次性的艺术创作与瞬间灵感转变成集体性的、系统性的、标准化的和多次性的可批量化的规模性文化生产与消费。在文化技术的作用下,尤其是现代文化技术的参与,文化产业才最终成为可能,并取得快速发展。

二、文化技术的发展现状

按照文化技术形塑文化产业的具体形态来分,文化技术可以分为文化物品制造技术、文化信息传播技术和文化服务技术等三类。其中,文化物品制造技术包括平面出版物、音像制品、工艺品等行业中的印刷、刻录、制作等技术和工艺;文化信息传播技术包括平面媒体信息、广播影视媒体信息、网络媒体信息的采集、编辑、制作、复制、传播等技术;文化服务技术包括直接面向消费者的体验服务和服务于文化物品制造和文化信息传播过程中的某个环节,既可以独立存在,又可以共生发展②。

按照文化技术实现文化产业的文化功效来分,文化技术可以分为文化创作

---

① 孟晓驷:《文化产业发展机理解析》,载《光明日报》2004年6月2日。
② 任丽梅:《现代文化技术的本质与特征》,载《自然辩证法研究》2005年第9期,第49—53页。

第五章 文化技术：文化产业的价值创新

与表现技术以及文化传播技术。其中,文化创作与表现技术包括机械加工、电子信息、化学刻染等创作与表现技术,将机械、化学、光学和电子信息等相关领域的最新技术应用于文化作品的创作、表现和生产的全过程;文化传播技术推动了文化的扩散和传播,包括网络技术、卫星电视广播技术、电影技术、电子广告技术、出版印刷技术。其中,人工智能、大数据、三网融合、3D特效、数字出版是文化传播技术的发展趋势。①

按照文化技术自身的发展生命周期来分,文化技术可以分为传统文化技术、现代文化技术和新兴文化技术等三类,大致与新闻出版、广播影视等大众传播技术、互联网信息传播技术和移动互联网信息传播技术相对应。当然,文化技术的分类不是静态僵化的,不是简单意义上替代与被替代的关系。随着各国文化技术水平的不断提高和国际文化技术的交流共享,文化技术越来越多地出现跨界融合、创新集成和产业协同的发展特性。总体而言,新兴文化技术呈现出数字化、网络化、大数据、移动化、泛在性的发展态势,对传统文化的传承与创新以及文化产业的发展产生深远的影响。

列夫·马诺维奇(Lev Manovich)将新兴文化技术描述为"新媒体",认为"新媒体是计算机技术与媒体技术的发展轨迹重叠的产物",并将互联网、虚拟世界、虚拟现实、多媒体、电脑游戏、交互式作品、电脑动画、数码视频、特效电影等归于此类。如今,所有的文化生产都在转向以计算机和互联网为媒介载体的生产、分配和沟通等形态,对接口、操作、存储和发布等所有过程以及文本、宣传画报、视频、音频到空间结构等所有媒介都产生巨大的影响②。保罗·莱文森(Paul Levinson)进一步提出了"新新媒体"(New Newmedia)的概念,将博客、Youtube、维基百科、脸谱(Facebook)等归于此类。在新新媒体里,所有的消费者都是生产者,是专业的业余者(professional amateur)。新新媒体在本质上具有交互性、社会性、网络化的特点。③

新兴文化技术正在改变文化产业的生产方式。传统的文化生产方式具有线

---

① 谭文华:《论现代文化创新的主要领域及对策》,载《科技管理研究》2014年第7期,第14—16,22页。
② Lev Manovich, *The Language of New Media*, Mit Press, 2001, pp.60—62.
③ Paul Levinson, *New NewMedia*, Penguin Academics, 2009, pp.1—16.

性化、作坊式、简单性的社会分工特征,无法解决文化产品市场需求的不确定性问题,文化产品的创作依靠大师、明星等创意人士的主观经验,文化产品的市场成功具有一定程度的偶然性。数字文化技术使得文化生产真正以用户需求为出发点,利用大数据云平台自动记录、收集和整理社会个体在日常生活中透露出的消费偏好的信息数据,进行智能化的决策分析,依托数字化的文化资源进行内容创意,做到精准营销。此外,数字影像技术、实感空间技术、感性认知技术和文化内容创意管理技术等高端文化技术,被充分整合进遗产、艺术、传媒和创意等各个层面的文化创作、生产、传播与消费,不断创造出新的价值。

新兴文化技术正在改变文化企业的商业模式。网络文化技术促使文化产业生态链的建立。在文化产业生态链中,无论是大型文化航母还是中小微文化企业,乃至个人文创工作室,都可能被网络文化技术平台合理有效地整合在一起,彼此成为对方的文化产业供应链、生产链或价值链环节的重要一环,实现信息透明,地位平等,价值共享,和谐共生。网络文化技术将帮助企业不断创造新的蓝海市场,打破硬件制造与软件服务、创意生产者与内容消费者、公共文化事业与经营文化产业之间的界限,不断延长价值链和拓宽产业链,创造可持续的社会效益和经济效益。

新兴文化技术正在改变人类社会的生活方式。泛在文化技术(U-Cultural Technology)在智能网络、高端技术计算机、人机交互技术和其他数字基础设施的支持下,促进物联网与互联网、移动互联网的充分结合,将人类社会转变为泛在社会(Ubiquitous Society)和智慧社会(Smart Society)。在泛在社会里,所有的人、事、物、组织、信息被无时不有、无处不在地以点对点的网络状态进行动态化、持续性的联结和整合,现实世界的各种信息被网络世界智能化地采集、汇聚、决策和反馈,实现了整个社会的有效组织和科学管理。[①] 泛在社会是人类进入信息社会的新阶段,是后现代意义上的文化社会,从根本意义上重塑了人们的生活样式。

---

① 刘永谋等:《泛在社会的后现代状况:实在、知识与主体》,载《教学与研究》2013年第5期,第90—95页。

三、文化技术的价值反思

文化产业具有"高附加值和高科技含量的新经济特征",其所依托的文化技术,曾是一个备受西方思想家们争议的对象。文化技术是文化产业的驱动要素,推动了文化产品的价值从单一的膜拜价值向展示价值和体验价值的转换,使得文化产品在文化产业语境下显现三大价值共生的复合形态。当然,文化技术创新不得取代文化创意本身,文化技术的表现形式必须服务于文化产品的价值内容。从本雅明"机械复制艺术"导致经典艺术"灵韵"消逝的黯然神伤,到法兰克福学派代表人物阿多诺和霍克海默对资本主义"文化工业"欺骗本质的揭示,再到海德格尔(Martin Heide gger)对现代科技的技术沉思,无不表达了相当程度的反省和批判。与此相反,纳博科夫、钱学森等科学家以自身的科学探索和艺术实践强调了科学精神与人文精神结合、科学与艺术融合的重要性。因此,我们对文化科技创新的讴歌,不能以遮蔽这些先贤们的技术拷问为前提。

1. 机械复制的艺术生产:从膜拜价值到展示价值

本雅明创造"灵韵"的概念来阐述机械复制技术对艺术创作和文化生产所带来的深远影响。"灵韵"原本指宗教圣画中圣人头部背后的光圈,象征宗教信仰的神圣感,具有神秘性和令人顶礼膜拜的特性。灵韵是经典艺术的基本特征。"我们将自然对象的灵韵界定为一定距离之外但感觉上如此贴近之物的独一无二的显现。在一个夏日的午后,一边休憩一边凝视地平线上一座连绵不断的山脉或一根在休憩者身上投下绿荫的树枝,那就是这条山脉或这根树枝的灵韵在散发。"①在本雅明那里,艺术作品的"灵韵"效应具有三个特征:第一,神圣性。艺术由于其诞生的原始时代与巫术祭仪的紧密关系而具有膜拜价值,而"灵韵"在很大程度上与这种膜拜价值内蕴的神秘性有关。第二,独一无二性或原真性。艺术品的问世具备独有唯一和即时即地的特性,与创作者本人的艺术思维和特

---

① 〔德〕瓦尔特·本雅明:《机械复制时代的艺术作品》,王才勇译,北京:中国城市出版社2002年版,第90页。

定的历史时代有着紧密的关系,具有毋庸置疑的权威性。艺术品的独一无二性塑造了艺术品的过去、现在和未来,在历史谱系上确立了艺术品的原真性。第三,不可接近性或适度的距离感。赏鉴者只有在理智上和空间上与艺术对象保持一定的距离,以"凝神静观"的注视方式去获得。艺术品原作具有的"灵韵"效应,彰显了艺术品原作的膜拜价值。

艺术作品的本真是"它从起源开始可流传部分的总和:从物质上的持续一直到历史见证性"。艺术作品都是独一无二、无法进行技术复制的。电子影像时代的机械复制技术使得艺术品原作的"灵韵"消失,再完美的复制技术也不可能复制出艺术作品的本真性。艺术品可以被复制,但艺术复制品里没有"灵韵"。技术复制品不依赖于原作,可以借助一定技巧对原作进行创造性的模仿,如运用照相术突出艺术品原作的不同侧面,因而技术复制品具有一定程度的独立性。技术复制可以把摹本带到原作无法达到的地方,克服了原作的时空局限,创造了便于欣赏的可能性。机械复制技术对艺术带来了重大的影响,改变了艺术品的价值形态。

机械复制技术促使文化产品完成了从膜拜价值到展示价值的转化。艺术作品的开端是生产为膜拜服务的塑造物。膜拜价值源于早期的巫术礼仪与宗教礼仪。随着复制手段的不断创新,艺术作品的可技术复制性逐渐将艺术作品从依附于礼仪的生存中解放出来,艺术的展览价值日益受到重视。本雅明认为,照相术中人的退出是展示价值获胜的标志。人像在早期照相术中依然发挥着膜拜价值的功能,非肖像的照片出现后,膜拜价值的最后一道防线被突破,各种照片开始成为历史的证明材料,具有一种隐含的政治意义,艺术的礼仪基础开始转向政治。

膜拜价值在于早期艺术品作为巫术、神秘主义、宗教神学的工具,参与社会生活实践;之后艺术品逐步独立,社会生活中某种神秘的沉思冥想保留在物态形式的艺术品中,在人与艺术品的交流中,反映了现实中的等级制、神权观。在机械复制时代,艺术品的膜拜力量退化。展示价值反映了机械复制时代艺术生产的价值特征。现代艺术供人观赏,不复具有神圣性和神秘性,艺术的展示价值满足了大众展示和观看自身形象的需要。复制技术满足现代人渴望贴近对象、通过占有对象复制品来占有对象本身的欲望。摹本代替了独一无二的存在,被复制的对象获得了新的活力。

展示价值有如下特点,以电影为例:第一,注重人机互动。演员须经受视觉测试,电影演员必须放弃氛围,演员的表演分解为一系列片段。第二,表现客观世界。电影猛烈地进入现实,特写镜头延伸了空间,慢镜头延伸了时间,新式技术设备丰富了人们的感知领域。电影画面被一个个镜头拼接在一起,这种画面是由机械技术创造的直接现实的景象。第三,尊崇大众消费。现代艺术作为机械复制时代的产物,日渐成为供人观赏之物,而且也总是被制作得适宜于展示。作品不复具有神圣性和神秘性,越来越接近日常生活,满足了大众展示和观看自身形象的需要。大众喜爱艺术,成为一种自然而然的集体经验。对新的复制技术所散播的文化产品的品质没有蔑视与反感。相反,在文化的革命与解放的立场上,对机械复制为无产阶级文化可能性给予了深切的关照。观众站在镜头的位置,而不是演员的位置上,这便提升了一种批判的姿态。在新技术原则下,作者与观众并非处于固定不变的等级制位置,而是处于可逆的位置,这从根本上瓦解了艺术维护权威政治手段之一的功能。① 机械复制技术开启了"灵韵"文化膜拜向"民主"文化展示的转化过程。

展示价值的转换意味着文化是一个可以观赏的去处,可参观性取决于文化的可展示性。进入20世纪80年代以来,可参观性已经成为空间营造的一项构建原则,文化展示就是对丰富意义和价值的体验,文化展示正走向全球化;技术是当代文化展示的核心,互动是当代文化展示的一个主要特点;许多当代文化展示已经从官方的、仪式性的描绘转向民间,文化展示正采取混合的形式,将不同种类的参观空间放到一起;文化展示让人们在更集中的地域花费金钱;文化展示当中的世界都以复制品和模型的形式出现;文化展示在空间、时间、叙述或赋予主题的"阐释"技巧变得更为重要;文化展示遵循"可读性"原则;某种场合下,拼贴、混搭、反讽和分裂也成为文化展示的一种潮流。②

---

① 参见闻娱:《本雅明技术复制艺术理论述评》,载《安徽师范大学学报(人文社会科学版)》2005年第5期,第537—540页。
② 参见[英]迪克斯:《被展示的文化:当代"可参观性"的生产》,冯悦译,北京:北京大学出版社2012年版。

2. 文化工业的大众启蒙:从精英文化到大众文化

1947年,阿多诺和霍克海默把本雅明所谓机械复制艺术生产模式定名为"文化工业",对之进行了猛烈的批判。文化工业是资本主义的娱乐工业体系,在资本极权主义的操纵下把艺术创作转变为文化商品,具有商品拜物教的特性。这些文化商品包括报纸、杂志、小说、电影、唱片、电视等,都是标准化和同一性的文化复制物。文化工业是一种自上而下的单向度的生产,是对精英文化自由创造的压制,文化彻底屈服于资本,"所有的一切,都是投资资本取得的成就,资本已经变成了绝对的主人,被深深地印在了生产线上劳作的被剥夺者的心灵之中;无论制片人选择了什么样的情节,每部影片的内容都不过如此"。文化工业是一种福特主义的标准化生产,使得个性趋于消亡,产品越来越同质化和伪个性,"给一切事物贴上了同样的标签"。文化工业受制于技术机制,"技术合理性变成了支配合理性本身",文化消费受文化广告的诱导,广告通过消费欺骗将"消费者图式化","强迫它的受害者把它等同于现实",从而达到控制大众的目的。① 文化工业作为大众欺骗的启蒙,扮演着权力操纵和经济控制的角色。

文化工业批判理论的背景语境在于法西斯政治极权主义的德国和资本主义商业垄断的美国。霍克海默和阿多诺看到了文化与资本、技术的联姻,认为现代主义的启蒙理性是一种工具理性,大众似乎是任凭操纵的"文化白痴"。1963年,阿多诺在《文化工业再思考》中解释了当初精心选择"文化工业"而回避"大众文化"的原因,"文化工业将陈旧熟悉的东西熔铸为一种新的特质,它的所有分支当中,产品都是为大众消费所设计,都在很大程度上决定着此种消费的性质,故此,多多少少都是有计划性制造的。各个分支在结构上如出一辙,或者至少是彼此契合无间,井井有条被纳入一个几乎是天衣无缝的系统。当代的技术能力以及经济和管理的集中程度,使这一切成为可能。文化工业自上而下,有意识地将它的消费者整合成一个模式"。② 在阿多诺看来,文化工业培养了大众的

---

① 〔德〕马克斯·霍克海默、西奥多·阿多诺:《启蒙的辩证法》,渠敬东、曹卫东译,上海:上海人民出版社2006年版,第139—161页。
② 转引自陆扬:《文化工业批判的再批判》,载《社会科学》2011年第2期,第180—186页。

第五章 文化技术：文化产业的价值创新

顺从性和服从性，文化工业生产的文化不是自下而上、自生自发的真正的大众文化，文化的救赎性功能彻底退出历史舞台。资本主义文化工业体系的娱乐消费与纳粹意识形态操纵手段的政治宣传如出一辙，成为一种社会的新型控制形式。

当然，尽管霍克海默和阿多诺原创的"文化工业"一词具有强烈的批判性和否定性意味，但却在文化工业批判理论中揭示了文化产业的本质特征：文化产业是一种面向先进技术的产业，是一种规模化复制化的产业方式；是面向市场的一种产业，具有一种商业性营利性的产业目的，以娱乐性的方式进行传播。霍克海默和阿多诺的文化工业批判理论具有历史的局限性，没有看到大众作为文化产品的消费者所起到的积极作用，以及文化产品在创意过程中对艺术创新价值的不断追求。文化产品能通过摄影术、电影、唱片以及以后的电视、磁带、录像带大批量地生产，这种机械复制技术具有革命性和解放意义。

虽然霍克海默和阿多诺创造"文化工业"的词汇是为了区别于"大众文化"的概念，强调文化工业不是为了"大众文化"的生产，而是现代文化生产的扩散性的工业化形态，但文化工业规模化的生产是为了满足更大范围内大众的需要，却是不争的事实。文化工业囊括文化生产机制的所有要素，都是大众文化所具备的基本特征，在雷蒙德·威廉姆斯看来，这些基本特征就是众多的人数、流行的模式、低等的品位、平庸的思想和广泛传播。"技术介入文化是20世纪最突出的文化景观"，当代艺术生产就是一种商业生产。文化工业批判理论者的精英主义文化立场不可否认，特别惋惜"文化工业把分隔了数千年的高雅艺术和低俗艺术的领域强行聚合在一起"，认为这种聚合摧毁了艺术的严肃性。在文化生产过程中，文化的"意义由阿多诺式的生产方式决定论，变成了本雅明式的消费过程决定论"。① 从机械复制的传统文化技术到文化工业的现代文化技术，再到网络媒介的新兴文化技术，数字化、多媒体、实时性、交互性的文化生产与文化消费互动模式，如网络文学、网络游戏、网页漫画等等，模糊了文化创造与文化接受的界限，消费者亦是生产者。网络媒介进一步推动了文化产业的大众化模式：

---

① 温朝霞：《本雅明的生产论美学再认识》，载《马克思主义研究》2009年第6期，第118—125页。

以大众为目的、大众参与的文化生产。① 总之,文化工业开启了精英主义文化向大众文化的历史转型。在机械复制艺术时代,文化工业具有社会民主化的文化功效。

3. 科学与艺术的融合:从科学技术之美到创意生活

德国哲学家海德格尔以人文主义技术哲学的反思立场,警惕技术对文化的消解作用,警醒着人类观照技术与艺术的关系时应该保有的伦理价值与人文精神。作为工艺、技能的技术是人类关于"制作的智慧",海德格尔认为技术的本质在于以对象化的方式显现世界的一种真理或展现。技术不仅是作为手段的"纯工具"和人的行为,而且是作为"座架(Ge-stell)"的解蔽方式,用"摆置"和"促逼"的展现方式解蔽真理之领域。在这里,"座架"具有聚集的特性,现代技术以"预置"的方式展示"物"、构造世界,具有现代主义的建构性特征。现代技术渗透到了社会生产与经济生活的各个领域,使"物"成为"持存物",乃至日益丧失独立性的人自身也有成为"持存物",有被技术奴役的危险。现代技术以"强求性的要求"把人类从地球上连根拔起,使得人类对自然实施无穷无尽的掠夺和压迫,把"有用性"作为评价事物的唯一标准。在海德格尔那里,承载人的实用目的、实现一定实用功能的人造物即是器具。"器具的有用性是一种基本特征,由于这种特征,器具便凝视我们,亦即闪现在我们面前,并因而现身在场,从而成为这种存在者。一个落入有用性的存在者总是一个制作过程的产品,它是作为一件为什么的器具而被制造的。"②艺术作品虽是一个物,但不是一个纯然物,而是对存在真理的召唤,唤起人们对蕴含在存在者之存在那里的世界与大地的原始争执的记忆,"以自己的方式开启存在者之存在。这种开启,也即解蔽,亦即存在者之真理,是在作品中发生的。在艺术作品中,存在者之真理自行设置入作品。艺术就是自行设置入作品的真理"。③ 天、地、生命、神是一个连续的整体,现代技术打破了这个整体,造成了它们之间的分离与冲突,人应该诗意

---

① 〔英〕迪克斯:《被展示的文化:当代"可参观性"的生产》,冯悦译,北京:北京大学出版社2012年版。
② 〔德〕海德格尔:《海德格尔选集》,孙周兴选编,上海:上海三联书店1996年版,第924—954页。
③ 同上书,第1165—1180页。

第五章 文化技术：文化产业的价值创新

地栖居，从技术统治进入到艺术救赎之路。海德格尔人文技术观之"思"，不是简单的技术悲观论或技术乐观论，而是站在更高的意义上，深刻反思科技与文化、科学与艺术的自觉关系。

英国科学家查尔斯·斯诺(Charles Percy Snow)在20世纪60年代将知识分为科学知识与人文知识，认为科学技术和人文艺术之间存在"两种文化"的截然对立和剧烈冲突，作为自然科学的"科学文化"(Scientific Culture)和作为人文学科的"人文文化"(Literary Culture)之间存在难以逾越的鸿沟，这导致英国的教育、科学决策和社会管理的分疏对立非常严重，带来社会发展的种种困惑，即所谓"斯诺命题"。斯诺命题强调自然科学家与人文学者在教育背景、学科训练、研究对象以及所使用的方法和工具等方面的差异，使其在文化的基本理念和价值判断方面处于互相对立的位置，采取相互鄙视、不屑沟通的交流态度。斯诺认为唯有超越两种文化的樊篱，在对立冲突中融合为第三种文化，才能搭建起人文学者与自然科学家的沟通桥梁，让"理解鸿沟破裂"。美国心理学家约翰·布洛克曼(John Brockman)提出"第三种文化(The Third Culture)"的解决方案，认为"涉猎领域更广阔、研究视野更开放、学术胸怀更博大的科学家"达到"为公众写作、与公众交流而将科学知识通俗化、普及化和大众化"的文化就是"第三种文化"。① 显然，这并不是斯诺所期待的科学与人文的交流与融合之后的新综合。

叶朗教授援引达·芬奇同时具备科学发明和艺术创作的天赋，证明了"第三种文化"的可能性："达·芬奇的伟大成就表明，填塞左脑与右脑、空间与时间、物理学与艺术之间的鸿沟是重要的，也是有可能的。显然像达·芬奇这样把大脑两半球的功能同时都发挥到最高点的只有他一个人，但是在自己的人生和创造中使大脑两半球的功能互相沟通、互相补充，从而使自己在科学艺术这两个领域或其中的一个领域做出辉煌的创造性的成果，这样的人，在中外历史上也并不少见"。② 显然，"第三种文化"应该是文化与科技的融合化、科学与艺术的一

---

① 参见刘将等：《第三种文化与当代心理学的变革》，载《西北师大学报(社会科学版)》2011年第5期，第117—122页。
② 叶朗：《美学原理》，北京：北京大学出版社2009年版，第301页。

体化。在这里,西方社会的三只"苹果"成为三种文化的隐喻:人类始祖亚当、夏娃偷吃的禁果是"文化的苹果",蕴含着伦理道德与知识智慧;启发牛顿发现"万有引力"的苹果是"科学的苹果",蕴含着宇宙规律的客观认识和理论架构的数学描述;斯蒂夫·乔布斯缔造的商业帝国的苹果产品是"第三种文化的苹果",同时蕴含着实用的科学功能和极简的艺术美感,是"文化与科技的苹果",是"科学与艺术的苹果"。

科学与艺术是人类认识世界的两条道路,作为人类整体生活方式的构成内容,它们"同渠分流","在山脚下分手,在山顶上重逢",内化融合为人类把握对象的整体能力。尽管科学与艺术认知世界的角度、方式不一样,但两者的统合在于美的追求。"科学达不到艺术的程度就是作为科学不完备的程度,艺术如不体现科学美就意味着艺术的不成熟。"[①]在著名物理学家杨振宁看来,科学美是一种现象之美,理论描述之美,理论架构之美。科学美的表现形态是科学定律、数学公式、理论架构,代表了人类理性活动的最高成就,达到"超理性的宇宙感",有可能使人们"从逻辑的'真'进入永恒存在的真,从形式美的感受进入宇宙无限整体的美的感受"。[②] 美感是发现真理的源泉,对科学美的追求成为科学家投身科学研究的内在动力。著名物理学家李振道提出"物艺相通"和"科艺相通"的命题,认为科学与艺术的融合在于二者都"源于人类活动最高尚的部分,都追求着深刻性、普遍性、永恒和富有意义"[③],并多次亲自策划科学与音乐、绘画、诗歌等艺术的交流、对话、研讨和展览活动。著名科学家钱学森和人文学家季羡林生前都呼吁要培养原创型的创新人才,就要在学校大力推进科学、技术与人文、艺术的结合。著名文学家、博物学家弗拉基米尔·纳博科夫(Vladimir Vladimirovich Nabokov)在艺术创作、文艺理论和蝴蝶博物科学等领域同时做出了重要成就,使他成为杰出者的原因除了家教、贵族气质的熏染,更在于他看到了"真之美"和"美之真"的和谐统一。他认为"没有幻想就没有科学,没有事实就没有艺术",以"诗歌之精确性、纯科学之激情"的科学艺术融合观念作为人生

---

① 〔美〕S. Chandrasekhar:《科学中的美和对美的追求》,方兆娃译,载《世界科学译刊》1980 年 8 期,第 47—52 页。
② 叶朗:《美学原理》,北京:北京大学出版社 2009 年版,第 292 页。
③ 李振道:《科学与艺术不可分》,载《光明日报》1996 年 6 月 24 日。

第五章 文化技术：文化产业的价值创新

追求的内驱力。

英国工艺美术家、文学家威廉·莫里斯(William Morris)有感于机械化大生产导致产品工艺粗糙、艺术风格同质化的倾向，强调艺术与技术的结合、实用与美的结合，重视艺术为大众服务，倡导以古典时期的美观实用的手工艺运动和设计行动抗拒资本主义工业化大生产，被誉为"现代设计之父"。莫里斯的艺术设计思想影响了德国包豪斯风格和设计教育理念，成为工业设计的美学典范。工业设计所追求的技术美，崇尚实用功能与艺术美感的有机统一，实现了产品功能价值与符号价值(文化价值)的和谐统一。工艺美术和工业设计追求"有效用的艺术品"和"限量的收藏品"的辩证统一，实践着"艺术生活化"和"生活艺术化"的创意生活运动。

创意生活是"日常生活审美化"的社会实践。随着社会经济的发展，人们对自己的居住环境和生活空间有了更高的审美的追求、艺术的追求，"日常生活审美化"消除了艺术与生活的距离，如胡塞尔所谓"回到生活世界"，让艺术参与生活方式的建构，让一切产品在功能价值的基础上提升文化价值、审美价值，宣告人类进入一个大审美经济时代。大审美经济就是"超越以产品的实用功能和一般服务为中心的传统经济，代之以实用与审美、产品与体验相结合的经济"[1]。大审美经济形态形塑了人们新的创意生活方式，使得文化产业越来越受到重视。创意生活产业作为台湾地区独有的文化创意产业类别，指"以创意整合生活产业之核心知识，提供具有深度体验及高质美感之产业"，是台湾第一个体验经济的推动计划。创意生活源于创意和文化积累，通过复合式运营，具有创意再生能力，以创新的经营方式提供饮食文化、生活教育、自然生态、流行时尚、特定文物、公益文化等行业的深度体验和高质美感，包括产品创意、服务创意、场所创意和活动创意等形式。创意生活具有核心知识的运用、生活风格的传达、高质美观的感受和产业文化厚度的重现等特点，旨在以场域(Space)和产品(Product)传达"高质美感"，以服务(Service)和活动(Promotion)传达"深度体验"[2]。

---

[1] 季欣：《关于构建审美经济学的设想——凌继尧先生访谈录》，载《东南大学学报(哲学社会科学版)》2006年第2期，第109—112页。

[2] 台湾行政机构"文化建设委员会"：《台湾文化创意产业发展年报2010》，2011年，第130—131页。

4. 审美经济时代的消费法则:基于身体美学的体验价值

大审美经济的标志就是体验经济的出现。① 美国学者派恩和吉尔摩指出,"我们正进入一个经济的新纪元:体验经济已经逐渐成为继服务经济之后的又一个经济发展阶段……体验经济就是企业以服务为舞台,以商品为道具,以消费者为中心,创造能够使消费者参与、值得消费者回忆的活动"。② 人们进行消费行为,不仅仅购买产品的功能价值,更在于得到一种娱乐体验、情感体验或审美体验。在麦克高希看来,计算机或数字化时代预示着人类已经进入以娱乐为中心的时代,"计算机图像创造了一种新的引起视觉感官兴奋的景象,以及从能产生幻觉的机器中得到乐趣的新的机会",娱乐成为"取代过去500年旧文明的新文明的基础",成为20世纪晚期以来人类社会占据优势地位的文化表征。③

娱乐体验、情感体验或审美体验是"身体觉醒"的标志。受禁欲主义的压抑,无论是中国"伦理至上"的儒学传统还是西方基督教"彼岸救赎"的神学传统,人类历史曾有一段漫长的理性压倒感性、德性战胜直觉、逻辑遮蔽想象的"身体缺席"期。鲍姆加通把美学就定义为"感性知识的完善",美学的诞生宣告了感性知觉"被压抑的解放"。身体感知的美并不是身体的欲望,康德(Zmmanuel Kant)认为美感不是纯思想的概念的快感,也不是纯身体的感官的快感。尼采(Friedrich Wilhelm Nietzsche)宣告上帝死亡,高扬酒神精神和"此岸幸福",把肉体和感性置于人的本体。尼采宣称"身体出场",身体是一切事物的起点,包括从身体到感知到激情到理性到精神到意志的全部。人作为身心一体,首先呈现出来的是身体,梅洛·庞蒂(Maurece Mevleau-Ponty)的"'身体图式'体现在各个身体感官和感知行为的统一"。"比如'看',不仅可以看到颜色,还可以看到声音和气味。由于感知的统一性,当视觉看时,其他感官会渗入进来。感知不仅是空间中的互动,还是时间上的进行。"身体的统一性使得"当静听时,视觉、嗅觉、味觉和触觉,也在与听觉一道运行"。不仅如此,当某一感官起作用带动其

---

① 叶朗:《美学原理》,北京:北京大学出版社2009年版,第315页。
② 〔美〕派恩、吉尔摩:《体验经济》,毕崇毅译,北京:机械工业出版社2012年版,第7—10页。
③ 〔美〕威廉·麦克高希:《世界文明史:观察世界的新视角》,董建中、王大庆译,北京:新华出版社2003年版,第289—336页。

他感官协同加入时,还可以产生想象、回忆、语言和推理的运行。① 因此,体验包括了从感知到情感到精神的全部体验。在消费社会里,身体不再受道德伦理的压制和理性知识的诘难,而变得主动、积极和可塑。身体成为哲学、艺术和审美文化中最重要的主体、对象与活动,成为审美体验的本身。

美国实用主义美学家理查德·舒斯特曼(Richard Shusterman)从身心合一出发提出了"身体美学"(Somaesthetics),让身体成为日常生活的中心,让美学发挥日常生活的引领作用。身体美学包含分析的、实用的和实践的身体美学等三个层面,"在本质上不关注身体,而只关注身体的意识和中介,关注具体化的精神"。② 舒斯特曼的身体美学使得"身体凸显",包括身体感受、身体经验和身体意识,这样的"身体美学对身体的复杂本体论结构有足够的认识,它认为,身体包括物质世界中的客体与指向物质世界的有意识的主体性。因此,身体美学不仅仅关注身体的外在形式与表现,它也关注身体的活生生的体验。身体美学致力于改善我们对于感受的意识,因此,它能够更加清楚地洞察我们转瞬即逝的情绪与持续不变的态度"。③ 舒斯特曼开拓身体美学的意义,恰恰是对身心二分的反抗,修整"劳动的身体""权力的身体""欲望的身体"和"魅力的身体"的单向性,把身体的感官感知、心灵情感和精神意识沟通起来,恢复那个"身心一如"的身体本位。

消费社会是一个身体展现和身体表现的体验经济社会。体验经济社会是继农业社会、工业社会和服务社会之后的人类社会发展第四阶段。体验经济关注用户的消费满足。身体意识的觉醒与身体美学的观照,昭示人们在体验经济时代开始强调身体化的体验消费。体验意味着人们亲身体验的一切,包括感觉、意向、记忆、作用和要求。体验是人的生命本质,不是一般的经验,而是主体在活动或经历过程中积累的经验内容,是有感情色彩和审美意义的体味和升华。派恩和吉尔摩把体验分为娱乐、教育、遁世和审美等四类,伯尔尼德·施密特(Bernd H. Schmitt)在《体验式营销》(Experiential Marketing)一书中将体验分为感官、情

---

① 张法:《身体美学的四个问题》,载《文艺理论研究》2011年第4期,第2—9页。
② 〔美〕理查德·舒斯特曼:《生活即审美》,彭锋译,北京:北京大学出版社2007年版,第214页。
③ 〔美〕理查德·舒斯特曼:《身体意识与身体美学》,程占相译,北京:商务印书馆2011年版,第33—34页。

感、思维、行动和关联等五个类型。在这里,我们从文化产品的价值维度出发,为了区别同样有审美体验特征的膜拜价值和展示价值,按照本能、行为和反思等三个层次,把体验价值分为感官、情感和精神等三类。在审美经济和文化产业的规训下,数字传媒、智能网络和智慧技术将文化产品的展示价值进一步转换为感官体验、情感体验和精神体验的体验价值,以满足身心双修的身体美学的需要。其中,感官体验包括眼、耳、鼻、舌、身等五官所发生的视觉、听觉、嗅觉、味觉和触觉等五感,有机协同,动"一官"而牵"五觉",营造一个浸入式的交感体验。情感体验是人的基本存在范畴,是主体受到外界刺激,情绪得到激发和感染,产生某种"喜、怒、哀、乐"和"爱、欲、憎、恨"的感情反应,表现出客观对象是否符合主体需求的心理态度。精神体验是主体由于某种外界刺激,受到启发,引发思考,进而获得认知,达到精神共识,获得全新的认同体验,最终建构主体的新的生活方式。人的身体意识与产品的体验价值之间的消费,具有互动、参与、娱乐和时尚的特点。因此,本能层次的感官体验是"以身感之",行为层次的情感体验是"以心体之",反思层次的精神体验是"以道验之"。在体验经济时代,体验已经成为商品的一种可供性,创造体验价值是获得商业成功的重要手段。

四、文化科技融合的巧创新

文化技术创造了一个现实与虚拟结合的世界,在某种意义上,甚至比现实世界更现实、更真实。人类的社会进步是以科学技术的重大突破为标志事件的。"新一轮科技革命和产业变革正在孕育兴起,一些重要科学问题和关键核心技术已经呈现出革命性突破的前兆,带动了关键技术交叉融合、群体跃进,变革突破的能量正在不断积累。即将出现的新一轮科技革命和产业变革与我国加快转变经济发展方式形成历史性交汇,为我们实施创新驱动发展战略提供了难得的重大机遇"[①] 以创新驱动推动中国经济发展方式的转型,就是超越依赖土地、矿产等自然资源的要素驱动,超越技术、资本驱动,以创新驱动推动产业升级。

---

① 中共中国科学院党组:《决定中华民族前途命运的重大战略——学习习近平总书记关于创新驱动发展战略的重要论述》,载《求是》2014年第3期。

第五章 文化技术：文化产业的价值创新

当然，这个国家创新驱动战略也包括文化技术的创新战略。"文化技术"在中国被本土化表达为"文化科技融合创新"的政策命题，为实现传统文化产业的转型、现代文化产业的升级和新兴文化产业的突破而做出努力。当前，中国文化发展面临传统与现代、东方与西方、本土与全球、艺术与科技等四个方面的统筹兼顾。文化与科技的融合不仅改变历史文化资源的传承方式和文化产业的生产方式，而且重构人们符合新时代文化样式的符号系统、制度系统和价值系统，重塑人们的当代生活方式。

文化技术可以分为硬技术和软技术，基于文化技术的创新模式可以分为"硬创新"和"软创新"。正如前文所述，创新理论大师熊彼特提出了产品、流程、材料、组织和市场等五种创新类型，将创新作为一种工艺转变和技术变革的生产函数，把创新看作工艺流程中发明、创新和传播三阶段的一个环节，希望为晚期资本主义寻找合法性的理论答案。现代管理理论之父德鲁克（Peter F. Drucker）将创新作为企业家精神的核心要素，将创新行为与市场法则结合在一起，认为创新是赋予资源新能力、创造财富的一种活动。① 经济合作组织（OECD）于2006年发布《奥斯陆手册》（Oslo Manual）对创新做了整体性的描述，将"创新"定义为"在商业实践、组织内部的工作现场或外部关系中，一种新颖而有价值的改进提升，一种针对产品（包括商品和服务）、工艺流程、营销模式或组织方式的改进提升"，从而将创新分为产品创新、过程创新、组织创新和营销创新。这些创新都属于"硬创新"范畴，都是"功能性"创新，侧重于对产品实施技术性、科学性的功能改变。简单地说，"硬创新"就是以科技为主导的创新。

英国学者保罗·斯通曼（Paul Stoneman）提出"软创新"的概念，认为传统的"硬创新"忽略了"创作和出版的一本新书，发展和记录一个新的光盘，创作、排练和演出一个新剧场，创作、制作和上映一部新电影，开发和推出新的广告和宣传作品，设计、开发和推出新的服装系列，开发和推出一些新的金融工具，设计和生产一系列的新家具，设计者的新一代建筑形式设计及建筑活动，有关机动车辆的设计活动"等创新形式，而这些忽略的创新大部分就是"软创新"。"软创新"

---

① 〔美〕彼得·德鲁克：《创新与企业家精神》，蔡文燕译，北京：机械工业出版社2007年版，第19—28页。

是一种"主要影响产品和服务感官知觉、审美情趣、知识认知、情感诉求、社会认同的非功能性表现"的创新。[①] 按照康德的判断力批判,"软创新"就是满足眼、耳、鼻、舌、身等五官所产生的视觉、听觉、触觉、味觉和嗅觉等"五觉"的审美创新。

按照马克思的商品价值理论,任何商品的价值都包括交换价值和使用价值。使用价值在于能够满足消费者的需求,可以是基本的生理性功能,也可以是社会性的心理欲求,是每件商品必需的特质;没有使用价值的商品是无法吸引消费者的。交换价值则是来自等价物、抽象劳动、劳动时间等因素,商品在交换的过程当中,其价值需经过比较和诠释。商品的交换价值反映为价格——在消费行为中所付出的金额。一般商品的使用价值就是功能价值,文化商品的使用价值就是文化价值。功能价值指商品在物质功能上的满足;文化价值是指商品精神上的美感经验。"软创新"是针对产品文化价值的创新,是改变产品象征价值和符号价值的创新。

文化价值包括膜拜价值、展示价值和体验价值等三种样式。膜拜价值是经由文化产品的原真性、在地性和距离性所带来的"光晕体验";展示价值是经由文化产品的复制性、在场性和介入性带来的"震撼体验";体验价值是经由文化产品的娱乐性、互动性和时尚性带来的"交感体验"。其中,文化产品的体验价值又分为三个层次:感官体验,即文化消费已经跨越了视觉和听觉,发展到了嗅觉、味觉和触觉一体化的立体感官体验,要充分调动眼、耳、鼻、舌、身等多重器官互动参与;情感体验,即文化消费通过故事驱动,通过个人情绪上的喜、怒、悲、恐、爱、憎等,达成个体"倾向于社会需求欲望上的态度体验";精神体验,即文化消费产生的一种价值感召、信仰诉求和认同建构的一种高峰体验。体验价值是一种审美价值。这些价值都是传统的"硬创新"所无法解决的,需要借助"软创新"才能实现。简言之,"软创新"就是以审美变革为主导的文化创新。

文化创意与科技创新是推动产业升级和经济转型的两翼,"文化创意是内容的创造,在有限的自我实现中拥有更精彩的实现。科技创新为消费者提供新

[①] Paul Stoneman, *Soft innovation: Economics, Product Aesthetics and Creative Industries*, Oxford: Oxford University Press, 2010.

第五章 文化技术：文化产业的价值创新

的更高的价值。文化创意为产品和服务注入文化要素"。① "巧创新"是"以科技创新为表征的硬创新"与"以文化创意为表征的软创新"的高度融合。文化与科技的融合创新，是文化与科技的一体化发展，就是要超越单一的"硬创新"和"软创新"，关注"硬创新"与"软创新"的融合创新，达到"巧创新"（Smart Innovation），实现软硬巧施。"巧创新"分为产品的审美价值创新和产品的功能差异创新两个面向。其中，"审美价值的巧创新"推动了文化的产业化发展，带来了文化产业规模效益；"功能差异的巧创新"是基于技术变革和价值突破的创新活动，包括垂直差异化和水平差异化，不仅在审美或认知上进步，而且在功能性上也有改进。"巧创新"推动了产业边界的消失，推动了产业之间的融合。"硬创新"大多以专利的形式得到保护；"软创新"大多以版权、商标和工业设计权的形式加以保护。"巧创新"的保护机制最为关键的手段就是对知识产权的坚决捍卫，只有这样，才能创造文化品牌，最终落实文化产权。

因此，从整体意义上讲，创新驱动就是文化创意与科技创新的双轮驱动，就是要实现"巧创新"的驱动模式。"巧创新"是一种智慧创新，是一种创意创新。如果说"硬创新"属于红海战略，"软创新"属于蓝海战略，那么"巧创新"就属于绿海战略，是一种可持续的绿色创新。

本章要点

文化生产活动最重要的基础是技术，无论是手工技艺、机械技术还是数字技术、网络技术。文化技术通过文化变革来推动世界文明的发展分期，不同的文化技术推动形成了不同文明的价值体系和社会环境。文化产业的形态是由科学技术的样式所塑造的。文化技术是一个集体性概念，并不是特指某一种技术形态，而是具有一个完整的发展历程。

现代文化技术发端于印刷技术的发明与应用，推进了社会分工的深化和产业结构的优化，推动世界文化产业经历了萌芽期、探索期和发展期等三个不同的历史时期。印刷技术时代也就是世界文化产业的萌芽期，开始于 1450 年德国人

---

① 厉无畏主编：《创意改变中国》，北京：新华出版社 2009 年版，第 18—19 页。

古登堡金属活字印刷术的成功发明和商业实践。电子影像时代是世界文化产业的探索期，开始于 1839 年法国发明家达盖尔照相技术的发明和 1877 年美国发明家爱迪生录音技术的发明，这些发明推动了摄影业、电影业和唱片业的发展。计算机和数字技术时代是世界文化产业的发展期，开始于 20 世纪 40 年代至 50 年代美籍匈牙利数学家诺依曼计算机的发明和 80 年代数字技术、网络技术的出现，一直延续到今天我们所处的数字化时代、信息时代或网络时代。

文化技术是指在文化产品的研发、生产、流通与消费过程中，将文化符号、新点子、好想法等无形文化资源表现为可感知化、可复制性、可推广性的技术手段。按照文化技术形塑文化产业的具体形态来分，文化技术可以分为文化物品制造技术、文化信息传播技术和文化服务技术等三类。按照文化技术实现文化产业的文化功效来分，文化技术可以分为文化创作与表现技术和文化传播技术。按照文化技术自身的发展生命周期来分，文化技术可以分为传统文化技术、现代文化技术和新兴文化技术等三类，与新闻出版、广播影视等大众传播技术、互联网信息传播技术和移动互联网信息传播技术相对应。其中，新兴文化技术正在改变文化产业的生产方式。新兴文化技术正在改变文化企业的商业模式。新兴文化技术正在改变人类社会的生活方式。

文化技术是文化产业的驱动要素，推动了文化产品的价值从单一的膜拜价值向展示价值和体验价值转换，使得文化产品在文化产业语境下显现三大价值共生的复合价值形态。本雅明认为，作为机械复制的艺术生产，实现了从膜拜价值到展示价值的转化；法兰克福学派认为，文化工业的大众启蒙，导致了从精英文化到大众文化的欺骗与堕落；海德格尔以人文主义技术哲学的反思立场，警惕技术对文化的消解作用，警醒着人类观照技术与艺术的关系时应该保有的伦理价值与人文精神；叶朗教授援引达·芬奇兼具科学发明和艺术创作的天赋，证明了"第三种文化"的可能性；莫里斯有感于机械化大生产导致产品工艺粗糙、艺术风格同质化的倾向，强调艺术与技术的结合、实用与美的结合。

创意生活是"日常生活审美化"的社会实践。大审美经济的标志就是体验经济的出现。人们进行消费行为，不仅仅购买产品的功能价值，更在于得到一种娱乐体验、情感体验或审美体验。娱乐体验、情感体验或审美体验是"身体觉醒"的标志，身体成为日常生活的中心，美学发挥日常生活的引领作用。消费社会是一个身体展现和身体表现的体验经济社会。

　　"文化技术"在中国被本土化表达为"文化科技融合创新"的政策命题,文化技术可以分为硬技术和软技术,基于文化技术的创新模式可以分为"硬创新"和"软创新"。"硬创新"就是以科技为主导的创新。"软创新"是针对产品文化价值的创新,是改变产品象征价值和符号价值的创新。文化与科技的融合创新,是文化与科技的一体化发展,就是要超越单一的"硬创新"和"软创新",关注"硬创新"与"软创新"的融合创新,达到"巧创新"。

第六章
文化资本:文化产业的价值转换

文化资本是文化产业发展的核心,是文化资源开发与文化产业发展具有经济和社会关联性的内在逻辑。文化资源开发是一种外部性很强的公共性资源转化行为,文化产业发展是一种经济性很高的文化价值的运营活动。文化产业的生产要素和结构组合不同于传统产业,其独特之处在于"投入与产出中始终涉及富含文化价值的资产投入和产品的产出,其中的关键是将无形的文化价值转变为在产业层面可操作的资产来运作。"[①]这种资产就是文化资本。在英国伯明翰学派文化研究关注大众文化和资本转化的价值立场的影响下,法国文化社会学者布尔迪厄最早提出"文化资本"的概念。其后,在大卫·索罗斯比等学者的努力下,文化资本成为文化产业的重要命题。

一、文化研究的理论范型

文化研究是对文化工业化生产机制和大众消费社会现象的一种积极性的研究转向。"因产业结构的变化、文化的大众化、商业化以及大众传播方式的普及化……日常生活的审美化以及审美活动日常生活化深刻地导致了文学艺术以及整个文化领域的生产、传播、消费方式的变化,乃至改变了有关'文学''艺术'的

---

① 牛宏宝:《文化资本与文化(创意)产业》,载《中国人民大学学报》2010年第1期,第145页。

第六章 文化资本:文化产业的价值转换

定义……正视审美泛化的事实,紧密关注日常生活中新出现的文化/艺术/活动方式,及时地调整、拓宽自己的研究对象和研究方法"。陶东风所指出的这种研究对象和研究方法就是"文化研究",以"文化分析、社会历史分析、话语分析、政治经济学分析的综合运用层次"研究"文化生产、文化消费与政治经济之间的复杂互动"①。文化研究的传统肇始于 1964 年理查德·霍加特(Richard Hoggart)在英国伯明翰大学创立的当代文化研究中心(The Centre for Contemporary Cultural Studies)所开创的文化研究学派。

文化研究学派认为文化是一种总体的心灵状态,与人类追求完美的精神密不可分;文化是在一个整体的社会中,知识发展的总状态;从本质上说,文化也是整个生活方式,是一个社会的艺术、信仰、机构以及交流实践的整体领域。② 文化与社会是不可分的,文化作为一种生活方式不能摆脱由许多别的生活实践——工作、性别定向、家庭生活等——所建构的更大的网络系统。③ 正如斯图亚特·霍尔(Stuart Hall)指出的,"文化已经不再是生产与事物的'坚实世界'的一个装饰性附属物,不再是物质世界的蛋糕上的酥皮。(文化)这个词现在已经与世界一样是'物质性的',通过设计、技术以及风格化,'美学'已经渗透到现代生产的世界,通过市场营销、设计以及风格,'图像'提供了对于躯体的再现模式与虚构叙述模式,绝大多数的现代消费都建立在这个躯体上。现代文化在其实践与生产方式方面都具有坚实的物质性。商品与技术的物质世界具有甚广的文化属性。"④ 从这个意义上,伯明翰学派超越了英国人类学家爱德华·泰勒的文化观,后者从精神层面提出文化是"人类经验的总和",是"群体或社会共享的价值",是一个实践的过程,是"意义的生产与交换"。所谓文化作为"生活方式的整体性",指"文化"既不限于居室、器具、服饰等物质层面,也不限于知识、想象、信仰等精神层面,而是包括物质层面的符号系统、行为层面的制度系统和精神层面的价值系统,是威廉姆斯所谓"物质领域"与"象征领域"的总合。

---

① 陶东风:《日常生活的审美化与文艺社会学的重建》,载《文艺研究》2004 年第 1 期,第 15—19 页。
② 〔英〕雷蒙德·威廉姆斯:《文化与社会》,北京:北京大学出版社 1991 年版,第 403 页。
③ Stuart Hall, "Cultural Studies and Its Theoretical Legacies," edited by L. Grossberg, *Cultural Studies*, Routledge, 1992, p.278.
④ 转引自陶东风:《日常生活的审美化与文艺社会学的重建》,载《文艺研究》2004 年第 1 期,第 15—19 页。

伯明翰学派摒弃了英国文学研究的文本主义和文学批判的利维斯主义(Leavisism)①,超越了法兰克福学派文化工业批判理论,认为文化研究以"文化形式、文化实践和文化机构及其与社会和社会变迁的关系"为研究目的,研究旨趣涉及"文化研究自身的历史、性别问题、民族性和民族认同问题、殖民主义和后殖民主义、种族问题、大众文化问题、身份政治学、美学政治学、文化机构、文化政策、学科政治学、话语与文本性、重读历史、后现代时代的全球化"等议题。②文化研究具有研究主题的历史开放性和研究领域的社会实践性,以超越传统学科樊篱的学术视野实现跨学科的研究形构,甚至被称为后学科或通学科。

文化研究强烈的社会参与性使其明显区别于在此之前的文学批评和文化批评,后者以超越功利和超越利益的审美自主性神话去阐释文本内在的具有跨时空的永恒价值,前者认为文化属于社会再生产,只有在经济生产和政治社会关系中才能得到根本的说明。文化研究关注现实问题,与社会联系紧密,具有强烈的社会实践性和现实干预性。"文化研究是一种高度语境化的实践活动",由于不同国家和地区的社会权力的结构关系不同,文化研究的理论移植要持续地被历史化和地方化,其"研究方法、理论范型、价值取向,尤其是批判对象,必须根据新的社会文化语境而作出调整"。③

文化研究最引人注目的研究内容就是对大众文化及与大众文化密切相关的大众日常生活的关注,对于观众和观众反抗策略的重新发现。这些大众文化包括电视、电影、广播、报刊、广告、畅销书、儿童漫画、流行歌曲,乃至室内装修、休闲方式等。无论是从霍加特的《文化的用途》(1958)、汤普逊的《英国工人阶级的形成》(1963),还是从雷蒙德·威廉姆斯的《文化与社会》(1958)、《漫长的革命》(1961)、《关键词》(1976)、斯图亚特·霍尔的《电视讨论中的编码和译码》(1973)、《文化研究:两种范式》(1980)、《文化、传媒、语言》(1980)、《"意识形态"的再发现:媒介研究中被压抑者的回归》(1982)等研究论著中,我们都可以发现文化研究的使命"是使人们理解正在发生什么,提供思维方法、生存策略与

---

① 关于利维斯主义的文学批判理论,参见陆扬:《利维斯主义与文化批判》,载《外国文学研究》2002年第1期,第10—15页。
② 参见陶东风:《文化研究:西方话语与中国语境》,载《文艺研究》1998年第3期,第25—34页。
③ 同上。

第六章　文化资本：文化产业的价值转换

反抗资源"。正是在这个意义上，约翰·费斯克(John Fiske)等文化研究学者倡导大众在文化的接受与理解过程中的主动性，以乐观主义视角审视大众文化，而非以精英主义立场对大众文化施以道德化的知识批判和二元价值的政治对抗。其中，斯图亚特·霍尔的理论成为伯明翰文化研究学派的经典范式。

斯图亚特·霍尔认为文化是一种表征和意指实践，是一个解释和意义的世界，是一个社会或集体间的"共享的意义"。在这里，表征(representation)是一种表象和再现，通过语言产生两个相关意义。"其一是指表征某物，即描述和摹状它，通过描绘或想象而在头脑中想起它，在我们头脑和感官中将此物的一个相似物品摆在我们面前；其二是指象征、代表、做什么的标本或替代。"①意义并非存于事物之中，而是被构造的，是被生产的。语言不仅可以单纯反映已经存在的事物的意义，还可以表述言语主体意向性的意义，意义是在语言或言语中被建构的。由于语言能指与所指之间的对应关系具有任意性，霍尔认为意义是由符码建构的，"意义是意指实践，是一种产生意义、使事物具有意义的实践的产物"。意义取决于符号与概念间由符码确立的关系。符号的意义在不同的文化语境中是变动不居的，文化文本的接受者也参与了文化文本的生产过程。霍尔从接合理论出发，强调意义生产和阐释的语境，这个语境包括阶级、种族、性别、年龄等特定属性。霍尔摆脱了"生产—消费"的线性分析，构建出"文化的循环"模型②，诉诸环环相扣的"表征—认同—生产—消费—规则"等五个循环过程。文化的循环模型强调了"产品的意义既不能由生产者简单地'送出去'，也不是由消费者被动地'接受'，而是通过消费者在日常生活中对产品的使用使产品在消费过程中主动地产生意义"。③

斯图亚特·霍尔认为大众文化处于作为中心的精英主义的边缘，其与统治

---

① 〔英〕斯图亚特·霍尔主编：《表征——文化表象与意指实践》，徐亮、陆兴华译，北京：商务印书馆2003年版，第16页。
② 在霍尔的"文化的循环"模型理论影响下，理查德·约翰逊(Richard Johnson)提出了包括生产、文本、阅读和生活等四个维度的文化路线图；刘志友总结了生产(者)中心模式、受众中心模式、文本中心模式和文化情境研究模式等四种应高度统一的文化研究模式。参见刘志友：《文化研究的四个研究模式》，载《新疆大学学报(哲学社会科学版)》2006年第1期，第102—105页。
③ 〔英〕保罗·杜盖伊、斯图亚特·霍尔：《做文化研究——索尼随身听的故事》，霍炜译，北京：商务印书馆2003年版，第5页。

文化的对立体现了文化间的权力关系。大众既不是仅仅作为市场或经济的对象定义，也不是生活在虚拟世界的群氓和文化白痴，而是从数量上表达了购买产品、消费产品的成群结队；大众也不是人类学意义上曾经做过的一切标示为特殊生活方式的事物，这模糊了大众文化与非大众文化之间的界限。大众文化是对主流文化发起的挑战和抗争，处于文化斗争的社会场域和关系网络，是变化和流动的，"今年偏激的符号或短语会被中和为明年的时尚；而到后年，又成了深沉的文化怀旧的对象"。① 霍尔创立了"编码—解码"模式，以解释文化的生产、流通、分配、消费和再生产等四环节信息生产与大众接受的关系。由于社会关系、生产技术、知识背景等语境的不同，信息生产者和信息接收者之间的符码存在不对称性。基于编码和解码之间符码的不对称性，霍尔提出了三个"假想的立场"来描述信息生产者与大众接受者的解码关系。第一个立场是主导—霸权立场(Preferred/Dominant/Hegemonic Reading)，解码者用信息编码的参照符码进行信息的解码，在主导符码的范围内进行解码，在传播者与受众之间实现了相同含义、完全明晰的传播与交流。第二个立场是协商式立场(Negotiated or Coporate)，"在协调的看法内解码包含着兼容因素与对抗因素的混合，认可旨在形成宏大意义(抽象的)的霸权性界定的合法性，然而，在一个更有限的情境的(定位的)层次上，它制定自己的基本规则——依据背离规则的例外运作"。② 在编码与解码之间存在包容与控制的双向运作，也可能出现某种程度上的误解。第三个立场是抵制式或对抗式立场(Counter-Hegemonic)，尽管主流意识形态在主导媒体文本中处于优先解码地位，解码者也理解话语的字面和内涵意义的曲折变化，但解码者的社会语境会使他以一种全然相反的姿态去解码，这种对抗立场具有批判性和抵制性。霍尔模式的受众解码立场颠覆了法兰克福学派文化工业批判模式的受众消极立场，开创了文化研究的大众转向的研究范式。

　　文化研究的范式转换在某种意义上推动了对象征资本在文化生产中的流动和分配的重视。文化研究崇尚消费主义和大众文化的研究立场，认为消费主义

---

① 〔英〕斯图亚特·霍尔:《解构"大众"笔记》，载陆扬、王毅选编:《大众文化研究》，上海：上海三联书店出版社2001年版，第57页。
② 〔英〕斯图亚特·霍尔:《编码·解码》，载罗钢、刘象愚主编:《文化研究读本》，北京：中国社会科学出版社2000年版，第357页。

正成为人民生活有效的娱乐方式,具有消费主义的流行文化的"酷姿态成为晚期资本主义的主流伦理"①,直至演化为 1997 年英国布莱尔政府推出发展创意产业的"酷不列颠计划"(Cool Britannia)和 2013 年日本安倍晋三政府推进旨在向海外推介日本食品、动漫及地方产品的"酷日本战略"(Cool Japan)。在消费社会中,文化作为一种生产要素,参与了生产、流通/传播、交换和消费的全过程,推动了人类生产方式的变革和资本形式的变化。

二、文化资本的形式与功能

以亚当·斯密为代表的古典经济学家重视土地、劳动和物质资本等生产要素在社会生产中的作用。20 世纪 60 年代,美国经济学家舒尔茨(Thodore W. Schults)和贝克尔(Gary S. Becker)以经济学的视角探索人力资源的生产性价值而提出了"人力资本"的概念,开创了非物质资本研究的先河。"文化资本"是法国文化社会学家皮埃尔·布尔迪厄在 20 世纪 70 年代提出来的学术概念,将经济学的资本概念挪用于社会学领域,用来表达人类社会中文化生产的历史演进和过程累积的资本特性。布尔迪厄第一次提出"文化资本"的概念是在 1973 年发表的《文化再生产与社会再生产》(Cultural Reproduction and Social Reproduction)一文中。在《资本的形式》(The Forms of Capital)中,布尔迪厄总结了多种形态的资本。"社会世界是具有积累性的历史世界,因此在分析社会时,就要引入资本概念,考察资本及其累积和各种效应","资本是积累的劳动(物化的形式或'具体的''肉身化'的形式),当这种劳动在私人性即排他性的基础上被行动者或行动者小团体占有时,这种劳动就使得他们能够以具体化的或活的劳动的形式占有社会资源",资本体现出了一种生产利润的潜在能力的生产性,"资本是一种镶嵌在客体或主体的结构当中的力量,也是一种强调社会界内在规律的原则",是"一种以等量或扩大的方式来生产自身的能力"。② 资本是社会发展的

---

① 〔英〕吉姆·曼克根(Jim McGuigan):《文化研究与酷资本主义》,彭发胜译,载《文化艺术研究》2011 年第 2 期,第 229—240 页。
② 〔法〕布尔迪厄:《文化资本与社会炼金术》,包亚明编译,上海:上海人民出版社 1997 年版,第 189—190 页。

基础,是历史演化的累积,是一个非常重要的社会结构性因素,是"期望在市场中得到回报的资源投资"[①]。不同的社会主体占据不同形态的资本,进而形塑了不同主体的社会定位和权力结构。在商品经济社会,商品经济成为社会的基本生产方式,社会分工和交换得到极大的发展,形成了货币对人的统治,资本呈现为劳动的积累和结晶。资本的分化导致了社会的分化,在不同的历史时期,资本的不同类型和分布结构,体现了不同时间段的社会内在结构和现实世界中的强制性因素。那些构成社会界的结构性因素是各种形态的资本。在现代社会中,布尔迪厄认为有三种不可忽视的资本形态:经济资本、文化资本和社会资本。

在布尔迪厄看来,经济资本是经济学意义上的实物资本,通常以财产权的形式被制度化。文化资本主要是从家庭背景和通过教育投资而获得的能力、惯习、资源和趣味以及由此带来的文化地位配置等。文化资本在某些条件上可以转化为经济资本,以教育资格的形式被制度化。社会资本是由社会关系所形成的资本,以某种社会网络中的地位头衔被制度化,在一定条件下也可以转化为经济资本[②]。经济资本以货币为符号,以产权为制度化形式;社会资本以社会威望为符号,以社会规约为制度化形式;文化资本以才艺、作品和文凭为符号,以受教育程度为制度化形式。布尔迪厄扩充了资本的概念,强调经济资本具有基础性作用,三种资本形态在某种情况下可以相互转化。

布尔迪厄的文化资本作为现代资本的一种形式,具有三种状态:身体化的状态、客观化的状态和制度化的状态。身体化状态的文化资本是一种嵌入状态的文化资本,即以精神或肉体的持久的"性情"的形式存在,主要表现为通过家庭教育以及教育投资而累积和嵌入到个体身体中的习性、技能、修养中。身体化状态的文化资本的获得主要靠时间的投入和力比多(libido)[③]的投入。时间的投入取决于家庭为个体提供的自由时间,自由时间就是个体从必要经济的必要劳动时间中摆脱出来的时间。力比多意味着忍受某种匮乏、需要克制自己、需要某

---

① 〔美〕林楠:《社会资本——关于社会结构与行动的理论》,张磊译,上海:上海人民出版社2005年版,第3页。
② 〔法〕布尔迪厄:《文化资本与社会炼金术》,包亚明编译,上海:上海人民出版社1997年版,第192页。
③ 力比多即性力,当然不是指生殖意义上的性力,而是泛指身体器官的一切快感。弗洛伊德精神分析学认为,力比多是一种本能,是一种力量,是人的心理现象发生的驱动力。

第六章 文化资本：文化产业的价值转换

种牺牲。① 身体化状态的文化资本是与嵌入其中的具体的肉身不可分割的，相当于管理学意义上的人力资本，与人的生命周期相伴，不可像其他资本形式一样直接转让，只能通过家庭熏染得以传承。

客观化状态的文化资本，即客观物质化为物理载体的文化资本，比如书籍、绘画作品、雕塑、音乐唱片、古董等等，具有实物资本的形态，可以直接转让和代代传承。一方面，客观化状态的文化资本只有跟身体化状态的文化资本相结合，才能呈现其价值和意义。另一方面，客观化状态的文化资本是由身体化状态的文化资本创造出来的。客观化状态的文化资本作为主体抗争现实世界的斗争工具或某种利益共存的社会关注而被投资，"行动者正是在这些斗争中施展他们的力量，获取他们的利润，而行动者力量的大小，获取利润的多少，是与他们所掌握的客观化的资本以及嵌入状态的资本的多少成正比的"。②

体制化状态的文化资本，是由某种特定的社会制度所认可的关于某种文化能力的资格、证书或荣誉，如职称、文凭和获奖等。体制化状态的文化资本不再具有身体状态，而得到社会制度的一定合法性的保障。学术资格和文化能力的证书"赋予其拥有者一种文化的、约定俗成的、经久不变的、有合法保障的价值"③。体制化状态的文化资本彰显了体制权力的社会魔力，是一种"社会炼金术"，"只有当文化资本被教育制度认可时，即被转化成一种资格的资本时，文化资本(至少在劳动力市场)才能不断地增长而发挥出全部功效"④。学术资格和文化能力的证书是经济资本转化为身体化状态的文化资本的典型形式。

人类社会生产是物质生产和精神生产的统合，都具有继承性和积累性的特点。物质生产的积累形成经济资本，社会活动的积累形成社会资本，精神生产的积累形成文化资本，从时间沉淀的角度就形成文化资源。文化资源的拥有者根据社会和自身的需要对其进行利用和开发，经过社会交换的过滤，呈现出可见性的劳动价值，就成为文化资本。文化资源在市场经济的商品法则的指导下，现实

---

① 〔法〕布尔迪厄：《文化资本与社会炼金术》，包亚明编译，上海：上海人民出版社1997年版，第195页。
② 同上书，第200页。
③ 同上。
④ 同上书，第200—201页。

性地转化为文化资本。布尔迪厄宣称以"总体性实践经济学"取代传统经济学,不仅将直接转化为金钱的商品交换视为经济行为,而且也把文化活动、社会活动同样视为利益交换行为。文化活动、社会活动等具有象征价值的活动同样也是一种利益交换活动,尽管是一种特殊的交换行为。比如,文化品位不仅是一种审美能力,也在不经意地泄露和表达行动者的社会位置。在布尔迪厄看来,文化品位是行动者的阶级、社会等级归属的标志。

文化资本作为资本的一种形式,具有资本的基本特性,比如资本的获利性、增值性、可转移性以及生产过程的权力控制性等。① 文化资本还具有特殊的隐秘性,即外表上的超功利性。布尔迪厄认为,文化资本"从物质性经济资本演化而来,是以一种虚假的面目出现的象征资本,按照它可以在何种程度上掩盖其自身是一种源自物质形态资本的事实,并且此后也继续掩盖这一事实,创造着一种固有的效用"。② 其实,投资文化资本与经济资本具有完全相同的功能。主体获得文化资本的途径靠早期教育、家庭教育和社会教育、个体自由时间和大量的经济资本。主体的经济实力和社会地位往往也是通过文化资本来加以彰显。文化资本的生产与再生产,有效而隐蔽地将支配与被支配的权力关系,转换为社会成员心甘情愿接受的自然现状,误认"幻象"为真实,实现文化的符号权力功能。

文化资本的养成依赖于惯习(Habitus)。个体在家庭、学校、社会环境中形成一套性情倾向,个体有意无意地将社会外在规则、社会结构图式内化进性情、习惯之中,形成调节行动者和其生存其中的场域间关系的惯习。惯习是一种结构化的结构(Structured structure),是被场域和社会空间所建构的。惯习是能生成结构的结构(structuring structure),正是惯习的生成作用,才能在社会条件的限定之下产生多种多样的实践类型。文化资本的传承和积累是长时间的,其结果是形成某种惯习的生活方式。

文化资本、社会资本与经济资本的权力结构形成了布尔迪厄所谓的"场域"。"一个场域可以被定义为在各种位置之间存在的客观关系的一个网络

---

① 牛宏宝:《文化资本与文化(创意)产业》,载《中国人民大学学报》2010 年第 1 期,第 147 页。
② 朱伟珏:《"资本"的一种非经济解读——布尔迪厄"文化资本"概念》,载《社会科学》2005 年第 6 期,第 121 页。

第六章 文化资本：文化产业的价值转换

(network)，或一个构型(configuration)。处于场域中不同位置的行动者或机构把持了场域中利益攸关的得益权，形成了他们之间支配、屈从、对抗等不同的客观关系。每一场域都具有各自占主导性的资本，占优势的资本形式决定了场域的特有逻辑，不同场域之间可以相互影响。这种占优势的资本的决定性因素包括资本的总量和资本的结构，也就是不同类型资本在资本总量中所占有的比例。这构成了场域中不同的行动者以及他们不同的占位，决定了行动者在场域中处于统治地位还是被统治地位以及在面对具体事件时的态度和倾向。

在布尔迪厄看来，场域具有斗争性、自主性和同源性的特征。其中，场域的斗争性是指行动者争夺有价值的支配性资源的空间场所，这是场域最本质的特征。行动者斗争的目标是为了在场域内部占据支配者的地位，以自己的利益为导向制定场域内部的规则，从而获取更多的符号利润。获取支配地位的手段则主要是不断地积累各种资本的总量，并且调节各种资本之间的平衡和结构，最终达到支配者的位置。场域的自主性体现在两个方面：第一，次生场域并非场域的功能性组成部分；第二，场域与场域间没有直接的决定关系。以文学场域为例，即"为艺术而艺术"的形式规则和经典名著的合法化，使得创新不再依赖大众品味，只依赖于文学场域的内部讨论。场域的同源性是指行动者的内在结构(惯习)与社会结构之间是同源的，处于不同场域中的相似地位的行动者可能分享相似的习性，也就是说其惯习具有同源性，不同的场域间的关系性结构具有相似性。文化资本的再生产以主体惯习的变革、学习型社会的构建、外来文化的植入等方式，通过文化清理、文化批判、文化创新和文化整合等步骤进行[①]，以促进现有文化要素的重新组合，不断优化文化资本在身体化、客观化和制度化状态中所形成的社会文化结构。

大卫·索罗斯比超越了布尔迪厄将"文化资本"局限于社会学的学术框架，把"文化资本"的概念作为文化与经济之间的联结，从文化经济学的视野分析文化产业的发展特征。索罗斯比认为，"文化资本"作为代表文化现象主要特征之物，能够提供一个共同的基础，使得"文化资本在经济学的意义下，能够表现出文化有形和无形的样式，并明确地表示成为价值的长久保存者以及个人和群体

---

① 陈锋：《文化资本导论》，中共中央党校2005年博士学位论文，第46—51页。

165

利益的提供者。"①索罗斯比将资本分为实物资本、人力资本、自然资本和文化资本等四种形式。其中,文化资本被界定为"作为贡献文化价值的资产","是嵌入一种财产中的文化价值存量,该存量反过来可以形成一定时间内的货物和服务流或者商品,这种物品可以既有文化价值又有经济价值。这种财产可以存在于有形的和无形的形式中"。② 既然文化价值分为有形的和无形的,那么文化资本也分为有形的文化资本和无形的文化资本。有形的文化资本是物质化的文化资本,包括公共财产的古董、遗迹和私人财产的工艺品、美术品。无形的文化资本是一种精神性的心智资本,以个体或群体共享的观念、信仰和价值观的形式而存在,包括想法、实践、信念、传统和价值,通常以公共产品的形式存在,比如手工技艺、民间音乐、传统戏曲等。文化资本代表文化价值的资产,具有类似物质资本的流动性和增值性。

文化资本不仅被个人拥有,还可以被企业、城市和国家拥有。文化资本与社会资本和经济资本一起共同构成一个国家、城市、企业和个人的财富结构。叶朗教授认为,从个人来说,文化资本表现为个体接受文化教育和文化修养的程度,以及某些特殊的文化禀赋、气质等等;从产品来说,文化资本表现为产品的文化含量和文化附加值;从一个国家或地区来说,文化资本表现为文化资源的积累的厚度和文化资源开发的能力。③ 从企业来说,文化资本表现为企业的符号形象、行为规范和精神信念及其物质载体。文化积累的深厚性和文化资源的丰富性,构成了一个国家和地区文化资本的价值高度。

三、文化资本的转换机制

文化资本是人类文化活动的积累,是精神生产的积淀,是知识劳动的结果。文化资本是以身体化状态的文化资本为基础,衍生为物质化形态和制度化形态,是人的能力、行为礼仪、语言、教育、品位、价值观念等以生活方式的形式表现出

---

① 〔澳〕大卫·索罗斯比:《文化经济学》,台北:典藏文化家庭有限公司2003年版,第54—55页。
② David Throsby, "Cultural Capital," *Journal of Cultural Economics*, 1999(23), p.6.
③ 叶朗:《文化产业与我国21世纪的经济发展》,载《经纪人》2002年第2期,第18—22页。

第六章 文化资本:文化产业的价值转换

来的人类文化生产的全部结果,包括文化素养、文化技能、文化产品和文化制度等多层次的内部结构。文化资本是一种非物质资本和以财富为表现形式的象征资本,是人类财富创造的重要生产要素之一。文化资本是一种具有再生产性的资本形态。

文化资本不管是以身体化状态、客观化状态和制度化状态等何种状态存在,不管是有形的或无形的存在方式,从本质上讲,都是一种象征资本。象征又称符号,系指"关联、联想、习俗和偶然的相似,某物代表或者暗示其他事物,尤其是有形事物成为无形事物的符号"。象征价值是一种超越物理属性和功能价值的精神价值,是消费者可感知的主观价值,是消费者的主观感受、社会认同、角色塑造、精神净化和自我实现的精神需要的互动满足。鲍德里亚认为消费社会就是一个以象征消费(符号消费)为特征的现代社会。象征价值逐渐取代功能价值成为消费的主体,文化资本的生产也就是意义的生产,象征价值的消费通过社会沟通实现"艺术公赏",具有而非个人独享的集体价值的网络特征。文化资本与经济资本、社会资本之间的资本转换通过象征资本的交换而达成。

人类社会的物质生产活动、精神生产活动和社会活动是一个有机联系的人类活动的整体,不仅文化资本的不同存在状态之间,而且不同资本形态之间都会发生互相转换。身体化状态的文化资本可以转化为客观化状态的文化资本和制度化状态的文化资本。一个人的文化能力和知识水平,要通过书籍、作品等客观化状态才能表现出来,才能获得社会制度的认可;一个有才华的人只有得到社会的认可,才能有更多的机会发表作品。一个拥有强大经济资本的人购买了大量的客观化状态的文化资本,比如书籍、古董、艺术品,只有通过不断学习、接受教育等文化劳动,才能变成自身的文化能力,从而提高自身的鉴赏能力和审美素养。

资本是人类一般劳动的凝结,物质劳动凝结为经济资本,精神劳动凝结为文化资本,社会活动凝结为社会资本。这些资本从人类一般劳动的价值立场来看,在商品经济和市场经济的交换规则下,可以进行价值交换,从而实现资本的形式转换。资本之间的转换是在场域间进行的。社会结构由不同场域间的权力张力构造而成,场域规训了一个主体进入其中后应该具备和常态表现的行为特征、表达方式和思维偏好。惯习通过资本的作用,将场域建构成"一个充满意义的世界,一个被赋予了感觉和价值,值得你投入、去尽力的世界"。① 惯习塑造了场域,场域也主导了惯习,惯习让主体拥有了不同的文化资本,不同的文化资本主宰了场域的权力结构。场域中主体地位的变化和场域间主体关系的转化,是资本关系的变化和主导资本的转变。

文化资本具有经济功能,可以转换为经济资本。经济资本能创造剩余价值,是劳动、土地、原材料等要素的生产组合的结果。土地、原材料等生产要素的增值性通过劳动才能体现出来,只有劳动才能创造剩余价值。随着社会发展、技术进步,文化在劳动过程中占据了越来越重要的作用,技术知识和价值信仰等资本化的文化资源对社会经济的发展起到了积极的作用,正如厉以宁所言,"经济学研究效率,效率分两种,一种是常规效率,一种是超常规效率。效率本身有两个基础,一个基础是效率的物质技术基础。原材料、机器设备、厂房等构成了效率的物质技术基础。另一个基础是效率的道德基础、文化基础。如果仅仅有效率的物质技术基础,只能产生常规效率。超常规效率从哪里来?超常规效率来自效率的道德基础、文化基础"。② 因此,对文化资本和经济资本的掌控,就成为社会主体控制社会生产、主导场域权力的重要手段。比如,作为身体化状态文化资本的意识形态是外部效益极大的文化资本,可以"帮助对他和其他人在劳动分工、收入分配和现行制度结构中的作用做出道德评判",较大的意识形态拥有量能减少消费虔诚的影子价格,个人搭便车或违反规则的可能性较小,任何政府都通过意识形态教育投资来对个人意识形态资本积累进行补贴。③ 占主导定位的社会阶层通过文化产品的生产与传播、教育制度的实施和文化制度的资格控制而形成"象征霸权"和"文化霸权",并在此基础上形成"经济霸权"和"社会霸权"。在这里,身体化状态的文化资本和制度化状态的文化资本就转换成经济资本了。文化资本家和经济资本家在社会生产的整体要求下,成为和谐共处的生产主体,共同推动社会的精神生产和物质生产为统一的社会型的全面生产。

---

① 〔法〕皮埃尔·布尔迪厄、〔美〕华康德:《实践与反思——反思社会学导引》,李猛、李康译,北京:中央编译出版社 1998 年版,第 172 页。
② 厉以宁:《从宏观方面看〈中国文化读本〉》,载《中华读书报》2008 年 7 月 16 日。
③ 林毅夫:《关于制度变迁的经济学理论:诱致性变迁与强制性变迁》,载〔美〕R. 科斯等:《财产权利与制度变迁——产权学派与新制度学派译文集》,刘守英等译,上海:上海人民出版社 2004 年版,第 382 页。

第六章 文化资本：文化产业的价值转换

而客观化的文化资本，由于其象征价值附属于一定的物质载体，其本身就是文化价值与经济价值的统一体。客观化的文化资本通过市场交换，可以直接转化为经济资本。经济资本通过物质投入、货币投入，可以用于学习、教育和原材料购买，提高人的文化素养和知识能力，购买书籍、艺术品等文化产品，获得文化制度认可的能力证书和文凭资格，可以将经济资本转化为文化资本。在文化经济时代，文化资本甚至可以雇佣经济资本。在文化产业领域，文化资本的投资收益远远高于物质资本的投资收益。

文化资本处在一种制度化的社会网络中，既可以直接转化成社会资本，也可以借助社会资本，扩大经济资本。社会资本是"实际的或潜在的资源的集合体，那些资源是同对某种持久的网络的占有密不可分的，这一网络是大家所共同熟悉的，得到公认的，而且是一种体制化的关系，换句话说，这一网络是同某团体的会员制相联系的，它从集体性拥有的资本的角度为每个社会成员提供支持，提供为他们赢得声望的'凭证'。"[①]社会资本通过节日、仪式、馈赠、拜访、礼仪、社交等社会活动，实现社会关系的再生产。拥有文化资本的社会主体是社会关系网络中的行动主体，凭借社会身份和社会规约，享有社会网络带来的实际或潜在的利益，从而占有社会资本。社会资本不能脱离经济资本和文化资本而独立存在，需要经济资本和文化资本的持续投入。社会资本以参与性的社会网络和场域空间为载体，以信任、规范、权力为基础，以团体制或集体性的共识为实现形式，是一种可以获取利润潜能的生产性资本，是一种社会性的非物质资本。社会资本依托基于象征性建构的社会关系网络，是一种集体性的社会环境，由不同的个体组成。社会资本是一种处于人与人之间的无形资本。在文化经济社会，文化产品作为一种象征性财货，必须通过社会网络关系，建构一种"上帝式的论说体系（God Mighty System）"，通过社会沟通（Social Communication），建立消费者对文化资本的群体认同（社会资本），才能实现经济资本。

在布尔迪厄看来，文化资本、社会资本与经济资本之间相互转换的基础在于象征资本。象征资本是特权、名声、神圣性或荣誉的累积程度，建立在知识、认知

---

① 〔法〕布尔迪厄：《文化资本与社会炼金术》，包亚明编译，上海：上海人民出版社1997年版，第192页。

和认可的评价基础上,"当我们通过感知范畴把握这几种资本时,其呈现的就是象征资本"。① 所有的资本都呈现为象征资本,在不同时空环境下的不同社会主体把握不同的资本形态,呈现出不同的象征资本。象征资本的生产是对文化资本、社会资本和经济资本等所有资本进行的象征性的再生产,象征资本展示的是一种象征利益,通过非经济的交换形式,实现资本的转换。比如,社会资本以信任、诺言、义务、荣誉、威望等形式实现经济利益,文化资本以艺术创作、学术成果、文凭证书等形式实现经济利益,"艺术品的价值的生产者不是艺术家,而是作为信仰的空间的生产场,信仰的空间通过生产对艺术家创造能力的信仰,来生产作为偶像的艺术品的价值"②。象征资本是有限生产场域(因为审美自主性而拒绝扩大规模生产),即文学艺术场的主要支配力量。象征资本联结各种资本形态的功效,在本质上是一种观念创新和符号交往,通过语言、声音、手势、眼神及用以传递信息的其他身体动作所产生的符号的意义,被每个交往主体加以阐释并达到均衡,实现象征资本的"符号交往主义(symbolic interactionism)"功能,进而实现"观念经济"的新经济转型。③

在很多情况下,文化资本很容易与人力资本和创意资本的概念相混淆。"人力资本是劳动者通过教育、医疗保健、工作、迁移等途径凝聚在人身上的一种资本,它表现为一种能力,可以用来提供未来收益,包括劳动者身上的获得收益并不断增值的价值观、品德、智力、心理和体力等素质的综合"。④ 与人力资本相关的概念还有"精神资本""个人资本""知识资本"和"智力资本"等术语。人力资本是一种能增加劳动者价值的资本,不同于土地、机器和原材料等经济资本。技能、知识和才能等人力资源的生产投入,是劳动者素质作为社会生产的一种资本表现,并能为劳动者带来经济资本。劳动者用人力资本作为社会生产的投入,"可以带来未来的满足和收入",可以换取资本家以经济资本作为社会生产的投入所获得同样的经济资本的回报,通过市场交换,人力资本转变成具有物

---

① Pierre Bourdieu, Loci J. D. Wacquant, *An Invitation to Reflexive Sociology*, Cambridge: Polity Press, 1992, p.119.
② [法]布尔迪厄:《艺术的法则》,北京:中央编译出版社 2001 年版,第 276 页。
③ 汪丁丁:《观念创新与符号交往的经济学》,载《社会学研究》2001 年第 1 期,第 26—37 页。
④ 潘金云、陈小平:《人力资本是劳动者的基本财富》,载《中国人力资源开发》2006 年第 7 期,第 10—14 页。

质形态的经济资本,劳动者也可以变成"资本家"。人力资本作为劳动者的基本财富,是劳动价值论的回归,反映了劳动者"作为生产者和消费者的能力",内化为"人的身体之中的一种能力"。① 除去体能的人力资本就是全部的文化能力,也就是一种身体化状态的文化资本。舒尔茨提出的人力资本投资的范围和内容,就是身体化状态的文化资本的获得方式,包括家庭教育、医疗保健、在职培训、正式教育、自我学习和就业迁徙等。

创意资本是一种核心的人力资本,是文化产业发展所需要的最重要的文化资本。创意是催化和实现某种新事物的能力,是人类进入后工业社会时代对科学、技术和知识产权的价值肯定。创意资本特指那些能够建构新观念、新技术、新范式的创造性想象能力,是把"现有领域转变为或者转化为一个新领域的很多行为、思想或产品"。创意具有价值的无限性和创新的渗透性,作为一种人力资本转化为生产要素,就成为创意资本。理查德·佛罗里达认为,创意资本由创意阶层掌握,这些创意阶层包括在文化产业、专业设计公司以及传统行业相关部门从事创意和设计的创意设计人士,包括在文化产业、专业设计公司和创意部门负责直接经营管理的创意经理人士,包括为文化产业及相关创意部门提供中介服务的创意中介人士。创意阶层向那些技术水平、人才聚集度和社会宽容度高的地区聚集,使得创意资本形成创意集聚,产生溢出效应,形成产业集群。香港学者许焯权从可测量的社会过程角度,扩展了创意资本的范畴,认为创意资本包括社会资本、文化资本、人力资本、结构或制度资本,加之"创意的成果(Manifestations of creativity)",形成评测文化经济成果的创意指数 5Cs 模型。

文化资本的形成是一种社会制度的安排结果,即在财产权制度的规训下形成文化财产。文化财产是一种无形资产,在现代产权制度下的文化财产就表现为知识产权制度,文化资源"成为经济主体可操控的文化资本,是现代产权制度架构下的知识产权制度安排的结果","文化创造所具有的精神价值、审美价值、历史价值和社会价值等,并不能直接确立其作为资本的形式,而是现代产权制度架构并形塑了文化创造转化为文化资本的基本路径、权力归属和接触的基本约

---

① 〔美〕T. W. 舒尔茨:《论人力资本投资》,北京:北京经济学院出版社 1990 年版,第 17—92 页。

束规则"①。文化资源大多是一种公共资源或准公共资源,文化资本也是一种公共占有性质的资本形态,具有非强占性和非排他性。而作为一种生产性的文化资源和文化资本,只有成为生产主体所完全掌握的独占性资源和资产处置权利,才能激励文化财产权拥有者的生产积极性,并防范交易的风险。

四、文化资本的产业特性

文化资本理论的研究发展出了文化社会学和文化经济学的两条道路。其中,文化社会学以文化资本为核心概念去解释文化与社会、文化与经济的权力关系。文化经济学研究文化资本、文化生产与经济发展的动态关系。文化资本的投资、经营、管理和效益回收的全过程运营就形成文化产业,进而发展成为一种现代性的文化生产模式。文化产业的生产场域就是文化资本、社会资本和经济资本的运行空间。文化资本通过文化产品生产的研发、生产、交易、配送和消费等文化产业的价值链环节,实现文化价值、社会价值和经济价值。

文化资本理论是文化资源开发的基础,是研究和探索文化资源开发模式的重要理论工具。文化资源是一种存量的文化资本,文化资本是一种流量的文化资源。文化资源是文化资本的表现形式,文化资源的开发就是文化资本的投资。文化资本是文化经济社会中的第一资本,是经济增长的主要因素和经济转型的主要驱动力,是政府文化治理能力的重要表现,是国家经济发展的重要源泉。文化资本既包括可再生的身体化状态和体制化状态的文化资本,又包括不可再生的客观化状态的文化资本。

文化产业的全产业价值链构成了文化资源开发与文化资本运营的全过程,这些上下游之间的供应链、横向联结的价值链和跨界共生的产业链上的每一项价值实现活动都是不同的资本的实现形式。文化资本是文化产业全产业价值链的主导力量,文化资本在全产业价值链的价值转换过程也就是文化资本的再生产过程,是文化资源在价值实现过程中的具体表现形式。

---

① 牛宏宝:《文化资本与文化(创意)产业》,载《中国人民大学学报》2010 年第 1 期,第 148—150 页。

第六章 文化资本：文化产业的价值转换

文化资本具有一定的物化形式和现实载体，包括在地固定化、在场产品化和在线无形化等三种存在形式。由于文化资源的存在状态和价值品级等原因，在地固定化形式的文化资本是一种具有物质形态的文化资本。它是不可移动的或不许移动的，与特定的地理环境和物理空间密切相连，比如文化遗址、历史建筑、遗产、人文景观、文化设施、文物藏品等；在场产品化形式的文化资本指客观状态的文化资本，以物质产品的形式可以在不同的场馆空间转移，比如书籍、报纸杂志、艺术品、音乐唱片等；在线无形化形式的文化资本指身体化状态的文化资本和存在于数字化文化资源的文化资本，比如手工技艺、生活习俗、表演艺术、创意设计、数字内容等。在地固定化的文化资本可以将文化资源开发成具有膜拜价值的文化产品，发展文化旅游、节庆会展、休闲娱乐等传统型文化产业；在场产品化的文化资本可以将文化资源开发成具有展示价值的文化产品，发展新闻出版、广播影视等现代文化产业；在线无形化的文化资本可以将文化资源开发成具有体验价值和展示价值的文化产品，同时发展表演艺术、工艺美术、数字内容、文化创意、动漫游戏等传统文化产业和新兴文化产业。

从文化企业的角度来看，文化企业可掌控的文化资本有三种形式：第一种为知识产权化的文化资本，包括商标、专利、版权、设计权等知识产权以及品牌商誉、商业秘密等在内的无形资产的产权资本；第二种为内嵌于企业自身的文化资本，包括文化理念、文化行为和文化符号，是文化企业的共同愿景、合作意愿和信息交流等高度协调的组织资本；第三种为以身体化状态存在于文化企业员工个体身上的文化资本，包括品德、信念、技能、知识、才能等在内的人力资本。文化资本在文化企业内的产权资本、组织资本和人力资本等三种形式，构成了文化企业的文化资本的核心要素。在这里，人力资本是基础，组织资本是保障，产权资本是结果，文化企业就是通过产权资本、组织资本和人力资本等文化资本的运营与管理，推动文化资源的开发，实现文化产业的发展。

文化资本的价值积累是一个动态的历史的过程，受物质资本、技术进步、制度资本、社会资本等外部环境和价值观念、伦理道德和生活习俗等主观世界的影响。文化资本是人类社会生产的原生性因素，潜在地制约和影响着经济资本、社会资本的积累和扩展，是经济增长最根本的影响变量。文化资本的创新是价值观的创新，是新观念的产生，是将观念投入作为生产函数的产业创新。文化企业家具有独特的价值观念、思维方式和行为特点,是人类文化资本和精神财富的创造者,是创新观念和革新价值体系的"文化资本家"。"正规教育、家庭熏陶、个人阅历等这些体验与先天因素"一起决定了文化资本家的创新个性。①

文化资本的价值收益是不断递增的,外延价值逐渐延伸。资本是能带来收入或利润的资产,文化资本也不例外。只有把文化资源当作生产要素时,流动的文化资源才能被看作增加财富的文化资本。文化生产把文化资源转变为文化资本,把"死"的文化资源和"活"的文化劳动结合起来,生产出文化商品,实现价值的增值,这样,文化资本的收益就产生了。此外,文化的溢出价值和外部效应,使得文化资本具有报酬递增的特性。文化资本具有一种自我组织、自我复制、自我传播、自我创造的自组织能力,成为可持续发展的关键驱力,实现经济增长的边际成本递减和边际效益递增。

文化资本的产业效益具有双重性,是经济价值和文化价值的高度融合。不管是物质化的文化资本、产品化的文化资本还是身体化的文化资本,文化资本的经济价值的实现都是基于文化价值,而非物理载体或现实依托的物质价值。正如贾斯汀·奥康诺所说,文化产业是指以经营符号性商品为主的活动,这些符号性商品的基本价值来源于它们的文化价值。② 文化资本正是通过文化符号的象征价值的价值评估和市场交换,才得以转化为经济价值和社会价值。因此,文化资本具有文化产业发展的文化性、社会性、意识形态性、审美性和经济性等复合功能。

文化资本的交易模式具有多元衍生、跨界渗透的特性。文化资本的交易模式是使文化资本为了满足消费者需要通过市场交易实现经济价值的经营行为。按照存在形态差异程度、消费者参与度、市场化成熟度和技术支撑强度等不同约束条件,文化资本的交易模式不同,引导了文化资源的开发模式不同,决定了文化企业的商业模式不同,因而构成了不同的文化产业发展模式。身体化状态的文化资本大多以文化服务的方式进行,数字化无形的文化资本可以依托网络平

---

① 汪丁丁:《一个面向宽带网络时代的讲义——制度分析基础》,北京:社会科学文献出版社2002年版,第14页。
② [英]贾斯汀·奥康诺:《艺术与创意产业》,王斌、张良丛译,北京:中央编译出版社2013年版,第105页。

第六章 文化资本：文化产业的价值转换

台发展电子商务,产品化形式的文化资本可以形成文化商品市场。文化资本的交易本质还是象征价值(符号价值)的交换,文化产品和服务承载的符号意义是一种精神性的产品,受消费者难以触摸的品位和反复无常的偏好的影响,交易过程是一个有限理性,甚至非理性的过程,交易效用受供需之间的互动程度而决定。文化资本的交易模式大多以准公共产品的方式进行,文化资本的生产成本高,但每一次的交易价格极低,只有依靠多次反复交易,跨界交易,才能回收成本,创造利润。文化资本的交易价格的评价系统和行销系统也都区别于传统资本的交易模式。

文化产业的经营核心是文化资本,文化资本是经济结构调整和产业结构升级的驱动因素和增长源泉。从历史上来看,经济增长理论经历了资本积累论(经济资本的累积)、技术进步论、人力资本论、制度决定论和新增长理论。这个转变是从物质资本转向非物质资本的关注,是从非物质资本中的技术资本、制度资本转向知识、创意等文化资本的强调,体现了社会发展的最终目标和人自身发展的最终目标。

本章要点

文化资本是文化产业发展的核心,是文化资源开发与文化产业发展具有经济和社会关联性的内在逻辑。文化研究是对文化工业化生产机制和大众消费社会现象的一种积极的研究转向。文化研究最引人注目的研究内容就是对大众文化及与大众文化密切相关的大众日常生活的关注,对于观众和观众反抗策略的重新发现。大众文化处于作为中心的精英主义的边缘,其与统治文化的对立体现了文化间的权力关系。

霍尔创立了"编码—解码"模式,以解释文化的生产、流通、分配、消费和再生产等环节的信息生产与大众接受的关系。生产者与接受者之间存在主导—霸权立场、协商式立场和抵制式或对抗式立场等三种解码关系。文化研究的范式转换在某种意义上推动了象征资本在文化生产中的流动和分配。

布尔迪厄总结了多种形态的资本。在现代社会中,有三种不可忽视的资本形态:经济资本、文化资本和社会资本。经济资本,是作为经济学意义上的实物资本,通常以财产权的形式被制度化。文化资本,主要从家庭背景和通过教育投资而获得的能力、惯习、资源和趣味以及由此带来的文化地位配置等。文化资本在某些条件下可以转化为经济资本,以教育资格的形式被制度化。

文化资本作为资本的一种形式,具有资本的基本特性,比如资本的获利性、增值性,可转移性以及生产过程的权力控制性等。文化资本的养成依赖于惯习。文化资本、社会资本与经济资本的权力结构形成了"场域"。场域具有斗争性、自主性和同源性的特征。文化资本被界定为"作为贡献文化价值的资产",文化资本不仅被个人拥有,还可以被企业、城市和国家拥有。

文化资本是一种具有再生产性的资本形态。从本质上讲,文化资本都是一种象征资本。人类社会的物质生产活动、精神生产活动和社会活动是一个有机联系的人类活动的整体,不仅文化资本的不同存在状态之间,而且不同资本形态之间都会发生互相转换。

物质劳动凝结为经济资本,精神劳动凝结为文化资本,社会活动凝结为社会资本。这些资本从人类一般劳动的价值立场来看,在商品经济和市场经济的交换规则下,可以进行价值交换,从而实现资本的形式转换。

文化资本具有经济功能,可以转换为经济资本。文化资本处在一种制度化的社会网络中,既可以直接转化成社会资本,也可以借助社会资本,扩大经济资本。文化资本、社会资本与经济资本之间相互转换的基础在于象征资本。在很多情况下,文化资本很容易与人力资本和创意资本的概念相混淆。文化资本的形成是一种社会制度的安排结果,即在财产权制度的规训下形成文化财产。

文化资本理论的研究发展出了文化社会学和文化经济学的两条道路。文化资本理论是文化资源开发的基础,是研究和探索文化资源开发模式的重要理论工具。文化资源是一种存量的文化资本,文化资本是一种流量的文化资源。文化产业的全产业价值链构成了文化资源开发与文化资本运营的全过程,这些上下游之间的供应链、横向联结的价值链和跨界共生的产业链上的每一项价值实现活动都是不同的资本的实现形式。

文化资本具有一定的物化形式和现实载体,包括在地固定化、在场产品化和在线无形化等三种存在形式。从文化企业的角度来看,构成文化企业可掌控的文化资本有三种形式:第一种为知识产权化的文化资本;第二种为内嵌于企业自身的文化资本;第三种为以身体化状态存在于文化企业员工个体身上的文化资本。文化资本的价值积累是一个动态的历史的过程,文化资本的价值收益是不断递增的,外延价值逐渐延伸。

文化资本的产业效益具有双重性,是经济价值和文化价值的高度融合。文化资本的交易模式具有多元衍生、跨界渗透的特性。文化产业的经营核心是文化资本,文化资本是经济结构调整和产业结构升级的驱动因素和增长源泉。

第七章
文化资产：文化产业的价值评估

　　文化资源的历史沉淀形成文化遗产(Cultural Heritage)，文化资本的商业累积形成文化财产或文化产权(Cultural Property)，在现代产权制度安排下就形成文化资产(Cultural Asset)。"文化财产"大多是在国际法和国际公约语境下的一种提法，强调占有状态的主体性和排他性。1954年《海牙公约》指出在发生武装冲突时应保护文化财产，这些文化财产包括"对各国人民的文化遗产具有重大意义的动产或不动产"。1970年联合国教科文组织指出，"每个国家，根据宗教或世俗的理由明确指定为具有重要考古、史前史、历史、文学、艺术或科学价值的财产"为文化财产。广义的文化产权是在商业环境下强调文化企业可使用并使自身获取利益的权利，包括文化企业股权、文化产品物权和无形知识产权等不同形式。文化遗产与文化财产是一对非常接近的概念，强调古迹、建筑群、遗址等物质形态和表演、工艺、技能等非物质形态的文化资本的历史性价值、普遍性价值和代际传承性价值。文化资产是在文化经济背景下对文化资源商业价值的强调和对文化资本自由处置的权利表现。文化资产是一种文化产权，表达了经济效率与价值公正的处置原则，体现了文化资源和文化资本在文化产业经营中的生产意义和价值效益。

　　文化资产是一种无形资产，是文化企业的核心资产。无形资产是一个种类繁多、标的庞杂的现代资产范畴，包括知识产权、商业秘密、商誉等不同种类。进入21世纪以来，伴随现代产业中文化经济和符号经济双重转向的发展趋势，无

第七章 文化资产：文化产业的价值评估

形资产在人们的经济生活和产业发展中日趋重要。无形资产是文化资本的产权约定的表现形式，是文化生产的核心要素之一。文化产业在中国被逐渐提振为改变产业结构、推动经济转型的国家战略，文化产业在美国被称为"版权产业"，创意产业在英国被规划为振兴经济的朝阳产业，是源于人的技能、知识和创意，以知识产权等无形资产为存在形态，最终实现商业价值的新兴产业。文化资源转变为文化产业，其间的关键环节就是对文化创意实现文化资本的知识产权化表达。被无形资产化的文化资本才能以合法化的商业形态汇入经济洪流，并透过知识产权的授权经营，拓展全产业价值链，创造难以估量的经济价值和社会价值。

一、文化资产的产权特征

文化资产不具实物形态，是一种非金融形态，大多受知识产权法保护，具有潜在和现实的商业价值，是与收益相关的文化企业的重要资产。无形资产是一种无形体之资产[1]，被赋予"智慧资本""知识资本""非财物资本""隐藏资本"或"不可见资产"等诸多意涵[2]。无形资产包括专利、著作权（版权）、商标、商业秘密（营业秘密）、服务商标等不同形式（见图7-1）。无形资产具有下列特征：第一，能被明辨或可被清楚地陈述；第二，受法律保护；第三，为私人所有权限制，且该所有权可以转让；第四，具备某种可被证明无形资产权利存在的有形凭证；第五，可在某一能辨认的时点或交易中出现；第六，可在某一能辨认的时点或交易中损毁或消灭。[3] 广义的无形资产包括专利权、版权、秘密制作方法和配方、商誉、商标、专营权以及其他类似的财产。

文化资产作为一种无形资产，具有如下特征：第一是预期性及政策性，无形资产不是作为一般生产资料来转让，而是以获利能力来转让。第二是可正可负性，良好的商誉和信誉，是企业不可多得的巨大财富，但对于一个技术水平落后，产品质

---

① 马秀如、刘正田、俞洪昭、谌家兰：《资讯软体业无形资产之意义及其会计处理》，载《证交资料》2000年第457期，第9页。

② 〔美〕埃德文森、迈克尔·马隆：《智慧资本：如何衡量资讯时代无形资产的价值》，林大容译，台北：麦田出版1999年版，第1页。

③ R. F. Reilly and R. P. Schweihs, *Valuing Intangible Assets*, New York: McGraw-Hill, 1998.

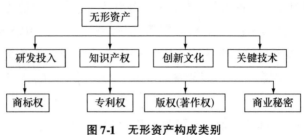

图 7-1 无形资产构成类别

量低劣,且信誉不高的企业,商誉往往会出现负值。第三是模糊性,具体表现为成本计价、价值本身、评估结果、评估时效性允许、评估人员主观判断以及受生产能力、市场供求、通货膨胀、自然灾害、国家计划和政策变化、外汇汇率变动以及价格变动等因素的影响。这些影响因素无法从资产负债表中体现出来。第四是独立性,无形资产评估的对象是单一的,评估结果因不同的评估对象而异。第五是复杂性。主要表现在无形资产项目多种类繁多,且无形资产的可比性低;预测无形资产的预期收益难;无形资产时间更替快,使测定技术更新困难。第六是效益性,要测算该项无形资产在有效时间内能够获取的经济效益,并以此为主要依据评估无形资产的价值。第七是动态性,要从动态的角度去考察评估对象和评价无形资产的价值。第八是长期性,无形资产在企业经营中长期发挥作用,具有持续性。例如一家影视公司某个影片的版权,具有长期的共益性,版权有偿转让后可以由几个主体长时间共有。无形资产属于长期资产,能在一个长期的企业经营周期内创造价值。第九是不确定性,具体表现为垄断性、产品竞争力和市场认可度受现实情况的影响大。①

文化资产不同于智慧资本,智慧资本是"每个人能为公司带来竞争优势的一切知识、能力的总和"。凡能够用来创造财富的知识、信息、智能财产、经验等智慧财产,可称为"智慧资本"。瑞典学者雷夫·艾德文森(Leif Edvinsson)认为市场价值可细分为财务资本和智慧资本,而智慧资本是由人力资本及结构资本构成;结构资本还包含顾客资本与组织资本;组织资本又由创新资本与流程资本所构成。② 智慧资本是一种对知识、实际经验、组织技术、顾客关系和专业技能

---

① 参见向勇主编:《文化产业无形资产评估:理论与实务》,北京:北京大学出版社 2015 年版。
② 〔瑞〕雷夫·艾德文森:《智慧资本:如何衡量资讯时代无形资产的价值》,林大容译,台北:麦田出版 1999 年版。

第七章 文化资产：文化产业的价值评估

的掌握。① 智慧资本分成人力资本、结构资本(创新资本、流程资本、组织化资本)和顾客资本。其中,人力资本指具有知识创造力的人力资源,包含企业的经营团队、专业技能、向心力、创造力等,尤指企业中所有员工的知识、技术、能力及经验等;顾客资本(关系资本)指企业营运产生的上下游产业关系网络,包括顾客规模、顾客忠诚、策略伙伴、声誉;结构资本指组织与其往来对象的革新能力和保护商业能力,以及其他用来开发新产品与新服务的无形资产和才能,包括著作权、商标权、专利权及数据库等。智慧资本与无形资产概念的交集在于知识产权,诸如专利、商标、著作权、商业秘密等法律已赋予保障的权利。

文化资产是文化资本的一种无形资产,受到文化产业的独占性和独创性的法律保护和商业保护。文化资产的盈利能力和经济效益受文化市场的不确定性需求影响较大,收益风险比其他资产的收益风险要大。文化资产的价值增值的可持续性强,在一定生命周期内能持续产生经济效益。按照文化产业的价值链环节、经营行为和行业门类,文化产业无形资产有不同的分类(见表7-1)。

表7-1 文化产业无形资产的分类

分类	内容
销售类	商标、网站、域名、品牌、标识、营销网络、老字号
技术类	发明专利、实用新型专利、外观设计专利、专有技术、技术方法、秘诀
艺术类	书籍版权、音乐版权、美术作品版权、影视作品版权、动漫版权
数据处理	软件所有权、软件版权、自动化数据库
工程类	工业设计、设计图、商业秘密、工程图纸、集成电路
客户类	客户名单、合同、未结订单
合同类	优惠供应合同、许可证、特许经营权、独家协议
人力资源类	高素质配套员工队伍、雇佣合同或协议、管理团队、企业家个人价值
地理位置	租赁权、探矿权、控制权、路权、特殊景观
商誉类	企业商誉、机构商誉、专业人士个人商誉

---

① 〔美〕托马斯·斯图尔特(Thomas Stewart):《智慧资本:信息时代的企业利基》,宋伟航译,台北:智库出版社 1999 年版,第 1—2 页。

知识产权(Intellectual Property Right,简称 IP 或 IPR)是文化资产的一种主要形式,在港澳台地区被称为智慧财产权,是权利者对智力劳动成果所享有的民事权利,属于无形资产的一种。根据《与贸易有关的知识产权协议》的规定,知识产权包括著作权与相关的权利、产地标示、工业设计、专利、集成电路的电路布局、商业秘密(亦称营业秘密)。知识产权具有以下特征:(1) 无形性,代表知识产权的存在是以不可触摸或不可感知的非实体物为主;(2) 专有性,为知识产权赋予人拥有的排他权,将知识产权独立于公有的财产权之外;(3) 复制性,知识产权,能体现出相关产品或其他物品的复制活动;(4) 公开性,这些获取法律的保护要在权利人拥有之前,向政府部门先提出书面申请;(5) 地域性,知识产权中的任何一种权利只有在某个国家或地区正式申请,才具法律效力;(6) 时间性,知识产权非永久的无形资产,具有法律规定的时效期限。① 一般而言,与文化资产紧密相关的知识产权多指版权(Copyright,又称为著作权)、商标(Trade Mark)、专利(Patent)、设计权(Design Right)、商业秘密(Business Secret)等。

版权是一种特殊人身权和财产权的混合权利,与文化产业的关系最为密切,在文化产业发展中占有较重要地位,成为文化资产的核心所在。世界知识产权组织对文化产业的认定标准是根据知识产权中的版权与创意行为间的关系。版权是文化企业收益的核心资源,文化企业透过对版权内容的生产、营运和管理,从而获得收益。② 版权在文化产业及相关产业中有不同的分类,发挥不同的作用(见表7-2)。公开发表的作品自动拥有版权,版权保护期限是创作者去世后 50 年。

---

① 参见郑成思:《智慧财产权法》,台北:水牛图书出版事业有限公司1991年版。
② 王家新、刘萍:《文化企业资产评估正研究》,北京:中国财政经济出版社2013年版,第78页。

第七章 文化资产：文化产业的价值评估

表7-2 版权在文化及相关产业中的范畴与分类

产业分类	产业定义	相关产业
核心版权产业 Core Copyright Industries	完全从事著作及其他受著作权保障的对象创作、生产、表演、广播、通讯及展览，或者分配或销售的产业	报纸、图书业、音乐、剧场、歌剧、动画、录影带、广播及电视摄影、软件及资料库、视觉与平面艺术、广告服务、著作权集体管理团体
关联版权产业 Inter-dependent Copyright Industries	为设备生产、制造与销售的产业，而该设备的功能主要为促进著作和其他受著作权保障之对象的创作、生产或利用	制造、批发、零售下列设备的产业：电视机、收音机、卡式录放影机、CD播放机、DVD播放机、卡带播放机、计算机相关配套、乐器、摄影和录影机器、打印机、空白录制材料、纸张
部分版权产业 Partial Copyright Industries	产业活动中的一部分与著作和其他受著作权保障的对象相关，且可能涉及创作、生产、制造、表演、广播、通讯及展览，或分配等销售的产业	服装、织品、鞋业、珠宝和铸币 其他手工艺、家具、家用品、瓷器与玻璃、壁饰与地毯、玩具与游戏、建筑、工程及调查、内部建设
非专一支援版权产业 Non-dedicated Support Industries	产业活动之中一部分与促进著作及其他受著作权保障对象的广播、通讯、分配或营销相关，并且未被归类于核心著作产业	一般批发及零售业、一般运输业 电话与网络

商标是用来识别商品的特殊记号，包括文字、图形、记号、颜色、声音、各式形状等综合组成的图像。商标与商品经济和贸易经济的交易行为有关，商标成为消费者在消费过程中的辨认媒介，有助于生产者进行市场营销。商标权源自1804年法国颁布的《拿破仑民法典》。1857年法国颁布了完整的商标保障法。1870年，美国制定了联邦商标法，1905年确立了综合性商标法规。清朝末年光绪皇帝钦定《商标注册试办章程》，成为中国历史上第一部商标法律。1950年中国政务院颁布《商标注册暂行条例》，1963年国务院颁布《商标管理条例》，1982年五届全国人大常委会制定、1983年实行《中华人民共和国商标法》，1995年国家工商行政管理总局商标局受理商标注册。自核准注册之日起计算，注册商标的有效期是10年。

专利起源于英国国王对贵族授爵和官职任命的特权证书，其后演化为对发明创造进行的一种公开认定。专利的认定需要一定的过程，首先将发明创作的产品向政府机构提出申请,通过审核评估后才能授予专利权凭证。专利权是一种防止他人未经权利人同意而任意使用的权利。专利权保护那些未经授权使用的新兴、独创的产品设计。① 中国《专利法实施细则》规定,相同的发明创造只能被赋予一项专利。中国的专利权分为发明专利、实用新型专利以及工业品外观设计专利。发明专利和实用新型专利皆需满足新颖性、创造性、实用性。不同的专利权具有不同的价值,一般来说,发明专利价值胜过实用新型专利价值,而实用新型专利价值则高于外观设计专业价值。② 自申请之日起计算,发明专利的法定有效时间为20年,实用新型专利和外观设计专利的法定有效时间为10年。

设计权指视觉设计、商标图像设计、专利外观设计、计算器软件、集成电路设计等,多被归类版权、商标、专利权之下。英国将设计权分成"未注册设计权(Unregistered Design Right)"和"注册设计权(Registered Design Right)"。未注册设计权与版权相似,设计作品完成后自动享有版权保护;注册设计权指立体设计权,须提供纸本的设计图。

商业秘密指企业经营中的方法、技术、制成、配方、程序、设计或可用于生产、销售或经营的信息。商业秘密具有以下特性:第一为秘密性,非一般涉及该类信息的人所知晓;第二为商业利用性,具有实际潜在的经济价值;第三为保护性,所有人已采取合理的保密措施。商业秘密的保护要注意以下原则:秘密的商业模式、保密措施的使用、营业秘密的处分方式(如让与、分割、抛弃)、营业秘密的风险控制、秘密侵害的救济(如侵害救济:民事救济、刑事救济、行政救济)、法律保护手段(刑法、公平交易法、智能财产审理法、营业秘密法)等。

科斯定理(Coase theorem)③告诉我们,产权清晰可以使资源配置的成本降低、效率提高,完备的产权法律制度是一个国家和地区经济发展的重要保障,同

---

① 郭年雄:《智慧财产权评价发展趋势》,载台湾地区《菁英季刊》2006年6月第2卷第2期,第43页。
② 吴小林:《专利价值评估的相关法律问题》,载《重庆科技学院学报》2006年第3期。
③ 科斯定理即科斯产权理论(Coase's Theory of Property),由诺贝尔经济学奖罗纳德·科斯(Ronald Coase)提出。科斯定理认为在某些条件下,只要财产权明晰,并且交易成本为零或者很小,那么,无论在开始时将财产权赋予谁,市场均衡的最终结果都是有效率的,实现资源配置的帕累托最优;在交易费用不为零的情况下,不同的权利配置界定会带来不同的资源配置;因为交易费用的存在,不同的权利界定和分配,则会带来不同效益的资源配置,所以产权制度的设置是优化资源配置的基础(达到帕累托最优)。

样,健全的知识产权制度也是文化产业发展的基本前提。知识产权是文化资本的所有者对文化资产占有、使用、收益和处置的权利,通过"普通许可、法定许可、强制许可"等不同的保护强度,可以鼓励原创、保护创新,降低交易成本,保护自由竞争,实现合理交换和有效使用,使文化资本的有效配置和运营收益成为可能。

二、文化资产的价值内涵

文化资产作为知识产权化的文化资本,其最基本的考虑因素就是价值(文化)和价格(资产)。文化资产是一种将"历史性、社会性、共享性"的文化资源转化为文化资本并以知识产权形式确保的现代资产,具有"现实性、独占性、排他性"的资产特性。价值是文化资产运营与管理的基础,"价值二元性"适用于文化经济领域的所有现象,即文化资产的价值属性以文化价值和经济价值的共时并存为基本特征。在大卫·索罗斯比看来,这是人类经济思想和文化思想融合形成的新的思维模式,"经济思想建立在个人主义的基础上,文化概念乃为一群或集体的行为。因此,经济的驱动力是个人主义的,而文化的驱动力是集体主义的。经济的驱动力是社会成员依其本身利益所展现出来的个人欲望,文化的驱动力是社会群体为了展现各类文化而结合在一切的集体欲望。"①尽管经济价值的估值在绝对意义上是清晰而明确的,而文化价值的估值在相对意义上是模糊而不确定的,但是,经济与文化两者所依据的概念基础,在某种程度上仍然以"价值"为联系纽带。英国新古典经济学家阿弗雷德·马歇尔(Alfred Marshall)就认为,经济学既是一门研究财富的学问,又是一门研究人的学问,正是宗教力量(文化力量)和经济力量共同塑造了世界历史②。

经济价值和文化价值之间的鸿沟使价值评估常常落入一个两难境地,"在经济范畴里,价值跟效用、价格以及个人或市场对商品的评估有关。在文化方面,价值存在于文化现象的某些属性中,每一种都可用专门术语表达,例如,一个

---

① 参见〔澳〕大卫·索罗斯比:《文化经济学》,台北:典藏艺术家庭有限公司2003年版。
② 〔英〕阿弗雷德·马歇尔:《经济学原理》,廉运杰译,北京:华夏出版社2005年版,第3页。

音符的音乐价值,一幅画的色彩价值,或者更广义地说,它是一个对象、作品、经验或其他文化事物之所值。从经济和文化这两个领域出发,价值概念可被视为一种'所值何为'(worth)的呈现,这不仅具有一种静态或被动的意义,而且也存于动态和主动的方式中,如同一种协商(negotiated)或交流(transactional)的现象。"① 正如传统经济学的生产函数 $Q = f(L, K, N, E)$(其中,L 为劳动,K 为资本,N 为土地,E 为企业),内生变量是劳动力、资金、能源和原材料,而科学技术、文化艺术只是一个作用微乎其微的外生变量。传统经济学只关注物质经济,只重视稀缺性的物质资源的有效配置。

人类财富的价值理论经历了从劳动价值论、需求价值论到效用价值论、协商价值论的发展过程,经历了从单一的物质价值决定论到物质价值与文化价值的协同决定的发展转变。威廉·佩蒂虽然重视"土地是财富之母",但也提出"劳动是财富之父",强调物质资源是财富增长的基础,劳动创造了商品的价值。亚当·斯密将商品的价值分为使用价值(value in use)和交换价值(value in exchange),前者指满足人们欲望的能力,后者指一个人为获得一定单位的商品,所愿意放弃其他物品和服务的数量。马克思认为,价值是由一个物品所体现的劳动数量来决定的,而其他要素的报酬(利润、红利、租金、利息)是所谓的剩余价值(surplus value)。大卫·李嘉图认为劳动价值论无法解释古董、罕见艺术品的价值原理,因为劳动价值论基于自然价值的概念,认为生产和成本条件决定了价格。马克思也认为,"撇开真正的艺术作品(按问题的性质来说,这种艺术品的考察不属于我们讨论的问题之内)……那些本身没有任何价值,即不是劳动产品的东西(如土地),或者至少不能由劳动再生产的东西(如古董、某些名家的艺术品等等)的价格,可以由一系列非常偶然的情况来决定。要出售一件东西,唯一需要的就是它可以被独占,并可以让渡"。② 按照传统经济学的理解,产品的价格来自消费者愿意为它的"价值"所支付的数量,在这个意义上,商品的价值等于价格。

然而,价格理论不能等同于价值理论,价格可被视为一种手段,充其量只是

---

① 参见〔澳〕大卫·索罗斯比:《文化经济学》,台北:典藏艺术家庭有限公司 2003 年版。
② 〔德〕马克思:《资本论》第 3 卷,北京:人民出版社 2004 年版,第 856 页。

第七章 文化资产：文化产业的价值评估

衡量价值的一个不完全的指标。价格无法反映商品购买者所享受到的消费者剩余。① 价格最多只是价值的指标,不能算是价值的量度。传统经济学的劳动价值论似乎可以解释个人消费者的私人消费,但无法解释文化产品为社会公众提供福利的公共特性和准公共特性。因此,文化资产一定有某种"绝对价值"(absolute value)或"内在价值"(intrinsic value),附属于文化产品的价值评量,独立于任何买卖交易,与任何时间地点无关,这就是一种文化价值。索罗斯比指出,以艺术品为例,有三个来源造就了艺术品的非市场利润:"存在价值(人们看重艺术只因其存在)、选择价值(人们希望保留未来每个时候可以消费艺术的选择权)和遗赠价值(人们认为将艺术传承给下一代很重要)"。② 这些价值来源也可以凭借某种方式进行衡量,而成为构成艺术品的价值整体。

事实上,文化商品的价值决定于市场交易过程中消费者与文化商品之间的体验互动以及消费者之间的社会沟通。19世纪经济学家和艺术批评家约翰·罗斯金(John Ruskin)指出,"工人的努力不仅取悦了自己,而且也将这些好处赋予使用此物品的人"。他解释某些艺术作品之所以比其他东西更有价值,是具有创造力的生产过程将价值赋予一幅画或一尊雕像,并嵌进了艺术品本身。

其后,经济学家们推出"边际革命(marginalist revolution)",推动价值的生产成本理论向个人效用的行为模型转换,个人及其偏好才是交易过程和市场行为的终极因素。边际革命以效用取代满足,商品的价值在于消费者对商品的偏好心态,在于商品对其个人欲望的满足。杰里米·边沁(Jeremy Bentham)认为,效用可以描述一物品的内在特性,产生利益、好处、愉悦、满意或快乐。效用的意义又转变成从商品消费行为中得到的满足。这样,效用理论成为现代经济学中消费者理论的基石。美国行为经济学家丹尼尔·卡尼曼(Daniel Kahneman)用心理学的实验方法研究经济学的效用理论,研究人们如何在不确定状况下做出决策,进一步发展了效用理论。他认为,不能把生理效用,而是心理快乐作为社会发展的根本目标。人们最美好的生活应该是使人产生完整的愉快体验的生活。他区分了两种效用,一种是传统经济学的边际效用,另一种是反映快乐和幸福的

---

① 消费者剩余是指消费者愿意购买某种商品的心理价格与这种商品的实际价格之间的差额。
② 〔澳〕大卫·索罗斯比:《文化政策经济学》,易昕译,大连:东北财经大学出版社2013年版,第22页。

体验效用,体验效用是新经济学的价值基础。

根据美国人本主义心理学家马斯洛(Abraham H. Maslow)的需求层次理论(见图7-2),人的需求包括了生理需要(空气、水、食物、住所、睡眠)、发展需要(安全、保障)、爱与归属需要、尊重需要(自我尊重和他人尊重)和自我发展需要(真、善、美、活跃、个人风格、完善、必要、完成、正义、秩序、单纯、丰富、乐观诙谐、轻松、自我满足、有意义)。这些需要的最高境界就是渴望被尊重和自我实现的体验效用,产生一种"心醉神迷、销魂、狂喜以及极乐"的高峰体验。高峰体验是一种"创造体验、感觉体验、爱情体验、顿悟体验、神秘体验",是"体验者内在的整合以及随之而来的体验者与世界的整合",是一种"纯粹的满意、纯粹的表现、纯粹的得意",使得体验者"更加完整和统一,更独特、更有活力和更具自发性,更能完美地表达和解除抑制。更轻松和有力,更有胆量和勇气,更自我超越和忘我"。① 因此,正是

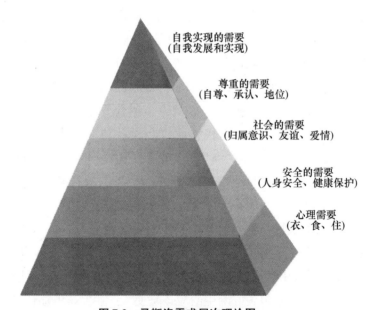

图7-2 马斯洛需求层次理论图

---

① 〔美〕亚伯拉罕·马斯洛:《动机与人格》,许金声等译,北京:中国人民大学出版社2007年版,第205—207页。

第七章 文化资产：文化产业的价值评估

体验这种无限需求，让消费者心理感知到商品的价值，产生出一种"惊喜"，反映于外部社会情境中，形成一个整体的体验价值链。

文化产品的价值体验往往成为群体体验的一环，使得惊喜的体验效果获得加强，就像人们参与宗教仪式的盛会效果一样，激起了一种爱弥尔·涂尔干（E-mile Durkheim）所谓的"集体欢腾"（Collective Effervescence）。集会当中的一种高度紧密的感情网络以及充满激情的仪式背景在宗教信仰中被建立起来，参与集会的人因彼此分享内心的激情而建立起集体的经验，强化了共同的信仰，体现了一种人性的创造自由与社会和谐的至善集聚，并产生了膜拜效应。① 集体欢腾根植于个人记忆，并成为群体分享与沟通的实质，通过社会资本建立起群体认同，巩固了个体与群体的"群我关系"。因此，文化商品的价值验定，通常源于两个主要的机制：一个经由市场里交换等值的绩效，即价格（price）；一个借由社会相关领域里仰赖褒贬奖酬的论断评述，即称誉（praise）。

文化产品的经济价值最终可以用经济术语加以解释，"在古典经济学领域，边际效用的概念被用来解释消费者的价值观，这体现在竞争性市场某些特殊商品和服务的均衡价格以及人们愿意支付的非市场效用上"，经济价值总是准确的、客观的，其估值的方法是可重复性的，而文化价值总是复杂的、多元的、不稳定的，缺乏一个共同的记账单位。② 19世纪末20世纪初奥地利著名艺术史家阿洛伊斯·李格尔（Alois Riegl）在《对文物的现代崇拜：其特点与起源》（The Modern Cult of Monuments: Its Character and Its Origin）中提出了文化遗产保护的文化价值体系，包括历史价值（History Value）、艺术价值（Artistic Value）、年代价值（Age Value）、新物价值（Newness Value）和现今价值（Present-day Value）。③ 联合国教科文组织在《世界遗产公约》里强调文化遗产"突出的普世价值（Outstanding of Universal Vaule）"，以维护原真性的原则保护文化遗产的历史价值、艺术价值和科学价值。法国学者弗朗索瓦·萧伊（Francoise Chaoy）指出，保护遗产的努

---

① 〔法〕涂尔干：《宗教生活的基本形式》，渠东、汲喆译，上海：上海人民出版社1999年版，第282—284页。
② 〔澳〕大卫·索罗斯比：《文化政策经济学》，易昕译，大连：东北财经大学出版社2013年版，第21页。
③ 阿洛伊斯·李格尔等：《艺术、价值与历史决定论》，载《李格尔与艺术科学》，陈平编译，杭州：中国美术学院出版社2002年版，第315—352页。

力不再是面对具有"知识与鉴赏力"的少数人,而是要争取最广泛的观众,以及促进休闲社会的发展。文化遗产具有双重属性,既是认识历史、传达知识的文物载体,但同时也是文化产品。文化工程推动的历史保护一方面使遗产的知识和精神方面得以呈现,另一方面与经济价值紧密联系在了一起。价值保护的本质在于"价值呈现"和"价值再生",在文化产业的发展过程中,要在文化遗产的保护与修复、闪亮登场与历史原貌中维持平衡,以生气勃勃的展示手段、现代化的展示材质、经济价值的审慎换算以及交通便利的可达性等呈现文化遗产的当代价值。[1] 英国学者费尔顿(B. M. Feilden)认为文物古迹应该包括情感价值(指奇观、认同性、延续性、精神的象征作用)、文化价值(指文献价值、历史价值、考古价值、美学和象征价值、建筑学价值、市容风景的生态学价值和科学价值)和使用价值(指功能价值、经济价值、社会价值和政治价值)。[2] 非物质文化遗产的价值体系包括历史价值、科学价值、教育价值、文化价值、社会价值、经济价值、精神价值和审美价值等。[3] 李凤亮等认为,文化产品是人类有目的的创造物,具有社会认识、情感交流、审美愉悦、鉴赏收藏等多重价值,具体包括存在价值、选择价值、遗产价值、声望价值和创新价值。在他们看来,一个文化产品的文化价值与经济价值之间的转换受到多种因素的制约,以艺术作品的经济价值的决定因素为例,包括创作者在创作该作品时所花费的必要劳动时间、艺术家和收藏家的社会地位、艺术家的知名度、艺术作品在艺术史上的学术地位、艺术作品的文化意义和观念价值以及艺术作品的稀缺程度等。[4]

大卫·索罗斯比认为,对文化价值的理解首先要厘清几个前提:第一,承认美学与社会学的区别,将纯粹的、自我指涉的及内在一致的美学判断领域,从更广的社会或政治脉络中把作为一种美学判断的存在区分开来。第二,在个人美学反映足够一致的情况下,从人们有兴趣的特别个案中去寻求一致同意的共识。第三,文化价值是多面的、会转变的事物,不能用某个单一领域来理解。价值是

---

[1] Francoise Chaoy, *The Invention of the Historic Monument*, translated by Lauren M. O. Connell, Cabridge University Press, 2001. 参见卢永毅:《遗产价值的多样性及其当代保护实践的批判性思考》,载《同济大学学报(社会科学版)》2009年第5期,第37—39页。
[2] 转引自王瑞珠:《国外历史环境的保护和规划》,台北:淑馨出版社1993年版,第9页。
[3] 转引自王文章主编:《非物质文化遗产概论》,北京:文化艺术出版社2006年版,第75—166页。
[4] 李凤亮等:《艺术原创与价值转换》,深圳:海天出版社2014年版,第182—189页。

多样的且多变的。对文化价值进行测量似乎不太可能,文化价值倾向于反对测量,不论就参考外在尺度或内生尺度而言。① 从这些原则出发,他认为文化价值体系应该由精神价值、美学价值、社会价值、历史价值、真实价值和象征价值等组成。

文化产品是一种象征性商品,是一种多元价值的复合商品。任何商品都包括了交换价值和使用价值,商品要满足消费者能感知的体验效用,无论是满足基本的生理需求的功能价值,还是满足社会性的精神需求的文化价值,没有使用价值的商品是没有市场生命力的。文化产品的使用价值就是文化价值,包括美学价值、符号价值、历史价值、认同价值和拜物价值等复合多元价值。其中,美学价值指文化产品的素材形式与内容寓意,文化产品是美学意涵的载体,体现了象征性财货,经由高思维的玄妙想象,应用精巧创制技艺,撼动多元族群心灵的凭借。符号价值指商品附加于消费者的需求体系,其价值并非简单来自生理心理的基本需要的满足,而是由其标榜的声望、地位、权力以及幸福人生的认定方式而定。历史价值指文化商品的文化历史属性大多蕴含在文化历史的系统中,不能摆脱社会脉络而单独存在,越是源于优势文化历史系统的文化商品,就越具有市场的竞争价值,比如法国的时尚、德国的精工、意大利的时装、美国的电影、日本的动漫。认同价值指文化商品的表征经由社会性的沟通,达成一种群体认同的意识形态效果,文化商品的价值在于能获得社会群体的集体认同。拜物价值指商品拜物教式的运作凝合了消费者主体和商品客体,联结了表征符号与深层意识底层的欲望,隐含着对文化商品表征意涵的幻想。②

三、文化价值的评估方法

文化资产包含了经济价值和文化价值,通过市场交易的形式达成交换价值,形成了双重市场:一个决定经济价格的商品的有形市场,一个决定文化价格的思想的无形市场。文化产品的商品市场可以表达为一个特定价格,文化创意的思

---

① 参见〔澳〕大卫·索罗斯比:《文化经济学》,台北:典藏艺术家庭有限公司2003年版。
② 参见李天铎编著:《文化创意产业读本:创意管理与文化经济》,台北:远流出版公司2012年版。

想市场具有与文化产品的公共特性相匹配的多重价值。① 因此,评估文化资产的文化价值与定义文化资产的文化价值一样,都是一个难题。

大卫·索罗斯比认为,既然文化价值体系表现为审美价值、精神价值、社会价值、象征价值、历史价值和真实价值的价值组合,那么,可以先由评估者对每一个价值属性进行评估,然后通过加权系统汇总成一个总体评估。他提出了五种文化价值的评估方法:第一种是关系图法(mapping),对研究对象进行简单的背景环境的分析,包括地理、物理、社会、人类学及其他类别的关系图,以建立一个全面性的关系结构。第二种是深度描述法(thick description),这是一种解释方法,用来描述文化对象、环境或过程,使难以理解的现象合理化,让人们对行为的背景或意义更加了解。第三种是态度分析法(attitudinal analysis),参考社会调查法、心理测量法,特别评估社会及精神方面的文化价值,可以应用于个人对反应的估计和群体的态度或共识的形态。第四种是内容分析法(content analysis),目标在于意义的确认与描述,适合于对象征价值各种解释的估量。第五种是专家评价法(expert appraisal),引进专门知识,用特别的技术、训练和经验,尤其在美学、历史及真实价值方面提供专业判断。②

正如前文所述,文化资本的形态转换以社会关系网络为载体,社会场域所建构的集体称誉和社会评判,贯穿于文化产业的全产业价值链系统之中,形成一整套"称誉陈述"(Praise System)。比如,原创研发环节,仰赖明星创作者和话题性题材;生产制作环节,延请具有专业声望的艺术监制和创意顾问;宣传发行环节,旨在建构知名品牌、社会认同和商品美誉度;分销配送环节,开创社会广泛参与的商品商业绩效排行榜;评论中介环节,聘请专业的文化评论和褒贬论断;消费体验环节,营造实体体验、回想和反馈。③

布莱恩·摩尔安将吉布森的可供性理论与布尔迪厄的场域理论相结合,提出"可供性回路"的价值评估体系。美国生态心理学家吉布森1977年在生态知觉理论基础上提出"可供性理论",认为自然界的许多客体具有恒定的功能,人

---

① 〔澳〕大卫·索罗斯比:《文化政策经济学》,易昕译,大连:东北财经大学出版社2013年版,第24页。
② 参见〔澳〕大卫·索罗斯比:《文化经济学》,台北:典藏艺术家庭有限公司2003年版。
③ 李天铎编著:《文化创意产业读本:创意管理与文化经济》,台北:远流出版公司2012年版。

的知觉就是环境刺激生态特征的直接产物,环境客体的这种功能特征就是"可供性",意味着行为主体与环境客体之间可以直接知觉的行为关系,这种行为关系具有互补性和互动性。① 可供性包括了行为主体、客体特征和行为等三个要素。比如,"坐"的可供性包括提供"坐"的物品的高度、宽度、支撑力度和平面光滑度等物理特征,行动主体具有"坐"的行为能力和信息接受能力,发出"坐"的行为本身。吉布森的"可供性理论"强调了行动主体与客体之间的互动体验。1988年,心理学家诺曼(Donald A. Norman)认为可供性分为"真实的可供性"和"可感知的可供性"。"真实的可供性"指行动主体获取可供性的能力独立于过去的经验和知识,强调行为主体直接感知对象的特征属性,"感知的可供性"指行动主体需要凭借以往的经验和知识,强调一定的信息加工过程。② 诺曼将生态心理学引入产品设计,重视人机交互设计,提出了好用型设计的相关标准。

布莱恩·摩尔安的"可供性回路"包括经济的可供性、社会的可供性、技术—材料的可供性、再现的可供性、空间的可供性和当下的可供性等六种可供性。这些可供性既不是事物的内在品质,也不是事物的客观属性,而是在一个多元的、持续的交换和互动过程中产生的结果,是一个经济系统的产物。因此,价值是社会互动的产物,是社会协商的结果。"可供性回路"在象征交换的文化场域和商品交换的经济场域之间形成了可感知的价值,包括技术—材质价值、社会价值、情境价值、审美价值和使用价值。

其中,技术—材料价值表现为两种情况。第一种情况为设计或制作文化产品时所使用的材料的价值,比如一件皮草衣服和一件棉质衣服在价值上有高低差别,3D电影和2D电影在电影票价也有所不同。第二种情况为文化产品创造者自身所具有的专业的知识和技能,比如面对同样的风景,使用同样的设备,不同的摄影师拍摄的作品有差别,这与摄影师的专业技能有关。

社会价值,指一种表现为个人之间的关系或个人与组织以及不同组织之间的社会联结和关系网络。社会价值在文化产品的生产与交换过程中发挥重大作

---

① 参见〔美〕吉布森:《知觉学习和发展的原理》,李维、李季平译,杭州:浙江教育出版社2003年版。
② 转引自李永锋、朱丽萍:《可供性及其在设计中的应用探析》,载《装饰》2013年第1期,第120—121页。

用,比如,时尚设计师选择摄影师拍摄作品,可能会选择之前合作过的摄影师,也可能选择业界德高望重的人推荐的摄影师。社会地位对文化产品的价值具有一定的影响,例如,一个著名的服装设计学校毕业的设计师设计的作品可能在服装定价上会更高。

情境价值与时间或者空间有关,从时间角度而言,稀缺性和原真性是物品情境价值的一种体现,如迈克尔·杰克逊在1983年第一次表演月球漫步时戴的白手套,在2009年拍卖价为35万美元。从空间角度而言,情境价值与物品所在的空间环境有关,例如,在一些展览中,展品被放置在玻璃展柜内,象征性地制造了物品与观众之间的区隔,造成了展品需要被保护、价值高的印象。

另外,审美价值,一般是指消费者可以感受到商品所展现出的某种美感。使用价值,是一个物品之于使用者的价值,既体现为商品本义上的使用性,还包括商品潜在性的使用性。潜在性的使用价值不受生产者规定和约束,根据消费者自己的需要而决定,例如,一只袜子可以用来穿,也可以在平安夜挂在床头,也可以被强盗用做抢劫银行的工具。一个茶杯既可以用来喝水,也可以用来作为笔筒等等。①

摩尔安认为,这五种价值展示了对一个物品评价时所参考的不同标准,在一定程度上影响着消费者的选择。这五种价值综合起来形成一种象征价值,并最终被交换为一种可量化的经济价值,实现文化商品的交换价值,达到文化产品在质量与数量、文化与经济的碰撞与融合。正是这种"可供性回路",可以在文化产品的经济价值和文化价值之间建立等值,且达到总体价值的评估。

可供性价值虽然不是文化产品与生俱来的、不证自明的属性,但却依附于某件文化产品。因此,探讨文化产品的价值生成需要关注文化产品本身的生产。摩尔安认为,文化产品是人们通过利用附属资源(attached resources)和可转让资源(alienable resources)等两种不同的资源形式创造出来的。其中,附属资源指不能从主体身份中分离出来的资源,如主体的社会名誉、社会地位、个人才华等;可转让资源指那些虽然受主体控制,但可以被分离和转让的资源,如文化技术、产品本身、资金等。文化产品的生产过程就是不同组织和个人相互之间对资源

---

① Brian Moeran, *The Business of Creativity: Toward an Anthropology of Worth*, Left Coast Press, 2013.

第七章 文化资产:文化产业的价值评估

(或布尔迪厄所谓的"资本")的利用和转换的过程。文化产品的生产过程是一种社会互动的过程,文化产品价值生成的过程也是一种社会互动的过程。

阿尔让·阿帕都莱(Arjun Appadurai)把商品视为物的社会生命的一个阶段,并在默尔·科迪(Merle Curti)的"工业锦标赛"(Tournaments of Industry)和麦瑞阿特(Mariott)的"排名锦标赛"(Tournament of Ranks)概念启发下,提出了"价值锦标赛理论"(Tournaments of Value,或译为"价值竞赛"),用以分析某些文化价值的估值原理。阿帕都莱以美拉尼西亚群岛一种名为"库拉"(Kula)的交易制度来阐述"价值竞赛"的概念。库拉体系中用于交换的物品有两种,装饰用的项链和一种特别的贝壳(被称为"armshell"),有专人辗转各地以交换这两种有价值的物品。"当这些负责交换的人获得、持有和舍弃这些价值物的同时,他们也获得或者失去声誉(reputation)"。当地用一个专门词汇"Keda"(译为"通道")来表达与物品交换者的财富、权力和声誉息息相关的意涵。那些负责物品交换者需要有辩才和操控这些通道的能力,他们有时会像团队一样合作,有时还需要观察和解读别的物品交换人的动向。阿帕都莱认为,"库拉体系"是一种交换的私人协议,"在此种情形下,这种类似于价格的东西不是通过与个人色彩无关的供给与需求的力量,而是通过一些协商的过程而最终达成"。库拉体系中的价值增值是"声誉、姓名或者名望,产生这种利益的批判形式资本的是人,而不是其他的生产要素"。[①]

阿帕都莱以这种"库拉体系"为模型,认为"价值的锦标赛"具有几个特征:第一,复杂的周期性的活动以某种文化性定义的方式,从日常的经济生活中分割开来。参与活动既代表着在权力阶层中具有优先权,又是一种在权力阶层中进行地位竞争的手段。第二,这些锦标赛的汇率也通过约定俗成的文化差异被区分。第三,值得注意的不仅仅是地位、排名、名望或者参与者的声誉,还有价值最核心的象征性意义在社会中的位置。第四,虽然价值锦标赛发生在特定的时间和空间,但是其形式和结果永远对于普通生活中更为平常的权力和价值的实现产生影响。

---

① Brian Moeran, Jesper Standgaard Pedersen, *Negotiating Values in the Creative Industries. Fairs: Festivals and Competitive Events*. Cambridge University Press,2011.

阿南德(Anand)和沃森(Watson)于 2004 年以阿帕都莱的"价值锦标赛"理论分析了颁奖典礼,并将之称为"仪式锦标赛"(Tournament of Rituals)。他们认为,仪式锦标赛中至少存在两种参与者:有影响力的好交际的参与者(influential social actor)和边缘化的参与者(periperal actor)。在仪式锦标赛中,只有前者才能被赋予特权或者将这场典礼当成一种进行地位竞争的工具。"因为不是所有在场的人都能通过参加颁奖典礼受益,这种典礼无形中对部分参与者的益处超过了其他人;因此,一场颁奖礼成为场域内相互作用(fieldwide interaction)的机制"。①

"场域建构型活动"理论(Field-Configuring Event,简称 FCE 理论)被蓝贝尔(Joseph Lampel)和阿兰(Alan)援用来分析节庆、会展、市集、戏剧等文化活动的文化价值。FCE 理论起源于机构理论(institutional theory)的发展和对场域构建过程的关注,"早期的机构理论很少关注场域的产生,并且完全排除了人作为促使场域形成的因素……因此最新的研究表明,场域产生自人、团队和组织的集结,刚开始这种集结是偶发的,然后就建立了联系,最终变得越来越频繁"。他们认为,"场域"活动比"产业"活动更为广泛和深远,代表了一些生产相似产品和服务机构的集合。因此,"场域建构型活动"特指使业务相似的组织聚合而成为场域的活动,例如市集和节庆。蓝贝尔和阿兰将"场域建构型活动"形象地描述为一个"竞技场"(arena),在这里,"网络被构建,名片被交换,名誉被提升,交易被达成,新闻被分享,成就被认可,标准被设定,以及主流的设计被选择"。②"场域建构型活动"具有以下特点:将不同专业、不同组织和不同地域背景的人集中在一个特定的区域;活动的期限是限定的,通常在几小时到几天之内;提供了一个非结构化的面对面社交的机会;是进行信息交换和塑造集体意识的场合。"场域建构型活动理论"与"价值锦标赛理论"相似,也强调人在活动中的作用,并且把场域运行的机制归因于不同的团队之间的社会联系和相互作用。

---

① Brian Moeran, Jesper Standgaard Pedersen, *Negotiating Values in the Creative Industries. Fairs, Festivals and Competitive Events*. Cambridge University Press,2011.

② Id.

四、经济价值的评估方法

文化资产的核心资产主要表现为一种无形资产的知识产权,文化资产的经济价值评估多由"法律、商业模式、技术知识"等评估资源组成,以经济价值与商业分析为基础,以产业为单位,针对不同竞争形态、产业结构、产品及技术特性做分析。由于作为知识产权形态的文化资产具有无体性、价值不易认定及权利存在不确定性风险等特性,文化资产的价值评估须采用不同的评估方法和计算方式。目前,世界通用的知识产权价值评估方法分为传统评估方法和现代评估方法。其中,传统评估方法有成本法、市场法和收益法,现代评估方法包括评等法、现金流折现法、权利金节省法、经验法、拍卖法、选择权法等。

1. 成本评估法(Cost Method)

成本评估法认为知识产权的价值可直接在其建构成本中评估,知识产权的开发成本或购置成本,不得低于其所贡献的经济价值,最终以文化产业价值链中的知识产权"生产"或"产生"的成本来评定知识产权的价值(见图7-3)。

$$\text{资产评估值} = \text{重置成本} - \text{实体性贬值} - \text{功能性贬值} - \text{经济性贬值}$$

图7-3 成本法评估公式

文化企业无论是向外购置还是自行研发,评估时都会将已发生的研发成本、预估的研发成本及相关费用视为计价参考标准。成本法依据三个基本经济原则:第一,没有买主愿花费更多的总成本来创造一个具有同等效用与需求的知识产权;第二,供需变动将致使成本增减,直到不同种类的知识产权供需成本各自达到平衡为止;第三,外部因素所造成的增益或损失须归诸知识产权。总的来说,成本法在估价的时候并不需要考虑到市场状况或其他因素,只需就其所投入的成本进行估算即可,在所有评估方法中属于较简单的方法。因此,若采取成本法应用于知识产权价值评估时,评估重点是强调其资产本身所投入的成本价值,而不是衡量其资产在未来所产生的收益(见表7-4)。

表 7-4　文化资产经济价值成本评估法考虑因素

总开发费用		贬值因素		
直接投入费用	间接投入费用	物理折旧费用	功能折旧费用	经济折旧费用
包括投入开发的人员佣金，研究器材购买费用，原材料费，试制费用，其他费用。	包括对研究器材的间接费用，行政人员、技能工人佣金，付给外部评估机构的评估费用，其他费用。	指因腐朽衰退、一般损伤、偶发损伤、灾害发生的价值折扣。	指因时代潮流环境的变化而发生的价值折扣。	指周边经济环境衰退、萧条等外部经济环境的变化带来的价值折扣。

成本评估法又可再细分为历史成本法和再生成本法。其中，历史成本法（Historical Cost）又称新替换成本法（Replacement Cost New），是将研发此知识产权的所有成本或费用的支出，依据账册所列予以汇整，而其所衡量的重点在于企业在过去一定期间内所作研发的支出款项，将此投入金额支出采用资本化的会计处理后所得出的结果，即为其估算价值。再生成本法（Reproduction Cost），指考虑到历史成本法的计算必须凭借着依账册所列之数据，难以周全兼顾，因此会使用此法，着重于当企业不经过授权而自行研发时，其所可能产生的成本。再生成本法立论于自行研发时可能产生的相关成本，常用于网络游戏开发的价值评估。

使用成本法时须加计利息，亦即以所谓"将来值"（future value）换算成当时的价值，其公式为：$V_p = (l+i)nC$，其中 V_p 为现值，C 为成本，i 为利率，n 为年数。换言之，在不采用新的知识产权前提下，欲使用原先的知识产权、使用相同的材料、设计、标准、布置及质量，于目前情况下制造同样的产品所需要支付的成本。

成本评估法的优点在于简单易算，只需将所有固定人力成本、设备成本与营销成本纳入，即可简单算出此项文化资产的价值，或可说是文化资产的成本。其缺点是无法将市场及竞争环境等因素纳入考虑，不够客观，仅为单方面参考定价。

2. 市场评估法（Market Method）

市场评估法指文化资产的市场价值受交易事例的价格和产业可变因素的影响，可以行业类的交易价格为参照对象，结合宏观产业环境的影响因素（见表 7-5）进行综合评估的一种方法。市场评估法的逻辑出发点在于，最近有类似

第七章 文化资产：文化产业的价值评估

买卖事例时，一般的卖者不会以低于类似买卖事例的价钱出售。市场评估法适用于那些买卖行为较为频繁的文化资产的评估。艺术品拍卖指数就是一种市场评估法的应用。

表 7-5　文化资产交易事例可变因素

交易事例价格	可变因素
过去发生交易时的价格	过去交易发生时间点、事例内容的市场性、价格水准、可使用期、市场占有率、代替内容的开发与否、事例与当前评估对象间的相似度

市场评估法将文化资产的经济价值分为四大价值：商业价值（Business Value），指市场结构与规模结构、预期市场与市场接受度、市场扩散力与促销力等指标；技术价值（Technology Value），包括产权条件、产品信用、有利条款结构及交互授权关系等指标；知识产权价值（IP Value），含技术创新及竞争力结构、技术支持与风险结构、技术实用性及科学引用能力等指标；市场价值（Market Value），指潜在和可行的经济回报。技术价值、商业价值与知识产权应用价值在整体文化市场的比例，乘以市场总值，即为该文化资产的市场价值。大多数文化产品偏好以市场法进行价值评估。通常在授权交易时，利用市场调查，选择一个或数个性质相同、具有相似获利能力的文化资产，将其与尚待评估的文化资产加以比较，由其成交价格与交易条件来进行比对，以便估算资产价格。

市场评估法的优点在于可针对知识产权等无形资产的影响因素作全面性的考虑，取得趋近实际价值的市场价值，但缺点在于若评估对象属新知识产权领域，则无可供参酌的先前市场行情，故不易实行。因此，一般认为市场法适用一个有效率的市场，且该市场上存在足够多相类似的权利金支付的经验定价信息（Market-derived Empirical Pricing Data）可供参酌。

3. 收益评估法（Income Method）

收益评估法在于以现值（Present Value）考虑文化资产在未来的预期收入，是在多种变量下所产生一种评估方法。透过预测文化资产在未来的经济寿命周期，于某一特定周期（每年或每月）可以获得的预期利益，再选择合适的折现率折现求值（见表 7-6）。其计算公式为：

$$P = \alpha \sum_{i=1}^{n} \frac{R_i}{(1+r)^i}$$

该公式中，P 为文化资产的价格，n 为文化资产预计使用年限，r 为折现率，R_i 为使用该资产后第 i 年带来的超额收益，α 为文化资产的分成率（见表7-6）。

表7-6 文化资产未来收益变量

未来现金流	派生价值贡献度
合理推算评估对象的经济寿命，结合折现率推算出未来的现金流总量	使用该内容而派生出的现金流中内容本身的贡献程度

具体而言，收益评估法还可分为以下四种：

第一，将历史利润转化为资本法，通过评估知识产权的相对优势得出一个倍数，用这个倍数去乘以历史利润的可保续值，从而得出知识产权的价值。尽管这种资本化的方法照顾到了一些应该加以考虑的因素，但其主要缺点是只关注过去的收入能力，对未来几乎不加考虑。

第二，毛利润区分法，通常用于商标及品牌的价值评估。此法是根据营销成本进行调整之后的销售价格之间的差别，这个差别指的是品牌产品或专利产品与无品牌的产品或仿制产品之间的差价。此公式排除现金流，计算出价值，但缺点是要找到一个专利产品的同类仿制品并确定差价是非常困难的，比找零售品牌产品的对应产品要难得多。

第三，超额利润法，以目前纯有形资产的价值作为评估利润率的标准，以吸引投资者向那些纯有形资产进行投资所需的利润，而高于为吸引投资所需利润数的部分即可被看作知识产权所能带来的额外收益。从理论上讲，这种方法以通过使用有形资产而产生的未来经济利润为基础，但它很难针对有形资产的其他用途进行调整。

第四，许可使用费替代法，指的是购买者为了一项相似的知识产权使用许可，能出多少钱，或者愿意出多少钱。然后将连续的许可费换算成资本，来反映对这项资产进行投资的风险和利润之间的关系。

一般而言，收益法必须考虑的参数包括以下几点：(1) 由知识产权所衍生的未来收入，亦即其必须将公认的收入中，无关此知识产权收入剔除；(2) 可获致收入的持续时间,亦即此知识产权可为所有人带来收入的时间;(3) 实现此收入所伴随的风险。利用上述三项参数即可把知识产权的价值计算出来,然后再以现金流折现法换算为现值。

此外,收益法的计算方式又可细分为以下两种方法:(1) 直接计算法,系指知识产权能够直接地创造增益价格或节省成本,或是两者兼具,故得以利用创造的现金流量来评估知识产权的价值。(2) 间接计算法,指间接由拥有此一知识产权可节省的权利金支付,间接计算利润比预期金额更多,以此估算知识产权的价值。因经济利益来自所有资产的整合作用,故亦得将文化企业的总资产扣除财务资产、有形资产与无形资产后的余额,间接地估算知识产权的经济价值。

收益评估法的优点在于可将知识产权等无形资产所产生的有形收益直接量化纳入,而使评估如专利权的作价投资和让与价格时有较为具体的评估标准,是目前文化产业界比较常用的方法。然而,在遇到公司为跨国经营的情况时,可能发生产品在甲地制造、乙地销售,但却是用到丙地总公司的知识产权的情况,此时在计算收益时,就会发生相关费用如何分摊至各国的利润中心的困扰,最终影响到知识产权的评价结果。

4. 评等评估法

评等评估法又称技术因素法(Technology Factor),由美国陶氏化学公司(Dow Chemical)提出。评等评估法的基本概念在于进行知识产权(尤指专利而言)或技术资产的价值评估时,虽然可以基于竞争者的市价,但由于技术的特性所致,通常没有办法取得可以相互比较的清算价值或新替换成本,因此可以将知识产权、竞争性知识产权及其市场状况加以分析,找出关键影响因素予以排序评等,使其成一矩阵,再将两者加以结合,用来作为计算权利金或收益的基础。

评等评估法可从企业的国际化能力、领先能力、成长趋势,或者是从产品的市场占有率、权利延伸潜力等各种不同的外在因素加以计分。评等评估法的系统性,易于对投资人或股东说明为何该知识产权有如此价值,同时企业本身也可借由评等结果来对其内部未来的研发作重点决策与管理,以增加所拥有的知识产权之未来价值或减少其开发上的风险。

评等评估法的优点在于该法是一种可过滤潜在风险的机制,这是因为无论是其计分系统、等级,或是加权的因素、决策,都是经由专家以特定的方法或工具来进行系统性分析,进行过程中很多情况都可被公开测试、追踪,故而评等法的评定结果具有极高程度的可信度,但评等法的缺点在于主观的等级决定与量化可能会有误导的嫌疑,且加权手段可能会模糊掉资产弱项问题。

5. 现金流折现评估法

现金流折现评估法(Discounted Cash Flow Method,简称为DCF)的基本概念在于将现金支付期间与到期即付风险加以考虑,把未来的现金换算成现在的价值。现金流折现评估法以合理的折现率将未来值换算成现值,必须预测未来所有的现金流量,再依据所有的成本与投资、配合风险及资产配置,以评估未来的投资报酬率,超过的价值则按比例分配给买方及卖方。现金流折现评估可以看作收益评估法的进一步改良和提升。

现金流折现评估法的优点在于具备精确性与关联性,可培养知识产权权利人对于价值及风险的敏感度,且若更深一层去仔细分析收入与现金流量表中的各个要素,则更能体会经验法则的数据是否合理。其缺点在于采用此法的计算过程中,对于如何选择及分析各项经济指标与参数,例如获利率、风险系数、景气循环、市场相关技术等,若未经专家指导审慎评估选取,恐难以评估出该知识产权的真正价值。

6. 权利金节省评估法

权利金节省评估法(Relief from Royalty Payment)是拉布鲁姆(Labrum)和弗兰克(Frank)于1991年提出,即将拥有知识产权后所节省的权利金支出视为知识产权的价值,是一种间接收益评估法。权利金节省法因源于收益法,其优点及缺点与收益评估法相似。

7. 经验评估法

经验评估法(Rule of Thumb)是一种现实中萃取有效的简化方法,通过错误尝试来发现问题与解决问题,虽不精确,但是作为指导方针,其背后的逻辑基础在于在众多的买方与卖方的协商之下,总会有理性、可支撑的原则存在。经验评估法的

第七章 文化资产：文化产业的价值评估

特色在于卖方可以直接计算买方所想要获得的利益,而将收益直接切割成容易切割的比例。比如,某项文化产品的销售利润是由技术、营销管理及其他许多因素所决定,而技术的贡献度若占该产品销售利润的 30%,则当该产品最终结算的总销售利润为 1000 万元时,那么该技术的价值就相当于 300 万元。

经验评估法的优点在于其直观性强,具有逻辑性、简单性以及普遍性,执行起来较为容易。其缺点在于利用经验评估来评估文化产权的经济价值时,并无法针对各种不同产业或技术来比较其差异性与风险性,例如产品的实施风险、投入与产出风险、市场风险、专利维护的风险等等,或者是对于技术上的区分皆无法一一进行客观上的比较。此法的主要缺点是无法为文化产权的价值评估提供较客观的标准。

8. 拍卖评估法

拍卖评估法(Auctions Method)指由公开喊价的市场交易机制,提供一个特殊的买卖机会,以期能有效地形成一个完善的产业标准。拍卖评估法利用正在进行中而尚未完成的交易报价作为价值评估基础。若采用拍卖法就如同执行一般的有形商品拍卖,若执行良好,可达到设立该文化产权的市场价格及活络知识产权的流通的双重目的。但拍卖法比较少见,因使用时机只有两种情况:其一是企业进行业务调整或技术更替迅速,将不再使用的技术或专利进行拍卖求现;其二是企业面临破产倒闭,不得已将自己的技术或知识产权拿出来拍卖。

以知识产权为主要形式的文化资产的拍卖,与一般有形商品的拍卖有很大的区别:(1)买方仅须理解拍卖的知识产权为何物,不须负担相当大的注意义务,反而是卖方必须设法将买方的注意义务降到最低,或是做些使买方比较容易执行注意义务的准备,否则无法吸引投标人,在此双方的博弈中,申请知识产权范围的大小是否容易、能否利用排他权来阻止竞争对手、是否为前瞻性知识产权等都是焦点。(2)卖方必须采取强势的谈判立场,足以吸引买方,要在投标者众多的情况下才能彰显价值。

拍卖法评估的优点在于容易引起竞价效应,若权利人所要拍卖的知识产权等无形资产确实为市场所认同,那就可望获得理想的价格。此法的缺点在于对于投资人而言,有可能发生因市场预期过高以至于过度竞标,而必须付出较高代价来取得所需资产的不利情况。

9. 选择权评估法

选择权评估法（Option Method）来自"衍生性金融商品"，原本指执行的主要标的是股票、外汇、债券等金融资产，通称为财务选择权（Financial Option）。选择权评估法为持有人提供一种权利，在到期日时以事先约定好的价格买或卖一定数量标的的资产，但这种选择不是义务的，持有者可放弃该权利而选择不履约买进或卖出行为，这样实际损失的只是一笔权利金，具有"下方风险有限，上方获利无穷"的特性。

比如，就股票的选择权而言，购买一个买权选择权（Call Option），取得日后可以在某一特定时间、用一定执行价格（Executive Price）取得某一种股票的权利。该买权选择权只在特定时间、该股票的市价大于执行价时，理性选择权持有人才会执行此选择权，反之则会放弃执行权利。将该股票选择权应用于购买或是授权一项知识产权时，其实是取得一项权利，是一项可以让公司在某一特定时间内投入资金研发、生产或销售而能获利的权利，而非义务。因此，只有当该文化产品能在确保开发成功或是文化企业获利的情况下，才会继续后续的决策执行。

影响选择权价值的因素有标的物价格、履约价格、到期期限长短、无风险利率与标的物价格的变动率等。因此，若知识产权所衍生出的文化产品价格波动性大且价格昂贵，或是履约价格低、授权期间风险利率高，则购买此买权的价值相对要高。

由于选择权评估法的评估模式主要是从市场的经济运行时间层面进行观察与统计，之后再得出知识产权的合理价格，其优点在于符合商业行为中"决策的易变性"，赋予企业决策者较大的弹性选择空间。此法的缺点在于无法区隔出同一类知识产权间所存在的技术差异，亦即评估结果无法反映同类知识产权的差异性。

10. 其他评估方法

此外，文化资产的经济价值评估方法还有一些不太常用的评估方法。其中，多元回归评估法，即现实中一个变量往往受多个变量的影响，多元回归法便是将多变量表现在模型中。多元回归的基本模型为：设所研究的对象为 Y，受多因素

第七章 文化资产：文化产业的价值评估

X_1, X_2, X_3 等影响，假定各个影响因素与 Y 的关系是线性的，则可建立多元线性回归模型：

$$Y = \beta + \beta_1 x_1 + B_2 x_2 + \cdots \beta_k x_k + \varepsilon$$

其中，x_1, x_2, x_k 代表影响因素，通常是可以控制或预先给定的，被称为解释变量和自变量；ε 代表随机干扰因素对 y 的影响总和，被称为随机误差项；y 为研究对象，即预测目标，被称为解释变量或因变量。

层次分析评估法(The Analytic Hierarchy Process, AHP)是由美国运筹学家萨蒂(T. L. Saaty)提出的一种将定性和定量结合的系统评价分析法，适用于结构复杂、相关因素高度关联、缺乏必要数据却仍要做决策的情况。层次分析评估法根据因素间的相关性和隶属关系，构建多层次的系统结构。

德尔菲评估法(Delphi Method)又称专家调查法，采取背对背的匿名发表方式向专家征询意见，专家间不能互相讨论，经过反复征询、归纳、修改，最终汇总成一致看法。此法具有广泛的代表性，较为可靠，其缺点在于取样，也就是"专家"划分的标准可能因地、时而异，且反复征询降低了工作效率。

韩国郑在泳以电影剧本作为研究对象，建立了故事性文化产品的商业价值评估模型，并使用多元线性回归模型(Two-level log-linear regression model)进行故事的商业价值验证。[①] 该评估模型上层结构的变量为：电影剧本故事为自变量，电影最终票房等经济收益数据与权威网站评分作为因变量，制作公司、导演、演员作为控制变量。下层结构的变量为：年龄在 20—29 岁的 20 至 30 个年轻人对各单位场景(scene)给出 1—5 的评分。这些年轻人给出评分的对象是 2004 年到 2008 年间希捷(CJ)公司投资的 68 部电影。统计所获得的结论为：第一，电影高峰经验的最高值对消费者满足和电影的商业成功影响最大，存在着峰值效应(Peak effect)；第二，将电影故事分为三幕时，与前两幕相比第三幕的高峰评价对整体产品的正向影响最大(Regency effect)；第三，故事结构中第二幕到第三幕引人注目的巧妙转换对市场盈利起到重大作用。评估结果表明，对各单位场景感受的平均评价对电影的销售盈利估测将起不到有效的帮助，相比之下，只取电

---

① 〔韩〕Jeong Hye Woen:《韩国传统表演振兴政策研究》，韩国中央大学校 2007 年博士学位论文，第 84 页。

影最为高峰的场景感受度来分析会更加有用。上述评估模型与所得结论为电影脚本的故事价值评估提供了较为可靠的分析方法。

表7-7 文化资产不同评估方法的优劣比较

评估方法		价值取向	优点与缺点
传统评估方法	成本法	以产业链上游的知识产权"生产"或"产生"为价值	优：简单易算 缺：无法将市场及竞争环境等因素纳入
	市场法	以行情市价为参考价值： 商业价值 技术价值 知识产权价值 市场价值	优：全面性的考虑 缺：若评估对象属新技术或新领域则不易施行
	收益法	以现值考虑未来之期望收入的价值	优：有形收益直接量化纳入 缺：遇公司为跨国经营的情况则不易施行
现代评估方法	评等法	以知识产权和竞争性知识产权及其市场状况为价值	优：过滤潜在风险的机制 缺：量化可能会有误导之嫌，且加权手段可能会模糊掉资产弱项问题
	现金流量折现法	未来的现金换算成现在的价值	优：精确性与关联性 缺：若未经专家指导审慎评估选取，恐难以评估出该知识产权之真正价值
	权利金节省法	为拥有知识产权后所节省的权利金支出即视为其价值	优：有形收益直接量化纳入 缺：遇公司为跨国经营的情况则不易施行
	经验法则	从现象中萃取有效的简化方法，并换算价值	优：简单性以及普遍性 缺：无法针对各种不同产业或技术来比较其差异性与风险性
	拍卖法	以尚未完成之交易报价作为价值评估基础	优：可望获得理想的价格 缺：市场预期过高以至于过度竞标
	选择权法	选择后所获得的利益	优：符合商业行为中"决策之易变性" 缺：无法反映同类专利的差异性
	多元回归法	综合多变量，预测结果	优：综合文化产品的定性因素，客观 缺：数据收集困难
	层次分析法	因素进行层次化分析	优：定性与定量分析
	德尔菲法	专家调查法，多次反复调查专家意见	优：专业客观 缺：专家选择问题、效率低

第七章　文化资产：文化产业的价值评估

综上所述，文化资产经济价值评估方法各具特点，各有优劣（见表7-7）。在文化资产的经济价值评估过程中，应根据不同的评估标的、存在状态、现行市价、剩余寿命和权利金率变动及移转价格等市场行情，采用不同的评估方法。一般而言，评估专利、商标、版权以收益评估法为佳，其次为市场评估法，不建议使用成本评估法（见表7-8）。①

表7-8　不同类别的文化资产的评估方法建议

无形资产类别	最佳评价方法	次佳评价方法	不适之评价方法
专利与专门技术	收益法	市场法	成本法
商标与品牌	收益法	市场法	成本法
著作权	收益法	市场法	成本法
产品软件	收益法	市场法	成本法
渠道、人力、内控程序	成本法	收益法	市场法
管理信息系统	成本法	市场法	收益法
顾客关系	收益法	成本法	市场法
特许权	收益法	市场法	成本法
商誉	市场（收益）法	收益法	无

五、文化资产价值评估体系②

文化资产的价值评估是文化资本进入文化生产的前提，规范了文化资源转化为文化产品的有效性和可控性。文化资产的价值内涵可以从艺术性、差异性与服务目的的准确性等维度进行归纳、整理与评估。在这里，艺术性代表了内容价值，也是审美价值，包括基本美学元素的浓度与结构及一般综合效用，比如内容的风格、题材、质量上的艺术性以及现实中能否完整呈现其艺术性。差异性构成了文化产品传统的稀缺性属性，指文化产品在内容上的独特性、创新性，在特定市场环境中的稀缺程度，受品牌影响、发行渠道和传播媒介的影响，可以通过价值补丁包增加差异性。服务目的的准确性即生产方提供的服务与市场预期的重合度，指文化

---

① 本节内容参见向勇主编：《文化产业无形资产价值评估：理论与实务》，北京：北京大学出版社2015年版。

② 同上。

产品内容的社会服务性,文化企业针对细分市场,以财务管理、资源保证、管理体系、生产开发等文化企业所拥有的资源禀赋和运营能力,能够准确选定和满足受众需要。只有具备差异性、艺术性和服务目的的准确性三大特性的无形资产才能转化为"有效的文化产品"(effective cultural products),成为规范的可评估的"文化标准品"(standard cultural commodities),成为文化资产价值评估的明确对象(见表7-9)。这是开展文化资产价值评估工作的关键一步。

表 7-9 文化资产的价值评估对象

序号	行业分类	文化产品
1	策划方案类	节庆策划方案;开幕式策划方案;展览策划方案;会议策划方案;旅游项目策划方案;娱乐项目策划方案;传统文化保护与开发策划方案;网络文化项目策划;体育赛事活动策划方案;教育培训方案等
2	广告创意类	LOGO文案;广告内容创意文案;广告投放渠道与广告绩效提升策划方案;广告新技术应用方案;广告新媒体开发方案等
3	文学作品与影视、戏剧、美术创作文本类	小说、诗歌、小品、词曲、影视剧、戏剧脚本、舞美设计与美术作品等;广播、电视频道的策划等
4	工艺品与时装设计类	手工艺品设计;家具设计;珠宝设计;时装设计;工业包装设计等
5	建筑、装修设计方案	文化地产开发方案;住宅小区规划;室内装潢设计等
6	区域文化产业发展规划类	区域文化产业发展战略;区域历史与自然文化资源保护与开发规划;区域文化产业链规划;文化产业园区规划方案;区域文化产业集聚区规划;文化一条街规划;区域文化市场规划;区域品牌文化产品创建规划等
7	文化企业管理类	文化企业管理新理念;文化企业管理新技术;文化企业跨行业、跨区域与跨国发展战略;文化企业产品开发计划新产品策略;文化企业市场营销策划;文化企业品牌建设方案;文化企业投融资策略等
8	公共文化服务类	公共文化服务规划;公共文化服务的艺术品;公园、绿地、植物园、动物园和其他文化公园与休闲地带规划与创意;群众文化活动项目;广场演出;公共场所电子显示屏策划等

第七章 文化资产：文化产业的价值评估

从文化企业可掌控的文化资产和经营行为的角度,文化资产的差异性、艺术性和服务目的的准确性可分别对应于内容价值、市场价值和企业价值,构成文化产品价值评估的一级通用指标。结合文化产业具体门类的行业特征、文化产业的发展水平以及文化企业的经营能力等实际状况,可从三个等级对文化产品进行价值评估。在这三个评估等级中,一级指标3个,二级指标12个,三级指标52个(见表7-10)。

表7-10 文化资产价值评估指标体系结构表

指标类别 (一级指标)	指标名称 (二级指标)	指标属性 (三级指标)					指标作用
市场价值	受众范围	覆盖率	转化率	影响力	主导性	持续性	针对特定的项目和产品,市场价值既决定了投资收益和回报,也为产品开发和项目实施确定了目标和方向
	传播媒介						
	发行渠道						
	品牌影响						
内容价值	内容风格	独特性	创新性	艺术性	专业性	社会性	在市场价值目标明确和准确的前提下,适合受众群体消费需求且具有差异化特征的内容产品可为市场价值的实现提供载体和保障
	内容题材						
	内容质量						
	实现技术						
企业价值	财务管理	完备性	执行性	有效性			企业的资源保障、基础设施(组织机构、管理制度等)和运营能力(包括团队及核心技术)是实现内容价值、市场价值的重要基础,企业价值必须与市场目标、产品目标相匹配
	资源保证						
	管理体系						
	生产开发						

文化资产的价值评估指标体系可进一步按照ABC等三个层次的评测依据展开评测工作(见表7-11)。这是开展文化资产价值评估工作的第二步。

表 7-11 文化资产价值评估指标评测依据表

指标类别	指标名称	单项评分				评估标准
			影响力	主导性	持续性	
市场价值	受众范围	覆盖率 A. 范围较大 B. 范围一般 C. 范围偏小	A. 影响较大 B. 影响一般 C. 影响较低	A. 主导市场明确 B. 主导市场基本清晰 C. 市场无主导性	A. 受众市场十分稳定 B. 受众市场基本稳定 C. 受众市场不稳定	评估人员根据 A、B、C 对应的分值进行打分。A、B、C 对应分值如下：A = 4～5 分（不含 4 分）；B = 3～4 分（不含 3 分）；C 为 3 以下，满分为 5 分，打分保留小数点后一位。
	传播媒介	转化率 A. 综合利用 B. 利用一般 C. 利用不足	A. 实力发达 B. 实力一般 C. 实力偏弱	A. 主导媒介明确 B. 主导媒介基本界定 C. 媒介无主导性	A. 媒介资源十分稳定 B. 媒介资源基本稳定 C. 媒介资源不稳定	
	发行渠道	A. 渠道较广 B. 渠道一般 C. 渠道偏窄	A. 渠道发达 B. 渠道一般 C. 渠道偏弱	A. 主导渠道明确 B. 主导渠道基本界定 C. 渠道无主导性	A. 渠道资源十分稳定 B. 渠道资源基本稳定 C. 渠道资源不稳定	
	品牌影响	A. 影响面广 B. 影响面一般 C. 影响面小	A. 竞争较强 B. 竞争一般 C. 竞争偏弱	A. 主导品牌较多 B. 主导品牌一般 C. 主导品牌较少	A. 品牌的知名度较高 B. 品牌的知名度一般 C. 品牌的知名度较低	

指标类别	指标名称	独特性	艺术性		社会性	
内容价值	内容风格	A. 风格独特 B. 风格鲜明 C. 风格一般	创新性 A. 与众不同 B. 特色明显 C. 一般水平	专业性 A. 感染力较强 B. 感染力一般 C. 感染力偏弱	A. 符合行业 B. 贴近行业 C. 与行业不符	A. 符合市场需要 B. 贴近市场需要 C. 与市场需要不符
	内容题材	A. 题材独特 B. 题材新颖 C. 题材一般	A. 独出心裁 B. 特色明显 C. 一般水平	A. 文化性较强 B. 文化性一般 C. 文化性偏弱	A. 符合行业 B. 贴近行业 C. 与行业不符	A. 符合市场需要 B. 贴近市场需要 C. 与市场需要不符

（续表）

指标类别	指标名称	指标类型	单项评分					评估标准
			覆盖率 独特性	转化率 创新性	影响力 艺术性	主导性 专业性	持续性 社会性	
内容价值	内容质量		A. 特色显著 B. 特色明显 C. 质量一般	A. 独具创意 B. 创意显著 C. 一般水平	A. 文化特色显著 B. 文化特色显著 C. 文化特色偏弱	A. 文化内涵深厚 B. 文化内涵一般 C. 文化内涵偏弱	A. 符合产业发展需求 B. 贴近产业发展需求 C. 与产业发展不符	评估人员根据A、B、C对应的分值打分。A、B、C对应分值如下： A＝4～5分（不含4分）； B＝3～4分（不含3分）； C为3以下，满分为5分，打分保留小数点后一位。
	实现技术		A. 技术特色明显 B. 技术特色一般 C. 技术特色偏弱	A. 自主创新技术 B. 引用先进技术 C. 采用一般技术	A. 技术应用灵活 B. 技术应用得当 C. 技术应用不当	A. 满足项目需要 B. 基本满足项目 C. 无法满足项目	A. 高于社会平均水平 B. 贴近社会平均水平 C. 低于社会平均水平	

指标类别	指标名称	指标类型	完备性	执行性	有效性
企业价值	财务管理		A. 规章、机构设置完备 B. 规章、机构设置基本完备 C. 规章、机构设置不备	A. 计划执行、监督较好 B. 计划执行、监督基本满足要求 C. 计划执行、监督满足不了要求	A. 能够完成预期目标 B. 基本完成预期目标 C. 不能完成预期目标
	资源保证		A. 资源保证完备 B. 资源保证基本完备 C. 资源保证不备	A. 资源配置完备 B. 资源配置基本完备 C. 资源配置不足	A. 资源提供达到预期目标 B. 资源提供基本满足 C. 资源提供达不到预期目标
	管理体系		A. 规章、机构设置完备 B. 规章、机构设置基本完备 C. 规章、机构设置不备	A. 计划执行、监督较好 B. 计划执行、监督基本满足要求 C. 计划执行、监督满足不了要求	A. 能够完成预期目标 B. 基本完成预期目标 C. 不能完成预期目标
	生产开发		A. 规章、机构设置完备 B. 规章、机构设置基本完备 C. 规章、机构设置不备	A. 计划执行、监督较好 B. 计划执行、监督基本满足要求 C. 计划执行、监督满足不了要求	A. 能够完成预期目标 B. 基本完成预期目标 C. 不能完成预期目标

依据文化资产的价值评估指标体系和评测依据,评估人员在数据库参照和专家协助下,可进行专业评估和打分,得出指标评分(见表7-12)。这是文化资产价值评估工作的第三步。

表7-12 文化资产价值评估评测表

项目编号						
项目名称						
企业名称						
评估组长						
		评分记录				
指标类别	指标名称	单项评分				
		覆盖率	转化率	影响力	主导性	持续性
市场价值	受众范围					
	传播媒介					
	发行渠道					
	品牌影响					
指标类别	指标名称	单项评分				
		独特性	创新性	艺术性	专业性	社会性
内容价值	内容风格					
	内容题材					
	内容质量					
	实现技术					
指标类别	指标名称	单项评分				
		完备性		执行性		有效性
企业价值	财务管理					
	资源保证					
	管理体系					
	生产开发					
填制人						
填制时间						

第七章 文化资产：文化产业的价值评估

文化资产的价值评估指标体系的各指标分值为0—5分,依据各级指标在项目整体评测体系中的重要程度和参考价值意义的不同,分别赋予各级指标不同的权重(见表7-13,该权重基于文化产业的行业共性而设,通过专家打分而得,暂未考虑具体行业的权重比例),经过折合权重,计算得出文化项目的综合评价表(见表7-14)。经过评估专家评测后的指标评分,并由评估软件自动参照设定后权重参数进行计算,得出项目总评结果。这是文化资产价值评估工作的第四步。

表7-13 文化资产价值评估体系指标权重系数表

指标类别	权重系数	指标名称	权重系数	指标属性	权重系数
市场价值	0.4	受众范围	0.3	覆盖率	0.15
		传播媒介	0.2	转化率	0.2
		发行渠道	0.2	影响力	0.2
		品牌影响	0.3	主导性	0.15
				持续性	0.3
内容价值	0.4	内容风格	0.2	独特性	0.15
		内容题材	0.2	创新性	0.2
		内容质量	0.3	艺术性	0.15
		实现技术	0.3	专业性	0.2
				社会性	0.3
运营能力	0.2	财务管理	0.25	完备性	0.3
		资源保证	0.3	执行性	0.3
		管理体系	0.2	有效性	0.4
		生产开发	0.25		

表 7-14　文化资产价值评估综合评测表

项目编号	
项目名称	
企业名称	
评估组长	

评分记录				
价值维度	指标名称	一次加权 （三级指标）	二次加权 （二级指标）	项目总评分 （三次加权）
市场价值	受众范围	分值×权重	一次加权后的分值×权重	
	传播媒介			
	发行渠道			
	品牌影响			
内容价值	内容风格			
	内容题材			
	内容质量			
	实现技术			
企业价值	财务管理			
	资源保证			
	管理体系			
	生产开发			
填制人	
填制时间	

　　文化资产的价值评估根据综合评测计算出结果得分,并依据综合评测判定表得出结论。综合评测总分大于或等于3分,结论为通过;综合评测总分小于3分,结论为未通过(见表7-15)。这是文化资产价值评估工作的最后一步。当然,在具体评估工作中,指标系统将着重参考单项得分。比如,在评测过程中,将着重参考"市场价值"项评分,若该项评分小于2分,则该项目不具有评测意义,可以直接终止评测。

表 7-15　文化资产价值评估综合判定表

项目	评测依据	评测结论
1	项目总评分 ≥3 分	通过
2	项目总评分 <3 分	未通过
注:项目评测过程中,着重参考"市场价值"项评分。若该项评分 <2 分,则该项目不具有评测意义,可以终止评测;若该项评分 ≥2 分,则该项目具有评测价值,理应继续。		

本章要点

文化资源的历史沉淀形成文化遗产,文化资本的商业累积形成文化财产或文化产权,在现代产权制度安排下就形成文化资产。文化资产是一种无形资产,是文化企业的核心资产,主要表现为知识产权。

文化资产不具实物形态,是一种非金融形态,大多受知识产权法保护,具有潜在和现实的商业价值,是与收益相关文化企业的重要资产。文化资产不同于智慧资本,文化资产的盈利能力和经济效益受市场不确定性的需求影响较大,风险较其他资产收益大。

与文化资产紧密相关的知识产权多指版权、商标、专利、设计权、商业秘密等。健全的知识产权制度也是文化产业发展的基本前提。

文化资产作为知识产权化的文化资本,其最基本的考虑因素就是价值(文化)和价格(资产)。价值是文化资产运营与管理的基础,"价值二元性"适用于文化经济领域的所有现象,即文化资产的价值属性以文化价值和经济价值的共时并存为基本特征。

经济价值和文化价值之间的鸿沟使价值评估常常落入一个两难境地。人类财富的价值理论经历了从劳动价值论、需求价值论到效用价值论、博弈价值论的发展过程,经历了从单一的物质价值决定论到物质价值与文化价值的协同论的发展转变。

文化商品的价值决定于市场交易过程中消费者与文化商品之间的体验互动以及消费者之间的社会沟通。文化产品的价值体验往往成为群体体验的一环,使得惊喜的体验效果获得加强,就像人们参与宗教仪式的盛会效果一样,激起了一种"集体欢腾"。文化产品是一种象征性商品,是一种多元价值的复合商品。

文化资产包含了经济价值和文化价值,通过市场交易的形式达成交换价值,形成了双重市场:一个决定经济价格的商品的有形市场,一个决定文化价格的思想的无形市场。文化资本的形态转换以社会关系网络为载体,场域所建构的集体称誉和社会评判,贯穿于文化产业的全产业价值链,形成一整套称誉陈述。

布莱恩·摩尔安将吉布森的可供性理论与布尔迪厄的场域理论相结合,提出"可供性回路"的价值评估体系,包括经济的可供性、社会的可供性、技术—材料的可供性、再现的可供性、空间的可供性和当下的可供性等六种可供性。

阿帕都莱把商品视为物的社会生命的一个阶段,提出了"价值锦标赛"理论,用以分析某些文化价值的估值原理。"场域建构型活动"理论被蓝贝尔和阿兰援用来分析节庆、会展、市集、戏剧等文化活动的文化价值。

文化资产的评估法分为传统评估方法和现代评估方法。其中,传统评估方法有成本法、市场法和收益法,现代评估方法包括评等法、现金流折现法、权利金节省法、经验法、拍卖法、选择权法等。

文化资产的差异性、艺术性和服务目的的准确性可分别对应于内容价值、市场价值和企业价值,构成文化产品价值评估的一级通用指标。结合文化产业具体门类的行业特征、中国文化产业的发展水平以及文化企业的经营能力,可从三个等级对文化产品进行价值评估。这三个评估等级中,一级指标3个,二级指标12个,三级指标52个。

第三编 组织管理

第八章
文化创意：文化产业的故事驱动

文化产业运营的核心是文化创意(内容创意)，从某种意义上说，文化生产的过程也就是故事驱动(Storydriving)的过程。几乎所有经典的文化产品和成功的文化企业都是故事演绎的典范，"迪士尼是一个讲故事的公司，我们最终诉诸故事而不是商务或技术。因为人类的情感是共通的，我们要做的事情就是用我们的故事与我们的顾客紧密相连"。① 皮克斯动画工作室(Pixar Animation Studios)也深信故事是一切的基础，没有故事就没有皮克斯。故事驱动就是以故事为核心，运用无形的想象力把文化资源转化为文化产品，形成包括故事创作、故事改编、故事内容的跨媒体应用、跨渠道运营和跨产业融合在内的故事产业价值链，造就庞大的文化产业和文化经济。故事是文化创意的终端产品，是文化产业的源头，可以运用在众多领域，故事驱动给传统的文化资源插上创意的翅膀，实现文化创新和产业创富的比翼高飞。

一、文化创意的故事特征

文化产业的故事驱动萌生于历史上说书人(Storyteller，又称为"讲故事的人")的故事讲述(Storytelling，又称"讲故事")，是最古老的文化传播方式。故事

---

① 参见杨兴国：《品牌伐谋》，北京：经济管理出版社2008年版。

讲述是用文字、图像、声音,加之即兴发挥的手势动作和身体姿态来进行历史、事件和思想的表达。在不同的文化类型里,故事讲述以其形象化、情节性、亲身性的特征而引人入胜、寓教于乐,是一个族群文化传承、知识传授、道德训诫、生活指导和休闲娱乐的重要途径。"人类生来就理解故事,而不是逻辑",故事力与设计感、娱乐感、意义感、交响力、共情力一起成为人们看待和体验这个世界的全新的思维能力。① 西方传统强调故事讲述的传达过程,包含故事内容、讲述方式和故事发展。韩国文化产业(内容产业)就非常重视故事讲述,将其视为电影、广播电视、动画、游戏、卡通形象等文化产品的创作方法,以此实施"一源多用"②的战略手段。

罗伯特·麦基(Robert Mckee)认为,一个美妙的故事好比一部交响乐,结构、背景、人物、类型和思想于其间被融合为一个天衣无缝的统一体。"故事事件创造出人物生活情境中有意味的变化,这种变化是用某种价值来表达和经历的,并通过冲突来完成。"故事的最小时间单元是节拍,节拍构成场景,场景组成序列,序列组合为"幕","幕"是组成故事的最大单元。情节是故事的素材整理和线索的安排,包括大情节(经典设计,单一主人公)、小情节(最小主义,多重主人公)和反情节(反结构)等三种设计形式。角色是故事所有信息汇总的焦点,压力和性格是角色展示行动的驱力。故事背景决定了故事开始、发生和结局的可能性,故事要在特定的时间、一定的期限、特别的地点和特殊的冲突层面所构成的背景环境中进行。故事类型分为爱情、伦理、恐怖、惊悚、喜剧、悲剧等。一个完整的故事设计包括激励事件、进展纠葛、危机、高潮和结局等部分。③ 这些故事节奏在电影、电视剧、动画、舞台剧等不同文化产品中的组合方式会有所不

---

① 参见〔美〕丹尼尔·平克(Daniel H. Pink):《全新思维:决胜未来的6大能力》,高芳译,杭州:浙江人民出版社2013年版。
② "一源多用"(One Source Multi-Use,简称OSMU)是韩国政府推动文化产业发展的战略模式和文化企业运营文化生产的竞争手段。所谓"一源多用",就是把一个内容用电影、游戏、动画、卡通形象、出版等多种方式进行加工,从而使内容的附加价值得到最大化的开发利用。"一源多用"通过某一核心内容的成功,带动其他领域的衍生品的成功,最终实现内容开发的协同效应。同一个故事内容,根据不同的媒介载体,其表现方式和类型都有所不同。要实现"一源多用",内容整合的平台建设和创意技术的手段采用是关键。近年来,"一源多用"有向"多源多用"(Multi-Source Multi-Use,简称MSMU)发展的趋势。
③ 参见〔美〕罗伯特·麦基:《故事——材质、结构、风格和银幕剧作的原理》,周铁东译,北京:中国电影出版社2001年版。

同。故事特有的传奇性、曲折性、冲突性、戏剧性、生动性和形象性,使之成为最有效、最持久的文化传承和认同建构的形式。

故事讲述是前现代人类经验的重要形式,正如本雅明在《讲故事的人》中指出,讲故事"是把故事融入讲故事人的生活之中,从而把故事当作经验传递给听故事的人","听故事的人越是沉浸其中,故事内容就越能深深地在他的记忆上打上烙印。当他被故事的旋律牢牢吸引,他会全神贯注,听着听着,重述故事的才能便会自动成为他自身的禀赋",于是故事讲述以"使之具有生命和意义的独特的时空在场"赋予了故事以灵韵,成为"史诗形式最纯粹的继承者"。① "讲故事的人是这样的一种人:他可以让他故事的燃火把他的生活的灯芯点燃。这是环绕讲故事的人无与伦比的光环"②,讲故事的人就像历史天使,"他回头看着过去,在我们看来是一连串事件的地方,他看到的是一整场灾难。这场灾难不断地把新的废墟堆到旧的废墟上,然后把这一切抛在他的脚下。天使本想留下来,唤醒死者,把碎片弥合起来。但一阵大风从天堂吹来。大风势不可挡,推送他飞向未来,而他所面对着的那堵断壁残垣则拔地而起,挺立参天。这大风是我们称之为进步的力量"。③

故事的载体经历了传统故事(神话故事、民间故事、童话故事等口口相传的故事)、小说(虚构小说、历史小说、奇幻小说)和信息叙事(新闻报道、社交互动)的变化。传统故事在本质上具有时间上的不可磨灭性、"梦幻式的工艺性"、智慧启示和道德训诫的宣传性以及营造冲突和解的魅惑性。小说依赖个人经验、历史传奇和社会事件,注重空间性和局部性的叙事关怀,强调可消费性和去道德化训诫,消解了智慧洞见,具有启蒙祛魅和推动社会进步的作用。信息叙事构成了对传统故事和小说的双重反动双重祛魅,变成了一种"即用即弃"的消费品。信息叙事借助了传统故事和小说的叙事表现形式,尤其是借用了传统故事资源,

---

① 转引自上官燕:《讲故事的人中的经验与现代性》,载《国外理论动态》2011年第4期,第87—92页。

② 转引自杨志文:《讲故事的天使——本雅明美学思想初探》,载《文教资料》2011年5月上旬刊,第20页。

③ 同上文,第21页。

作为消费品故事去组织文化生产，成了文化产业最重要的构成部分。①

本雅明认为"灵韵的消失"导致"讲故事的艺术"的衰落，讲故事仅仅属于前工业社会的工艺活动，"讲故事的艺术"只介于古代诗词和现代小说、新闻媒体之间，故事仅是作为与小说、新闻报道并置的传播形式。其实，随着印刷技术、出版技术、电子技术和数字技术的发展，人类吸收经验的能力和方式在不断提升和变化，故事讲述经历了语言讲述、动作讲述、文字讲述、图像讲述和影音讲述的多个发展阶段，已经发展为一种融合时间与空间、传统与现代、本土与国际以及艺术与科技的复合体验，故事讲述也具有了奇观化、数字化和社会化呈现的新特征。

"奇观化"故事讲述是景观社会和图像范式转型语境下的故事呈现形式。法国文化哲学家德波(Guy Debord)认为，当代社会的主要特征就是被展示的景观性(Spectacle)。在景观社会里，意象成为人们消费的依据，当意象统治一切时，社会生产就变成意象的生产，物的消费过程就转变为符号的生产、传播和消费的过程，生活本身展现为景观的庞大堆聚，纯粹影像变成了真实存在，景观是以影像为中介的人们之间的社会关系，因此景观社会取代了消费社会。景观即商品，景观即奇观。传统故事、小说叙事和信息叙事所强调的完整性、结构性、情节性已经让位于景观社会的奇观性，奇观不再是叙事的附属，而成了叙事的支配力量。"奇观化"故事讲述超越了传统故事中的空间的透视原理、时间的线性结构，也超越了现代主义的话语性叙事，成为图像式、奇观性的故事讲述，视觉快感成为故事讲述的主导原则。动作奇观、身体奇观、速度奇观和场面奇观成为"奇观化故事讲述"的主要形式，成为当今消费社会呈现为快感文化症候的主要故事创作方式。②

"数字化"故事讲述起源于20世纪80年代，"数字讲故事运动"的发起人达纳·阿奇利(Dana Atchley)积极推动计算机技术与故事创作相结合，从而形成了一种将图片、视频、声音、动画、超链接组合在一起的新的故事讲述方式。乔·兰

---

① 格非等：《故事的祛魅和复魅——传统故事、虚构小说与信息叙事》，载《名作欣赏》2012年第4期，第78—90页。

② 周宪：《论奇观电影与视觉文化》，载《文艺研究》2005年第3期，第17—26页。

第八章 文化创意：文化产业的故事驱动

伯特（Joe Lambert）早在 20 世纪 80 年代就建立了数字故事讲述中心（the Center for Digital Storytelling），2002 年美国数字故事讲述协会成立。数字化故事讲述的要素包括主要观点、戏剧化问题、富有情感的内容、讲述者的声音、音乐、各种元素的组合和故事节奏等。数字化故事讲述改变了故事的素材来源、内容的加工模式和故事最终的呈现方式，以空间为中心的讲述技巧取代了传统故事讲述以时间为中心的讲述经验。数字化故事讲述强化了故事的体验性和互动性，把受众的互动参与作为故事生产的基础，具有一种非线性的故事生产特征。随着科技的日益发展，我们逐渐进入到一个跨媒体、全媒体的时代，一个故事可以通过不同的产品形态、传播渠道进行立体传播。例如《哈利·波特》系列小说，可以用小说来进行叙事，也可以通过电影、动画、网络游戏和主题公园等其他的形式进行故事呈现。《杜拉拉升职记》的最初形态只是出现在博客上描述职场白领心态的寥寥数语，最后发展成系列小说、电影、电视剧、舞台剧，以及服装品牌等周边衍生品的授权开发。在多媒体跨界融合的时代，全新的故事世界由数字化内容所建构，数字化故事讲述成为一个立体式、综合化的"一源多用"平台和多元的生态价值链。数字化故事讲述使得故事驱动成为文化产业发展的创新平台。

"社会化"故事讲述是被网络社会所强化的故事讲述形式。故事本来就不是个人的创造，而是集体结合的共同经验。人类通过故事创造了有意义、有价值、有情趣的生活世界，而在当今互联网社会语境下，故事的社会属性再一次被强化。通过社交媒体，故事在创作之初就可以直接跟受众接触，搜集受众感兴趣的话题、事件，受众可以随时参与故事的创作过程，可以随意改编、分割故事，影响故事的最终结果。通过众包（Crowdsourcing）这种新的互联网生产的组织形式，通过 UCC（User Created Contents；或 UGC，User Generated Contents，指"用户创造内容"）这种用户使用互联网下载和上传并重的使用方式，产生海量的原创内容。"社会化"故事讲述可以利用受众的自愿热情和无限的创意能力，既可以节省大量故事开发成本，又可以征集大量优秀的内容素材和故事元素，成为一种强交互式、高分享性、弱连接性的故事讲述方式。

故事讲述的原生力量在于故事本身。故事具备信息、冲突、人物和情节等叙述特征，在结构上具备开场、中场和结局等逻辑序列，成为一种非常有效的信息、符号、意义和价值的组织方式和传达模式。传说、神话、小说、民间故事、寓言、童话、绘画、戏剧、舞蹈乃至产品和品牌都可以成为故事的载体。故事高度浓缩了情感、认同、信仰等象征价值,通过形象、生动、通俗的形式展现生活方式,以知识产权的文化资产形态成为文化创意最为重要的内容。

二、文化创意的故事原则

所有的故事都有开始、中场和结局的发展历程,而故事叙事方式也决定了我们看待过去历史的经验、现在实际的存在和未来发展的可能。在经济全球化背景下,在文化产业和商业资本的推动下,当前文化创意的人文内涵受到了本国的历史文化传统和国际资本主义的双重影响。正如英国民族主义学者安东尼·史密斯(Anthony D. Smith)说,"民族基本上是一个文化的和社会的观念,指一种文化的和政治的纽带,此纽带把享有共同神话、追忆、象征和传统的人们连结为一个有声望的共同体",并强调"共同祖先的神话的重要性、历史性记忆与共同文化的重要性以及对土地与人民忠诚的重要性"。[①] 显然,这种民族的地域性文化具有垂直历时的特性,与具有水平共时特性的全球跨国性的元素交融而成。这样,跨国资本集团依照商品逻辑,用全球跨国性的资本主义冲击垂直历时性的民族主义,民族主义的文化和历史被片段化和碎片化,而每一个片段或碎片就是一种被贩卖的文化商品。自1840年以来,中国的传统文化一直面临着两个转向:现代性转向和国际性转向。九十多年前的五四"新文化运动"是这种转向的努力,四十多年前开始的"文化大革命"是这种转向的癫狂,而十几年前开始的"文化产业"也同样是这种转向的探索。相比之下,由文化产业推动的中国传统文化的现代转向和国际转向更加理性,更加真实,更加有效,也更加持久。目前,文化产业故事创意存在的问题主要表现为三个方面的隔膜:

第一,故事创意存在传统文化与现代文化的隔膜。目前的文化产品,不能很好地表达传统文化如何介入、影响和渗透进我们的现代生活。因此,我们看到的

[①] 〔英〕安东尼·史密斯:《民族主义:理论,意识形态,历史》,叶江译,上海:上海人民出版社2006年版,第12—14页。

第八章 文化创意：文化产业的故事驱动

影视作品往往充斥着与我们现代生活毫无关系的古装戏、历史剧、奇幻剧，完全复制历史文化遗迹，制造大量的假古董，促使我们从"大肆破坏文化遗产的极端"走向"机械复原文化古迹的极端"。比较一下 2004 年希腊奥运会闭幕式上中国文化的八分钟展演和 2008 年北京奥运会闭幕式上英国文化的展演，会发现我们文化产品传达的文化与百姓当下的生活毫无关系，甚至在 2008 年北京奥运会开幕式上某些传统文化的展示场景连我们中国人自己都很难理解。黑格尔在谈到过去历史存在和当今社会生活的关系时，说"历史的东西虽然存在，却是在过去存在的"，"尽管我们对它们很熟悉；我们对于过去事物之所以发生兴趣，并不只是因为它们一度存在过"，"如果它们和现代生活已经没有什么联系，它们就不是属于我们的"。黑格尔提出要根据现代生活来重新建构"属于我们的"历史故事。因此，影视、出版、演艺等文化产品在表现传统文化时，要建构这种"属于我们的"当代生活的历史文化。《明朝那些事儿》、角色扮演的历史网络游戏、《达·芬奇密码》《哈利·波特》、上海新天地能大受欢迎，就是因为它们打破了传统文化和现代文化的隔膜，将传统文化与现代文化联结起来，变得有意义、有意味、有情趣。

第二，故事创意存在主流意识形态文化与时尚娱乐消费文化的隔膜。每个国家都有自己的主流意识形态文化。安东尼·史密斯就强调，一个国家的主流意识形态文化"是由地区（人们居住特定地点中的生活方式）、网络（区域内与他人互动的脉络）与集体记忆所构成"，它"通常由国家机器所主导，借由教育、媒体、历史与神话的建构，塑造着人民应有的价值观与秩序，召唤着人们对某些象征符号产生认同感及归属感"。中国政府不断提出要大力弘扬社会主义核心价值观，推动社会主义文化大发展大繁荣，但这种号召在文化产业的商业逻辑和娱乐消费的价值虚无面前变得似乎难以推进。一般认为，主流意识形态文化的传播就是自上而下的，就是呆板僵化的，就是压抑沉闷的。而文化产业生产的大众文化是具有娱乐性的，是互动的，是体验型的，是参与性的。主流意识形态文化与时尚娱乐消费文化的隔膜似乎是必然的，不可逾越的。事实上，我们看看每年好莱坞金像奖的获奖名单，哪一部电影不是在弘扬"主旋律"？不是在传诵"真善美"的人类普世价值？国内的《张思德》《云水谣》《铁人》都用时尚娱乐的消费文化拍摄出了弘扬主流意识形态文化的电影，获得了艺术价值的"叫好"和商业价值的"叫座"。台北故宫博物院用周杰伦的《青花瓷》、动漫电影《国宝总动员》来吸引年轻人走进博物馆,体验中国传统文化。这些都说明主流意识形态文化与时尚娱乐消费文化两者之间没有鸿沟,所谓的隔膜也仅仅是传达手段的双向误读。

第三,故事创意存在民族文化与世界文化的隔膜。我们每天都在感受全球化和本土化的双向挣扎:每天都打开电视看美国电影,去英国旅行,买日本电器,为法国生产服装,往德国卖韩国品牌中国制造的电子产品。我们如何向全世界传达一个经济崛起、和平发展的中国国家形象?为什么我们的国际文化贸易与其他行业的国际贸易差距如此之大?我们的文化产品为什么进入不了目标国家的主流社会?我们以中国人的眼光将所谓最优秀的电影、电视剧、图书、演艺送到国外去,却不断遭遇市场冷遇。事实上,如果单从产量上看,我国已经是世界文化大国,我国的电影年产量仅次于印度和美国,图书出版年码洋数世界第一,动画产量年分钟数世界第一,电视剧年集数世界第一,但从质量和国际地位来看,我们还是文化产业小国。如何辩证地理解"只有民族的才是世界的"?《花木兰》《功夫熊猫》作为中国文化题材获得了巨大的票房价值,但根本还是美国电影,受益者为美国文化企业。因此,在我们提出"中国文化走出去""中国文化产业国际推广""塑造中国传媒国际影响力"的伟大使命时,要用世界文化的眼光来重新梳理民族文化。既要保持中国民族文化的核心价值,又要在全球文化的市场上占据前列,就应当按照国际文化市场的规律,将具有普世价值的民族文化推向世界。

正如叶朗教授所说,文化产业与文化软实力紧密相连,为了使文化产业的发展真正增强我国的文化软实力,必须高度重视文化产品的文化内涵、精神内涵和价值内涵。因此,故事创意要坚持四条标准:

第一,故事创意要坚持正面价值导向的标准。我国以电影、电视、演艺和美术作品等为代表的、社会影响比较大的文化产品,应该向全世界人民展示中国文化和中国历史中健康的东西、正面的东西、美的东西。中华民族是一个有着强大创造力和生命力的民族,不应该把中国历史上和现实中的阴暗的、丑恶的、血腥的东西,比如说扭曲的心态等加以放大、夸大,拼命渲染。如果我们一味地容忍北京798艺术区里某些当代艺术家以文化产业的名义生产变异的当代艺术作品

第八章 文化创意:文化产业的故事驱动

去取悦西方收藏家的艺术价值阴谋,怎么可能得到国际社会对中国文化的认同和向往,怎么可能增强中国文化在世界上的吸引力呢?

第二,故事创意要坚持深度价值拓展的标准。我国的文化产品在向国际社会介绍中国文化的时候,要力求提供一种对于中国文化有深度的认识。介绍中国文化,不仅要讲述中国的历史故事,介绍各种物质的和非物质的文化遗产,比如故宫、长城、书法、绘画、苏州园林、昆曲、京剧、民间工艺、饮食、民居、服饰等等,更要展示在这些历史知识和物质、非物质文化遗产后面的东西,这些就是中国文化的精神,中国文化的内在意味,中国文化的核心价值。这样展示出来的中国文化,有内在的精神,有活的灵魂,这才是活的中国文化。

第三,故事创意要坚持普世价值弘扬的标准。我国的文化产品要特别注意展示中国文化中体现人类普遍价值的内容。我们向国际社会介绍和展示中国文化,当然会特别选择那些最有中国特色的东西,那往往体现我们民族独特的价值观和思想体系,这是在长期历史发展中形成的。我们应该向国际社会展示和说明它们的历史内涵和历史根据。另外一方面,这些具有中国特色的东西,又有可能体现全人类的普遍价值,人们常常说的普世价值并非就是西方价值。这样容易得到国际社会的理解和认同,十分有利于消除国际社会中一些人对中国文化的隔膜、误解和曲解,十分有利于增强中国文化对于国际社会的吸引力。

第四,故事创意要坚持生活价值展示的标准。我国的文化产品要特别关注普通老百姓的生活实践,要展示普通老百姓的生活态度和生命情调,要展示普通老百姓的人生愿望和追求。普通老百姓的心灵世界、文化性格、生活愿望和审美情趣,对于一个民族的生存和历史发展,有极其重要的作用。中华民族虽然历经磨难,但是它都能承受,这和老百姓的内在心态有联系。这样比较容易得到其他国家和民族的理解、尊重、欣赏和认同。①

---

① 以上参考叶朗:《建设人文城市的一个重要方面:要有更高的精神追求》,载《北大文化产业评论(2009年卷)》,北京:金城出版社2009年版,第5—8页。

三、文化创意的故事管理

故事源于对经验、历史和事件的创意。创意基于任务、作品和发想,是一个起点、过程和结果的循环。故事创意是创意思考的结晶,在文化产业的规训下,文化创意不再是神启天授的天赋,不再是尤里卡(Eureka)①的灵光乍现,不再是天马行空的自由散漫,"灵感的发生固然神秘,但我认为不管多么随机、庞大、复杂,灵感发生的方式确实有其脉络可循"。② 创意思考是一种人生的态度,生活的习惯,更是一种可以训练的技能。

1. 文化创意的思维方法

故事创意要求突破自我的决心,要有不断磨砺自己的耐心,要有保持热情的恒心,要有从容不迫的静心。创意思考极易受到智能的影响,心理学家霍华德·加德纳(Howard Gardner)提出多元智能的开发理论:语言智能(Verbal/Linguistic)、逻辑智能(Logical/Mathematical)、空间智能(Visual/Spatial)、肢体—动觉智能(Bodily/Kinesthetic)、音乐智能(Musical/Rhythmic)、人际智能(Inter-personal/Social)、内省智能(Intra-personal/Introspective)、自然探索(Naturalist)和生存智慧(Existential Intelligence)。每一个人都有这九种智能,彼此相互影响,互为辅助。但由于教育体制、社会环境的影响,不同的人可能在某种智能方面有特别的表现。创意思考就是要启发多元智能,开发自己的潜能,采用多元途径去创意想象,发挥自己的才能,活用自己的思考风格,增强自己的适应能力。③

故事创意是在不同的思考境界的指引下,运用创意系统的通用法则而产生的结果。这套通用法则包含了不同的思考风格、形态、幅度和范围。文化创意的思考风格是由于人的思考所特有的习性而形成的不同的行事作风,包括立法型

---

① 尤里卡,原为古希腊语 Eureka。古希腊哲学家阿基米德有一次在浴盆里洗澡,突然来了灵感,发现了浮力原理,不禁惊喜地叫了一声"尤里卡",意思是:"我找到了!"后来,尤里卡用来比喻灵感一现,突然想到好主意。
② 参见赖声川:《赖声川的创意学》,桂林:广西师范大学出版社2011年版。
③ 余佩珊:《与创意思奔:思考连环套方法学》,台北:前程文化事业有限公司2009年版,第28—81页。

第八章 文化创意:文化产业的故事驱动

(注重以规章制度的建立去表现创造性、建设性的创意活动)、行政型(喜欢按部就班、中规中矩,是创意的看门人)和司法型(喜欢评估和判断情势、规则和观念)。文化创意的思考形态代表了个人内在的自我管理的态度,表明自己面对"人、事、物"时的心态,包括君主型、层次分明型、寡头统治型和多头马车型。文化创意的思考幅度是面对任务时思考的发想格局,包括全球型(见林不见树)和地方型(见树不见林)。文化创意的思考范围是指人们在面临创意任务时偏好于团队合作或个人独自运作的形式,包括外在型和内在型。故事创意也受不同的思考倾向影响,包括自由型和保守型,表明了人们在想象程度上的开发尺度。①

文化创意的思考方式也受不同的心智风格(Mind Style)的影响。安东尼·葛郭克(Anthony F. Gregorc)发展出一套心智风格指标,分为四大类型:具象按序类型,以具体而客观的方式体验世界,具有强烈的实体导向,专注于"人、事、物"的具体外形、事实或表现上;抽象按序类型,喜欢探讨抽象的概念、架构、逻辑和意义;抽象随机类型,以个人的感受来生活和观察世界,具象的"人、事、物"在他们的心中总是以个人的情绪作为反应方式;具象随机类型,专注于物体世界的变化和过程,对于"人、事、物"具有强烈的观察能力和好奇心,能够言而起、起而作。"思考风格与智能的运作,影响到创意人的思考倾向和激荡幅度,在思考的耐久力和操作格局上,也有重大影响。创意构想往往是因为坚持和细腻的实际执行而得以面世,而非任意的天马行空。注意自己的思考作风,有助于自己去克服弱点,并且创造与团队合作的最佳效果"。②

文化创意的思考方法分为发散性思考(divergent thinking)与收敛性思考(convergent thinking)两大类。1967 年美国心理学家吉尔福特(J. P. Guilford)将思维加工分为收敛性加工与发散性加工。所谓收敛性加工,指从记忆中回忆出某种特定的信息项目,以满足某种需求;所谓发散性加工,是一种记忆的广泛搜寻。③ 发散性思考模式是一种创意议题的推衍式思维方法,运用直觉、想象、非

---

① 余佩珊:《与创意思奔:思考连环套方法学》,台北:前程文化事业有限公司 2009 年版,第 83—85 页。
② 同上书,第 88—89、91 页。
③ Guilford J. P., *The Nature of Human Intelligence*, New York:McGraw-Hill,1967, pp. 99—100.

逻辑性的联想和感性的情绪感受，围绕创意问题往不同的观点和角度去扩张，不断产生新的联想，产生新的想象空间和发想机会。一般的头脑风暴、脑力激荡就是一种发散思维。收敛性思考模式以理性、聚合、逻辑的方法加以归纳和整理，然后根据创意任务的需要，产生创意共识和一致性的决策，最终达成实际的执行方案和行动规划。从理论上讲，发散性思维属于创造性思维的重要形式，而收敛性思维是逻辑性思维的重要形式。发散性思考的重点在于想象，比如尽可能延长各种可能性、塑造情境、扩张联结、创造类比、探索可能的做法、探寻资源与方向。收敛性思考的重点在于聚焦，也就是看到类同或差异、看到结合、看到联结、看到选择、回溯既往、感知现在、看到具体的做法。① 文化创意的各种思考方法都是以发散性思考和收敛性思考为基础进行的演变。

文化创意的思考方法注重言语的运用。言语来自思考，表达自我，并尝试与他人沟通，透过言语可以建立、维护并且呈现出自己的思考习性。创意的激发也需要言语、动作、表情、手势等肢体上的配合和诱发，也需要捕获信息、收集灵感、保存记录等行为上的表现和投入。创意思考的动力在于创意人尝试夸大自己的创意身份，刻意转换思考的创意角色。法国心理学家爱德华·德·波诺（Edward de Bono）创立了水平思维，提出"六顶思考帽"的身份转换来练习创意思维。这六顶帽子以红、黄、黑、绿、白和蓝等六种颜色来表示，分别代表六种创意思考方式：红色思考帽，以感情和直觉来感性地看问题，暗示愤怒、狂躁和情感；黄色思考帽，寻找事物的优点及光明面，代表乐观、希望和正面；黑色思考帽，从事物的缺点、隐患看问题，象征阴沉、负面；绿色思考帽，用创新思维思考问题，代表新观点、新方法；白色思考帽，提供事实与数据，显得中立而客观；蓝色思考帽，代表思维过程的组织与控制，是一种整体的思维模式。"六顶思考帽"对思维模式进行了分解，让创意人克服情绪感染，剔除思维的混乱，使各种想法和谐地组织在一起。② 美国创意思考训练师罗杰·冯·欧克（Roger von Oech）提出创意人的四种身份：探险家、艺术家、法官和勇士。美国创意训练师安奈特·穆瑟—魏曼（Annette Moser-Wellman）提出了灵视者、观察者、炼金师、愚者和智者等五种角

---

① Guilford J. P., *The Nature of Human Intelligence*, New York: McGraw-Hill, 1967, pp. 135—137.
② 参见〔法〕博诺：《六顶思考帽》，冯杨译，太原：山西人民出版社2013年版。

第八章 文化创意：文化产业的故事驱动

色扮演。创意人可以通过虚实交错,特性与用途,过去、现在与未来互置,自我与他人对调,物物对照,明喻与暗喻等方式训练创意思考的链接能力。①

吉尔福特认为,创意力是创造性思维的表现,具有四个非常重要的指标:流畅力(fluency)、变通力(flexibility)、独创力(originality)、精进力(elaboration)。文化创意包括七大创意蹊径:第一,善于观察,聚焦于全感官的观照与觉察,注重从感知的发散到觉察的收敛技巧;第二,改变观点,聚焦于转换自己的观察与思考角度,注重转换身份、转换行动、转换语言的技巧;第三,提出好问题,聚焦于从问题中去锻炼思考的观察与观点,注重提问题的技巧训练;第四,跨越格局,聚焦于放大关注点、突破现象,看到全相,注重从观察中锻炼现象的发散,以及全相的构架技巧;第五,制造关联,聚焦于从发问、观察以及全相发散中看到事物之间的关联,注重联想、类比、联结、重新定义、串联、讲故事、向自然界寻求灵感的技巧;第六,想象结果,聚焦于颠倒思考方向,从结局推回起点,注重科幻小说法、反向思考法和逆转结局的技巧;第七,放下判断,聚焦于整合所有创意蹊径,推翻既有想法,注重骤下定论、假设与预期、选择、习性反转和尝试的技巧训练。创意思考技能通过掌握专业知识、周边知识和一般知识,寻求资源评估资讯,与现实结合,与制度共处,积极实作,产生有市场价值和产业价值的故事创意。②

TRIZ创新理论与方法(俄文 теории решения изобретательских задач 的缩写,英语标音可读为 Teoriya Resheniya Izobreatatelskikh Zadatch,英译为 Theory of the Solution of Inventive Problems,意为"发明问题的解决理论",也可音译为"萃智"或"萃思",形象化地表达"萃取智慧"或"萃取思考"的含义),是苏联发明家根里奇·阿利赫舒勒(G. S. Altshuller)及其团队于1946年通过分析大量专利和创新案例总结出来的创意理论和方法体系。TRIZ体系包括40个创造性原理、39个技术特征、矛盾矩阵、物—场模型分析、需求功能分析、发明问题的标准解决及算法等内容。其中,40个创意原理为:分割、抽取、局部质量、非对称、合并、普遍性、嵌套、配重、预先反作用、预先作用、预先应急措施、等势原则、逆向思维、

---

① 余佩珊:《与创意思奔:思考连环套方法学》,台北:前程文化事业有限公司2009年版,第130—131页。
② 同上书,第145—354页。

曲面化、动态化、不足或超额行动、一维变多维、机械振动、周期性动作、有效作用的连续性、紧急行动、变害为利、反馈、中介物、自服务、复制、一次性用品、机械系统的替代、气体与液压结构、柔性外壳和薄膜、多孔材料、改变颜色、同质性、抛弃与再生、物理/化学状态变化、相变、热膨胀、加速氧化、惰性环境和复合材料等。[①] TRIZ 对创新思维和方法进行了科学化的整理和提炼，创意者利用特定的知识、经验和创意任务，将创意问题表达为 TRIZ 问题，然后利用 TRIZ 工具，求出该 TRIZ 问题的普适解，最后再转化为特定解，实现创新设计的有效开发。

　　日本财经作家中野明认为，"好点子不过是既有要素的全新组合罢了"，文化创意的战略思考方法拥有一套基本的构思框架和实施步骤，如果能熟练掌握并随心所欲地加以组合，可以达到事半功倍的效果。比如，达·芬奇组合构思术，指达·芬奇在艺术创作中确定主题后，筛选出基本架构，并以各种既有的要素列举变化，选择不同的变化加以重组，最后创造出具有独特想法的新创意。丰田 5WHY 法，是在丰田生产方式改善流程时诞生的广告牌管理方式，指出"重复问五个 WHY"的重要性，找出问题的真正原因，切实解决问题，好创意也能顺利推展。迪士尼故事板（Storyboard）法，即把想到的新点子贴在板子上，依照故事发展，列举不同领域，将电影或多媒体作品的构成转为视觉，将插图或图画贴在特定大小的墙上，依据不同领域来整理创意，让每个人都能一目了然，是一种"依领域区分的记事法"。乔治·波利亚（George Polya）问题解决表，由理解问题、拟立计划、执行计划和回顾等四个思考阶段组成，每个阶段列出应该检查的项目，整理出一览表。脑力激荡法，以严禁批评、自由奔放、量重于质以及结合与改良为原则，参加创意激荡的人自由地提出点子，摒除判断力，欢迎异想天开，追求创意数量。BCG 非连续思考法，即"惊讶+疑问=新点子"。在这里，有四种不同的惊讶：对某个东西的存在感到惊讶，对每个东西从过去一直存在至今感到惊讶，对某个东西已不存在感到惊讶，对某个东西尚未存在感到惊讶，基于这些惊讶所产生的疑问，想出了不同的点子，然后对这些点子进行判断、分析、改进。芭芭拉·明托（Barbara Minto）金字塔法，即以整体转为细部的原则灵活运用归纳法和演绎法，在金字塔顶端是创意的主题或结果，在顶点下显示得到此结论的

---

① 参见刘训涛、曹贺、陈国晶编著：《TRIZ 理论及应用》，北京：北京大学出版社 2011 年版。

第八章 文化创意：文化产业的故事驱动

诸多理由，再对各理由说明其依据，如有必要，可针对某个局部再展示其全貌，并可以反复进行，直到不再有问题提出。① 总之，文化创意的思考方法很多，只要认真练习，熟练掌握，灵活运用，就会有很好的故事创意产生。

2. 文化创意的生命体验

文化创意的故事驱动需要不断地练习思考能力，不仅要在脑内革命，还要在体外实践，开启"知""感"和"行"的契合。"知"是头脑的力量，是知识的启发、环境的判断和前瞻的分析；"感"是一种内驱力的态度和决心，是行动的信念、价值的追求；"行"是实践的力量，是刻意奉行的言语、举止和具体行为的呈现。"知""感""行"的共生就是生命体验。生命体验只有"成为故事"，才能赋予其生存的意义，创造生活的价值，开启人生的真谛。

"体验"是中国古代哲学、美学和当代西方哲学尤其是存在主义和现象学极为关注的概念。"体验"曾有各种各样的意义和名号。在中国，有孟子的"尽心"、周敦颐的"寻孔颜乐处"、严羽的"兴"和"妙悟"、王阳明的"致良知"等，都体现了中国传统哲学或美学的生命关怀和审美意蕴。在西方，有柏拉图的"迷狂"、康德和席勒的"游戏"、狄尔泰的"体验"、马斯洛的"高峰体验"等，同样体现着西方人把对人生意蕴的把握看作不同于对外界自然认知性的把握。生命体验所把握的是生命世界而不是物理世界，这个生命世界是活生生的、真实的整体，而不是片面的、抽象的真理碎片。人生活在这个有意味、有情趣的生命世界中，人在审美活动中所建构的意象世界，正是这个生命世界的显现。

生命体验不是生活经历，不是社会经验，是对生命的反思，是对生命的内在本质的把握，"生命，人的生命，是指处于历史关联域中的活的个体感性的存在，是历史整体中的个体生命，因此体验永远是个体对个体生命，对处于历史关联域中的个体生命的体验，同时也意味着亲历，即亲身经历生命重大、复杂而神秘的事相"。② 生命体验是一种对生存意义的终极体验，是一种对人类共同价值的普世体验，具有当下性、直接性、独特性、偶然性和无限性的特质。生命体验包括童

---

① 参见〔日〕中野明：《向创意天才学思考》，高詹灿译，台北：春光出版 2009 年版。
② 王一川：《艺术本体论》，上海：上海三联书店 1994 年版，第 169 页。

年的生命体验、苦闷的生命体验、死亡的生命体验、疾病的生命体验、爱情的生命体验、性的生命体验、崇高的生命体验等基本类型。"生命体验是个体生命对生死及一系列生存状态的情感过程和感悟升华,是生命成长中不可或缺的独特感受,是通过体验生命的积极行动而获得的强化生命意识和生活感受",生命体验的最高层次是审美体验,是一种妙悟的、自失的、忘怀的审美体验。① 生命体验关注的是活生生的生命世界,这个生命世界是真实的整体;生命体验"以生命为前提,具有时间上的永恒性(无限性),空间上的整体性,方式上的直接性和本质上的超越性"。生命体验是生活经历情感化、心灵化、意义化和价值化的转化过程,是文化创意的独特建构过程。

文化创意的故事驱动需要通过经典阅读与身体行走结合为生命体验的方式涵养而成,所谓朱熹的"致知力行"、王阳明的"知行合一"。经典阅读,就是进行人类历史上广泛的经典检阅,这些经典包括文学经典、绘画经典、影像经典、建筑经典、音乐经典、戏剧经典等各种文本形式。经典文本是人类文化资源的宝贵积淀,是人类历史上生命体验的结晶,是一种超越时空的文化资本和文化资产,承载了人类想象共同体的文化基因,包含了人类共享的思想、记忆与认同。经典传统就是文化原型的载体,是一种无价的发展资源,是一种高品质的精神财富。身体行走,就是将身体置于不确定性之中,把身体流放到一个异域的地理环境,让生命的体验在一个特殊的生活空间中产生冲击,以原住民日常性的衣食住行的方式去体悟陌生的异乡。孔子的列国周游、庄子的逍遥游,都是一种行走。德国有句谚语,"远行之人必定有故事可讲"。身体行走不是简单的生活旅行,而是一种基本的精神诉求,重现了经典文本的在场感。静态的经典文化的滋养在动态张弛之间把握变动不居的生命游历,让人在身心的深度体验、在惯习之外的变化中,既有观念遭受当下在场经验的瞬间挑战,行走者不断去调整、去缝合、去创新,爆发出蓬勃的创意能量,最终得到巨大的创意启迪和生命开示。英国盛行于18世纪的壮游(Grand Tour),就是英国富家子弟进行的一种欧洲传统的旅行,后来扩展到意大利、西班牙等中产阶层。壮游者学习法语、舞蹈、击剑、马术和高雅

---

① 李泽淳:《生命体验对文学创作的影响》,载《沈阳师范大学学报(社会科学版)》2009年第3期,第104—108页。

第八章　文化创意：文化产业的故事驱动

的礼仪,有机会获得在家或本国难以获得的体验,返回时带着书籍、绘画、雕塑等文学艺术品,在花园、客厅、图书馆以及专门兴建的美术馆进行展示。壮游为工业革命以来的欧洲上流社会提供了一种基于生命体验的博雅教育。如今,日本、韩国和中国台湾都非常重视青年人身体行走的训练,很多大学生毕业后并不急着马上投入社会参加工作,而是去欧洲或者乡村游学行走一段时间,加深生命的体验。文化创意的故事驱动"不寻求与过去彻底剥离,而是更深层次地发掘共享的经验、记忆和知识资源,重组现存的模式而非打破它"。

因此,一个优秀的文化创意者应坚持经典阅读和身体行走的文创习惯,"从经典汲取灵感,以创意淬炼新生"。不仅是眼睛的读书,还包括去音乐厅欣赏歌剧,去剧院观看经典戏曲和舞剧,去博物馆和美术馆欣赏历史器物和经典画作,这些调动"眼睛"和"耳朵"的"阅听行为"都属于经典阅读。用自己的身心感受,以"眼、耳、鼻、舌、身、意"的身体实践去体验、感受大千世界和生命周遭的"色、声、香、味、触、法",最终将经典阅读积淀的"文化素材"和身体行走积累的"文化体验"结合在一起,成为最好的故事创意之源。

3. 文化创意的故事驱动机制

故事驱动是文化产业的核心业务,皮克斯公司就把动画电影制作的时间先写少,后写多四分之一到三分之一时间花在处理故事上。"我们个人都喜欢故事,也需要故事。从寓言到小说,从音乐剧到广告,我们出于本能地渴求这些能够为人类处境提供力量的故事,而那力量通常是巨大、古老而抽象的"。故事除了可以直接为文化产业创造巨额产值,还为其他产业提供巨大加值,"例如商品与服务的研发阶段,透过剧本法帮助设计者营造拟真情境,看见使用者的潜在需求。在产品问世后,也利用说故事方法,帮助行销、创造话题(扩散效应),形塑深植人心的品牌"。①

故事驱动成为文化产业和商业组织之间的紧密议题,无论是产品、组织、领导还是整个产业,都是故事管理的对象。故事管理强调善用故事讲述的方式来进行产品生产、组织经营、领导管理和产业运营。领导是"讲故事的领导",营销

---

① 邱于芸:《故事与故乡:创意城乡的十二个原型》,台北:远流出版公司2012年版,第11页。

就是"故事营销",组织是"组织的故事",管理就是"讲故事"。故事讲述可以推动产品创新、组织变革、市场突破和产业革新,故事可以进入市场、受众和品牌,发展成为多元的故事产业价值链。

故事驱动是以参与、体验和过程为中心的分享型表达方式,其构成要素包括生产者、文本和享有者等三个层面。从生产者来看,故事驱动包括构现目的、以具体目标市场为前提的中心目标、期待收益创出方案、类型转换、窗口效应、商品化和品牌化的"一源多用"战略、中心目标的前瞻性共享分析等进行考虑;从文本来看,应对中心语言、叙事构成要素、构现类型的语法、源泉内容的存在与否及其转换战略、构现媒体的特性、构现技术的特性、相互文本的实现与否等进行探讨;从享有者来看,必须对文本有相关的事前体验、享有类型、持续时间及程度、文化水平等进行评估。① 在韩国,故事驱动与媒体技术的普及、网络空间的扩张和数字技术的发达息息相关,代表了一种崭新的文化产业和创意经济的范式转向。

故事作为文化产业的源头,是文化产业发展的内在驱力,故事力是衡量文化产品的关键指标。韩国以"国家的名义"寻找故事、资助故事,其文化产业的运营模式就是沿着"想象力—故事—文化—产业"的故事驱动线而展开。2009年,韩国推出"大韩民国神话创造项目",提出"故事强国"战略、打造"百年感动作品"计划。2010年,韩国文化产业振兴院设立"故事创作支持中心",举办"大韩民国故事策划展",从故事的挖掘、制作到流通等环节给予一站式支持,并从海外寻找优秀的翻译人才与故事创作人才。韩国于2009年专门成立"一人创作企业支持中心",构建"一源多用"的故事驱动平台,为故事创作人才提供资金、咨询、技术、市场等全方位的服务。2010年,韩国文化产业振兴院创办故事创作学校,定期举办内容创意学习坊,结合地域文化进行故事创作,重视文化技术的提高。2011年,旨在打造"故事强国"的"新话创造"项目设立奖金4亿5000万韩币用于选拔优秀故事,并对获奖作品的后续创作予以支援,包括为获奖者提供固定的创作空间、提供专业的创作辅导以及举办会展实现与制作公司、投资机构的

---

① 〔韩〕Park Kee Su:《实现OSMU的文化内容Stroytelling转换研究》,载《韩国语言文化》2011年总第44辑,第11页。

对接。2013年,韩国文化产业振兴院还推出了故事创作支援软件——StoryHelper。

四、故事驱动的原型应用

故事驱动所指称的"故事","不仅是文化作品中所揭示的个人层面的苦恼以及有关主体的问题意识","更是在特定的时间和空间中累积的人类的集体无意识和文化资产得以集中体现的原型"。故事驱动的根基在于文化脉络与故事原型。虽然故事的内容在表面上变化不断,故事的形式在载体上也多种多样,但故事背后的本质都可归纳到同一母题,展现出人类某种人格原型,就是"人内在生命追求意义与圆融的历程,乃至最终重新认识自己,建立认同,获得自在与平衡",各式各样的文化脉络和历史传统可以抽离出人类心灵共同的原型基础与精神动力。①

故事驱动的起点在于人们的精神共识和价值认同的构建,即建构人类想象的共同体。人类想象的共同体来自超越时间的相对性、空间的差异性和文化的多样性而存在的"集体无意识"。瑞士心理学家卡尔·荣格(Karl Jung)发展了西格蒙德·弗洛伊德(Sigmund Freud)的个体无意识,从文化、社会因素探讨人类心理,认为集体无意识是"人类共同的心理遗产",是远古族类的精神遗存,具有"普遍性的原始先民的集体记忆"。在不同时间、不同地点出现了不同的文化显现,但却有相似的心理结构和行为反应,荣格认为这种集体无意识是"集体的、普遍的而非个人的,它不是从个人那里发展而来,而是通过集成和遗传而来,是由原型这种先存的形式构成的,原型只有通过后天的途径才能为意识所知,它赋予了一定精神内容以明确的形式"。② 在多数情况下,集体无意识无法得到个人理性、明确的觉察和感知,但时时制约着人的情感结构、心灵反应和行为方式。集体无意识作为人类普遍存在的模式和力量,包括"原型"和"本能"。原型(Archetype)是典型的领悟模式,本能是典型的行为模式,而原型是集体无意识的深

---

① 邱于芸:《故事与故乡:创意城乡的十二个原型》,台北:远流出版公司2012年版,第11,27页。
② 参见冯川主编:《荣格文集》,北京:改革出版社1997年版。

层内容和承载方式。原型就是最初模式,是人类物质世界的精神本源,在这个意义上,"所有人的禀赋是平等的,人类毫无个性特色可言"。原型作为"人类共同心理反应的生物基础是人类的生理本能",表现了"人类的生物本能性和社会适应性,即在面临相同的情境时会产生基本相同的体验,并必然做出本能的反应"。英国文化宗教学者弗雷泽(J. G. Frazer)在《金枝》(The Golden Bough)一书提出"交感巫术"论,认为人与自然之间存在某种交互感应,原始人把自我的情感、愿望与意志投射到自然物中,以达到控制对象的目的,这种仪式在不同民族和地区具有高度的相似性。正如荣格所说,"所有神话学、宗教和主义的基本内容"都是原型的。

故事之所以会打动人心,甚至流传千古,正是因为其传达了人类所共享的情感结构、原型基础和人格模式。"不论是神话或民间集体故事,所传承的就是一种人类共享的生命原型力量,故事是日常生活的重要元素,不只是对世界的描述与诠释方式,更是我们认识世界的框架与雏形;故事的意义不只是前人智能与经验的结晶,也是现代个人与集体的创意能力与开发未来社会发展的可能空间。"故事与价值有关,而价值是人类追求的终极目标,故事透过"集体共同的价值与意义",赋予个人生命存在的重量与根基。①

故事是我们想象世界的最初形式,也是我们创造世界的最终图谱,故事是为我们人类自身的世界制造意义和价值的内在动力。最古老久远的集体故事就是神话,神话在一个民族的知识传播、信仰传播和文化传承中起到关键性的作用,"神话的主要功能是使我们与现在身处的时代与环境发生意义,而非数千年前那些遥远而陌生的时代",而"神话的现代化转化"和"神话观念的文化寻根"正是摆脱现代性危机的文化行动。著名神话学者约瑟夫·坎贝尔(Joseph Campbell)认为,神话是各种隐喻和象征的表达,是人类身体与心智活动产物活生生的启发,"一个缺乏神话的民族,就好像一个不会做梦的人,终究会因创意的丧失而枯耗致死"。② 现代社会的各种问题来自故事所塑造的生存意义的缺乏,国家与民族之间的冲突来自我们能听到的举世共通的故事的缺乏。

---

① 邱于芸:《故事与故乡:创意城乡的十二个原型》,台北:远流出版公司2012年版,第31、59页。
② 〔美〕坎贝尔:《千面英雄》,朱侃如译,北京:金城出版社2012年版,第2、17页。

第八章 文化创意：文化产业的故事驱动

坎贝尔受荣格集体无意识理论的影响，引用《吠陀》名言"真理只有一个，圣人用许多名字来称呼它"，认为神话只有一个原型，"主题永恒只有一个，我们所发现的是一个表面上不断变化却十分一致的故事。其中的神秘与奥秘是我们永远体验不完的"，某些相似的主题、情境和故事在不同的时间和地点，接二连三地上演，却遵循一个永恒的共同模式，形成"离散（启程）——指引（启蒙）——回归"三阶段的英雄之旅，共分为十七步：第一阶段，英雄从正常世界分离，包括被召唤去冒险（Call to Adventure）、拒绝被召唤（Refuse to Call）、超自然的援助（Supernatural Aid）、穿越第一道门槛（Crossing of the First Threshold）、进入鲸鱼肚子（Entering the Belly of the Whale，比喻遇到大麻烦）；第二阶段，英雄通过考验进入真正的英雄地位，包括一路考验（Roads of Trials）、会见女神（Meeting with the Goddess）、女人的诱惑（Woman as Temptress）、向父亲赎罪（Atonement with the Father）、神化（Apotheosis）、最终的恩惠（The Ultimate Boon）；第三阶段，英雄清除一切障碍，得到应有的认可，包括拒绝返回（Refuse to Return）、魔法飞行（Magic Flight）、救援（Rescue from Without）、穿越返回之门（Crossing of the Return Threshold）、两个世界的大师（Masters of the Two Worlds）、自由生活（Freedom to Live）。① 人们可以通过辨识不同文化中占据优势地位的原型特质，而了解这个国家或地区的独特性，"即使集体、民族、国家都会因不同的地理因素、文化差异与社会脉络而具有不同的独特性，但在看似差异极大的外表下，还是由上述几种原型特质所支配，例如美国强调个人自由主义就凸显出天真者与冒险家的原型特质，印度强调透过静坐、冥想来提出个人心灵修养就凸显了智者与魔法师的原型特质"。②

玛格丽特·马克（M. Mark）和卡罗·皮尔森（C. Pearson）在《影响你生命的12原型》一书中援引荣格的原型理论，将生命归类为十二种原型，代表十二种人格，存在于我们的潜意识，对应于人类心理发展的准备期（自我阶段）、探索期（灵魂阶段）和返回期（本我阶段）等三个不同阶段，在人的童年期、青少年和前成人期、成年期、中年转变期、成熟期和老年期等六个生命历程中出现，成为我们

---

① 〔美〕坎贝尔：《千面英雄》，朱侃如译，北京：金城出版社2012年版，第2、17页。
② 邱于芸：《故事与故乡：创意城乡的十二个原型》，台北：远流出版公司2012年版，第86页。

的内在指引。这十二种原型分别是:天真者、孤儿、战士、照顾者、追寻者、爱人者、破坏者、创造者、统治者、魔术师、智者、愚者。①

"意义是一种品牌资产",而原型正是意义的居所,原型是长寿品牌生命不止的动能,"成功的品牌之所以变得价值连城,不只是因为这些品牌具备了创新的特征或优点,也是因为这些特质已经被转变为强而有力的意义,它们已经拥有一种普遍且巨大的象征意义"。②马克和皮尔森据此分析了不同品牌的原型价值,列举了六部奥斯卡奖获得者的好莱坞电影的原型价值,比如《阿甘正传》是大智若愚者的傻瓜的原型,《勇敢的心》是胜利的英雄的原型,《英国病人》和《泰坦尼克号》是蜕变的情人的原型,《莎翁情史》是失恋的痛苦转化为高贵的艺术品的创造者的原型,《美国丽人》是神秘体验的凡夫俗子的原型,提出以神话原型打造深植人心的品牌③。卢卡斯说,《星球大战》就是基于坎贝尔理念创作的现代神话。"原型产品"直接与消费者的心灵相通,"原型意象"召唤了消费者的共同情感,唤起他们对品牌的共同记忆,深化了品牌的价值。

邱于芸将原型营销品牌的概念运用于创意城乡的故事驱动,用传奇故事打造城乡品牌,总结了两个步骤:第一步,寻找城乡的灵魂、内涵与利基,为自己的城乡编写传记,寻觅当地特有的文化资源,以考古学的方式挖掘城乡最深层、最基本的价值,找出属于城乡自己的故事,并确保原型定位具备和产品或服务有关的实际的、现代的事实基础;第二步,认识你的对象,必须针对不同族群的需求提供服务(在城乡生活的生活者、为外来旅游者服务的工作者、外地来的造访者、回到原来生活圈的旅游者),塑造地方品牌,根据归属(人际)、独立(自我实现)、稳定(控制)与征服(冒险)的价值取向,建构地方城乡的价值追求。邱于芸发展出了创意城乡的十二种英雄神话的角色原型,分为四类,分别为向往天堂的独立型(包括天真者、探险家、智者)、刻下存在痕迹的征服型(包括英雄、亡命之徒、魔法师)、没有人是孤独的归属型(包括凡夫俗子、情人、弄臣)和立下秩序的稳

---

① 参见〔美〕卡罗尔·皮尔逊:《影响生命的 12 原型》,张兰馨译,北京:中国广播电视出版社 2010 年版。
② 邱于芸:《故事与故乡:创意城乡的十二个原型》,台北:远流出版公司 2012 年版,第 255 页。
③ 参见〔美〕马克、皮尔森:《很久很久以前:以神话原型打造深植人心的品牌》,许晋福、戴至中、袁世佩译,汕头:汕头大学出版社 2003 年版。

定型(包括照顾者、创造者、统治者)。① 故事创意以角色原型为基础,承载了以人为本的精神力量。有了角色原型就会有故事,有了故事就会满足人们感动的期待,透过故事赋予生命体验以更多的意义和价值,进而改变人们的价值观念,最终创造人的生存意义。

五、故事驱动的原型功能

美国著名编剧顾问克里斯托弗·沃格勒(Christopher Vogler)创造性地将荣格的原型理论和坎贝尔的英雄神话研究运用于文化创意的故事创作,并发展出一套讲故事的理想原则和故事创作的神圣模式。在沃格勒看来,"所有的故事都是由几个常见的结构组成的,它们出现在各国的神话、童话故事、戏剧和电影里"。故事驱动的英雄之旅作为文化产业大规模生产时代下批量处理故事的一种技巧,是构思和发展故事的基本格式和评价标准,提供了"诊断故事问题和提出解决方案的方法,是启发灵感的源泉和参考",而不是僵化的公式和呆板的模式,或"独裁者的命令"。故事创作的英雄之旅使用标准化的故事语言和格式化的编剧方法,抓住了故事背后的叙事模式,创造出超越国界的故事,并且"只要经过仔细地改写和本土化,让它反映当地的地理、气候和人民独一无二、无法复制的特性",就可以抵挡"文化帝国主义"的文化预设。② 故事创作的英雄之旅同样适用于数字技术创造的具有游戏性和互动性的虚拟世界,通过无限变化和无数分支,构成了无边界的故事网络。

沃格勒认为,原型在故事驱动的英雄之旅中是灵活的角色功能,把握了某个角色所表示的原型功能,就能判断这个角色在整个故事中起到的作用。故事是全人类处境的隐喻和象征,原型也可以是故事中英雄的性格,也可以被当作各种人格的拟人化符号,代表了完整人格的各个方面,"所有的好故事其实都是整个人类的故事,讲述了一系列人类共同面对的情况"。童话里全都是原型式的人

---

① 邱于芸:《故事与故乡:创意城乡的十二个原型》,台北:远流出版公司2012年,第96—216页。
② 〔美〕克里斯托弗·沃格勒:《作家之旅:源自神话的写作要义(第三版)》,王翀译,北京:电子工业出版社2011年版,第XVI—XIX、XXV页。

物,在不同类型的现代故事中也有它们独有的角色类型。

沃格勒总结了故事创作中最常见、最有用的原型,包括英雄、导师、边界护卫、信使、变形者、阴影、伙伴、骗徒。其中,英雄与自我牺牲联系在一起,象征"自我",通过学习和成长,采取必要的行动或作为,最终会超越自我的限制和幻觉,故事叙事的目的是让受众对英雄产生认同感,"一时间成为英雄","将自己投射到了英雄心灵里",通过英雄的双眼看世界。英雄分为自愿的和不自愿的英雄、以集体为重的英雄和孤僻英雄、反英雄、悲剧英雄以及催化剂式英雄等种类。导师作为智慧的长者,代表"自性",是以前的英雄,具有传授技能、训练英雄、保护英雄、赠予英雄礼物的角色功能,作为英雄的良知,埋下信息伏笔,激励英雄付诸行动去冒险。导师也可分为自愿的和不自愿的导师、阴暗的导师、失落的导师、持续的导师、多人导师和滑稽的导师。边界护卫不是故事中的主要反叛,是非常世界里的中性角色,起到对英雄的测试功能。信使的角色是提出挑战并告知即将到来的重大变革,通过宣告改变来激励英雄,可以是正面人物、反派或中立人物。变形者在故事中不断地变换外表和情绪,传递阿尼姆斯(Animus,女性无意识中的男性性格和形象)和阿尼玛(Anima,男性无意识中的女性性格和形象)能量,具有把怀疑和悬念带到故事里的角色功能。阴影象征着事物的阴暗的、未曾出现的、未曾实现的或者被抛弃的一面,具有心灵感受的被压抑的能量,作为强力的对手向英雄发出挑战,可以是英雄身外的力量或角色,也可以是英雄体内压抑的力量。伙伴是英雄结伴而行的角色,可以数量很多,也可以不是人类,向英雄提供解决问题的多种途径。骗徒是恶作剧能量和求变欲望的化身,承担着喜剧调剂的戏剧功能。①

沃格勒指出,英雄的故事总是一段旅程,无论是外部世界的冒险之旅,还是内心世界的精神旅途,英雄之旅都包含了十二个阶段的路线图,并被分为常规的三幕结构:正常世界,冒险召唤,拒斥召唤,见导师,越过第一道边界,考验、伙伴和敌人,接近最深的洞穴,磨难,报酬(掌握宝剑),返回的路,复活,携万能药回归。其中,第一阶段正常世界,是故事开始之初通过作品的名字、开场画面、序幕

---

① 〔美〕克里斯托弗·沃格勒:《作家之旅:源自神话的写作要义(第三版)》,王翀译,北京:电子工业出版社2011年版,第27—77页。

第八章 文化创意：文化产业的故事驱动

建构的一种氛围,是受众刚刚经历的熟悉世界,通过对比方式和英雄疑问创造非常世界,向受众介绍英雄并建立受众对英雄的身份认同,暴露英雄的悲剧缺陷,交代故事背景,阐明故事主题。第二阶段是冒险召唤,是改变正常世界的催化剂或触发器,是一连串的意外或巧合,以信号或信使的形式出现,是故事早期的侦察期,意味着英雄别无选择的迷惘和不安。第三阶段是拒斥召唤,发出"冒险是危险"的信号,英雄寻找各种理由回避,而坚持拒斥会导致更大的悲剧。第四阶段是见导师,英雄通过导师提供的保护、引导、讲授、考验、训练、魔法礼物获得补给,克服恐惧,开始冒险。第五阶段是越过第一道边界,这时英雄已站在故事的第二幕非常世界即冒险世界的边界,标志着英雄信仰的飞跃,对冒险采取全心全意、无所保留的行为。第六阶段是考验、伙伴和敌人,与正常世界形成鲜明对比,是非常世界的调整期,意味着更大的危险和持续的考验。第七阶段是接近最深的洞穴,发现了有一个拥有边界护卫、动机和考验的神秘地域,可以包括精致的求爱仪式和无畏的接近,英雄准备接近磨难,克服障碍,察觉幻觉,准备进入另外一个非常世界。第八阶段是磨难,这是故事真正的中心和危急关头,是英雄准备去死的主战场,是传达死亡和复活的中心危机期,这时英雄受难,恶人逃脱,经历磨难的浪漫分支和神圣的结合,是英雄面对最大恐惧的时刻。第九阶段是报酬,英雄劫后余生,进行庆祝,出现篝火场面和爱情戏,获得所寻之物并掌握宝剑,可能会窃取万能药或入会,并具有了洞察力、自我觉醒和顿悟的能力。第十阶段是返回的路,走回起点或终极目标,是第三幕的开始,英雄再次投身冒险,彻底解决英雄的对手,出现追击场面和魔法逃脱,可能会出现突然的灾难性扭转。第十一阶段是复活,英雄再一次经历死亡和重生,是故事的高潮,建立了一个适合返回正常世界的新人格,通过清洁仪式让英雄复活,经历决战和选择达到高潮,提供宣泄的感受。第十二阶段是携万能药回归,在结局中张力被释放、冲突被解决,通常以两种方式作结:环形方式(封闭结构,回到起点,成就圆满)或开放方式(叙事继续的可能性,不设答案,观众回味),回归的功能是为了惊奇、报酬和惩罚,为了分享万能药。①

---

① 〔美〕克里斯托弗·沃格勒:《作家之旅:源自神话的写作要义(第三版)》,王翀译,北京:电子工业出版社 2011 年版,第 81—215 页。

沃格勒指出,故事创作的英雄之旅的模型是一种指导,故事的需要决定了故事的结构,英雄之旅的任何部分都可以在故事的任何时间点出现。故事驱动应坚持最实用的故事观,那就是"故事是活的,具有意识,能够对人类情感和愿望做出反应"。故事带来的是宣泄功能,是审美体验的主要动力,"是一种最可靠并最具娱乐性的方式"。[①]

总之,由坎贝尔所开创的故事驱动的英雄之旅模式可以应用于任何需要进行故事讲述的领域,无论是文学、电影、动画、戏剧、舞蹈、网络游戏还是产品研发、组织管理、市场营销和领导决策。故事驱动的精髓在于人性中普遍共有的情感基础和价值认同的原型构造。故事联结了过去和现在、在地和全球,透过故事的转化可以将传统的价值以创新的方式流传下去,将本土的传奇以普世的方式传播出去。故事驱动就是"结合在地资产,包括有形的自然资源与公共建设,以及无形的人文与文化宝藏,找出属于当地特殊的文化特色与在地精神,唯有掌握当地文化的深层精神,才能打造出超越时空局限的不朽传奇"。[②]

本章要点

文化生产的过程也就是故事驱动的过程,故事驱动就是以故事为核心,运用无形的想象力把文化资源转化为文化产品,形成包括故事创作、故事改编、故事内容的跨媒体应用、跨渠道运营和跨产业融合在内的故事产业价值链。

故事讲述是用文字、图像、声音,加之即兴发挥的手势动作和身体姿态来进行历史、事件和思想的表达。故事的最小时间单元是节拍,节拍构成场景,场景组成序列,序列组合为幕,幕是组成故事的最大单元。故事特有的传奇性、曲折性、冲突性、戏剧性、生动性和形象性,使之成为最有效、最持久的文化传承和认同建构的内容形式。

故事讲述是前现代人类经验的重要形式,故事的载体经历了传统故事(神

[①] 〔美〕克里斯托弗·沃格勒:《作家之旅:源自神话的写作要义(第三版)》,王翀译,北京:电子工业出版社2011年版,第217—317页。
[②] 邱于芸:《故事与故乡:创意城乡的十二个原型》,台北:远流出版公司2012年版,第279页。

第八章 文化创意：文化产业的故事驱动

话故事、民间故事、童话故事等口口相传的故事)、小说(虚构小说、历史小说、奇幻小说)和信息叙事(新闻报道、社交互动)的变化。

"奇观化"故事讲述是景观社会和图像范式转型语境下的故事呈现形式。数字化故事讲述强化了故事的体验性和互动性，使互动性和非线性的故事成为可能。"社会化"故事讲述是被网络社会所强化的故事讲述形式。

目前，文化产业故事创意的问题主要表现为三个方面的隔膜：存在传统文化与现代文化的隔膜、存在主流意识形态文化与时尚娱乐消费文化的隔膜、存在民族文化与世界文化的隔膜。故事创意要坚持四条标准：坚持正面价值导向的标准、坚持深度价值拓展的标准、坚持普世价值弘扬的标准、坚持生活价值展示的标准。

故事创意所凭借的创意思考是一种人生的态度、生活的习惯，更是一种可以训练的技能。故事创意是在不同的思考境界的指引下，运用创意系统的一套通用法则，包含了不同的思考风格、形态、幅度和范围。故事创意的思考方式也受不同心智风格的影响。故事创意的思考方法分为发散性思考与收敛性思考两大类。创意思考的动力在于创意人尝试夸大自己的创意身份，刻意转换思考的创意角色。

创意力是创造性思维的表现，具有流畅力、变通力、独创力、精进力等四个非常重要的指标。TRIZ 创新理论与方法包括 40 个创造性原理、39 个技术特征、矛盾矩阵、物—场模型分析、需求功能分析、发明问题的标准解决及算法等内容。

文化创意的故事驱动需要不断地练习思考能力，不仅要在脑内革命，还要在体外实践，开启"知""感"和"行"的契合。生命体验不是生活经历，不是社会经验，是对生命的反思，是对生命的内在本质的把握。文化创意的故事驱动需要通过经典阅读与身体行走结合为生命体验的方式涵养而成。故事管理强调应该善用故事讲述的方式来进行产品生产、组织经营、领导管理和产业运营。

故事驱动的根基在于文化脉络与故事原型。故事驱动的起点在于人们的精神共识和价值认同的构建，即建构人类想象的共同体。故事之所以会打动人心，甚至流传千古，正是其传达了人类所共享的情感结构、原型基础和人格模式。故事是我们想象世界的最初形式，也是我们创造世界的最终图谱。

坎贝尔认为故事的原型只有一个，遵循一个永恒的共同模式，形成"离散

(启程)——指引(启蒙)——回归"三阶段的英雄之旅,共分为十七步。生命原型可分为十二种,代表十二种人格,存在于我们的潜意识,对应于人类心理发展的准备期(自我阶段)、探索期(灵魂阶段)和返回期(本我阶段)等三个不同阶段。"原型产品"直接与消费者的心灵相通,"原型意象"召唤了消费者的共同情感,唤起他们对品牌的共同记忆,深化了品牌的价值。

  沃格勒将荣格的原型理论和坎贝尔的英雄神话研究运用于文化创意的故事创作,并发展出一套讲故事的理想原则和故事创作的神圣模式。故事创作的英雄之旅使用标准化的故事语言和格式化的编剧方法,抓住了故事背后的叙事模式,创造出超越国界的故事。

第九章
创意领导力：文化产业的创意管理

创意领导力不是一般意义上的企业文化的文化领导力，也不仅仅是一种无形的领导力观念，而是文化资源活化、文化资本开发、文化资产管理和文化产业运营的复合领导能力，是一种对文化创意全过程的价值链和产业链的创意管理能力。文化创意是一种符号性创意（Symbolic Creativity），无论是"故事、歌曲、影像、诗篇或笑话等各种不同的创作与表演，即使它们各自涉及不同的技术形式，其实皆与某种特殊的创意形式有关，都是运用象征符号的操弄，来达到娱乐、资讯，甚至启蒙的目标"。[①] 文化产业的生产是一种象征产品（Symbolic Goods）的生产，象征产品的价值取决于象征符号的价值和意义——构思、形象、情感和体验，取决于消费者对象征价值和意义的解码、解释和感知。创意管理（Creative Management）是一种符号性创意的管理，是一种象征产品的管理[②]。

一、创意管理的基本内涵

创意分为艺术创意（个人创意）和职业创意（商业创意）。从艺术创意的角

[①] 〔英〕大卫·赫斯蒙德夫：《文化产业》，廖佩君译，台北：韦伯文化国际出版有限公司2006年版，第5页。
[②] Chris Bilton, Ruth Leary, "What Can Manager for Creativity Brokering Creativity in the Creative Industries," International Journal of Cultural Policy, 2002 Vol.8(1), pp.49—64.

度来看,艺术作品的创意也并不是艺术家个人起到唯一的主导作用。德国美学家沃尔夫冈·威尔士(Wolfgang Welsch)认为艺术品是艺术家和作品共同完成的,提出"艺术创意的零点问题"。他认为,在传统的观念中,艺术与创造联系在一起,没有创造,就没有艺术的发展。在艺术创造中,艺术家常常处于主导的地位,他将自己的观念和激情加于创作的对象中,加以技术的运用,从而完成了一件艺术品。在康德的意义上,天才正是这种创造力的最佳代表。天才是为一种新的艺术立法的人,而这种立法,完全来自天才艺术家自身的主观意愿。不过,艺术家在进行创造时,却常常会出现这样的状况:就是艺术家在灵感迸发之初,常常会有数小时乃至数天的"零创造"期,在这段时间内,毫无思绪,和普通人没有两样,即便挖空心思,搜肠刮肚,也难以有所突破。最伟大的艺术家如梵·高、塞尚都曾有过对自己在"零创造期"痛苦经历的描述。在西方美学理论中,创造和非创造之间的转化是瞬间完成的;并且,这种转化完全是由艺术家自身来决定的。威尔士认为,艺术创造其实是艺术家和艺术作品共同作用完成的,艺术家并没有完全的决定权。在创作一开始——即便是尚未落笔的空白期——艺术家也已经在和尚未完成的艺术作品产生某种交流和共鸣,而这种交流事实上在之后的创造过程中会一直影响艺术家的创作行为。因此,从本质上来讲,艺术品是艺术家和作品共同完成的。在这个意义上,艺术创作也不可能是瞬间灵感的产物,而是持续不断地生成的产物,这必然是一个过程,一段时间,而并非某一个富有激情的伟大时刻。威尔士反对将艺术家主观的情感、意愿和偏好强加于艺术品,认为艺术创作的过程应该是一种自然而然的过程,艺术家的作用,与其说是掌控,不如说是疏导,其创造才能实际上表现为如何使艺术作品的灵魂,如水流一般缓缓倾泻出来,而艺术家的构思,也如画卷般随之不断展开。[①] 威尔士打破了艺术创意的"天才决定论",强调了艺术创作的过程互动、主客观统一的创意法则。在欧洲文艺复兴,尤其是西方工业革命以来,伴随着文化产业的不断发展,文学艺术创意中的天才论越来越被打破和被超越,依赖发散思维和水平思维的"天才神话"尽管仍然流行于世,但在电影、电视和网络游戏等文化产品(或称之

[①] 李溪:《艺术品是艺术家和作品共同完成的——专访德国美学家威尔士教授》,发布于北京大学美学与美育研究中心官网,2010年8月24日。

第九章 创意领导力：文化产业的创意管理

为综合艺术)领域很难成功。"个体创意、创新点子及产品形式,仅仅是复杂产业过程的一小部分。如果我们考察文化生产的收益渠道、价值链、人力投资及金融资源的话,个体创意、技能与天赋都是只占非常小的比重"。①

文化产业的蓬勃发展使"创意"的马车套上"管理"的缰绳成为现实可能和实际需要,是"创意管理"才真正让"创意"成为"产业"。英国学者比尔顿在文化产业的背景下给创意重新下了定义:"创意要求我们做或者想新的东西,或现有元素的重新组合",这就是创新;与此同时,"新点子还必须有用,或有价值,具有合乎目的的适用性",这就是价值。所以,"创意"等于"创新"加"价值"。比尔顿认为,"根据这个定义,一则熠熠生辉的广告,如果没有推销产品,就没有创意,因为它没有解决客户的问题"。创意管理就是要针对创意所依赖的这两个标准——"创意必须产生出新的东西;创意必须产生出有价值或有用的东西",使创意实现价值。由于对创意及其价值的判断取决于某些特定的文化背景、区隔界限或参考系统,因此对创意进行管理就显得理所当然而且势在必行了。比尔顿说,"只有在特定的边界范畴内,创意工作才更可能与我们的标准吻合","只有定位在概念空间的边缘,创意才能被建构在已知及被理解的内容之上,并同时拓展了原有的边界范围",并促进"最灵验的创意秘诀出现在不同元素之间意想不到的组合中",这些不同元素包括不同思维方式、不同程序与观点、不同文化背景等等。这正是玛格丽特·伯登所称的"重新界定概念空间"或"边界调整",这就是创意管理的具体内涵了。②

比尔顿认为创意是一个过程,伟大的数学家庞加莱(Jules Henri Poincaré)也对创意进行过阶段性过程的分解,从"天才神话"的发散思维到"头脑风暴"的管理理念,创意不会发生"在一个以混乱、非理性和随即改变为特征的绝对自由地带,也不属于以秩序、逻辑和渐进为特征的刻板模式",而是"往往更容易发生在无序与有序的边缘,思维湿地的岸边。在内心深处,在栖息或建构的艺术世界中,创意者成功超越或无视确定与不确定、理性与非理性的边界"。尼采试图调

---

① 〔英〕克里斯·比尔顿:《创意与管理:从创意产业到创意管理》,向勇译,北京:新世界出版社2010年版,第24页。

② 参见同上书。

和狄厄尼索斯的"酒神精神"和阿波罗的"日神精神",达到"静穆的哀伤",企图平衡感性和理性,这就是比尔顿所谓的"创意管理"的思维方式。比尔顿将创意管理分解为创意过程、创意团队、创意组织、创意系统、创意战略、创意消费和创意政策。创意管理是文化产业经营管理能力的核心内容,创意领导力是创意经理人的核心能力,创意管理理论是文化产业理论建设的关键命题和重要基石,创意管理学极有可能成为文化产业学科范式的基础内容。

因此,在比尔顿看来,实施创意管理的前提是要坚持一些前提假设:第一,创意组织和创意者包容差异、复杂性和矛盾性。第二,创意思维更多地产生于不同思维方式的结合,而非个人天才的灵光乍现。这里需要的是团队的建设,一个团队的管理者需要协调不同成员的性格特长和专业能力,共同为团队的目标服务。第三,创意不仅仅是内容的创新,还包括思想发展、呈现和诠释方法的创新。第四,创意思维既不发生于陈规窠臼之内,也不在其外,而是在两者的边缘。第五,限制与约束是创意过程的必要组成部分。第六,多样性、妥协与合作,就创意工作而言,其重要性并不亚于奇思异想及其意图。第七,创意植根于一定的文化背景。赖声川也提到其创意学的精髓在于艺术的专业训练和文化的深度体验。基于此,比尔顿在《创意与管理:从创意产业到创意管理》一书中系统地阐释了创意管理的主要原则与基本内涵。

创意管理是文化创意的内容管理,既要管理象征产品的创新价值,又要管理象征产品的使用价值。创意内容应该同时兼具新奇感和价值性。为了评价有些东西是否满足他们的标准,我们必须联结想法和适用,将创意定位于意图、行动和结果的背景环境之中。创意必须产生出新的东西,这种新的东西必须是有价值或有用的东西。创意的价值如果不跟合乎目的的市场需求相联系,创意往往会堕入"死亡之谷"。从绝对意义上讲,没有一种创意优于或劣于其他任何一种,一切都取决于如何理解和定位创意的市场环境。美国华裔导演李安的《卧虎藏龙》的艺术创意和票房成功取决于将华人电影传统转化为国外观众习惯接受的西方模式,尽管中国观众很难发现其新颖之处。创意管理是跨越原始创意与市场创新之间鸿沟的桥梁,使创意得以成功地穿越杰弗里·摩尔(Geoffrey A.

第九章 创意领导力：文化产业的创意管理

Moore)所谓的"达尔文创新之海",从原始的基础创新走向市场的商业创新。①

创意管理是文化创意的过程管理。创意的进程就是一个不断制造矛盾、不断融合矛盾的过程,创意管理就是包容差异的过程管理。创意管理就是联结发散思维和聚合思维,最灵验的创意思维"发生在大脑不同部位的边缘地带,抑或不同思想方式与不同现实的交汇点上",需要在发散思维与聚合思维之间相互转换。创意管理好比将感性的"创意热水"与理性的"管理凉水"恰到好处地调和为一杯"有价值的温和之水"。一个好的创意团队,绝对不是自由无序的或高度同质化的团队。公司企业文化是一把双刃剑,无企业文化不行,高度认同的企业文化也不行,混乱散漫式无认同的企业文化和军事化式高认同的企业文化都很难促使创意的产生。创意进程要求我们把不熟悉的参考框架联结起来,利用不同的思维形式(左脑和右脑),把不同的人群联结起来。创意管理就是对具有相互矛盾性格的创意人格的包容和善用。创意人格具有两面性：一方面,非常具有能量,骄傲,活泼,看起来好像没有责任心,嘻嘻哈哈的,充满了想象力,看起来很幼稚,爱幻想；另一方面,又很安静、谦虚,投入创意开发时很安然,对工作非常客观,很自立,有责任心,脚踏实地。

创意管理是文化创意的结果管理。创意结果联结了于其中发生的领域或领地。创意想法转换了在它们周围的背景环境或"概念化空间",打开了一种面向未来创意的崭新的可能性。个人的创造力洞见了集体性的结果。也就是说,创意的结果是赋予事物新的意义、气质和符号象征。创意管理的结果是庞加莱的"问题的证实",是概念化观念的实现,是维斯伯格的聚合和发散思维共同作用的结果,是一种可行性的实施,是一种组织创意的转移和扩散。文化产业"真正令人印象深刻的、常常被忽视的、真正创意的方面,既不是其制造的产品,甚至也不是其创造的收入,而是创意企业管理及其架构的方式"。

创意管理是集体组织的团队管理,要求从关注"个人创意的天才神话"转向"创意团队的集体模式"。创意团队是"创新者"与"适应者"的对立互补和最佳组合,单纯由优秀的适应者或最优秀的创新者构成的团队会因为"创新者不能推进他们的新想法,而适应者则缺乏促使他们开始行动的最初动力"而变得闭

---

① 参见〔美〕摩尔:《公司进化论:伟大的企业如何持续创新》,陈劲译,北京:机械工业出版社2014年版。

塞,虽然可以"确保快速解决问题或立刻达成共识,却很少能刺激创意思维"。创意团队需要建构一种高度认同的文化,但一旦高强度认同形成之后,又会导致创意的枯竭。创意工作的个体化和专业化导致了创意团队内外之间,以及产业链上下游之间互相的高度依赖。项目型文化生产模式、自我雇佣或临时组合的团队组建模式、多任务的创意组织特征以及生产者与消费者之间的协作都强化了文化产业中个体和团队之间的互相依赖,需要团队成员扮演"多面手的创意角色"。创意团队要克服成熟期过度熟悉化和过度专业化的困境,要勇于打破共识,鼓励多样性,建立一种激励团队成员关心大局胜于关心他们自己当前的任务和职责的集体文化。社会关系、成员友谊和情感纽带等社会资本成为创意工作的重要基础,创意团队在组织设计中要充分考虑复杂性和多样性,兼顾创意张力和相互信任。创意团队要重视非创意型团队人员的作用,这样才能确保好的想法能够依据创意组织的资源、目标和市场,最终与最广泛的社会实践和市场现实相契合。①

创意管理是创意系统和创意网络的生态管理,这是文化产业生产活动呈现网络和集群特征的必然要求。创意网络是一幅由文化产业的横向关系和纵向环节构成的文化地理图景,"在横向上通过组织和个体点对点的关系,纵向上通过供应链促成了文化生产和文化分配的不同阶段","纵向网络提供的资本和市场是全球化的",这种横向的合作关系和纵向的传递关系的地域差异和权力博弈构成了文化产业发展的一种动力机制。马克·格兰诺维特(Mark S. Granovetter)在20世纪70年代通过"认识时间的长短""互动的频率""亲密性"和"互惠性服务的内容"等四个维度的测试提出了"弱连接理论"(The Strength of Weak Ties),认为网络关系主要依赖于熟人的"弱连接",而非亲属和组织成员的"强连接"。②"强连接会趋向于重复和思维同质","弱连接允许更加多样、更少熟悉的连接"。文化产业依赖越来越多的专门化的技能和个人才华,因而创意工作依赖越来越多的弱连接。创意不是存在于天赋的个体,而是存在于创意系统和创

---

① 〔英〕克里斯·比尔顿:《创意与管理:从创意产业到创意管理》,向勇译,北京:新世界出版社2010年版,第29—53页。

② 〔美〕马克·格兰诺维特:《镶嵌:社会网与经济行动》,罗家德译,北京:社会科学文献出版社2007年版。

第九章 创意领导力：文化产业的创意管理

意网络中。"文化产业存在于充满信仰、符号和想象的文化空间，而这个文化空间早已存在于人类社会之中"。① 创意不是个人的产物，应将之归于能够对产品作出评判的社会系统中，文化产品的"价值的概念取决于消费者心目中对象征商品主观的、个性化的诠释"，文化产业"通过对以满足顾客需要的市场营销以及包装与配送的创新模式的至关重要的重新评价，不得不艰难地参与和操纵顾客的价值观"。中介机构、意见领袖和社会沟通对于文化产品在市场的定位起到了关键性的作用，创意管理的焦点从价值链转向价值网络，从"创意的内容"转向"创意内容的过滤、包装、配送和消费的方式上"。创意系统中的大企业集团和小微企业之间呈现一种"核心—边缘"的生态网状结构②。

创意管理是放松管制的"软管理"(Soft Management)和适度控制的"硬管理"(Hard Management)相结合的"巧管理"(Smart Management)。创意管理以人本需求、个人自治和自我实现为基础，是一种将传统管理(设置限定规范、控制预算和最后期限)和创意管理(解决问题、创新和增加价值)的功用结合的新式管理模式。虽然共同愿景、价值观和内部驱力成为创意工作的主要动力，正如威廉·莫里斯所认为的"艺术美中存在一种与内部驱动相似的内生愉悦"，但在实际生活中，"一旦产业将创意转化为商品，将创意过程转变成一种商业行为，外在的束缚、激励和时限的影响就不可避免"。③ 创意管理就是在放松与控制之间达到的一种平衡，战胜管理控制与创意自由的虚假分离。

创意管理是定位战略管理与激励战略管理融合的创意战略管理。迈克尔·波特的定位战略就是为企业在现存的市场中找到足以拥有竞争性优势的战略位置和发展方向，亨利·明茨伯格(Henry Mintzberg)的"浮现型战略"就是一种激励战略，能产生激励作用，凝聚组织内人员的共同目标和愿景。战略是一个动态的过程，而非静态的结果，是一种动态竞争战略。④ "战略家和创意者要能游走

---

① 〔美〕约瑟夫·兰贝尔(Joseph Lampel)、贾迈勒·夏姆斯(Jamal Shamsie)：《无法掌握的全球化：文化产业的未来发展进化方向》，载李天铎主编：《文化创意产业读本：创意管理与文化经济》，台北：远流出版公司2011年版，第165—166页。
② 〔英〕克里斯·比尔顿：《创意与管理：从创意产业到创意管理》，向勇译，北京：新世界出版社2010年版，第57—81页。
③ 同上书，第83—114页。
④ 参见〔美〕陈明哲：《动态竞争》，林豪杰等编译，北京：北京大学出版社2009年版。

于两种能力间,也就是随机性的创造力和发现、构建模式的能力,战略家和创意者既要有在传统方式下思考的能力,又要有突破传统进行新思维的能力"。创意管理是一种"灵活式组织"的创意活动,是一个团队合作的创意过程,反映了一种多维度的创意思维。文化产业中的个人、组织和网络之间的界限变得越来越模糊,创意管理正是一种基于复杂性理论中"无序中的有序"的开放系统中的创意战略,确保创意组织从混沌中生成秩序。创意管理强调战略形成过程的开放性和多样性,通过"情境规划"保持一种"变化内的连续性"。创意战略分为英雄式创意战略、团队式创意战略和后论证式创意战略。其中,英雄式创意战略围绕那些富有想象力的企业家提出的发展模式而展开,团队式创意战略是一种渐进式创意战略和过程式创意战略,后论证式创意战略表明战略制定过程被情感、自我和个性主宰,表明组织的战略决定在事后被理性化描述为经过深思熟虑的、富有逻辑和远见的决策,是一种具有后现代主义风格的创意战略。①

创意管理是一种渐进式、群体式的组织变革管理。在比尔顿看来,组织变革不是突然增长,而是多个细小步骤长期积累的结果,也不是组织纯粹的财务利润的增加,"一个企业可以在扩展商业销售的同时缩小战略规模",文化企业对增长持保守态度,组织变革实现了企业的发展而不是简单的增长,利润也更倾向于对现存文化产品和服务的再投入,而不是用于新业务的新开发,"追求变化和抵制变化可能是互为依靠而得以维持"。商业上的新想法和个人灵感,正如在艺术领域的艺术创作一样,都应放置于一个网络、系统和关联背景下去考虑,比如,"毕加索并非发现了'立体主义',而是使(立体主义)成为一个成熟的艺术运动。他在透视法进行多年试验,与其他画家(如乔治·布拉克)②交换意见,并吸纳其他题材,其中包括非洲部落艺术,就这样,他逐渐转向了一种更具代表性的绘画风格"。创意管理要求组织发展不是通过革命性转变,不是断然寻找截然不同的经营模式,而是渐进地、通过一系列的小阶段在内部重组企业。创意管理确保了组织变革的完整性的美学特征,如同艺术家、艺术作品的形式和内容以及外部

---

① 〔英〕克里斯·比尔顿:《创意与管理:从创意产业到创意管理》,向勇译,北京:新世界出版社 2010 年版,第 115—147 页。
② 乔治·布拉克(Georges Braque,1882 年 5 月 13 日—1963 年 8 月 31 日),法国画家,立体主义绘画艺术的创始人。

第九章 创意领导力：文化产业的创意管理

世界的完整性或统一性，调整着企业整体与成员个体之间的关系。①

创意管理是关于象征商品的创意营销和创意消费的价值和意义管理。创意营销和消费就是价值和意义的营销和消费，当符号价值影响到文化产业以外的其他产业的商品价值和意义时，"品牌塑造、包装设计和市场营销的象征性方面变得越来越重要时，分离产品和服务的物质性、功能性与象征性的内容就变得越来越困难"，创意营销和消费在所有产品体验和价值评估中都发挥着重要作用。创意营销是一种后现代营销，更加关注定制化、个性化和主观化的个人认同，重视"一个人的市场"和"再部落制的认同"，以消费者的"消费体验"为中心。比如艺术营销，就经历了20世纪80年代以前的产品导向、20世纪80—90年代的消费者导向到20世纪90年代以来的体验导向型的发展历史，营销对象也经历了从大众客户、特殊群体到个人客户的转变，重视顾客体验的主观性和不可预测性。创意消费是一种顾客参与性消费和互动性消费，创意消费的过程也是价值和意义再创造的过程，"强调个体消费者通过其象征资源的投入增加产品和服务的价值及意义"。创意消费是一种市场细分的亚文化消费和社会性消费，是一种共享的审美过程。②

创意管理是注重基础设施、网络关系和相互协作的政策管理。创意管理导致了"以文化产品为基础"的政策转向"围绕文化产业生产发展阶段、追踪包括分配在内的文化生产前后过程"的政策。创意管理促使政府采取更大范围的政策干预，创意管理的文化政策是国家适度干预的措施组合，创意政策要密切注意创意的复杂性和矛盾性，"创意重要不是因为在'创意经济'中的象征意义，而是因为它是一个对组织、管理及社会的变革进程都有影响的社会性进程。创意可能不会帮我们致富，但它将协助我们适应组织真实存在的复杂性，并一起应对不确定性和不连续性"。③

---

① 〔英〕克里斯·比尔顿：《创意与管理：从创意产业到创意管理》，向勇译，北京：新世界出版社2010年版，第149—175页。
② 同上书，第176—202页。
③ 同上书，第204—223页。

二、创意经理人的胜任力模型

近十年来，无论在英国还是中国，随着文化产业（创意产业）口号的逐渐深入，"创意"作为一个过度使用的修饰词频繁地出现在各种场合：创意经济、创意产业、创意思维、创意产品、创意企业、创意园区、创意城市等等。对此，比尔顿指出，"创意与非理性或神性的狂迷系属同宗，一反常识与理性的规则与边界。这种神秘的特质，使每个人都可以宣称自己拥有创意……而唯一的问题是，我们似乎并不知道如何释放我们的潜能"。在中国的文化传统里，"创意"长期以来似乎是一个奢侈品，它等同于叛逆传统、打破常规，需要一种大智大勇的胆识，需要一种破旧立新的精神，常常表现为诗人的灵光一现，或禅师的顿悟一瞬，这在传统文人的传记中和禅宗语录的公案里随处可见。文学艺术的功能被限定在儒学道统阈域中，李白的"飘逸"和杜甫的"沉郁"作为中国美学意象的两大范畴，长期以来成为历代诗人"创意"沿袭的典范。

创意经理人致力于媒合的"创意"和"管理"，对应了"艺术"与"商业"两个关键词，各自曾有着独立的发展脉络。在早期，无论在西方的文化思潮中还是中国的文化传统里，这二者似乎都是风马牛不相及的。在西方传统里，"创意"曾是神的工作，《圣经·创世纪》提到了上帝的伟大创意工作就是造光明、开天辟地，造日月星辰、育万种生物，最后还按照自己的形象造了人类。至此，"创意"就被赋予了神圣庄严和神秘不可知的认知符码，无论是巫师的"创意"巫术，抑或是诗人的"创意"写作，都被打上了天赋创意的神秘烙印。柏拉图似乎不喜欢"创意"诗人，在其精心建构的"理想国"里宣称要把诗人驱逐，以哲学家为王治理城邦。于是乎"创意"在一个特定的组织中又被视为不守规矩、特立独行的怪诞举动，创意人士既不合群又难以管束。

创意经理人（Creative Manager）是联结"创意"与"商业"的创意经纪人（Creativity Broker），具备将新颖的文化创意转变为成功的市场商业的管理能力。创意领导力是文化企业家（创意企业家）将"想法转变为社会所需的创意产品与服务的能力"，"涉及文化背景下的策略信息、组织设计和领导权"，是一种具有"新的思维方式，新的态度，即在文化组织环境中寻找机会，并将文化使命作为出发

第九章　创意领导力：文化产业的创意管理

点"的企业家精神。随着符号价值、知识经济和创意管理得到进一步的重视和发展,文化企业家精神成为 21 世纪占主导地位的组织哲学和管理理念。[1]

创意经理人是理查德·佛罗里达提出的创意阶层的重要群体。所谓创意阶层,"包括一个'超级创意核心'(super-creative core),这个核心由来自'从事科学和工程学、建筑与设计、教育、艺术、音乐和娱乐的人们'构成……他们的工作是'创造新观念、新技术和新的创造性内容'。除了这个核心,创意阶层还包括更广泛的群体,即在商业和金融、法律保健以及相关领域的创造性专业人才"[2]。根据佛罗里达的定义,创意阶层包括三种人士:第一种是在文化产业、专业设计公司以及传统行业相关部门从事创意和设计的创意设计人士;第二种是在文化产业、专业设计公司和创意部门负责直接经营管理的创意经理人士;第三种是为文化产业及相关创意部门提供中介服务的创意中介人士。比尔·莱恩(Bill Ryan)指出文化产业的组织系统包括四种角色:创意人员(音乐家、剧作家、导演、作家等符号创作者)、技术人员(音乐工程师、录音师、摄影师等)、创意经理(完美作品与市场获利的中介者或代理人,源自布尔迪厄的"文化中介者")、所有人及主管(拥有聘请及解雇员工的权力,设定公司政策的整体方向)。[3] 因此,任何一个国家要发展充满国际竞争力的文化产业,都要拥有一个庞大的创意经理人阶层。创意经理人就是要去揭示那些活跃在文化创意产业实践中的创意密码,推动创意成为产业。

约翰·哈德利认为,最近文化(创意)产业成为长期缓慢增长的英国经济体中增速最快的领域,而这些独立雇佣的创意经理人恰恰就是这种增长非常重要的推动力量,他们通常在同一时刻扮演生产商、设计师、零售商和促销商等多种角色,尽力保持自己的企业足够小,以至于能让他们自己专注于自己的创意领域。创意经理人最重要的资产就是他们的创意力、技能性、独特性和想象力。在英国及欧美发达国家,文化产业提供了最重要的就业岗位并促进了经济增长,创

---

[1] 联合国贸发会议埃德娜·多斯桑托斯主编:《2010 创意经济报告》,张晓明等译,北京:三辰影库音像出版社 2011 年版,第 9—10 页。

[2] Richard L Florida, *The Rise of the Creative Class: And How It's Transforming Work, Leisure, Community and Everyday Life*, New York: Basic Books, 2003.

[3] 转引自〔英〕大卫·赫斯蒙德夫:《文化产业》,廖佩君译,台北:韦伯文化国际出版有限公司 2006 年版,第 56—59 页。

意经理人促进了地方经济的增长,形成了一种工作的新模式。① 创意经理人长袖善舞的"创意与管理",给我们的传统文化在面临现代化和国际化的双重境遇下提供了一种平衡的可能,这是文化产业社会效益和经济效益平衡的一种努力,是艺术作品创意者、文化政策制定者和文化商品经营者的互相致敬。

创意经理人就是文化产业经营管理人才,是文化产业发展的第一资源;创意经理人的管理能力是文化企业竞争力的关键胜任力。在文化产品的创意产生阶段,创意经理人是文化产品的创意价值甄别和创意风险评估的先决保证;在文化产品的创意制作阶段,创意经理人要扮演好创意工作者和市场营销者的协调者,要保证文化产品的创意"叫好"和商业"叫座",要平衡文化产品的艺术价值和商业价值,真正保证文化产品的创意价值的实现;在文化产品的创意商品化阶段,创意经理人要准确深刻地理解文化产品的创意内涵,要关注文化产品的细分市场,进行商业决策和商业执行,实施文化产品的商业价值管理;在文化产品的创意流通阶段,创意经理人是保证文化产品进入流通渠道、实现创意消费的主要推动力量;在文化产品的创意消费阶段,创意经理人是保证文化产品的创意价值(艺术价值和商业价值)完成并确保文化企业投资回收从而实现企业利润的最后守护者。创意经理人拥有的这种创意管理能力就是创意领导力,也就是人力资源管理理论与实践中所谓的"胜任力(Competency)"。

胜任力是指"能将某一工作(或组织、文化)中表现优异者与表现平平者区分开来的个人潜在的深层次特征,它可以是动机、特质、自我形象、态度或价值观、某领域的知识、认知或行为技能——任何可以被可靠测量或计数的,并且能显著区分优秀绩效和一般绩效的个体特征。"②胜任力的概念是美国学者戴维·麦克利兰(David·McClelland)在1973年提出来的,主张用胜任力测验代替智力和能力倾向测验,认为学校成绩不能预测职业成功,智力和能力倾向也不能预测职业成功或生活中的其他重要成就。胜任力是指特质、动机、自我概念、社会角色、态度、价值观、知识、技能等能够可靠测量并可以把高绩效与一般绩效员

---

① John Hartley, *Creative Industries*, London: Blackwell Publishing, 2005, pp. 299—301.
② Spencer Jr L. M., Spencer S M. *Competence at work: Models for Superior Performance*. New York: John Wiley & Sons, Inc, 1993.

工区分开来的任何个体特征。胜任力主要是用以研究以"知识加工、创意生产"为主要特征的人才的素质。

创意经理人的胜任力模型是一个"双素质叠合结构"(见图9-1)。这个"双素质叠合模型"包含的胜任力素质内容共有27项,分为基础胜任力和专业胜任力两层。其中,基础胜任力(20项)包括:服务意识、组织管理能力、个人影响力、主动性、遵守规则、谈判能力、责任心、注重质量、战略思维、分析性思维、公关能力、沟通、风险意识、敏感性、捕捉机遇、正直、诚信、公平性、团队精神、自我控制;专业胜任力(7项):文化行业经验、创意价值鉴别力、审美辨别力、创意控制力、文化界人脉资源、文化营销力、政策运用力。① 这个模型符合我国文化产业发展初期创意经理人胜任力素质特征的实际情况。

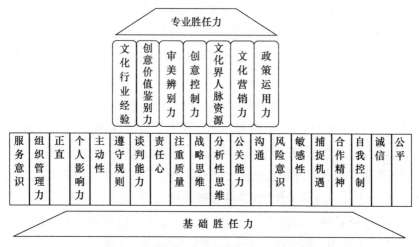

图 9-1 创意经理人胜任力双素质叠合模型

进一步,创意经理人胜任力"双素质叠合模型"还可以分解为五个维度。第一,品德素质:诚信、责任心、正直、公平性、自我控制、团队精神、注重质量;第二,经营管理:主动性、公关能力、谈判能力、文化营销力、战略思维、服务意识;第三,创意特质:审美辨别力、分析性思维、沟通技能、文化行业经验、创意价值鉴别力;

---

① 创意经理人胜任力素质词条释义参见向勇:《创意领导力——创意经理人胜任力研究》,北京:北京大学出版社2011年版。

第四,社会影响力:遵守规则、政策运用力、个人影响力、文化界人脉资源;第五,成就欲望:创意控制力、敏感性、冒险精神、捕捉机遇、组织管理能力。进一步归纳提取这27项创意管理能力,我们可以归纳合并为创意领导力(Creative-Leadership)核心的三项关键胜任力组合,即故事驱动力(story-driving)、科技创新力(Tech-innovation)和战略领导力(strategy-leadership)。

中国目前的文化建设承担着文化体制改革和文化产业发展的双重历史使命,中国文化产业特殊的文化政策环境、文化经济发展水平和文化市场消费习惯等一系列外部因素以及文化企业采用新兴技术的能力、管理核心竞争力历练的水平和人力资源素质能力提升的高度等方面的不断增强,随着时间的推移,将会使我国文化产业创意经理人素质特征和胜任力结构呈现新的特点和趋势。但在一定时间内,我国文化产业创意经理人胜任力素质将会保持一定的稳定。

从世界范围来看,一个创意经理人应当熟悉的主要领域包括:就业、工资与工作条件,包括合同及法规;融资手段,即为创意或文化项目获得信贷和资金的渠道,包括通过互联网进行合作融资的新选择;知识产权保护,特别是版权;新的商业模式、便于协同创作的新方法;如何从社会网络和专业网络收益;创意产品的创作、生产和营销的新技术、信息与通信技术工具,包括免费开放源代码软件的使用和创作共享机制;在各自专门领域不断学习以提升专业技能。"创意企业的管理需要在企业管理和艺术或文化方面的专业的商业运作技能",提高"结合艺术、创意作品和商务运作"的创意经理人技能,需要加强创意经理人对文化产业的价值链以及价值链各个环节的参与者的作用和责任的充分认识、有效组织,需要大力提升中小微文化企业家的创新技能和领导能力。①

三、创意领导力的战略创新

战略是一种有意识、有预计、有组织的行动呈现,是一个企业如何从现在状态走向未来拟定的发展愿景和实施措施。战略的内容包括了设计、计划、定位、

---

① 联合国贸发会议埃德娜·多斯桑托斯主编:《2010创意经济报告》,张晓明等译,北京:三辰影库音像出版社2011年版,第204、239—240页。

第九章　创意领导力：文化产业的创意管理

学习、突现、创业精神等等,战略的过程包括了计划、定位、模式、计谋、观念等,战略的结果是使企业变得更具战略化,包括移向更大的目标,更具活力和整合力。战略管理是企业管理内涵的重要内容,包含了定位战略和激励战略。定位战略是以迈克尔·波特竞争战略为代表的常规战略,主宰了全世界管理学界近四十余年,最近遭遇到两次重大挑战:一次是 2005 年金伟灿(W. Chan Kim)和勒妮·莫博涅(Renée Mauborgne)提出的蓝海战略,另一次是 2010 年克里斯·比尔顿和斯蒂芬·卡明斯(Stephen Cummings)提出的创意战略。常规战略着眼于红海竞争,遵循"价格"与"价值"的互替理论,在产品价格的"鱼"与产品价值的"熊掌"不可兼得的逻辑思维下,企业要么侧重价格创新,要么侧重价值创新。无论是产业环境分析、战略集团分析、"五力"模型分析、双边市场分析还是价值链分析、波士顿矩阵分析[1],我们看到了这些常规战略手段的目的是在已经存在的市场里对现有需求的惨烈争夺。竞争战略是一种激励战略,具有差异化、固定目标化的特征,战略制定依靠既有的专业知识和梦想家式的管理者,遵从发散式思维和激进式变化,以固定职位和完备体系为战略目标。金伟灿和莫博涅看到了一种非竞争的市场空间,通过要素剔除、减少、增加和创造,企业可以规避竞争进入蓝海市场,同时追求差异化和低成本,实现价值创造和价格创新的竞合统

---

[1] 产业环境分析(Macro-Environment),指对政治(Political)、经济(Economic)、技术(Technological)和社会(Social)等影响企业外部环境因素的宏观分析,简称为 PEST 分析法。后又补充了环境(Environmental)、法律(Legal)两大影响因素,形成 PESTEL 框架模型。

战略集团分析(Strategic group),是按照产业内企业战略地位的差别,把企业划分为不同的战略集团,并分析各集团间的相互关系和集团内的企业关系,从而进一步了解纵向一体化程度、专业化程度、研发重点、营销重点等行业竞争状况。

五力模型分析(Five Forces Model),指产业中存在决定竞争规模和竞争程度并影响产业吸引力的五种力量。这五种力量分别为进入壁垒、替代品威胁、买方议价能力、卖方议价能力以及现存竞争者间的竞争。

双边市场也被称为双边网络(Two-sided Networks),是一个或几个允许最终用户交易的平台,通过适当地从各方收取费用使双边(或多边)保留在平台上。

价值链分析法(Value Chain),是寻求确定企业竞争优势的工具,把企业的价值活动分解为基本活动和辅助活动。其中,基本活动涉及产品的物质创造及其销售、转移给买方和售后服务等活动。辅助活动是通过提供外购投入、技术、人力资源以及各种公司范围的支持职能。

波士顿矩阵分析(BCG Matrix),是一个以市场增长率和相对市场份额矩阵分为横坐标和纵坐标形成的产品系列结构的四象限分析法。四种产品分别为:销售增长率和市场占有率"双高"的产品群(明星类产品);销售增长率和市场占有率"双低"的产品群(瘦狗类产品);销售增长率高、市场占有率低的产品群(问号类产品);销售增长率低、市场占有率高的产品群(现金牛类产品)。

一。克里斯和斯蒂芬则以一种优雅和勇气兼具的紫色主义与和平共赢的绿色主义视角看得更远,发现红海和蓝海的融合其实是紫海,这是一种崭新的战略视野。创意战略是竞争战略和蓝海战略的融合战略,是一种浮现型、演进式的激励战略,依靠组织成员的共同发展和交响乐式的协调型管理者制定战略,遵从发散式思维和聚合式思维的结合,以多种职位、变化体系为战略目标。2012年伦敦奥运会开幕式展示了英国历史演进的文明故事:从农业时代的牧歌田园、工业时代的魔鬼工房到文化时代的创意新都,就是这三大战略范式转换的历史实证。

创意战略的内容包括创新的计划、定位、模式、观念和计谋,创意战略的结果是能增加企业的整体价值,保持企业在目标、活力和整合力上的高度融合,促使组织之间和超越组织的变革转换。克里斯和斯蒂芬在《创意战略:创新与商业的再连结》里构建了一套系统的创意战略过程理论,包括战略创新、创意企业家精神、战略领导力和组织管理等四大要素,而这四大要素又是在"发现、专注、宽松和集中"的四个内部因素与"展望、互动、涉猎和创造"的四个外部因素的相互作用、互相影响下得以形成。他们认为,战略创新创造了增值人类生活的潜力,但要将创新有效地"导入市场",则有赖于创意企业家精神提供必要的原动力;然而,为了建立企业家的市场滩头堡,就必须靠战略领导力将短期机会转换成长期的方向;但要让战略领导力能发展出正确的组织化,就必须提供一个供联结与改变的框架;而为了让组织化能长保活力如新,又需要战略创新。

创意领导力首先是关于商业创新的创意战略。创新是一种能创造出有价值的新奇想法的应用。创新在科学和艺术两个领域中是不同的概念,科学创新强调发现,而艺术创新强调想象新的思想。克里斯和斯蒂芬提出了战略创新的六度模式:价值创新、成本创新、容量创新、市场创新、边界创新和学习创新,分别可以增加价值、减少成本、增加容量、发展更好的市场关系、改变习惯界限以及发展更有效的方法来学习。其中:

第一度为深度创新,是一种价值创新,创造新的价值链或延伸原有的价值链。价值创新与蓝海战略的创造和提升相联系,是一种发现新的价值或者对消费者来说更有价值的东西。价值创新的主要方式是在功能价值的基础上增加文化价值,或不断拓深文化价值的内涵。比如瑞士的斯沃琪腕表转变腕表对时功能为时尚饰品,改变了人们的使用手表的习惯,在降低手表材料成本的同时增加

第九章 创意领导力：文化产业的创意管理

了腕表的艺术设计，赋予斯沃琪"技术、高度准确、创造力、幽默、想象力和品质"的文化意涵，创造了一个"充满了生命、幻想和乐趣"的斯沃琪世界。①

第二度为长度创新，是一种成本创新，缩短原有的价值链或去除某个价值链环节。成本创新与蓝海战略的去除和减少相联系，指在产品生产、服务提供的时候反复考虑产业价值链中的各个环节，通过去除和减少使生产成本明显降低。成本降低并不意味着质量下降，而是更多地考虑消费者需要的核心价值和主要竞争力。网络新媒体较多地运用了成本创新，如亚马逊电子书店、淘宝网等电子商城通过在线直销减掉零售终端和库存成本，演出、电影等通过社交网站进行票房营销减掉广告费用。成本创新越来越依赖技术创新，尤其是网络技术、数字技术和移动互联网技术的运用。

第三度为宽度创新，是一种容量创新，拓宽原有的价值链和产品线。容量创新是针对细分市场的不同消费者对相似产品的不同需求，是一种发现、研发、生产、供应、销售和运送比以前更多的产品和服务的新方式。正如鲍勃·麦特卡夫定律（Metcalfe's Law）所说，网络价值同网络用户数量的平方成正比，在某种层面上，网络关系的数量往往比关系的质量更加重要。人们能够通过谷歌网（Google）迅速、便捷地获取海量信息而免费享用或费用不高，正是得益于量子级的信息增长，谷歌从一个搜索引擎转变成为全球信息服务公司，规模的快速增长会有效地改变服务的价值和理念。

第四度为广度创新，是一种市场创新，改进价值链使其更加贴近消费者。市场创新是一种发现新的有价值的市场营销方法，重新定义从产品、流程到市场的全过程，其目的在于转变人们对产品的看法和使用产品的方式。例如，网络游戏《冒险岛》《传奇》等大型多人在线网络游戏的客户端下载及游戏登录都是免费的，但狂热玩家会为游戏中的角色购买额外的虚拟装备，从新武器到新人物的发型等一切道具装备。

第五度为幅度创新，是一种边界创新，混合了不同产业的价值链。边界创新将从生产到消费的价值链的不同阶段混合起来，目的是发现或创造在消费者眼

---

① 〔英〕斯科特·拉什（Scott Lash）、西莉亚·卢瑞（Celia Lury）：《全球文化工业——物的媒介化》，要新乐译，北京：社会科学文献出版社2010年版，第174页。

中完全崭新的产品或体验。边界创新类似于"创意再发现"的营销创新,通过用不同的思维方式思考和从传统价值链之外对产品进行价值评估,调整价值链的位置,用意想不到的方式连接起来,使熟悉的产品和经验在未来拥有一次再造重生的机会。比如苹果手机将移动通信终端与移动电脑融合起来。边界创新是一种产业跨界和产业融合创新,尤其是软件与硬件、内容与产品的融合创新。

第六度为密度创新,是一种学习创新,通过产品/服务的互动改变价值链使其适应具体情况。学习创新是战略创新的最后一个层次,指的是发展创新并把它投入市场以发展更深层次的创新过程中的学习。学习创新有三种形式:投入市场前的学习,在市场上成功后的学习和在市场上"失败"后的学习。这些形式的产生是人们与新产品或新服务相互作用甚至是激发出潜在客户和组织本身之间相互作用的结果,一个人只有通过创造并且操纵才能完满地学到某项技能。

战略创新的六度模式表明,创新在价值链重构和再造上发挥着极其重要的作用。价值创新和成本创新主要依赖"发现"去开启新产品、新想法或新过程,容体量创新、市场创新、边界创新和学习创新包含了强烈的创造因素,通过重新审视我们自己和别人的发现来再造价值链。

战略创新的六度模式可以依靠多样性、天真心、好奇性、紧迫性和超越"最佳实践"之思考的心理特质来驱动。多样性可以实现弗朗斯·约翰逊(Frans Johansson)"美第奇效应"[①],创新可以在不同的交叉点上被创造出来。当个人的领悟超越了他们特殊的技能,并且积极寻找和他人及其不同的观点之间的连接,这种交叉点就会被建立起来。业余者的天真心不应被否定,而是极有潜力的。事实上,历史上许多新事物的发现,起作用的并不是专家,或者至少许多发明者不认为自己是专家。一个人或一个组织必须对于创新的问题拥有足够大的好奇心、求知欲和兴趣,才能求得进一步的发展,才能看得更深更远。好奇心是创意思维的重要特点。紧迫感是创新最有效的推动力,是创新过程中的"肾上腺",能实现创意能量的爆发。好奇心增加好奇天赋的能量,紧迫感明确了好奇心的

---

① 美第奇效应源于15世纪意大利美第奇家族(Medici Family)及其在文艺复兴时期突发的创造活动,强调当人的思想立足于不同的领域、不同科学、不同的文化的交叉点上,可以将现有已知的概念联系或混合在一起,迅速组成大量不同凡响的新想法。参见[美]约翰逊:《美第奇效应——创新灵感与交叉思维》,刘尔铎、杨小庄译,北京:商务印书馆2006年版。

中心和方向。

超越最佳实践原则的战略创新的思维方式,首先要认识到简单地复制"最佳的实践"并不能导致战略创新,一种持续不断的创新的文化比任何一次性的创新更重要,对他人来说这是很难复制。其次,重视从"最差的实践"和"失败的商品"中习得经验,这是一种基于失败经验的积极性或批判性反应。最差实践的学习方向以外部为导向,以观察或实验为依据。对失败的经验保持开放的态度,正是不断地运用这种经验去刺激创造新产品和新服务。再次,从当前的产业中发现"好的实践"和"好的商品",需要归纳并辨别不同寻常的主意和观点。关注好的实践所能获得的好处,和关注最佳的实践是不同的。好的实践能以更多形式来呈现,而最佳实践只有一个。最后,把注意力转回公司内部,在公司内部寻找可以投资和发展的"有前途的实践"和"下一个实践",意识到中层管理者的价值。战略创新不只是一个新的开始,而是一个不断向外学习新的想法和知识,向内探索自我资源和能力的过程。①

四、创意领导力的创意企业家精神

如果战略创新是创意领导力的心脏,那么创意企业家精神就是创意领导力的腿脚。弗雷德里克·韦伯斯特(Frederick Webster)在1977年区分了五种类型的创业家:独立自主型(the Independent)、坎迪隆型②(Cantillion)、产业制造型(the Industry-Maker)、事务管理型(the Administrator)和小企业主型(the Small Business Owner)。企业家精神的创业行为要适应商业环境中的变化,也要适应相关企业的资源禀赋。企业家精神(Entrepreneurship)是一种具有创新精神、竞争意识和创业实践的价值观体系,是一种受到文化背景和社会环境影响的社会现象。创意企业家指个体具备创业心智、受到外在的商业环境和内在的审美价值及个人成就两个力量的诱发和驱使而采取创业行为的特定人群。创意企业家

---

① Chris Bilton & Stephen Cummings, *Creative Strategy: Reconnecting Business and Innovation*, Wiley, 2010, pp. 53—104.
② 美国管理学家坎迪隆(Richard Cantillion)强调企业家精神与风险或不确定性联系在一起,所以这种创业家就被称为坎迪隆型。

精神是一种隐形知识,为人力资本的一部分,包括以个人技能、能力、承诺及创意为基础的思维方式。创意企业家精神(Creative Entrepreneurship)不同于传统产业领域的企业家精神,是一种新型的社会群体所共有的精神特质和价值体系,是一种对模糊性和不确定性的高度宽容力、坚忍不拔和自我实现的创新精神。创意企业家是一群具有价值的新兴知识精英,是一群创意领域里的冒险家。[1] 创意企业家要应对一系列文化产业发展的障碍,主要包括商业技能问题:艺术家无法将自身专业技能传达给大众,因此需要依靠网络关系与营销技能;融资问题:创业早期资金需求紧迫,投资人对文化产业不甚了解,导致融资困难;法律与技术问题:尤其在文化企业刚成立的阶段,包括法律结构、合同协议等;知识产权的推广问题:在文化产业中进行创业,知识产权的推动相当困难;文化产业的本质问题:创业行为需要新颖性,又要将其商品化,充满创意的主观性和市场的不确定性。[2] 创意企业家是创新的艺术和有望实现的市场之间的桥梁和中介。

  创意创业家的创意创业可分为三个层面。第一是个人层面——艺术家与个体创业家的创业,这些具有创造力的创业者,运用创造力来创造财富。与发明家单纯提出想法不同,创业者将想法付诸实践创造收益。第二是国家层面——国家层面的创业,国家本身可以作为一个创意主体参与创业活动,国家扮演着营造更开阔的创新与创业环境的角色,持续创新是使创业家保持成功与维持竞争优势的重要因素,因此政策是国家经济发展与创新的主要动力。第三是地方层面——地方政府与社区的创业,通过举办包括私人企业与产业分支的地区性活动,来维持区域成长。持续性的经济增长、充满活力的社区和地方城市良好的伙伴关系在地区文化产业发展中起着重要作用。[3]

  文化产品的生命周期可以分为引入期、成长期、成熟期和衰退期,其中引入期是从零点到市场进入的过渡点,其细节常常被忽略。引入期是创意企业家精神发挥作用的关键阶段,这一阶段可能"开始于不受约束的机会主义,但是需要靠勤奋取得进展"。引入期可以进一步细分为价值识别、概念发展、价值评估、

---

[1] Colette Henry edited, *Entrepreneurship in the Creative Industries: An International Perspective*, Edward Elgar Publishing Ltd., 2007, pp. 76—78.
[2] Ibid., pp. 77—83.
[3] Ibid., pp. 87—96.

第九章 创意领导力：文化产业的创意管理

精心制作以及新品上市等五个环节。其中，第一环节是对潜能的价值辨识，这可能与所谓的尤里卡时刻或者灵光乍现的温暖时刻相连，通过新奇想法和特别事件的转换，那些被识别的东西具有值得进一步观察和遴选的潜能。第二个环节是对潜能的发展开发，需要更多深思熟虑的过程，利用折中主义的资源以加强原创洞见的复杂性和深度。在这个环节，新想法仍然以风险的形式出现，仍然要从经验的宽阔范围或专业技能的领域中拽出来，但此刻新想法正开始移向接近市场能力的形式。第三个环节是评估鉴定，这是一个做决策的环节，决定是要将创新保留并带到市场上去，还是砍掉这个损失再精选出其他更好的想法。第四个环节是精心制作，梳理出评估过程中出现的一些分离的思绪，将其固定于某个点，让这个想法有效力和有效率地进入市场。精心制作是一个费力的工作，需要专注、坚持等勤勉者所有的品质。就像工程师，创业家必须使用制图、测试、微调和再测试，以确保他们的想法为市场准备好了。最后一个环节是新品上市，增强能够预见新想法进入市场的动力，为了"市场起飞"做好完全准备。新品上市完成了创意企业家精神旅程的上升行为。

在起飞期，创意企业家扮演了多重角色。以出版产业为例，在识别辨认环节，创意企业家就像作家，需要创造新想法、驾驭边界、辨识潜能；在发展开发环节，创意企业家就像编辑/出版代理，要支持和开发新想法；在鉴定评估环节，创意企业家就像出版商，要测试新想法、判断潜能、将新想法引进市场或回到绘图板；在精心制作环节，创意企业家就像生产编辑，要固定新想法、设定边界、匹配发行渠道；在新品上市环节，创意企业家就像促销者/营销者，要向市场传递新想法并辨识再创新的潜能。善于完成复合型任务就是成功的创意企业家的显著特征。

克里斯和斯蒂芬认为，创意企业家必须同时是业余爱好者（dilettante，为他们自己的利益追求某些东西，没有认真的研究，非职业的、非专家的浅尝涉猎）和勤勉努力者（diligent，始终如一的勤奋，努力地孜孜以求，勤劳的，不是无所事事的，不会粗心大意的，不是懒惰的）。勤勉努力指被关注的、有恒心的企业家特征，被全神贯注的热情和目的所驱动。业余爱好者指企业家精神易冲动的直觉的和机会主义的方面。重要的是，由业余爱好者向勤勉努力者的过渡使创新的想法转变进入创业家的实用。创意企业家是一群"勤勉的业余者"（diligent dilettante)。[①]

五、创意领导力的战略领导力

领导力是领导者激发一定范围内的团队成员依靠一定的客观条件,以最小的组织成本发挥最大的组织效率,最终实现组织目标的一种能力。领导力与领导的性格特质、行为风格、组织特征、产业环境等组织内外部因素相关。创意领导力作为文化产业创意经理人的核心胜任力,也与文化产业的发展阶段、文化企业的生命周期息息相关。创意战略要求领导力沉静地加入多样的元素和能量,这些元素和能量有助于战略创新、创意企业家精神和组织管理。

克里斯和斯蒂芬认为,创意战略需要的领导力不是来自上层,而是来自中层,强调领导是置身于中间而非顶端或最前沿的中层领导。创意领导力的关键在于同外界保持联系、提纯组织的战略核心、促进好的想法(或人、纪律、实践),以及把预期的结果同实践对应起来执行。全球化的影响、知识社会的到来、自由流动的劳动力和信息技术的增长意味着组织的知识不仅是最有价值的商品,而且也比以前更有流动性。随着"有知识的员工"的价值和权力的增长,领导者不得不减少目标导向的"命令和控制",更多是一名协助者、成全者、指导者和教练。成功的公司是资本拥有者和知识拥有者的"中层人(middle-men)"或经纪人(brokers)。

詹姆斯·索罗维基(James Surowiecki)在《群体的智慧》一书中指出,集体的智慧比个体的推测要准确得多,集体的智慧最终形成了商业、经济、社会和国家。当集体是多样的且保有注意力和好奇心时,他们是最智慧的。与此同时,人们的"肠脏本能"是一种非常迅速的感觉模式,能使我们过滤掉一些不相关的信息,发展出一种"直觉预感",最终迅速按照这种直觉预感采取行动。由于人们无意识的心理,或者肠脏非常擅长这种方式,它通常会比理性分析更好地完成实践反应。创意领导力依赖群体智慧,采取了一种直觉式的决策形式。创意企业家善

[①] Chris Bilton & Stephen Cummings, *Creative Strategy: Reconnecting Business and Innovation*, Wiley, 2010, pp. 108—142.

第九章 创意领导力:文化产业的创意管理

于发挥网络和关系的力量,在企业中扮演一个信息的收集者、人群的联结者和伟大的销售员或传播者等多种角色。

马克斯·韦伯概念化了三种领导者风格:传统型领导(这些领导者在与君王、教皇的权力关系中获得他们的权威);法理型领导(理性合法型领导,靠世俗的法律和理性的分析);魅力型领导。他相信只有魅力型领导才能实现人类从相当黑暗与冷酷的官僚世界中得到拯救。21世纪开始出现了第四种领导:"反英雄的"或"后英雄式"的领导者。"后英雄式"领导不再操纵所有的关键决策——其他更低水平的管理者希望被听到,并正留神创造或制造他们自己的符号。"后英雄式"领导是一个优秀的聆听者、共识的创建者和形象的推广者。

战略领导力有五大关键职能。其中,第一项职能是联结外部资源。创意企业家非常明确的使命是联结外部的世界与内部的组织,去为他们的组织"界定有意义的外部",决定谁是外部的利益相关者,优先考虑哪件最重要的事。为了评估哪一个利益相关者应该被优先考虑,首先要把它们描绘下来,使用一种权力/兴趣方格,这种方格能界定某个利益相关者影响公司的权利层次以及其支持或者反对某个特别战略的兴趣层次。高度兴趣和高度权力的因素就是应该被考虑和努力游说的高优先权。

战略领导力的第二项职能是推测组织的愿景陈述。战略愿景的陈述要尽可能做到简单统一,符合彼得·德鲁克的"简要(Brief)、真实(True)、可理解(Understandable)、富有创造力(Inspirational)及可证实性(Verifiable)"等五项原则,使企业战略凸显清晰性和目的性。品牌容易与单数的动词联系在一起,比如苹果公司的"反对"(opposes)、IBM的"解决"(solves)、维珍航空(Virgin)的"启蒙"(enlightens)和索尼的"梦想"(dreams)。一个简单的词语或短语比起一句长长的使命陈述,总是更加包罗万象、适应性强和一致统一,更会借由聚焦到何为重要性而强迫企业家具有战略性。赛斯·高汀(Seth Godin)指出,如果你不能用八个或更少的词语解释你的战略定位,那你就没有真正拥有它。好莱坞著名制片人塞缪尔·戈尔德温(Samuel Goldwyn)也认为,如果你不能在名片背后写下你的电影创想,那么你不可能最终拍成电影。

战略领导力的第三项职能是自下而上地推进创意。创意企业家通过促进信任(Trust)、团队协作(Teamwork)和Z形攀登(The traverse)等3T环境的营造实现组织领导。在艺术机构里，领导力的重要职能就是促使组织实现 Z 形攀登。个人主义的文化和基于项目的文化企业的本质意味着固定的角色和职能要被共享、交换或重组，比如在剧团里有导演要表演、演员和设计师去导戏、编剧同时表演或导戏。在角色之间的重叠和交换反映了创意战略的边界创新。从外部来看，说清楚谁是领导者、谁是跟随者是有些困难。没有固定的等级制、没有明确的领导采取控制，领导力来自那些意想不到的地方——某位副导演或部门主管可能像名义上的领导那样驱动关键决策。大多数艺术组织与传统商业之间的主要差别，就是规模。在小微文化企业中的集体信任、团队协作和 Z 形攀登会变得非常容易，在那里，人们彼此熟悉，而且也有一套相似的价值观念。因此，在规模更大的文化企业里实现创意领导力的成功，就要增加一个至关重要的环节：优秀的中层管理者。

战略领导力的第四项职能是绘制图景。创意企业家将简单的目标转变成细节化而周密翔实的行动方案。白板、迅速翻动的图表、来自电视镜头的定格画面、战术设置和游戏卡，对于随着时间的推移去传达具有竞争意义空间中的战略状态和动态竞争，全都是非常有用的工具。许多战略未能有效地创建，不是因为没有事先计划或没有热情执行，而是因为没有被很好地表达出来。如果"推测"表明了战略领导者如何精炼组织的内部价值观和目的为一个清晰的战略愿景，那么"绘图"就把这个战略愿景带到更远的阶段，将它与一个复杂和变化着的现实相连结，向外辐射，进入实际的场景和形势；如果"推测"表达了面对世界的组织愿景，那么"绘图"则呈现了面对组织的世界愿景。"绘图式"领导者不仅有能力感知更广泛的世界，而且还广泛组织他人参与其身处的环境，携手进行远景规划。

战略领导力的第五项职能是激发"来自中层的领导"。"来自中层的领导"让创意企业家在"愿景规划"（绘图和推断某个愿景）和"交互作用"（以组织内部和外部的新想法和观念视角去联结和促进）之间来回切换。创意企业家不仅提供自己的创意火花，更好地集合其他人的创意灵感，还为了传递这些创意灵感发挥一种导管的中间作用。"来自中层的领导"联结了组织内部的愿景规划和组织外部的互动风格，创意企业家要将重点放在可以促进组织健康、平衡发展的四项措施上：工作绩效（包括典型的量化目标），同伴群体间的关系（智商并不是招聘员工的唯一标准,必须组建具有技术、情感、经验、学习文化等其他商数的团队组合),管理和领导别人的才能,鼓励、集合和发展群体的创新。①

六、创意领导力的组织管理

汤姆·彼得斯(Tom Peters)和罗伯特·沃特曼(Robert Waterman)在《追求卓越》一书中总结了卓越企业的八大特质:采取行动(偏向行动的积极决策,而不是沉思)、接近顾客(学习倾听顾客的意见)、自治与企业家精神(鼓励冒险、自主创新和创业精神)、以人为本(基层员工是品质及生产力的根源)、身体力行与价值驱动(管理者采用亲自视察的方法宣扬公司的哲学与价值)、坚守本业(只进入与自身相关的行业,避免在自己力所不能及的领域与人竞争)、组织单纯、人事精简(组织结构简单,管理人员精干精简)、"宽严并济"(simultaneous loose-tigh,简写为 SLT,指组织营造集权与分权适中的环境,采取督导与自治平衡的管理)。其中,保持"宽严并济"的特质,指在一个组织中,其内部关键部门是高度集权的,但同时在其他部门又允许基层员工发挥个人自治、自由创新和创业精神。② 崇尚"宽严并济"特性的组织提倡自治和集权并行。谷歌公司在外面看来好像是一种"独特的、革命的和自治的组织",其组织结构看起来像布朗运动③(Brownian motion)过程,公司职员之间就像玩碰碰车一样不断地互相撞击,从而产生出新的创意,并达到新的水平。其实,这正是谷歌公司推行"宽严并济"原则的典型写照。

克里斯和斯蒂芬认为,宽严并济的组合方式可以一直追溯到非结构化风格的爱迪生(Edison)与拜占庭式的控制者查尔斯·巴舍乐(Charles Batchelor)的搭档方法。"宽严并济"的原则包括官僚主义和自由流动元素并存的二元组织理论;同时推行机械的、有导向的、模糊的和灵活的结构;强调精简组织结构,简化

---

① Chris Bilton & Stephen Cummings, *Creative Strategy: Reconnecting Business and Innovation*, Wiley, 2010, pp.145—174.
② 参见〔美〕彼得斯、沃特曼:《追求卓越》,胡玮珊译,北京:中信出版社 2012 年版。
③ 布朗运动是苏格兰植物学家罗伯特·布朗(Robert Brown)在 1827 年发现水中的花粉及其他悬浮的微小颗粒不停地作不规则的曲线运动,是悬浮在流体中的微粒受到流体分子与粒子的碰撞而发生的不停息的随机运动。

的结构设置可以鼓励个人和团队在基础原则下有把握地去行动,并逐渐适应这种自作主张的特定环境。莱维特(Leavitt)认为现代组织没必要"扁平化",尽管许多权威人士和管理大师们是那样声称的,但出现的不过是一些新的层级类型而已,"我们与等级层次斗争的强度带来的后果仅仅是突出了组织自身的坚固……不论是松散耦合的,还是网络化或者联合的结构形式,这些知识经济企业的组织结构仅仅是对基本设计的修改。新的、扁平的、更快的组织当然反映一些重要的经营方式的变化,但基本的设计蓝图是不变的"。①

创意领导力的形成需要具备战略创新、创意企业家精神和战略领导力。战略创新受到积极走出去、寻求新发现和随时获得灵感等因素的激励。创意企业家精神是指坚韧不拔、细心勤奋的品质,再加上业余爱好者的纯真与激情。战略领导力指能够较好地理解公司发展宏图及对其进行简化提炼,并且能把它与组织的各个层级的具体业务相关联的能力。为了使这些元素发挥作用,更重要的是让它们正常运转和循环,就需要一个能在某些方面分散权力同时在其他方面又有严格界限的组织。集中与放松的管理策略是克里斯和斯蒂芬所追求的创意组织的卓越境界。创意组织重视集权与分权的两分法,"如果组织结构过于严密,其内部的角色和相互关系容易变成惯性和成见,将没有进行实验或互动的空间。如果组织过于松散,容易导致员工们孤立和以自我为中心,无法形成凝聚力为一个连贯的目标而努力"。②

过度地追求卓越,会使组织曾经的优势变成了限制其发展的因素。丹尼·米勒(Danny Miller)在 20 世纪 90 年代提出"伊卡洛斯悖论"③(The Icarus Paradox),认为优秀企业的成就使领导者过度挥霍而导致其最后的垮台。米勒发现盲目追求成功或"卓越",会危及一个组织的专业化,简化它们在战略创新业务方面的投入。这就剥夺了公司的复杂性和自身再创造的能力,使公司禁锢在自己的老套和毁灭性的模式里。伊卡洛斯悖论指企业难以适应迅速变化的市场环

---

① Chris Bilton & Stephen Cummings, *Creative Strategy: Reconnecting Business and Innovation*, Wiley, 2010, p.199.
② Ibid., pp.200—202.
③ 伊卡洛斯是古希腊神话中的一位青年男子,他利用他的蜡质翅膀实现了令人震惊的壮举。成功的激励和天生的胆大驱使他飞得越来越高,同时极度膨胀的虚荣心让他忘了蜡质翅膀遇到高温会带来的危险。最后他飞得靠近了太阳,导致翅膀融化,自己也坠毁身亡。

第九章 创意领导力：文化产业的创意管理

境,在新竞争中失去既有的优势。① 任何原则或组织,都不应过分追求,否则将导致扭曲。因此,企业管理要遵循亚里士多德的"中道"思想和孔子的"中庸"伦理。"德性就是中道,作为最高的善和极端的美"②,"喜怒哀乐之未发,谓之中;发而皆中节,谓之和;中也者,天下之大本也;和也者,天下之达道也。致中和,天地位焉,万物育焉"③。无论是西方传统的"中道"精神还是东方传统的"中庸"道统,都"强调反对极端,重视合理性与度的把握,重视和谐与合作,重视与时俱进中的中道"。④

克里斯和斯蒂芬认为,创意组织拥有与文化环境、政治环境、学习环境、创意生产途径、职业导向、工作环境和变革导向有关的七项美德。其中,创意组织的文化环境处于瓦解松散和同质化状态都不行,应该是一种适中的适应性文化;创意组织的政治环境既不是民主放任的,又不是独裁权威的,而是一种精英领导式的,这种政治环境能识别来自任何人的创意并进行合理评估,可以循序渐进地推动而得以实现;创意组织的学习环境既不是幼稚无知,又不是专业理性,而是灵活的二次学习,这样的学习环境可以平衡专业知识和不纯熟状态,发掘充满好奇心和冷思考之间的创新价值;创意组织的创意生产途径既不是空洞的,又不是主观的,而是来自任何各处的发展,既可以吸引外部人员的积极性,又可以保持内部人员的活跃性;创意组织的职业导向既不是精神分散的,又不是目光狭隘的,而是多任务导向的,在人们过于分心和太褊狭之间找到一个平衡。创意组织的工作环境既不是完全开放式的,又不是封闭区隔的,而是一种灵巧结构,有效率的企业办公场所应该由开放和封闭相结合的空间所组成;创意组织的变革导向既不是静止停滞的,又不是剧烈变化的,而是一种稳重的适中和平稳的改变,如果需要有所改变的话,可以随时做出改变,但同时杜绝那些为改变而改变的做法。总之,创意组织具有一种"强有力并有适应性的文化、关于学习方法的学习、从内部和外部吸收观点、多任务处理、灵巧的结构和准备随时迎接变化"的

---

① Danny Miller, *The Icarus Paradox: How Exceptional Companies Bring About Their Own Downfall*, Harper Business, 1991.
② 〔古希腊〕亚里士多德:《尼格马科伦理学》,苗力田译,北京:中国社会科学出版社1999年版,第37页。
③ 《中庸》第一章。
④ 陈少峰:《正义的公平》,北京:人民出版社2009年版,第334页。

组织特性。①

在克里斯和斯蒂芬看来,战略创新要素需要创意发现者的特质,创意企业家精神要素需要勤勉的业余者的特质,战略领导力要素需要愿景行动者的特质,组织化管理要素需要专注自由者的特质。创意领导力是一个螺旋结构,一个优秀的文化企业就是要建立这样一种目标环境:通过不断创造和发现,使得"战略创新、创意企业家精神、战略领导力和组织管理"等创意领导力的四大要素循环不止、周而复始。

在自然界,红色和蓝色的融合是紫色。而绿色又是自然界的生态本色,与红色、蓝色构成了我们身边丰富多彩的世界。创意战略是常规战略和蓝海战略的结合与超越,创意战略促使了文化产业和非文化产业的跨界与融合。波特的常规战略是一种红海战略,金伟灿和莫博涅的战略创新是一种蓝海战略,克里斯和斯蒂芬的创意战略是一种绿海战略或紫海战略。创意战略就是所谓"比红海更安全、比蓝海更创新"的紫海战略,创意战略也是一种"可持续的、和谐生态主义的"绿海战略。

创意管理是一种独具特色的文化产业管理。文化产业管理在本质上具备了"企业家精神和个人主义,在多元而随机的流程中形成一致的战略和商业模式,借此来应对风险及不可预测性"。创意经理人长袖善舞的创意管理具有以下特色:(1)创意经理人必须善于即兴发挥、灵活变通,"由于创作的过程充满变数,得凭借多个人贡献与外部变因而定,因此试图套用预先规划好的制式方法难以奏效;相反地,管理人必须观察创作过程中的突发状况,以此为基础,依据当时的事件、人员来拟定策略方针";(2)创意经理人必须扮演多重角色,并能去包容、激励团队形成兼掌多职的文化,文化企业的规模扩张会导致"成员过度专精、孤立、困陷在自己的职业术语、诠释符号和专门技术中","会限制成员的可能发展,使其难以突破既有的工作与心态","随着利害渐深,个人探索和集体革新也将变得遥不可及";(3)创意经理人需要摆脱经济诱因的理性逻辑,"文化产业交易的是创意、形象、体验"等象征性商品,只有消费者的感知能估其价值,

---

① Chris Bilton & Stephen Cummings, *Creative Strategy: Reconnecting Business and Innovation*, Wiley, 2010, pp. 207—225.

第九章 创意领导力：文化产业的创意管理

文化产品的创作者和消费者都是非理性的,"得在互动中逐渐形成共识,才能创造出对消费者有价值的商品";(4)创意经理人必须能区分永续发展与扩张的不同,谨防"投资客硬是将不切实际的成长目标,强加在羽翼未丰的新生产业后所造成的灾难"。小微企业有其独特的结构和优势,"倾向采取开拓联络网络、提升产品或服务品质的方式来拓展业务,而非仅是扩大经营规模"。① 总之,创意管理已逐渐发展出一套在文化产业领域里行之有效的管理理念、管理风格和管理方法,成为文化经济时代推动产业升级与经济转型的新的管理思想。

本章要点

文化创意是一种符号性创意,创意管理是一种符号性创意的管理,是一种象征产品的管理。从艺术创意的角度来看,艺术作品的创意也并不是艺术家个人起到唯一的主导作用。"创意"等于"创新"加"价值"。

创意管理是文化创意的内容管理,既要管理象征产品的创新价值,又要管理象征产品的使用价值。创意管理是文化创意的过程管理,就是包容差异的过程管理。创意管理是文化创意的结果管理。创意管理是集体组织的团队管理,要求从关注"个人创意的天才神话"转向"创意团队的集体模式"。创意管理是创意系统和创意网络的生态管理。创意管理是放松管制的"软管理"和适度控制的"硬管理"相结合的"巧管理"。

创意管理是定位战略管理与激励战略管理融合的创意战略管理。创意管理是一种渐进式、群体式的组织变革管理。创意管理是关于象征商品的创意营销和创意消费的价值和意义管理。创意管理是注重基础设施、网络关系和相互协作的政策管理。

创意经理人是联结"创意"与"商业"的创意经纪人,具备将新颖的文化创意转变成成功的市场商业的管理能力。创意经理人是创意阶层的重要群体。创意经理人的管理能力是文化企业竞争力的关键胜任力。创意经理人的胜任力模型

---

① 〔英〕克里斯·比尔顿:《创意产业:管理的文化与文化的管理》,载李天铎编著:《文化创意产业读本:创意管理与文化经济》,台北:远流出版公司2012年版,第153—155页。

是一个"双素质叠合结构",分为基础胜任力和专业胜任力两层,包括 27 项胜任力素质。

创意战略的内容包括创新的计划、定位、模式、观念和计谋,创意战略的结果是能增加企业的整体价值,保持企业在目标、活力和整合力上的高度融合,促使组织之间和超越组织的变革转换。创意战略过程包括战略创新、创意企业家精神、战略领导力和组织管理等四大要素。

战略创新的六度模式为价值创新、成本创新、容量创新、市场创新、边界创新和学习创新。文化产品的生命周期可以分为引入期、成长期、成熟期和衰退期。其中,引入期是创意企业家精神发挥作用的关键阶段。创意战略需要的领导力不是来自上层,而是来自中层,强调领导是置身于中间而非顶端或最前沿的中层领导。战略领导力有五大关键职责。

创意组织管理秉承"宽严并济"的原则,包括官僚主义和自由流动元素并存的二元组织理论;同时推行机械的、有导向的、模糊的和灵活的结构;强调精简组织结构,简化的结构设置可以鼓励个人和团队在基础原则下有把握地去行动,并逐渐适应这种自作主张的特定环境。过度地追求卓越,会使组织曾经的优势变成限制其发展的因素,导致伊卡洛斯悖论。创意组织拥有与文化环境、政治环境、学习环境、创意生产途径、职业导向、工作环境和变革导向有关的七项美德。

第十章
文化经营：文化产业的商业创新

文化产业是一种新的经济形态，它"以知识、媒介、信息、符号为资本，通过以非物质资本为主体的资本运转方式"，"以数字资本、智力资本、符号资本、媒介资本的运营来创造效益"，文化产业是一种"以文化活动、文化组织、文化机构、文化设施、文化风俗、文化媒介、文化符号为资源体系，以服务经济为载体平台，形成处理知识、管理符号、发展媒介、交易服务的新型非物质制造业与文化业创新体系"。① 文化经营是一种经济行为，是为了实现文化生产的市场目标、运用有效的资源组合及其与环境互动、完成组织使命的一套文化产业的运作方法和运营体系。文化经营的范畴相当广泛，包括环境分析、组织架构、市场营销、品牌塑造、人力资源管理等诸多内容。文化经营以企业化的生产主体、市场化的生产目标和规模化的生产效益为主要形式、基础手段和基本目的，文化产业的商业创新包括文化企业的组织模式、文化企业的商业模式、文化市场的竞争模式、文化市场的消费模式和文化市场的营销模式等内容。

一、文化企业的组织模式

文化企业指那些在文化产业环境下以创意、生产、交换、营销文化产品为方

---

① 欧阳友权：《文化产业通论》，长沙：湖南人民出版社2006年版，第82页。

式、以期获取商业利润为目的的工商组织。文化产业是以提供有意义的内容为基础的生产活动,以文化企业经营活动的"可再制性"为基本特征。文化企业作为一种现代工商业组织,在西方也随着现代企业制度的成熟,以公司制的普遍形式存在。在中国,文化企业是伴随着文化体制改革,随着国有文化单位的"转企改制"、管办分离等措施以及民营文化企业和外资文化企业的发展而出现。文化产业的产业属性决定了其运营主体是文化企业。文化企业提供的是文化产品和服务,由于文化产品的创意过程、投入要素、生产过程和商业模式都有自身的特点,因此文化企业也呈现一定的特殊性。文化企业与一般企业相比,具有如下几个方面的区别:①

第一,产品生产方式的区别。文化产业是世界文化经济发展的趋势,其经济活动的主导因素由以信息、知识和创意为内容的文化因素构成,知识、技术、创意、设计和品牌成为经济活动的内生变量。文化企业就是提供这种无形的精神内涵,即便这些精神内涵有物质载体作为依托。文化企业没有标准化的工厂、流水线的生产车间,其创意设计人士、创意经理人士和创意中介人士可能是在酒吧、咖啡厅、茶馆,甚至在互联网上进行创意生产和服务。文化企业就是要对这种无形的文化产业价值链进行计划、组织、协调、领导和控制等管理工作。

第二,产品本身内容的区别。文化企业提供的是文化产品,是一种精神产品,其物质形式只是文化内容的载体;一般企业提供的是物质产品,是一种有形产品。文化产品关注的是产品的文化价值和品牌价值,是一种体验价值。文化产品比一般的物质产品更具有消费的非排他性和非竞争性,而且在生产、流通和消费过程中会不断注入新的内容,使得文化产品的价值不断增加;文化产品所蕴含的创意价值具有可移植性和可再生性,可以进行多次开发。因此,文化企业与一般企业相比具有不同的商业模式和盈利模式。

第三,消费需求层次的区别。企业的生存发展是通过提供产品满足市场的某种需要获取利润来维持的。马斯洛的需求理论告诉我们,人类有五种基本需求,包括生理需求、安全需求、爱和归属的需求、社会需求以及自我实现的需求,这些需求是有层次的,是随着社会经济的发展不断从低级需求转向高级需求。

---

① 参见王晨:《文化企业管理》,长沙:湖南文艺出版社2006年版,第3—17页。

第十章 文化经营:文化产业的商业创新

文化企业提供的文化产品满足的就是一种高级文化需求,这种文化需求是充满个性的、不确定的,很难被统计和预测。文化企业比一般的企业面临更大的市场不确定性和经营的风险性,更需要建立一种柔性组织来管理和控制这种风险。

第四,生产要素投入的区别。文化产品是一种以精神文化内容为主导的产品,包括了信息和体验,物质载体只是形式,信息、知识和创意等文化才是内容。除了一般企业经营管理要投入的资金、办公、设备等物质生产要素,文化企业生产投入的更多的是信息、知识、创意、知识产权等无形生产要素,而且往往是无形生产要素雇用物质生产要素,文化资本控股物质资本。因此,文化企业经营的重点就是要通过知识产权、品牌的经营来积累企业的文化资本,以促进文化企业的可持续发展和跨越式发展。

第五,人力资源胜任力的区别。人力资源管理理论建立在对人关于"经济人""社会人""文化人"和"复杂人"的人性假设基础上,相应的管理理论和管理方法也是在这些人性假设基础上制定的。文化企业的员工是创意设计人才、创意经理人才和创意中介人才,是一种创意型、知识型员工。文化企业投入的无形生产要素总是同创意人才相结合才能发挥作用。而且,文化产业的创意生产需要多种知识和技能之间的合作,文化企业的员工需要更多的相互沟通和交流。这就要求文化企业的员工具有与一般企业员工不一样的思维观念、知识技能和领导能力。

经典文化产业时期(2000年以前)的文化企业可分为四种类型:第一种为商业型官僚组织,是以盈利为目的的高效管理企业;第二种为传统型或卡里斯玛①组织,偏向小型企业和企业家个人魅力;第三种指文化型官僚组织,是一种公共文化服务机构;第四种是作坊型家庭组织,偏向小型化公司形态。随着经济全球化、产业融合化和文化经济化浪潮的进一步深化,文化企业的发展出现两极分化:一方面,文化企业的集中化程度和规模经济程度大大增强,不断涌现出"骨干龙头化"的文化航母;另一方面,文化企业深耕在地文化资源、坚守"小、精、特、美"的企业品质和企业规模,出现越来越多的"中小微化"的文化企业。当

---

① 卡里斯玛(charisma),指某种超自然的特殊人格和具有支配力量的精神特质。卡里斯玛型领导指以独特的个人魅力来赢得被领导者的追随和支持的领导者和领导风格。

前,区域型文化产业逐步过渡为全球化文化产业,全球化深刻地影响着文化产业的发展演进,负责"制造、发行并且行销文化商品的(文化)企业在全球化的最前线中经略运作,全球化的变迁迫使这些企业必须做出合适的选择"。文化产业的竞争优势是在全球化语境下结合创意资源和经济资源的方式发生变化,迫使企业通过"掌控"企业内部的创意资源与经济资源,和"连结"企业外部的创意资源与经济资源,沿着标准化的融合模式和多元化的混成模式的两条路径展开。全球化的文化产业在市场需要、科技创新和文化情境的综合作用下,文化企业的组织变革也在发生新的变化,呈现出四种不同的组织形态:[1]

第一,巨兽型聚合体(Monolithic Conglomerations)。巨兽型聚合体是一种大型科层化的文化企业集团,对文化产业中经济资源和创意资源进行绝对控制,并基于集团的控制,从创意资源到市场终端采取彻底的垂直整合。基于文化场域趋于一致性和同质化,此类文化集团在全球市场上倾销标准化品位的文化商品。文化产业效益来自对资源大规模的控制和高度集中,利用规模经济和范围经济以及对资本市场的优势聚合,这些元素的聚合能够在层层联结的文化产业中达到价值链的垂直整合,完整控制产业中创意资源至最后消费者的部分。在特定发行和行销的资源中,经济资源的集中不仅可能造成对创意活动的过度控制,也可能因为市场导向的专断而让创意的发挥居于次要地位。为了开创最高的市场利润,高度集中化的集团将大众消费的品位标准化,以节省成本支出,这样便跨越了不同的文化产业范畴的界限,创造出商品的互补性,并且逐渐消弭不同文化产业范畴价值链中各自的障碍。当今这种以巨型集团为主轴的发展是由少数高度集中化的跨国媒体企业所控制,这样的媒体计划全面性地主导了标准化与同质化的文化场域运作。

第二,共生型相栖体(Symbiotic Conglomerations)。共生型相栖体也是一种准大型科层化的文化企业集团,主要控制发行和销售渠道,既在集体内部直接掌控部分文化产业中的经济资源和创意资源,但又重视文化商品制造者之间的互

---

[1] 〔美〕约瑟夫·兰贝尔(Joseph Lampel)和贾迈勒·夏姆斯(Jamal Shamsie):《无法掌握的全球化:文化产业的未来发展进化方向》,载李天铎主编:《文化创意产业读本:创意管理与文化经济》,台北:远流出版公司2011年版,第166—170页。

第十章 文化经营：文化产业的商业创新

动,刺激文化场域的混合性和多样性的诞生。文化商品的制作公司,绝大部分是零散、相互依赖的小型独立组织,存活率较低,它们被控制发行和销售渠道的企业整合。共生型相栖体对文化产业的生产劳动做了一个新兴的分类:一边是创造文化商品的小型工作室,另一边则是将经营中心放在下游行销发行、贩售布局的大型企业。共生型相栖体能利用市场的力量,在有价值的文化商品中得到最大利润,但是在发掘或创造有价值商品的同时,这种共生的文化动能便受到限制。一方面大型企业的主导力趋于缓和,它们察觉到需要依赖分布在产业链上的小型工作室。对小型工作室而言,它们可以持续存活是基于能敏锐地侦测文化新趋势和创造新品味的能力,探索与创新的创制活动,通过试验性地结合不同文化形式和品位,促成新的混合体。

第三,主导型群结体(Dominant Agglomerations)。主导型群结体代表了文化产业被强大的创制群体控制的文化企业。这些创意型文化企业搭配合作,替全球化的文化消费塑造出相对标准化的产品。文化产业的竞争优势通过对创意资源的强化聚合来维持;贸易和国际的互动带来了品位和文化商品的一致性与同质性。主导型群结体的出现源于当代科技的转变重构了经济资源和创意资源的权力关系,产业影响力取决于对群体的联结作用,这个群体是由许多小型工作组织结合而成的企业所主导的。越来越多的发行技术和急速增加的媒体途径,让创意资源拥有者能够直接和最终端的消费者沟通。随着权力逐渐转移到创意资源这一端,既有的挑战已经不再困扰市场,目前令人关注的问题是如何在第一时间内发掘并用活最有价值的创意资源,来让商品本身获得更大的关注。同时,创意人才的流动强化了标准化和同质化,并提供创意群体一个全球性的宏观视野,这样具有支配地位的群体借用采纳其他文化群体既成的文化内涵,透过相对标准化的生产过程,借着利用相当有效率的发行网络和行销策略将全球纳入其市场体系。

第四,虚拟型群结体(Virtual Agglomerations)。虚拟型群结体透过复杂的网络连接当地和不同艺术社群来塑造文化产业,这得益于以网络技术和数字技术为代表的高新科技消弭了中介的障碍,文化生产者和消费者可以避开商业实体的中介,进行直接沟通。高新技术也让不同国家和地区之间的远距离合作和创意交换成为可能。虚拟型聚结体的竞争优势通过创意资源的聚集来维持,通过现代科技的发展,在网络空间里可以创造出虚拟的创意社群。创意资源同时并存于高密度的全球化互相联结以及世界各地理区域位置中。虚拟社群的出现象征着一种产业形式的转变。制造者和消费者的互动带来了产品多样性,消费者在消费文化产品的同时变成了创造者。这一现象导致大众市场的主导权的下降,创意发展的过程可以在不同的文化场域中萌生。

文化企业的发展正在破除国际界限并且逐渐全球化。从全球文化产业发展格局来看,文化企业正从经典文化产业时期的"三个世界"跨入全球化文化产业时期的"M形结构"。所谓文化企业的三个世界,以电影产业为例,第一世界指高度资本化的跨国电影集团,追求全球利润,比如派拉蒙影业(Paramount)、索尼影业(Sony Pictures Entertainment)、二十一世纪福克斯(21st Century Fox)、环球影业(Universal Studios)、迪士尼公司(Disney)、华纳兄弟(Warner Brothers)、米高梅(Metto-Goldwyn-Mayer)、梦工厂(Dream Works),这些影视集团通过垂直整合与跨媒体并购,组成巨兽型复合体的文化娱乐集团。第二世界指独立制片和区域电影企业,具有共生型相栖体和主导型群结体的组织特征,追求特定市场和利基市场,影视公司针对各种可能的通路形式(不管是影院映演、电视播送或是家庭影音租售)同时锁定许多不同的市场利基,为国内市场以及海外市场创制电影,为特定的知识分子制作艺术片,各种社会族群的类型电影、纪录片,电视广告以及直接进入家庭的影音娱乐。第三世界指自主微创的电影工作室和小微电影公司,数量巨大,具有虚拟型群结体的组织特征,追求电影体验,小到一个人的世界,大到多个人的团队,追求自营管理的营运风格。跟踪热点、营造话题,塑造亚文化(Sub-culture)的认同,靠口口相传,以社交网络为传输平台。① 美国南加州有将近三千五百家公司机构的业务与电影有关,有些中等规模的公司只有两位与电影直接相关的雇员,大部分是独立工作室。所谓"M型结构",指文化企业呈现大写字母M的结构特征:两个波峰、一个波谷。两个波峰分别是第一世界

---

① 按照工业和信息化部、国家统计局下发的《中小企业划型标准规定》和我国文化产业发展的实际情况,从业人员100人以下的属于小微文化企业范围。其中,从业人员10人至100人的为小型文化企业,10人以下的为微型文化企业。2014年8月,文化部、工业和信息化部、财政部联合下发《关于大力支持小微文化企业发展的实施意见》,将小微文化企业纳入国家支持小微企业发展和支持文化产业发展的整体工作部署。

和第三世界,一个波谷指第二世界。处于第二世界的文化企业作为一种中等规模的组织形态,要么发展成第一世界的企业集团,要么与第三世界的中小微企业形成生态联盟。文化企业世界出现两极分化的趋势。

除此,文化企业还出现社会企业(Social Enterprise)的发展趋势。传统企业思维认为,企业是以盈利为目的,为了获利可以不择手段,制造出环境污染、以次充好、坑蒙拐骗等社会问题。但从长远看,企业盈利的真正来源在于解决社会问题、满足社会需求。法国启蒙思想家孟德斯鸠有句名言,"有商业的地方,便有美德"。社会企业以市场的力量推广社会关怀的人文精神,以创造共享的社会价值为发展使命,以"公益+企业+志业"的创业心态、用商业模式解决社会问题。社会企业主要出现在环保、健康、文化等领域。由于市场失灵和政府低效以及文化产业具有跨领域、跨部门和跨区域的融合特征和社会效益与经济效益平衡的天然矛盾,文化企业越来越多地呈现出社会企业的特征。文化型社会企业以文化事业和文化服务为经营核心,用市场创新模式解决文化发展困境和社会文化需求等议题,最终通过创造自给自足的商业盈利维持可持续发展的文化组织形态。文化型社会企业以微盈利、基础性和长远性的文化发展为特征,以国有文化企业、网络型文化企业和小微型文化企业为主要组织形式。

二、文化企业的商业模式

文化经营的基本目标是实现企业整体价值的最大化。企业的总体经营模式表现为企业的发展战略、管理模式、商业模式、产品开发、人力资源管理等企业经营的全部环节,受文化、市场、资源条件等因素的影响。商业模式是企业经营管理重要的组织部分,代表了管理模式中的盈利模式。管理模式可以分为管理体系、企业治理结构和企业管理方法等三个层面,"第一个层面上的管理模式包括了向外延伸的管理系统,其要点是管理所依存的文化特点和资源条件","第二个层面上的管理模式是企业的治理结构,包括国有企业(国际企业)、家族企业的治理结构和所有权与经营权分离的委托代理的治理结构","第三个层面上的管理模式主要是指企业的管理方法,包括权威型和民主型管理等管理风格、授权的程度、核心竞争力的特点等"。商业模式是"企业的盈利方法,主要侧重于企业在经营中具体的可执行的业务和企业价值实现的方式"。①

哈佛大学教授马克·约翰逊(Mark Johnson)等人指出,商业模式是由顾客价值主张、盈利模式、关键资源以及生产流程等要素组成的价值系统和行动。商业模式通过整合企业的资源要素和生产过程,创造企业利润,最终创造企业价值。商业模式的创新必须通过改变顾客的价值主张和重构商业网络和价值链来实现。商业模式是一种利益相关者的交易结构,商业模式的建构是在交易价值、交易成本和交易风险之间的最优组合。② 亚历山大·奥斯特瓦德(Alexander Osterwalder)和伊夫·皮尼尔(Yves Pigneur)将商业模式定义为:"描述了企业如何创造价值、传递价值和获取价值的基本原理",认为商业模式包括客户(客户细分、客户关系、重要合作)、提供物(价值主张)、基础设施(渠道通路、核心资源、关键业务)、财务生存能力(收入来源、成本结构)等四大方面共九大要素。③

具体而言,文化企业商业模式的构成要素可进一步优化为六大要素,包括价值主张、目标客户、关键能力与核心资源、渠道通路与重要合作、版权制度和资本运作等。其中,文化企业的价值主张包括经济价值和社会价值,是商业模式的根本目标;文化企业的目标客户具有差异性和不确定性的特点,是商业模式的基础;文化企业的关键能力是创意领导力,文化企业的核心资源主要指文化资源;文化企业的渠道通路往往呈现内容、渠道、平台的生态整合,文化企业的重要合作主要包括基于社会沟通而形成的网络关系;文化企业的版权制度是对知识产权的创造、运用、保护和管理的制度体系,文化企业的资本运作是基于收入来源和成本结构的资源配置。文化企业商业模式的构成要素之间具有关联性、结构性和系统性的特点,相互影响,互相作用,共同构成一个统一的价值创造体系。④

文化经营需要文化企业对商业模式不断进行"发现、选择改进和优化"。具有竞争力的商业模式具有一些普遍特点:必须依托于某种好产品或服务;必须促

---

① 陈少峰:《文化产业战略与商业模式》,长沙:湖南文艺出版社2006年版,第229页。
② 参见魏炜、朱武祥、林桂平:《商业模式的经济解释:深度解构商业模式密码》,北京:机械工业出版社2012年版。
③ 〔瑞士〕亚历山大·奥斯特瓦德、伊夫·皮尼厄:《商业模式新生代》,王帅、毛心宇、严威译,北京:机械工业出版社2011年版,第4页。
④ 柏定国、陈鑫:《论文化产业的商业模式》,载《福建论坛(人文社会科学版)》2012年第10期,第49—52页。

第十章 文化经营：文化产业的商业创新

进企业整体价值的提升；应简洁清晰，即突出盈利上的稳定性和可控性；保障稳定的现金流；应当处于价值链中的高端部分，获取高附加价值的部分或全部，并力求减少规模化带来的风险；不仅要改进成熟的商业模式，还必须进行持续的自我否定和自我淘汰；必须具有未来性，而不仅是着眼于当下的可盈利方法；注重战略细节；应该是本土化的，往往与企业文化融为一体。① 商业模式在发展战略的指导下和管理模式的支撑下，体现为一种具体可行的交易模式和经营行为，最终实现文化企业的整体价值，体现文化企业的核心竞争力。

文化企业的商业模式与文化产业的发展模式相关，有学者把文化产业的商业模式划分为产业集聚、产业链经营、品牌化经营、文化资本运作、跨媒体经营、平台运营、跨产业经营等七种典型模式。② 这种划分更像从宏观上描述了文化产业的发展模式。作为企业价值实现的保障，商业模式是从文化经营上对文化企业发展战略的一种支持，商业模式的构建边界就是文化企业的资源边界和管理边界。商业模式以具体的产品定位（包括项目和服务）和消费者定位为基本依托，以全产业价值链的完整设计为综合考虑，以企业文化为内在支撑，充分结合文化企业的"内生性优势"和"外部性优势"，是企业战略定位和竞争优势的具体落实和根本体现。

文化企业的商业模式与文化产业的内容创意息息相关。"内容产业""内容为王"的说法凸显了内容创意在文化产业链中的重要地位。所谓"内容为王"，就是指"创意、故事、节目、信息、活动安排以及各种文化艺术的知识产权构成了文化产业的核心，决定着产品和服务的高附加价值"。③ 内容创意的基础是创意，以讲故事、活动项目、形象性的知识产权以及品牌魅力等不同的形式展示内容。内容创意要按照商业模式的规律运作才能创造整体价值：内容创意是一系列点子的继承过程，是一个整体；内容创意要具有文化内涵和艺术形式的魅力；内容创意的关键是转化为可行的创意产品、内容创意来自消费者的需求；内容创意是基于人性的视野和深度的魅力展示；内容创意要具有可持续开发的潜力，追

---

① 陈少峰、张立波：《文化产业商业模式》，北京：北京大学出版社2011年版，第98—101页。
② 柏定国、陈鑫：《论文化产业的商业模式》，载《福建论坛（人文社会科学版）》2012年第10期，第52—55页。
③ 陈少峰、张立波：《文化产业商业模式》，北京：北京大学出版社2011年版，第105页。

求内容价值最大化;内容创意要遵循不同创意产品自身特有的产制规律;内容创意是团队共同创作和集体智慧的结晶;内容创意需要持续性培养创意人才和不断提升创意才能;内容创意需要有产业运营经验的人才集成各种创意要素和内容形式;内容创意可以在尊重知识产权的前提下通过借鉴和模仿开始;内容创意要注重打造产业链和开发衍生品的前置设计;内容创意应当展开必要的市场研究和产品预测;内容创意的终点是产品或企业形成品牌;内容创意要求创意企业家作为最终决策人和选择判断者。①

文化企业的商业模式与文化产业的产品开发关系紧密。文化产品是商业模式的提供物,是构成商业模式的基本要素。文化产品的经济价值与文化价值始终并存,文化产品的标准是一个双重质量标准:"即作为商品形态的一般质量标准和作为精神文化属性的最低标准"。所谓精神文化属性的最低标准,就是不能与一个国家和社会奉行的核心价值观相背离。商业模式的产品开发就是通过顾客定位确定产品定位。针对"发起者、影响者、决策者、购买者和消费者"的不同功能,顾客定位包括顾客目标群体、顾客感知的商品价值、顾客的生活方式、顾客忠诚度、顾客的客制化需求和多重化需求等多种因素。商业模式的竞争力来自产品的竞争力,提升产品竞争力的手段包括:通过持续性创新的产品优化、通过文化创意的审美提升、通过资本扩大和技术导入的产品升级、通过品牌包装的产品营销。文化产品的创新模式要注重以下原则:突出特色和实现专业化;充分体现行业特性和美德;选择产业链型的产品设计;强调面向未来、充满想象的产品创意;借助最新的技术展现;体现人性的主题创新;持续改进产品。②

陈少峰等将文化企业的商业模式提炼为行业化的商业模式、基础型的商业模式、内在能力型的商业模式、提升型的商业模式、资源整合型的商业模式以及与资本运作结合的商业模式等六大组共六十种类型。这些商业模式包括广义的文化产业的发展模式、狭义的文化企业的商业模式和微观的文化企业的业务模式。其中,第一组是行业化的商业模式(发展模式),即在文化产业族群中各个行业专业化的商业模式,由于行业的专业化特色和地域的环境差异导致不同的

---

① 陈少峰、张立波:《文化产业商业模式》,北京:北京大学出版社2011年版,第109—110页。
② 同上书,第106—134页。

第十章 文化经营:文化产业的商业创新

商业模式之间不能互相替代。① 在这里,行业化的商业模式是一种尊重文化产业行业间差异性的概念描述,还没有凝练出具体可行的商业模式的术语表达。

第二组是基础型的商业模式,是指"在企业生存和发展过程中作为立足之本或者基本方向的可盈利方法选择",包括以下类型:把企业作为整体价值进行经营的商业模式;价值增值产业链经营的商业模式;产业集聚的商业模式;资本运作与企业并购成长的商业模式;定制的商业模式,可以是固定业务、咨询定制、技术外包和顾客服务个性化定制等形式;连锁经营的商业模式;城市主题化的商业模式(发展模式);品牌先行的商业模式。② 基础型的商业模式取决于对文化产业的基本认知和整体把握,更多地反映了文化产业的发展模式。

第三组是内在能力型的商业模式,来自企业内在能力的持续培育,就是"将企业的内在性优势充分发挥或者挖掘出来",包括以下类型:持续化积累的商业模式,文化企业持续地经营某个文化产品(项目或服务),获得累积性收益;专业化技术领先的商业模式,注重内容创意与高新技术的融合驱动;专业化文化的商业模式,基于长期的专业性经营和管理形成的企业文化资本;内容创新与提供的商业模式,注重新颖、丰富、贴近生活的内容创新;智库型的商业模式,以顾问式、多元化的定制咨询、研究报告、项目策划等为主要形式;创意定制的商业模式,基于某种需要、以某个平台或既有产品为依托,整合大众创意;品牌授权的商业模式,通过协议契约方式分享品牌资源,发展内容多样化、延伸多向度、渠道多元化的配套服务;互补性的商业模式,基于产业链环节的明确分工,以产品形象为基础、以版权管理为核心、以各自利益为动力的分工合作。③ 内在能力型的商业模式重视文化企业内在的核心资源与关键业务。

第四组是提升型的商业模式,"就是对某些文化产业要素或者条件进行挖掘提升,这些要素或者条件有时来自内部或者来自外部,有时是通过内外部资源的整合来提升商业价值",主要包括以下几种类型:项目大型化、品牌化、持续化的商业模式,注重持续积累;以挖掘顾客商业价值为核心的商业模式,针对特定

---

① 陈少峰、张立波:《文化产业商业模式》,北京:北京大学出版社2011年版,第151—152页。
② 同上书,第152—155页。
③ 同上书,第155—157页。

的顾客群体进行商业运作;组合发展的商业模式,即促进文化创意和设计服务与相关产业的融合,推动文化产业与其他产业的融合,以文化旅游的组合最为典型;明星经纪与娱乐结合的商业模式,以明星为文化产品,打造明星的粉丝经济和娱乐链条;改造提升制造业的商业模式,推动产业的文化化,以艺术设计、文化创新和品牌塑造等为提升手段;跨媒体经营的商业模式,打破行业边界、实现跨媒体经营,促进媒体融合;作为经常性的活动和交易平台的商业模式,包括交易博览会的实体平台和电子商城的虚拟平台;借助其他技术与技能的商业模式,发挥具有自主知识产权的关键技术突破的优势;拥有终生消费者的商业模式,注重观众开发,培育终生顾客;大型项目拉动的商业模式,注重品牌化、规模化的项目运营;综合性的商务板块的商业模式,充分发挥产业要素的协同效应,实现资源的优化配置;提升人力资源拉动的商业模式,有效利用高端人才和卓越创意,以咨询策划、艺术设计和明星包装为主要方式;主题公园与产业集聚园区一体化的商业模式,摆脱单一的门票经济,扩展产业链,发挥集聚效应;反向提升的商业模式,打破行业常规和产业价值链的传统序列;营销带动产品的商业模式,变革营销模式,通过营销组合实现商业价值的最大化。① 提升型的商业模式在很大程度上是文化企业的经营手段的再设计和再创新。

第五组是资源整合型的商业模式,是指"善于利用各种有形和无形的资源,包括利用政策资源和已有的商业性潜在资源"的商业模式,主要包括以下几种细分类型:企业总部集聚的商业模式,发挥企业集聚的基础平台和公共服务功效,实现孵化创生功能;"搭便车"的商业模式,依托某些强势文化资源或品牌活动,借势经营;促进消费者互助的商业模式,借助移动互联网技术,增进消费者的互动交流,扩展增值空间;知识产权中介的商业模式,大多采用艺术授权、形象授权、明星经纪等中介服务形式;虚拟的商业模式,开发虚拟产品;充分利用独特资源的商业模式,借助独一无二的自然生态文化和历史文化遗存;利用已有资源创新大众品牌的商业模式,实现传统内容与现代大众娱乐消费方式的有效对接;资源嫁接型的商业模式,同一资源可以借助不同的渠道和载体进行移植创新;资源捆绑型的商业模式,将内容资源与平台资源整合、影响力资源与竞争力资源联

---

① 陈少峰、张立波:《文化产业商业模式》,北京:北京大学出版社2011年版,第157—161页。

第十章 文化经营：文化产业的商业创新

合，创造综合的盈利空间；互换需求的商业模式，把相关的需求进行价值交换，实现互利互惠；提供特殊服务的商业模式，着眼于具有竞争性的特殊资源的创意开发；后备服务的商业模式，与具有一定规模的内容活动相结合，为专业化活动提供服务平台，通过收取各种租赁费等方式获得收益，从而开发综合服务的商业价值；代理的商业模式，发挥知识中介和创意中介的角色；基础设施的商业模式，扮演基础设施提供商的角色；集合消费者的商业模式，发挥强大的观众聚合能力；复制与模仿的商业模式，在遵守法律和尊重知识产权的前提下，施行行业外、区域外的经验借鉴和模式模仿；跨界融合的商业模式，实现不同产业领域的融合创新；代工或"众包"的商业模式，寻找各自比较优势并进行分工合作；预置化的商业模式，通过预先设计某种内容，并置于情境中吸引消费者的体验消费；依赖或利用政策的商业模式，发挥政策红利，利用各部门、各级政府的扶持政策，实现资源的重新分配。[1] 资源整合型的商业模式的重点在于资源价值的客观评估和辩证开发，既不要盲目重视，过于依赖，又不要自我矮化，弱化自主创新能力和知识产权运营能力。

第六组是与资本运作结合的商业模式，是指结合企业的资本运作将文化产业各方要素和文化企业的资源禀赋进行整合开发的商业模式，可以细分为以下几种类型：文化产业投资的商业模式，以股权投资、风险投资、企业孵化等为基本形式，防止同质化竞争和盲目的多元化经营；文化产业基金运作的商业模式，结合政府的专项基金，常用方式有银行贷款贴息、配套资助、奖励和项目补贴等方式；产权交易的商业模式，投入一定的资金，换取企业股份或项目收益权利；金融服务的商业模式，包括艺术品租赁、保险、抵押贷款和艺术品理财、文化设备和设施的融资租赁等；中介交易的商业模式，兴办各类艺术品交易中介；合作投资于营销的商业模式，发挥不同专业整合在一起的放大效应；创业投资孵化的商业模式，以文化创业为投融资工具，通过专业孵化器的运营实现资源整合和优势集成。[2] 此种商业模式侧重于金融资本运作，是一种文化金融的投资模式。

其中，全产业链的商业模式是文化企业的理想商业模式和典型商业模式。

---

[1] 陈少峰、张立波：《文化产业商业模式》，北京：北京大学出版社 2011 年版，第 161—166 页。
[2] 同上书，第 161—168 页。

全产业链包括内生价值链、横向产业链和斜向协同链,是同一种文化资源和内容创意在不同的空间和时间维度下不断延伸的产业现象和产业结构。全产业链的商业模式具体表现为:第一,"往横向和纵向延伸,附加价值高,上下周围资源配置平衡,创新与品牌贯穿始终";第二,"通过内容的知识产权对从起点到终端的每个环节进行有效管理,并对关键环节进行有效掌控";第三,"各环节相互衔接,整个产业链前后左右贯通一体";第四,"不同产品线之间的相关功能可以实现整合或者战略性有机协同"。全产业链的商业模式可以充分地发挥文化创意"一源多用""一意多用""一干多枝""一枝多花"的产业特性,促进产业集聚发展,避免同质化竞争,提高经营效率,降低交易成本。①

总体而言,在这些商业模式中,比较常用和重要的有以下几种:技术平台型,建立媒介平台,以技术改变竞争格局;产业价值链型,采取价值链分拆,集中战胜一体化;客户关系型,采取微型分割,从相同客户群体不断分割,变成不同甚至独一无二的客户分割;渠道创新型,通过渠道倍增或渠道集中效应,在传播系统中创造新的增值;产品创意型,注重从一般产品到核心产品,从品牌到利润倍增器的创新流程;知识创新型,坚持内容为王和知识产权,强调从经营产品到经营知识和标准。

商业模式的运用是一个动态调整的过程。文化企业在不同发展的生命周期、在不同的行业环境和不同的文化背景中,都应采用不同的商业模式。文化企业的商业模式要"主线突出、副线配套",具有实用性、前瞻性、发展性和可持续性。文化企业商业模式的创新是保持企业核心竞争力的关键。

三、文化市场的竞争模式

文化产业强调市场化的生产目的,强调文化与市场的高度结合。市场是从事商品买卖和交易行为的活动场所,包括实体的空间集市和虚拟的网络市场。"日中为市,致天下之民,聚天下之货,交易而退,各得其所"②,以"市"易"物"的

---

① 陈少峰、张立波:《文化产业商业模式》,北京:北京大学出版社2011年版,第178—179页。
② 《易·系辞》下。

第十章 文化经营：文化产业的商业创新

商业行为是人类社会发展的历史进步。文化市场是文化与经济彼此融合的产物，是市场经济推动文化发展的表现形态。文化市场作为文化资源有效配置的决定机制，这种机制是一种导向机制、激励机制和竞争机制，主要表现为文化市场主体之间的竞争模式。

20世纪30年代至70年代，以爱德华·梅森（Edward Mason）、乔·贝恩（Joe Bain）和谢勒（F. M. Scherer）为代表的哈佛学派开创和完成了现代产业经济理论的基本范畴——市场结构（Structure）、市场行为（Conduct）和市场绩效（Performance），即SCP分析系统结构，发展成为产业理论的主体框架。其中，"市场结构是决定企业行为和市场绩效的基础；企业行为是市场结构和市场绩效的实施中介，受市场绩效的影响，反过来又影响市场结构；市场绩效受市场结构和企业行为的共同制约，是市场机制的作用结果，其变化趋势影响着市场结构的变化和企业行为的调整"。[①]

市场结构的基本因素包括市场集中度、规模经济、产品差异、进入壁垒与政府管制等。按照市场竞争或垄断程度可以分为完全竞争性市场结构、完全垄断性市场结构、垄断竞争性市场结构和寡头垄断性市场结构等类型。其中，完全竞争性市场结构是一种纯粹竞争的市场形态，交易行为不受任何阻碍和干扰，适合成员具有高度理性思辨能力，可以利用利伯维尔场[②]采取最有利于自身的交易行为选择。完全竞争性的市场结构必须具备几个条件：有众多的市场主体（大量的买家和卖家）、交易的市场客体是高度同质化的（几乎不存在产品差别）、资源的流动完全是根据买卖双方的意愿自由进行、市场的信息充分透明（市场主体可以完全掌握）。

完全垄断性市场结构是一种独占型的市场结构，完全由一个单一的企业独家控制某一种文化产品的生产和销售。此种市场结构的依赖条件是：卖方是市场上某种文化产品的唯一供给者（而买方数量众多）、行业进入壁垒高（其他卖方无法顺利进入）、市场客体独一无二（几乎没有替代品）。文化市场的完全垄

---

① 胡惠林主编：《文化产业概论》，昆明：云南大学出版社2006年版，第102页。
② 利伯维尔场是一个反映自由贸易和自由竞争的经济学概念。利伯维尔（Libreville）是非洲国家加蓬的首都，意为自由之城，15世纪以来曾是西方殖民者从事奴隶交易的一个沿海城镇，1849年由法国人命名。

断一般是由于国家文化安全和意识形态管制的政策制定而造成的,中国长期以来的文化生产的计划经济模式就是如此。完全垄断性的市场结构效率低下,资源浪费,供需矛盾突出。比如,中国电影集团和中国图书进出口公司就曾长期独占中国进出口市场。当前,中国文化体制改革就是要打破行政垄断和事业单位垄断,真正发挥市场在资源配置中的决定性作用。

垄断竞争性市场结构是一种不完全竞争和有限垄断,是完全垄断和完全竞争的中间状态。垄断竞争性市场结构存在的条件是文化产品的差异化和消费者文化需求的多样化、产品的差异导致产品之间的替代(产品替代就产生市场竞争)、企业主体的进入壁垒低(退出成本也低)。垄断竞争有利于消费者的产品选择,会增加企业主体的经营成本。目前,中国的电视台、电台就是一种垄断竞争性市场结构。

寡头垄断性市场结构是指几家大企业生产和销售了整个行业的绝大部分产品,市场竞争在有限的几个大企业之间展开。寡头垄断市场存在较高的进入壁垒,大企业较高的经济规模和经营水平限制和阻碍了其他企业主体的进入。寡头企业通过控制产品、价格和市场实现规模经济。寡头垄断是文化航母型企业追求的经营格局,但应谨防其违背反垄断的竞争原则。当前的中国电影的市场结构就是由中影、华谊、光线传媒等几家电影集团组成的寡头垄断市场结构。

此外,随着网络技术的进步和文化经济的发展,产业市场中已经或正在出现一种"以大企业为主导、中小微企业共生"的网络型寡占市场结构。此种市场结构有以下特征:企业市场关系的寡占性(行业中存在着少数具有较大规模和技术创新实力的龙头企业,在生产运营、技术创新和产品销售等方面形成较强的竞争与合作)、企业协作关系的网络性(产业市场中同时还存在相当数量的中小微企业,为大企业进行配套生产、营销产品,形成规模企业之间的专业化分工协作或企业网络组织)、企业组织结构的复合型(大企业具有复杂的内部组织结构,通过科学的职能划分和流程再造,借助信息技术,大企业较好地兼顾了大企业组织与中小微企业组织在技术创新方面的优势)。[1] 百度、腾讯、万达等龙头企业

---

[1] 杜传忠:《网络型寡占市场结构与企业技术创新》,载《中国工业经济》2006年第11期,第14—21页。

所在的文化市场都呈现了这种网络寡占型市场结构。

完全竞争性市场结构是一种理想的市场结构,完全垄断性市场结构是一种高度无效的市场结构。现实中的市场结构往往是有限竞争的市场结构,是在竞争与垄断、公平与效率的博弈实践中的动态调整。国家反垄断法的制定与实施是一个不断建构的过程,不断面对"预防和制止垄断行为""保护市场公平竞争""提高经济运行效率""维护消费者利益和社会公共利益"等有关效率和公平的价值平衡①。

市场行为也是企业行为,主要涉及企业合谋和策略性行为、广告与研发等方面。具体而言,市场行为包括价格策略、产品策略、营销策略、企业并购与集团化战略。价格策略是企业的定价行为、定价方法、价格差别和价格协调等价格策略系统,其目的是追求市场占有率和利润最大化。价格策略不得以排挤竞争为目的,以低于成本的价格倾销商品。产品策略是文化企业采取的产品差别化的竞争策略,重视高品质的产品研发、满足个性化需求的内容创意。企业并购与集团化策略是企业通过资本形式进行资源重组、改变竞争优势、实现市场扩张和产业规模的集中行为。蓝色光标正是通过并购和集团化战略实现了企业的快速增长。当前时期,并购成长和集团化战略正是当前中国文化企业发展壮大的重要阶段。

市场绩效是"指在一定的市场结构下,通过一定的市场行为使某一产业在产量、价格、利润、产品质量和品种以及技术条件等方面达到的现实状况",反映了文化企业通过市场行为形成的资源配置和利益分配情况,包括资源配置效率、技术进步水平、规模结构效率、利润率、生产率等。其中,文化市场绩效的资源配置效率主要衡量文化市场配置文化资源的效率和效度,包括利润率和再生产率。技术进步水平包括最先进的新兴技术的采用情况、集成性技术平台的整合情况以及网络数字技术的运用水平。②

由于文化需求的差异性、变动性和区域性,文化市场不断经历了大众文化市场、小众文化市场、窄众文化市场和个性文化市场的市场细分。市场细分(mar-

---

① 参见2008年8月实施的《中华人民共和国反垄断法》第一条。
② 以上参考胡惠林主编:《文化产业概论》,昆明:云南大学出版社2006年版,第102—114页。

ket segmentation)是温德尔·史密斯(Wendell R. Smith)在1956年提出的市场理论,旨在根据消费者的不同特点和需求的差异性,确定不同的细分市场。文化市场细分主要依据地理差异(行政区划、地理环境、文化背景)、人口统计(年龄、性别、收入、职业、受教育程度、社会地位等)、心理因素(兴趣、性格、态度、价值观念等)和行为方式(使用方式、使用时机、使用情况等)等细分变量,从而确定不同的目标细分市场。[①] 随着消费社会和网络社会的深入发展,市场细分还出现了超市场细分,针对消费者个性化的需求,甚至出现"一对一"的细分市场。2006年,美国《时代周刊》将年度人物给了"YOU",表明人类社会进入了一个"YOU时代"。YOU是所有使用互联网和计算机的我们中的每一个人,既是在虚拟世界的比特人(Biter),也是现实生活中的消费者,人人都是一个世界,人人都是一个市场。当然,以个人为目标的个性文化市场是一种理想状态,但在网络技术的集成下,也会把这些散落在世界各地的个性化消费统合起来,成为有商业价值的细分市场。

　　文化市场会随着市场经济和文化产业的发展不断成熟,从而形成主体合理、竞争充分、体系完备的现代文化市场。中国文化市场包括娱乐市场、演出市场、文物市场、音像市场、艺术品市场、书报刊市场、电影市场、文化旅游市场等不同的市场层次。娱乐市场具有歌舞娱乐、游戏娱乐和休闲娱乐等形式,具有参与性、服务性和多样性的特点。书报刊市场分为图书市场、报纸市场和期刊市场,出现了数字出版、电子阅读、快速阅读和时尚阅读的市场特征。文化旅游市场是以文化为主要旅游资源的文化市场,具有区域性、体验性、生产与消费的同步性、季节性等特点。演出市场是由演出团体、演出场所和演出经纪机构构成的文化市场,具有在场性、体验性、过程性和准公共性的特征。音像市场越来越出现数字音乐化、网络平台化的市场特征。电影市场出现电影院综合体化、档期化、类型化的市场特征。艺术品市场在最近也出现收藏热潮、投资狂热和平民化收藏的市场趋势。

---

① 徐浩然、雷琛烨:《文化产业管理》,北京:社会科学文献出版社2006年版,第170—173页。

四、文化市场的消费模式

文化市场提供了文化产品生产、交易和消费的纽带,最终是为了满足文化消费。文化消费是文化产品(或服务)的消费,是一种非物质消费,是一种精神消费。文化消费是人类历史发展到一定阶段,是在基本的物质消费基础上的文化需求的满足。文化消费具有扩增性、多元化和多重性的特征。

科尔伯特(Francois colbert)将"从娱乐提升到积累文化知识"作为横坐标,将"从精神振奋提升到心灵放松"作为纵坐标,分别对夏日剧场、摇滚音乐会、滑稽剧、爵士乐、体育活动、音乐喜剧、流行音乐、古典剧、博物馆、古典音乐、实验剧、芭蕾舞、歌剧、现代舞、各种娱乐演出和民族舞等16种文化产品进行了四个象限的分类①,指出了文化消费在学习知识、资讯了解、娱乐体验和审美体验等方面不同的追求和目的。

文化消费是一种主观感知的效用消费。效用(Utility)是一个传统经济学中最常用的概念,源于消费者的收入有限、社会上的资源有限,无法满足消费者的所有欲望。"由于我们生活的现实世界的复杂性、人类认知加工能力的局限性、人类具有的知识的不足够性和不完备性、个人偏爱和信念的不一致性以及做出决策时间的有限性,人们必须将复杂问题简单化,往往采用启发式的决策规则"。② 卡尼曼等人在1974年发表了《不确定性判断:启发式与偏见》,论述了代表性启发法、可获得性启发法和锚定与调整启发法等启发式规则。消费者通过非理性选择,在消费享受中使自己的需求、欲望等得到的满足,即为效用。效用取决于消费者主观的、情绪性的感应,有着极致的独特性。人们决策的过程是有限理性,效用的满足也是一种主观感知,文化消费正是一种主观期望效用的消费形态。

文化消费是一种象征性消费。"一部电影,包含了残留的物质成分,但它的

---

① 参见〔加〕科尔伯特:《文化产业营销与管理》,高福进等译,上海:上海人民出版社2002年版。
② 余芳、周爱保:《主观期望效用理论的发展》,载《四川教育学院学报》2005年第5期,第54—56页。

价值已被完全包含在了象征意义中,这些象征意义是我们从声音、颜色、情感以及叙述中提炼出来的"。现代社会的消费不断对象征性意义的重视超过了对其物质功能的重视,说明社会的基本需求已经得到了满足。"消费,特别是文化消费,已经成为一种塑造我们认同感的方式,而不再是我们生存所需的基本商品的一种途径"。①

文化消费是一种体验消费,"在体验经济的发展阶段,消费是一个过程,消费者是这一过程的'产品',因为当过程结束的时候,记忆将长久保存对过程的'体验'。消费者愿意为这类体验付费,因为它美好、难得、非我莫属、不可复制、不可转让、转瞬即逝,它的每一个瞬间都是一个'唯一的产品'"。所以,体验消费是"以商品为素材、以强化服务为中心,为消费者创造出值得回忆的感受",而文化市场"更强调从生活与情境出发,塑造感官体验及思维认同,抓住消费者之注意力,改变其消费行为,并为新文化产品找到新的生存利基与空间"。② 文化消费作为体验经济时代的主要消费方式,具有体验性、舞台展示、主观感知、个性化、过程性的消费特征。

文化消费是无边界的娱乐消费。网络社会和泛在技术的普遍应用,文化与经济的高度融合,以娱乐为主要体现形式的文化消费无处不在、无时不在。"娱乐无边界成为主流的娱乐形态,实现随时随地娱乐成为人们生活方式的重要组成部分"。③ 青少年是文化消费和无边界娱乐的主体,他们已经把无边界娱乐形态作为自己的一种生活方式。

文化消费是一种互动性消费。这种互动性不仅表现为文化消费过程中文化消费者与文化产品之间的互动,还表现为文化消费者与文化生产者之间的互动。文化消费建构了一个消费者和文化商品的场域,在这个场域里,文化商品的价格由供需的互动所决定。文化消费建构了文化生产的全过程,文化消费决定了文化产品的创意起点、产品标准、生产模式、分销渠道和消费方式。有人认为,文化

---

① 〔英〕克里斯·比尔顿:《创意与管理:从创意产业到创意管理》,向勇译,北京:新世界出版社2010年版,第178页。
② 黄位政、李泊谚:《文化产业与文化市场经济机制发展之探讨》,载于平、傅才武主编:《中国文化创新报告(2014)》,北京:社会科学文献出版社2014年版,第135页。
③ 陈少峰、张立波:《文化产业商业模式》,北京:北京大学出版社2011年版,第43页。

产品是一种"开放文本","真人秀提供了大量的参与机会和极少的控制,聊天室和网络对于情节线索和人物的研究也使其可以被预见"。文化消费所具有的互动性、参与性、时尚性的特征使得文化生产成为一个从创意、研发、生产到分配、消费过程中,不断循环的"文化生产—文化消费"的文化回路。这样,文化消费的互动性转化成文化产业的创造力。

文化消费是一种社交网络式消费。社交网络不只是单独地联结个人与个人,更重要的是人与人之间的交际行为。文化市场是一种社交网络市场,这种社交网络验证了诺贝尔经济学奖获得者托马斯·谢林(Thomas C. Schelling)在1973年提出的"二元决策的外部效应"(Binary Decision with Externalities):个体在消费活动中的得失是与其他人的行动所共同决定的明确函数。在杰森·波茨(Jason Potts)看来,所谓社交网络市场,就是"一群行动者或能动机构在一个以不断推出新颖概念为特征的市场,借由社交网络的互动来进行生产和消费"的市场。"社交"是一种信息联结和向外传播的能力,"网络"代表了特定的联结方式。社交网络的参与者不一定认识彼此,其联结是无规律的,可能包含了几个核心,但核心之间的联结或强或弱,或远或近。联结了热心的业余爱好者的兴趣和创意,通过社交网络的运作,实现价值发现、价值创造、价值生产和价值消费。[①]这种社交网络消费也是一种新兴的社会型消费模式。

五、文化市场的营销模式

文化营销以文化情感的精神品牌为诉求点,与文化商品的价值息息相关。商品可以分为一般商品和文化商品,两者都具备交换价值和使用价值。其中,文化商品的使用价值是文化价值,而一般商品的使用价值是功能价值。随着文化与经济的融合以及"日常生活的审美化",人们越来越重视一般商品的文化价值、符号价值和象征价值。通过增加一般商品的文化附加值,一般商品的使用价值同时具备功能价值和文化价值。文化市场是为了实现文化产品价值与价格的

[①] 〔澳〕杰森·波茨:《社交网络市场:一个创意产业的新定义》,载李天铎主编:《文化创意产业读本:创意管理与文化经济》,台北:远流出版公司2011年版,第107—120页。

交换。传统的市场营销理论认为,价值等于价格。管理学家拉菲·穆罕默德(Rafi Mohammed)认为,"价格(price)是两个财货的所值,是比较后的平衡点,或是等值点。当交易发生的时候,某一方认为放弃手中的所有,而取得另一方提供交换的财货,是值得的。这是一种相互的价值验定","价值(value),或是所值,是某一方为了获得某种认知上的利益,所愿付出的认知上的价格。在此的价格并非一定指的是金钱,还包括时间、精神、劳动、折损等"。[①] 文化产品的价格其实来自消费者为其文化价值愿意支付的费用。

传统市场营销理论认为,产品价格取决于替代品的价格和取得的方便性、产品在品质和服务方面领先于竞争对手的优势、相关产品的价格、需求弹性和市场环境,企业通过主打产品、合理定价和市场区隔的策略以及广告影响、产品配销和销售网络,以符合消费者期待的品质、成本、渠道和便利性去降低市场风险,获取商业收益。文化产品的价格是价值的表现,价值又由意义构成,文化产品的营销管理就是文化产品的价值营销管理和意义营销管理。文化市场的营销经历了从传统的4P营销理论到现代的4C营销理论,再到后现代的3I营销理论的发展转变。

所谓"4P营销理论",即产品(product)、价格(price)、渠道(place)和促销(promotion)。1967年,美国营销学大师菲利普·科特勒(Philip Ketler)在《营销管理:分析、规划与控制》一书中确认了以4P营销理论为核心的营销组合方法。其中,产品包括功能、品质、外观、品牌、服务等产品的独特属性;价格指根据不同的市场定位,制定不同的价格策略;渠道,即注重经销商的培育和销售网络的组建;促销,通过广告、公共关系、售后服务、传媒推广等短期的销售行为去刺激消费者购买。后来,又有学者陆续增加了人(People)、包装(Packaging),科特勒在1985年又增加了公共关系(Public Relations)和政治权力(Political Power),其后又增加了战略规划中的诊断(Probing)、市场划分(Partitioning)、定位(Positioning)和择优化(Prioritlzing)等,使得市场营销组合演变成了12P。[②] 一般认为,4P或12P营销理论是一种产品导向型的营销理论。传统的文化营销采用营销

[①] 参见〔美〕穆罕默德:《定价的艺术》,蒋青译,北京:中国财政经济出版社2008年版。
[②] 〔美〕菲利普·科特勒:《水平营销》,陈燕茹译,北京:中信出版社2005年版,第19—30页。

第十章 文化经营：文化产业的商业创新

技术，指着重于塑造文化产品的外围环境，而保持文化产品自身的完整性。"艺术市场营销关注消费者的一揽子体验，如座椅是否舒适、停车与交通、定价政策以及售票员脸上的微笑，同时试图保持艺术导演的视野和艺术表现的自由"[1]。市场营销传统的 4P 发展成为艺术营销的 3P 法则，因为艺术品(product)是神圣不可侵犯的。这种把艺术品和艺术家隔绝于观众的营销做法，显然无法令人满意。

所谓"4C 营销理论"，即消费者(Consumer)、成本(Cost)、便利(Convenience)和沟通(Communication)。1990 年，美国学者罗伯特·劳特朋(Robert F. Lauterborn)以顾客需求为中心，提出了 4C 营销组合理论。其中，消费者指了解、研究、分析消费者的需要；成本，指了解消费者满足需要与欲求愿意付出的价钱；便利性，考虑顾客购物等交易过程如何给顾客带来方便；沟通，以消费者为中心实施互动、沟通，整合企业内外的营销手段，让顾客和企业之间结成利益共同体。4C 营销理论是一种消费者导向型的营销理论。美国的唐·E. 舒尔茨(Don E. Schuhz)于 2001 年提出了 4R 营销理论，即关联(Relevance)、反应(Reaction)、关系(Relationship)和报酬(Reward)，营销管理的重点在于管理顾客与企业之间的互动关系。4R 营销理论是一种关系导向型的营销理论，其重点是建立、维持和促进与目标市场和其他合作伙伴的长期、稳定、互惠的关系，以便建立和维持稳定的营销网络，降低市场风险。

数据库营销(Database Marketing)是 20 世纪 90 年代以来兴起的营销手段，是企业通过收集和积累消费者的海量信息，将市场影响因素进行抽象的量化，经过高度的理性、系统的统计分析和严谨的规划，利用这些信息准确进行市场的细分、定位，从而有针对性地制作营销信息，进而实施创造性、个性化的营销策略，以达到说服消费者购买产品的目的。数据库营销是一套内容涵盖现有顾客和潜在顾客、可以随时扩充更新的动态数据管理系统。高度理性和个性化的营销策略是数据库营销的灵魂。数据库营销包括五个要素：信息的有效应用；成本最小化、效果最大化；消费者终身价值的持续性提高；"消费者群"观念，也即一个特

---

[1] 〔英〕克里斯·比尔顿：《创意与管理：从创意产业到创意管理》，向勇译，北京：新世界出版社 2010 年版，第 184 页。

定的消费者群对同一品牌或同一公司的产品具有相同的兴趣;双向个性化交流。数据库营销是关系营销理念指导下"一对一"营销需求的实践探索,使"企业深刻洞察和理解用户"成为可能,是一套基于互联网技术和人工智能技术的现代营销工具。目前,《壹周刊》《南方周末》、雅昌艺术网等传媒机构和文化企业已经使用数据库营销。

  品牌营销(Brand Marketing)是市场营销的高级形态和顶级手段。品牌是企业无形资产的重要内容,常常以商标等知识产权的形式受到法律保护。大卫·奥格威(David Ogilvy)在 20 世纪 50 年代提出"品牌形象"的概念,是基于消费者认知的与品牌名称相关的属性和联想组合。品牌,是一种名称、术语、标记、符号或设计,或是其组合。品牌是企业的经济价值和文化追求的表征,其目的是辨认生产商的产品或服务,并使之同竞争对手的产品或服务相区别,从而提高经济中的附加价值,最终提升产品的竞争力和企业的影响力。基于品牌形象驱动的品牌资产是企业的一种文化资产。品牌具有属性、利益、价值、文化、个性和自我形象等含义,是知名度、美誉度和忠诚度的完美结合,"在本质上代表着卖方交付给买方的产品或服务特征"。品牌包括产品品牌、组织品牌(企业和非营利性机构)、个人品牌(明星、政治家)、事件品牌(奥运会、威尼斯双年展)、地理品牌(泰山、苏州),具有功能性、形象性和体验性的品牌价值。品牌塑造应体现企业的文化深度和创意强度,一个好的品牌除了要有一个好的名字,还要有一个好的故事,彰显一个企业深厚的文化积淀、高质量的产品品质、责任感的价值追求和荣誉性的社会地位。① 文化品牌就是一般产品的品牌所具有的明显特征的文化属性,也是文化产品得到市场认可,使消费者产生主观认知、感受和联想的产品认同和价值形象。品牌营销不仅是文化产品的高级营销模式,还可以成为文化企业的商业模式、文化产业的发展模式。"多彩贵州"作为贵州省的省份品牌,以"原生态、神奇感、和谐共生"作为品牌的价值内涵,打造全球原生态第一文化品牌,注册了多种商品,制定了多彩贵州品牌宪法,通过品牌联盟、品牌授权和品牌认证,打造群体展会平台、群体宣传平台、项目投融资平台、品牌研发孵化平台,实现品牌授权费、品牌认证费、产业股份分红、展会经营利润、营销服务费等收益

---

① 陈少峰、张立波:《文化产业商业模式》,北京:北京大学出版社 2011 年版,第 135—139 页。

第十章 文化经营：文化产业的商业创新

模式,取得了引人注目的经济效益和社会效益。①

社会营销(Social Marketing)是将生产者、产品和消费者置于更大的社会背景,将消费者的欲望满足和生产者的利润追求整合进增进人类福祉的社会目标的营销理念,运用市场营销的观念达到社会公益的目的。如果说市场营销观念是对产品生产观念的超越,那么社会营销观念就是对市场营销观念的再一次超越。尽管满足顾客的需求是生产的目的,但顾客的需求受到社会资源、生产条件和道德伦理的约束,存在个人欲望与社会价值、个人利益与集体利益的冲突,社会营销起到积极的协调作用,"社会营销仍然是以盈利为目的,但社会营销不是仅仅通过满足顾客的需求取得利润,而是通过满足顾客需要,保护和增进顾客、社会利益取得利润"。② 社会营销的关键在于社会价值的挖掘和利用,将私人领域的经济利益转化为公共领域的社会利益。社会营销也是一种关系营销,是一种道德营销,注重社会的可持续发展和人类的整体价值。文化营销本身就是一种社会营销。

整合营销传播(Integrated Marketing Communication,IMC)将营销与传播整合为一个整体的概念,认为营销行为就是传播行为,传播行为就是营销行为。所谓传播,"就是指思想传递以及不同个体之间或组织与个体之间建立共识的过程",所谓营销,"是指企业或者其他组织用以在自身或者客户之间创造价值转移(或交换)的一系列活动"。所谓营销传播,"就是指在一个品牌的营销组合中,通过建立与特定品牌的客户或者用户之间的共识而达成价值交换的所有要素的总和"。③ 唐·舒尔茨认为,"整合营销传播是发展和实施针对现有和潜在客户的各种劝说性沟通计划的长期过程。整合营销传播的目的是对特定沟通受众的行为实际影响或直接作用。整合营销传播认为现有或潜在客户与产品或服务之间发生的一切有关品牌或公司的接触,都可能是将来信息的传递渠道。进一步说,整合营销传播运用与现有或潜在的客户有关并可能为其接受的一切沟

---

① 参见多彩贵州文化产业发展中心:《多彩贵州品牌价值研究与品牌"十二五"规划报告》。
② 陈永森、牟永红:《从市场营销到社会营销》,载《山西财经大学学报》2000 年第 6 期,第 57—60 页。
③ 卫军英:《整合营销传播中的观念变革》,载《浙江大学学报(人文社会科学版)》2006 年第 1 期,第 150—157 页。

通形式。总之,整合营销传播的过程是从现有或潜在客户出发,反过来选择和界定劝说性沟通计划所采用的形式和方法"。① 整合营销传播的循环执行过程被提炼为五个步骤:用消费行为数据界定客户;客户价值评估/预测;创意、传递信息,激发;评估顾客投资回报;费用、分配、评估,以及再循环。整合营销传播的终极目标在于塑造企业的品牌资产,而品牌资产的实现依赖于企业与顾客之间的沟通关系。整合营销传播是一种基于顾客感知价值的现代营销传播理论。

所谓"3I 营销理论",即创新性(Innovation)、人际性(Interpersonal)和互动性(Interactive)。其中,创新性指注重产品的文化创意和审美体验,人际性指人与人之间的社交沟通,互动性指通过不稳定的部门,在人与产品、人与人之间达成合作创意和互动体验。"艺术营销需要考虑受众的美学体验。如果受众确实认为艺术品的价值很高,那就需要引发他们思考,那么艺术家和艺术营销者应当把受众引领到创意过程之中,为受众留出空白,让受众按照自己的想法完成创意"。② 3I 营销理论是一种体验导向型的营销理论,通过提供象征资源,作品呈现给观众的方式构成了创意过程的组成部分,促进了创意消费。这种后现代营销模式重视顾客体验的主观性和不可预测性。消费者不再是被塑造的、被操纵的,而是营销权力中心的主体,越来越成为意义和价值的共同创意者而对文化生产发出指令。

创意传播管理(Creative Communication Management,CCM)是"新媒体时代的营销传播,是以人的智慧与数字技术相结合为基础的创意传播管理"。北京大学陈刚将"传播管理"和"创意传播"作为新媒体环境下品牌传播和资产积累的关键要素,公众传播、精确营销和口碑营销成为创意传播管理的整体框架。创意传播管理注重传播技术、创意传播和创意表现等三类核心技术,创意传播管理公司也出现传播管理公司、创意传播公司和传播接触公司等三种类型。③ 创意传播管理是以管理为中心的互联网营销传播系统,在创意传播管理的管理系统中"长期品牌建立和短期促进销售并非矛盾和相互排斥的传播活动,而是统一系

---

① 〔美〕舒尔茨:《整合营销传播》,田纳本译,呼和浩特:内蒙古人民出版社 1999 年版,第 65 页。
② 〔英〕克里斯·比尔顿:《创意与管理:从创意产业到创意管理》,向勇译,北京:新世界出版社 2010 年版,第 185 页。
③ 陈刚:《后广告时代:创意传播管理革命》,载《广告大观(综合版)》2008 年第 7 期,第 23—25 页。

第十章 文化经营：文化产业的商业创新

统、统一管理的共同成果。消费者可能既是品牌建构的参与者,也是产品的最终使用者","创意传播是解决传播管理发现的品牌问题,利用互联网传播平台,品牌在不断的发现与解决问题中,创建品牌的沟通元①,充分调动互联网使用者潜伏着的深层的群体传播动能,引导并'协同'公众口碑,一步步累积起自己最为重要的品牌传播资产。创意传播也是一种动态、迂回和创意的管理过程。CCM,以管理为起点,开创创意执行,引导参与,最终还是贯彻管理。"②创意传播管理营销理论是以网络化的关系思维为导向的后现代营销理论。

本章要点

文化经营是一种经济行为,是为了实现文化生产的市场目标,运用有效的资源组合及其与环境互动、完成组织使命的一套文化产业的运作方法和运营体系。文化经营以企业化的生产主体、市场化的生产目标和规模化的生产效益为主要形式、基础手段和基本目的,文化产业的运营模式包括文化企业的组织模式、文化企业的商业模式、文化市场的竞争模式、文化市场的消费模式和文化市场的营销模式等内容。

经典文化产业时期的文化企业可分为商业型官僚组织、传统型或卡里斯玛组织、文化型官僚组织和作坊型家庭组织等四种形态。全球文化产业时期的文化企业的组织变革发生新的变化,呈现出四种不同的组织形态:巨兽型聚合体、共生型相栖体、主导型群结体和虚拟型聚集体。文化企业正从经典文化产业时期的"三个世界"跨入全球化文化产业时期的"M 形结构"。文化企业还出现社会企业的发展趋势。

商业模式是企业经营管理重要的组织部分,代表了管理模式中的盈利模式。商业模式是由顾客价值主张、盈利模式、关键资源以及生产流程等要素组成的价

---

① 沟通元即觅母(meme),由牛津大学生物学家理查德·道金斯的在《自私的基因》一书中提出,意指人类代代相传的文化基因。在《创意传播管理》一书中翻译为沟通元。参见陈刚、沈虹、马澈、孙美玲著:《创意传播管理——数字时代的营销革命》,北京:机械工业出版社 2012 年版,第 122 页。

② 沈虹:《创意传播管理(CCM)与整合营销传播(IMC)的比较研究——跨越文化的视角》,载《广告大观(理论版)》2010 年第 5 期,第 30—39 页。

值系统和行动,是在交易价值、交易成本和交易风险之间的最优组合。文化企业商业模式的构成要素可进一步优化为六大要素,包括价值主张、目标客户、关键能力与核心资源、渠道通路与重要合作、版权制度和资本运作等。

文化企业的商业模式提炼为行业化的商业模式、基础型的商业模式、内在能力型的商业模式、提升型的商业模式、资源整合型的商业模式以及与资本运作结合的商业模式等六大组共六十种类型。全产业链的商业模式是文化企业的理想商业模式和典型商业模式。

文化市场是文化与经济彼此融合的产物,是市场经济推动文化发展的表现形态,包括市场结构、市场行为和市场绩效。市场结构的基本因素包括市场集中度、规模经济、产品差异、进入壁垒与政府管制等。随着网络技术的进步和文化经济的发展,产业市场中已经或正在出现一种"以大企业为主导、大中小企业共生"的网络型寡占市场结构。市场行为也是企业行为,主要涉及企业合谋和策略性行为、广告与研发等方面。市场绩效反映了文化企业通过市场行为形成的资源配置和利益分配情况。文化市场经历了大众文化市场、小众文化市场、窄众文化市场和个性文化市场的市场细分。中国文化市场包括娱乐市场、演出市场、文物市场、音像市场、艺术品市场、书报刊市场、电影市场、文化旅游市场等不同的市场层次。

文化消费具有扩增性、多元化和多重性的消费特征。文化消费是一种主观感知的效用消费。文化消费是一种象征性消费。文化消费是一种体验消费。文化消费是无边界的娱乐消费。文化消费是一种互动性消费。文化消费是一种社交网络式消费。

文化市场的营销经历了从传统的4P营销理论到现代的4C营销理论,再到后现代的3I营销理论的发展转变。传统的文化营销采用营销技术,着重于塑造文化产品的外围环境,而保持文化产品自身的完整性。4C营销理论是一种消费者导向型的营销理论。4R营销理论是一种关系导向型的营销理论。数据库营销是一套内容涵盖现有顾客和潜在顾客、可以随时扩充更新的动态数据管理系统。

品牌营销不仅是文化产品的高级营销模式,还可以成为文化企业的商业模式、文化产业的发展模式。社会营销是将生产者、产品和消费者置于更大的社会

第十章 文化经营：文化产业的商业创新

背景,将消费者的欲望满足和生产者的利润追求整合进增进人类福祉的社会目标的营销理念。整合营销传播将营销与传播整合为一个整体的概念,认为营销行为就是传播行为,传播行为就是营销行为。整合营销传播是一种基于顾客感知价值的现代营销传播理论。3I营销理论是一种体验导向型的营销理论,通过提供象征资源,作品呈现给观众的方式构成了创意过程的组成部分。创意传播管理是新媒体时代的营销传播,促进了创意消费。公众传播、精确营销和口碑营销构成创意传播管理的整体框架。

第十一章
文化金融：文化产业的资本运营

金融资本是一种经济资本，是市场配置资源的主要表现形式，是现代经济的核心资本之一。文化产业作为一种现代产业模式和新经济业态，需要创新"金融资本、社会资本、文化资源相结合"[①]的现代产业运营途径。所谓"金融"，顾名思义，是指资金的融通，是一种实现价值交易的等价流通。资金的集聚与流动，形成金融市场(或资金市场)，包括货币市场和资本市场。货币市场是融通短期(一年以下)资金的市场，资本市场是融通长期(一年以上)资金的市场。资金的融通即为融资，体现为金融市场的资本运营。这里的资本运营，特指狭义的金融资本的运营，包括短期货币市场和长期资本市场的运营。文化金融是指在文化产业的创意、研发、生产、配送和消费等全产业价值链过程中的资金的融通。文化产业的资本运营是文化企业借助金融市场进行资金的优化配置和有效运营的经营管理活动。

一、文化金融的常规模式

资本运营是文化企业作为现代企业的高级经营手段，是推动文化企业从项目经营进入企业经营、从零散的生产经营进入到整体的价值经营、从封闭的内部

[①] 2013年11月15日，《中共中央关于全面深化改革若干重大问题的决定》中提出为了"推进文化体制机制创新"，"建立健全现代文化市场体系"，就要"建立多层次文化产品和要素市场，鼓励金融资本、社会资本、文化资源相结合"。

资源整合进入到开放的外部资源整合的主要途径。文化企业把与文化产品直接相关的创意、研发、流通、营销等环节的产品(项目)经营,提升为以企业文化金融的运营和企业之间的并购等形式的金融运营,从而实现资源整合、扩大文化企业的经营规模,通过资本运营促进文化企业的快速增长,实现规模经济。

文化企业的融资来源包括内部融资和外部融资。内部融资指文化企业内部的资金融通,包括股东的原始投资、利润留存、折旧收益和员工集资,这是原发性、自主性和低成本的融资方式。外部融资指文化企业向企业以外的其他经济机构的资金融通,包括政府部门、商业银行、证券市场、产业基金等各类金融市场,具有资金筹集的高效性、一定的成本性和不稳定性等特征。文化企业的融资方式包括直接融资和间接融资。直接融资指文化企业通过有价证券、企业债券和商业汇票等方式进行的融资,是资金供给方和需求方之间直接进行的融资交易,具有直接性、流动性和长期性等特点。间接融资指文化企业通过银行借贷、银行汇票等方式进行的融资,资金的需求方必须通过银行等中介机构实现与资金的供给方的融资交易,具有间接性、分散性和短期性等特点。

文化企业的融资性质分为股权融资和债权融资。股权融资是一种所有权融资,是文化企业向现有股东或潜在股东募集资金的融资方式,通过股权融资的资金是企业的股本金,融资对象成为公司的股东,具有永久性、无须归还、风险分担等特点。债权融资包括银行借贷、企业间借贷、金融租赁等形式,具有支付利息、偿还本金等特点。一般来说,股权融资的风险小于债权融资的风险,但降低了文化企业创始人的控制权,成本高于债权融资。总体而言,文化企业的融资途径主要包括股权市场、债权市场和政策型信贷等不同类别(见图11-1)。

1. 文化企业的股权融资

股权融资的渠道分为公开市场发售和私募发售。公开市场发售就是文化企业通过股票市场发行股票来募集资金。股票市场包括境内股票市场和境外股票市场。境内股票市场包括主板市场、创业板市场和新三板市场等。其中,主板市场指为大型成熟企业提供融资服务的主流证券市场(股票市场),是一个国家或地区证券发行、上市和交易的主场所,对发行人的营业期限、股本大小、盈利水平、最低市值等方面的要求条件较高。我国主板市场首次申请公开发行股票的

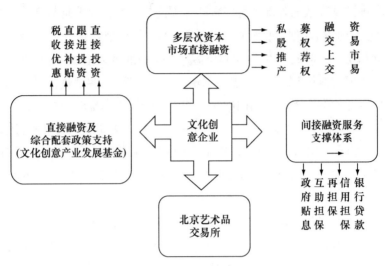

图 11-1　文化企业融资模式

条件是:第一,最近 3 个会计年度净利润均为正且累计超过人民币 3000 万元。第二,最近 3 个会计年度经营活动产生的现金流量净额累计超过人民币 5000 万元;或者最近 3 个会计年度营业收入累计超过人民币 3 亿元。第三,发行前股本总额不少于人民币 3000 万元,且不存在未弥补损。第四,发行后股本总额不少于人民币 5000 万元。第五,最近一期末无形资产占净资产的比例不高于 20%。我国的上海证券交易所、深圳证券交易所、香港证券交易所,美国纽约证券交易所等都是主板证券市场。比如,北京歌华有线电视网络股份有限公司在上海证券交易所上市融资,北京华录百纳影视股份有限公司在深圳证券交易所上市融资,保利文化集团股份有限公司在香港证券交易所上市融资。截至目前,我国文化企业在境内外证券上市的总共 108 家。其中,境外市场上市 69 家(美国 50 家、中国香港 14 家,英国、日本、澳大利亚、德国、加拿大各 1 家),深市主板 12 家,沪市主板 27 家。

创业板市场又称二板市场、第二交易系统,是在主板市场之外专为中小企业,特别是具有较高成长性的中小企业提供融资服务的新兴证券市场,对发行人的上市条件要求相对较低,市场监管更加严格,上市企业大多具有较强成长性、前瞻性、高风险性、高技术产业导向性,具有风险资本退出和促进产业升级功能。

第十一章 文化金融：文化产业的资本运营

美国的纳斯达克(NASDAQ)市场、伦敦证券交易所创业板、香港证券交易所创业板、深圳证券交易所创业板等属于创业板证券市场。深圳创业板市场首次申请公开发行股票的条件是：第一，发行人是依法设立且持续经营3年以上的股份有限公司，且发行人应当主要经营一种业务。第二，最近两年连续盈利，净利润累计不少于1000万元，且持续增长；或者最近一年盈利，且净利润不少于500万元，最近一年营业收入不少于5000万元，最近两年营业收入增长率均不低于30%。净利润以扣除非经常性损益前后孰低者为计算依据。第三，最近一期末净资产不少于2000万元，且不存在未弥补亏损。第四，发行后股本总额不少于3000万元。华谊兄弟传媒股份有限公司于2009年9月、浙江华策影视股份有限公司于2010年10月、宋城演艺发展股份有限公司于2010年12月、北京光线传媒股份有限公司于2011年8月先后在深圳证券交易所创业板上市。截至目前，我国文化企业在创业板上市的总数为25家。创业板成为文化企业上市融资的新兴证券市场。

三板市场是一种起源于2001年的代办股份转让系统，由具有资格的证券公司为从主板市场退市的公司和从法人股市场转来的公司代办股份转让的市场。目前拥有代办股份转让资格的证券商有12家(申银万国、国泰君安、大鹏、国信、辽宁、闽发、广发、兴业、银河、海通、光大和招商证券)。2006年，中关村科技园区非上市股份公司进入代办转让系统进行股份报价转让，称为"新三板"。2012年，国务院扩大非上市股份公司股份转让试点，新增上海张江高新技术产业开发区、武汉东湖新技术产业开发区和天津滨海高新区。2013年底，"新三板"方案突破试点国家高新区限制，扩容至所有符合"新三板"条件的企业。"新三板"，即全国股份转让系统，在交易条件上不设财务门槛，不限于高科技行业，也不受所有制性质限制，设计了协议转让、集合竞价、做市等多种交易方式，具有"小额、快速、按需"的融资特点，是一种政府的政策扶持性的融资模式①。新三板挂牌有五个条件：第一，公司依法设立并存续满两年；第二，公司股权明晰；第三，公

---

① 2014年8月19日，文化部、工信部、财政部联合发布《关于大力支持小微文化企业发展的实施意见》，提出"鼓励符合条件的小微文化企业通过全国中小企业股份转让系统和区域性股权交易市场进行股权融资"。

司经营必须合法合规;第四,企业挂牌需要有主办券商做保荐人;第五,公司业务明确且有持续经营能力。2009年3月,北京国学时代文化传播股份有限公司在深交所代办股份转让系统正式挂牌,成为首家登陆新三板的文化企业。文化企业通过"新三板"实施定向增发股份,不仅帮助提高公司的信用等级,还可以有效地推动企业更快融资,成为文化企业尤其是中小微文化企业上市融资的主要渠道。截至目前,在新三板挂牌的文化企业共32家,大多分布于影视和教育领域。

总体而言,我国上市文化企业的所属行业主要分布于动漫、广告、网络服务、信息服务、新闻出版、演出及旅游、影视等七个行业,以演出及旅游企业最多,共22家。境外上市的文化企业分布于广告、教育、网络服务、信息服务、新闻出版、影视6个子行业,多为网络服务业,达44家。2013年A股(以人民币计价,面对中国公民发行且在境内上市的股票,包括深市主板12家,深市中小板16家,深市创业板25家,沪市主板27家,共80家)文化上市公司共实现营业收入1809.51亿元,平均规模为22.62亿元,归属母公司股东的净利润共计211.30亿元,平均规模为2.64亿元。境外方面,披露数据的61家文化企业2013年共实现营收2259.50亿元,平均规模为37.04亿元,归属普通股东净利润共计393.58亿元,平均规模为6.45亿元。A股上市的80家文化企业,2013年营业收入较上年增长14.25%,归属母公司股东的净利润较上年减少13.69%(净利润减少的企业多数在主板传统行业)。境外方面,披露数据的61家文化企业2013年实现了32.81%的营业收入增长,但归属普通股东净利润同比减少了243.98%。2014年5月31日,A股文化企业平均市值为101.06亿元(最大市值公司为百视通,达356.73亿元),深市公司平均市值为92.16亿元(最大市值公司为华侨城A,达344.66亿元)。2014年5月31日,美国上市的文化企业平均市值为37.85亿美元,约236.41亿元(最大市值公司为百度,达580.84亿美元,约3627.93亿元)。而在香港上市的文化企业平均市值为765.14亿港元,约616.47亿元(最大市值公司是腾讯控股,达10195.91亿港元,约8214.84亿元)。①

股权融资的私募发售包括天使投资(Angels Invest)、风险投资(Venture Capital,简称VC)和私募股权投资(Private Equity,简称PE)等以股权转让或者增资

---

① 资料来源于深圳证券交易所综合研究所研究。

方式的融资模式。其中,天使投资指投资人出资资助具有专门技术或独特创意而缺少自有资金的创业家进行创业,承担高风险和享受高收益的一种投资形式。天使投资是自由投资者或非正式风险投资机构对原创项目构思或小型初创企业进行的一次性的前期投资,是风险投资的一种形式,具有资金额较小、一次性投入和投资方不参与管理等特点。天使投资人是指投资于非常年轻的公司以帮助这些公司迅速启动的投资人。

风险投资是一种创业投资,是指由专业投资人或投资机构投入到发展迅速、潜力巨大、竞争力强的新兴领域的一种权益资本,以高科技、知识型和创意型的企业为投资对象。风险投资在创业企业发展初期投入风险资本,培育发展到一定阶段,通过股权转让和上市融资等市场退出机制,将所投入的资本由股权形态转化为资金形态,以收回投资,分为融资过程、投资过程、退出过程等三个运作阶段。风险投资能够帮助文化企业规范管理,是文化企业重要的孵化形式。风险投资是创业企业的前期投资,一般数额较大,投资人参与管理。

私募股权(Private Equity)是指通过私募形式对私有企业即非上市企业进行的权益性投资,在交易实施过程中附带考虑了将来的退出机制,即通过上市、并购或管理层回购等方式,出售持股获利。私募股权的投资关注具有稳定现金流的成熟企业。私募股权投资是创业企业后期的股权投资。截至目前,我国各类文化产业专项投资基金突破一百支,采用有限合伙制、公司制和信托制等组织形式。其中,中国文化产业基金、华人文化产业基金等表现较为活跃。

2. 文化企业的债权融资

债权融资是一种形成债务的融资方式,包括银行贷款、企业债券等形式。

银行贷款:文化企业通过银行贷款市场,进行资本运作以获取发展资金,一般为信用贷款和抵押贷款。信用贷款是指银行以借款人的信誉发放的贷款,借款人不需要提供担保。抵押贷款是指以一定的抵押品作为物品保证向银行取得的贷款,如不能按期归还贷款,银行有权处理抵押品。抵押品一般包括有价证券、国债券、各种股票、房地产以及货物的提单、栈单或其他各种证明物品所有权的单据。当前,以知识产权作为抵押品的抵押贷款成为文化企业获得银行贷款的重要途径。

企业债券:债券融资者为了吸收社会闲置资本,通常发行利率要比同期的银行存款利率高。大企业的信誉好,债券利率通常比同期银行的贷款利率低,而中小企业资信度低,通常要高于同期银行的贷款利率。

可转换债券:是发行人依照法定程序发行,在一定时间内依据约定的条件可以转换成股份的公司债券。2004年7月,新浪宣布发行总面额达8000万美元的无利息可转换债券,该债券以私募形式发行,在特定条件下可转换为新浪普通股,转换价格约为每股25.79美元。

过桥贷款:在公司收购中,未完全筹集到资金的时候,先由投资银行向其提供过渡性贷款,以使得收购活动能够顺利进行。对于投资银行来说,提供过桥贷款也存在一定的风险,所以,投资银行对过桥贷款都有一定的数量限制。通常,在景观地产的开发、主题公园建设等大型项目,以及企业的并购中,通常会利用过桥贷款筹集资金缺口。

融资租赁:融资租赁也称金融租赁。公司、企业(承租人)需要更新或添置设备时,不通过自行购买而是以付租形式向租赁公司(出租人)借用设备的交易。通常由出租公司按照企业选定的设备进行购买或租赁,再出租给企业,是一种常用形式。例如,出版印刷行业中,印刷设备使用寿命长,通用性强而且不易移动,非常适合融资租赁,通常可以采用融资租赁的方式。再如,像演艺和影视产业中,很多大型的摄影道具器材的融资租赁等。

BOT(Build-Operate-Transfer)项目融资,即"建设—经营—移交"。一般是政府部门为了建设公共文化设施项目,与私人企业(项目公司)签订的项目特许权协议,授权项目公司筹资和建设项目,并在特许权期限内项目公司拥有、运营和维护该项文化设施,并通过提供产品或收取费用,回收投资、偿还贷款并获取合理利润。特许期满后,项目无偿或有偿移交给政府部门。其他,BTO指"建设—移交—运营",BT指"建设—移交",OT指"运营—移交",都是特许经营模式的不同表现。

ROT(Renovate-Operate-Transfer)项目融资,即"重整—经营—转让"。指在获得政府特许授予专营权的基础上,对过时、陈旧的项目设施、设备进行改造更新;在此基础上由投资者经营若干年后再转让给政府。例如台湾远流出版公司发起创办的台湾文创发展股份有限公司与台当局"文建会"签订协议,取得《华山创意文化园区文化创意产业引入空间整建营运移转计划案》(简称《华山园区ROT案》)"未来15年加10年"的整建及营运权,对园区内的旧建筑物实施翻新,营建装置艺术、举办艺术展览、演艺表演等活动,开设艺术餐厅、创意商铺,使华山 1914 文创园区成为台湾地区的知名文创园区。

POT(Purchase-Operate-Transfer)项目融资,即"购买—经营—转让"。政府部门出售已建成的、基本完好的基础设施并授予特许专营权,由投资者购买一定期限的基础设施项目的股权和特许专营权,特许期满后,项目无偿或有偿移交给政府部门。

BOOST(Build-Own-Operate-Subsidy-Transfer)项目融资,即"建设—拥有—经营—补贴—转让"。发展商在项目建成后,在授权期限内,既直接拥有项目资产又经营管理项目,但由于存在相当高的风险,或非经营管理原因的经济效益不佳,须由政府提供一定的补贴,授权期满后将项目的资产转让给政府。

BLT(Build-Lease-Transfer)项目融资,即"建设—租赁—转让"。发展商在项目建成后将项目以一定的租金出租给政府,由政府经营,授权期满后,将项目资产转让给政府。

总体而言,文化企业要根据自身发展的不同阶段、资源禀赋和经营管理水平,采取不同的融资方式(见图 11-2)。

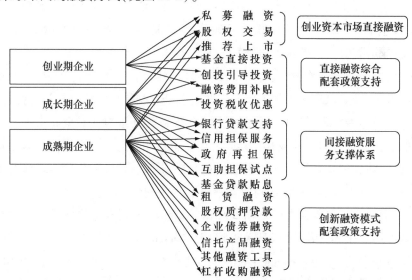

图 11-2　文化企业不同发展阶段的融资渠道

二、文化金融的企业并购

文化企业的资本经营除了上市融资和债务融资,还有一种就是企业并购。企业并购指企业之间的兼并与收购,把文化企业作为一种整体资产进行交易,通过购买被收购企业的股票或资产,以股票交换股票或资产以获得控股权等方式来进行。企业并购已经成为文化产业发展最常见和最有效的资本运营模式,是资本经营的核心。

1. 文化企业的并购状况

从世界范围来看,国际企业的并购大致经历了五个阶段。第一阶段,19世纪末到20世纪初,主要是性质相同的企业之间的横向合并,总共五百余次;第二阶段,20世纪初到20年代,主要是上游企业和下游企业之间的纵向合并,总共九百余次;第三阶段,20世纪20年代到60年代,主要是不同性质且毫无关联的企业之间的混合兼并,总共一千六百余次;第四阶段,20世纪60年代到80年代,主要是用发行高风险利率债券的办法向社会集资,将规模很大的弱势企业吃掉,总共三千余次;第五阶段,20世纪90年代以来,文化企业间的并购成为企业经营发展的常态,具有数量大、规模大,形式多样的特点。

文化企业通过并购,做大产业链,逐渐发展壮大。文化企业并购可以凸现企业协同效应,既可以利用税法、会计处理惯例、证券交易规定的差异等,通过并购合理避税或减少纳税,又可以通过并购具有核心竞争力的其他企业来与本公司现有的业务实现优势互补或经营转向。文化企业的并购还可以实现规模经济效益,通过并购实现企业经营环境的垄断性控制,提高行业控制程度。企业并购有时候会进行战略性并购,其并购因素不再是企业规模、市场占有率、市盈率等财务指标,而是为了巩固未来经济格局和市场竞争中的领导地位或进入某一个新的产业领域。比如,1994年美国维亚康姆(Viacom)文化传媒公司以8亿美金收购派拉蒙影业公司(Paramount Pictures),以8.5亿美金收购了百视达(Blockbuster,当时是全球最大的录像带、VCD、DVD以及VCD游戏连锁出租机构),将维亚康姆公司打造成集出版、电视、广播、渠道终端和主题公园于一体的企

第十一章 文化金融：文化产业的资本运营

业航母；1995年，美国迪士尼公司以19亿美金收购了美国广播电视公司（American Broadcasting Corporation, Inc, 简称 ABC），实现企业的垂直整合及集团战略。

　　文化企业的并购重组是文化企业实现快速发展的重要驱动力量。文化企业的并购方式分为横向兼并、纵向兼并和混合兼并。横向兼并（Horizontal Merger），就是文化产业的同类行业兼并同类行业，使资本在文化产业领域集中，实现生产和资本的集中，通过规模经济降低成本，扩大市场份额。纵向兼并（Vertical Merger），就是文化企业兼并产业链前后的公司，把内容和渠道结合在一起。混合兼并（Conglomerate Merger），就是一个公司对与自己生产的产品不同性质和种类的公司进行的并购行为，实现经营的多元化，从而分散经营风险，创造企业收益。以时代华纳为例，1903年，华纳兄弟开始从事电影放映，其后涉足电影制片业务。1990年，时代公司和华纳传播公司合并成立时代华纳。1992年，时代华纳将其娱乐业进行重组，把25%的股份卖给了U.S. West，56%卖给了日本企业集团 Itochu 和东芝（Toshiba）。1996年，时代华纳完成对特纳广播公司（Turner Broadcasting）的并购。2001年，美国在线（America on Line）与时代华纳合并，宣布组成全媒体的企业集团。2009年，时代华纳宣布拆分美国在线计划，使其成为一家独立上市公司。

　　文化企业的并购模式可以分为出资买断（又称购买式兼并）、出资控股、资产换股（又称吸收股份，如优酷和土豆的并购）、承担债务、协议合并、借壳上市或买壳上市、托管经营、杠杆兼并（又称融资式兼并）。成立于1996年的蓝色光标传播集团就是通过连续、多次的并购重组，实现了企业的飞速发展。尤其是2010年2月在深圳证券交易所创业板上市以来，蓝色光标先后十余次进行并购重组，并购金额从400万元人民币到18亿元人民币，并购行业从主营业务到相关外延业务，拥有蓝色光标数字营销机构、智扬公关、博思瀚扬、美广互动、电通蓝标、思恩客广告、精准阳光、今久广告、博杰传媒、蓝色方略、香港 Metta 广告、We Are Social 等业务品牌，发展成为一家包含整合数字营销、公共关系、广告创意策划及媒体代理、活动管理以及国际传播业务的大型传播集团。

2. 文化企业的并购风险

　　文化企业并购风险源于兼并过程中的成本膨胀和不可控,并购后或未能取得和发挥兼并企业或被兼并企业的核心能力,包括并购前、并购中和并购后的风险。环境的不确定性是风险的根本来源,这些风险包括社会风险、政治风险、经济风险等系统性风险和经营风险、商业风险、财务风险等非系统性风险。文化企业并购风险的降低在于收购前的价值评估和并购决策,可以依据产品的受众规模及影响力、企业财务状况、企业管理状况和未来发展潜力以及竞争对手的相关状况等。并购中的产生风险的原因包括兼并企业对自身审视不足,导致缺乏对竞争优势的可持续性分析;没有正确分析、评估、选择内部成长和外部扩张战略;产业结构与资源配置的失衡、政府行为和社会风险估计不足、对目标企业战略评估失当以及反兼并因素的存在和显现等。并购后风险主要表现为资产的变异、文化的鸿沟、多元化的陷阱以及企业家能力的极限和企业规模边界等。

　　文化企业并购后更为重要的是对目标企业进行有效整合,使其与企业的整体战略、经营相一致。第一,战略整合。企业兼并之后,一般要根据集团的发展战略,规划被兼并企业在集团战略实现过程中的地位和作用,然后对被兼并企业的战略进行调整,使整个企业的各个业务部门形成一个相互关联、互相配合的战略体系。第二,业务整合。新公司根据一家公司在整个公司体系中的作用和其他部分的关系,重新设置其业务,将一些与本业务不符合的业务剥离给其他业务部门或者合并掉,将整个企业其他部门中的某些业务进行重新规划,通过整个运作体系的分工配合来提高协作,从而发挥公司兼并带来的规模效应和协同作用。第三,人事整合。公司高层管理人员的任免是否得当是并购成功与否的关键。被兼并公司的组织和人事应根据对其战略、业务等方面的设置进行整合。第四,文化整合,企业并购之后的整合是一场革命,最难的是观念的转变,企业文化(企业理想、价值、经营理念、情感和信仰的集合,表现为个体对企业团队以及自我在企业中所担任角色的心理态度和价值取向)的整合是企业并购中的重中之重。

三、文化金融的创新模式

文化企业的资本运营除了常规产业和一般企业所使用的常规模式,还由于文化产业的特殊性和文化企业的复杂性,传统的金融产品和融资模式很难满足文化产业发展和文化企业运营的需要,应该不断创新其融资模式。当前,我国文化企业的资本运营还处在初级发展阶段,文化企业融资难依然是文化产业发展的主要瓶颈。一方面,文化企业自身的某些特性,使其进行资本运营和社会融资时处于弱势地位:文化企业拥有的专利、商标、版权等知识产权作为质押品或担保品,存在很大的不确定性。文化创意及知识产权的价值评估具有模糊性和主观性,缺乏科学公正的评价机制。一般来说,财务报表亏损率高是文化企业在初创期的表现,使得银行或投资机构持观望态度。文化产权交易市场还很不活跃,知识产权的移转和管理系统还很不完善。另一方面,贷款银行或投资机构在贷款或投资给文化企业时,也会面对许多风险问题:文化创业企业自有资金或营业额过低,投资人的风险过高。投资人本身对知识产权价值鉴定不熟悉,欠缺知识产权管理方面的专业能力,如果以知识产权方式融资,投资人在投资后面临极大风险。文化产业发展到一定阶段、文化企业运营到一定水平必然要求文化金融的创新模式。文化金融的创新模式,主要包括基金化、众筹化、证券化(份额化)、期货化、信贷化和物权化等六种模式。每种创新模式具有不同的内涵、方式以及风险状况。

1. 基金化模式

文化金融的基金化交易主要体现在艺术品领域,可理解为艺术品基金化,将众多投资者的基金集中并通过艺术品投资组合,尽可能控制风险,增加规模收益。艺术品基金模式还可具体分为投资型、融资型、复合型等三种艺术基金形式。其中,"投资型"艺术基金即通过信托、银行理财或私募计划募集资金后,由投资顾问提出建议,根据合同约定,直接投资于艺术品且产品的还款直接来源于出售所投资的艺术品,产品以浮动收益为主。艺术品私募基金一般都以投资型为主。"融资型"艺术基金具有如下特点:抵质押担保措施相对较为充分,除艺术品质押外还有房产或土地的抵押,且抵押率较低;投资期限较短(一般为 2 年内);实际用途非艺术品,如购买 A 公司所持有的艺术品的权益,到期后由 A 公司回购,实际用途为补充 A 公司的流动资金(或是支持 A 公司的文化产业投资等)[①]。中信信托发行的中信钰道翡翠投资基金集合资金信托系列,其投资顾问东方金钰有限公司可能是其产品的主要退出渠道,信托资金所买来的翡翠原石等,可能会作为东方金钰有限公司的生产原料由东方金钰有限公司购入,并且发行规模相对较大。"复合型"艺术基金,具有前述两类的特征,即产品资金投资于艺术品,退出渠道主要通过出售艺术品,但投资顾问或其他合作机构也承诺回购,且为保证回购行为的切实履行,也提供一定的抵质押物或其他担保措施,但抵质押担保措施并不充足。产品的收益也以浮动收益为主。比如,中信信托的"龙藏1号"、长安信托的"艺术品投资基金集合资金信托计划"、民生银行的"非凡理财—艺术品投资计划1号"都属于复合型艺术基金。

艺术品基金交易的发展历史可追溯至英国铁路养老基金会(British Rail Pensions Fund)。20 世纪 70 年代中期,英国铁路养老基金会将每年可支配的 5% 流动资金(约 5000 万英镑)投资艺术品,其艺术投资组织坚持三位一体原则,即经营团队、投资专家、基金会。

艺术品基金的盈利模式有两种,分别是投资收益获得型和融资收益获得型。就目前国际性艺术投资基金会而言,以美国艺术基金(American Art Fund)和中国投资基金(China Investment Fund)为主力,基金会以 10 年一期的方式每年向投资人收取总投资额 2% 的费用,如年收入超过 6%,再从超额利润获取 20% 的分红[②]。艺术品基金化交易模式还处于起步阶段,以"募资"为重点,停留在"预期"面,基金运用的实践经验较少,存在鉴定、评估和保管等方面的问题。

2. 众筹化模式

文化金融的众筹化模式(Crowdfunding)即大众筹资或群众筹资。伊森·莫

---

① 傅瑜、傅乐:《我国艺术品调查研究》,载《上海金融》2012 年第 6 期。
② 马健:《一个基金投资艺术的神话——从英国铁路养老基金会看当代艺术投资基金》,载《中外文化交流》2008 年第 1 期,第 24 页。

第十一章 文化金融：文化产业的资本运营

里克(Ethan Mollick)认为，众筹是"融资者借助于互联网上的融资平台，为其项目向广泛的投资者融资，每位投资者通过少量的投资金额从融资者那里获得实物(例如预计产出的产品)或股权回报(而当前国内股权回报是违法行为)"。众筹最初是一种融资方式，在西方相当一部分众筹活动中，投资者不仅为项目进行融资，还可以积极参与项目实施。众筹在中国成为对开发阶段产品的团购或预购为主的融资方式。根据 Massolution 公司的研究报告，2007 年全球不足 100 个众筹融资平台，到 2012 年上半年则有 450 多个；2009 年全球众筹融资额仅 5.3 亿美元，2011 年则快速上升至 15 亿美元。众筹平台较成功的是成立于 2009 年的美国 Kickstarter。中国的"点名时间"于 2011 年上线，成为上线最早的中文众筹平台。随后，众筹网、品秀、中国梦网等众筹平台相继问世，为出版业、影视业等文化资产的交易提供了有效的融资平台。

众筹特别适合文化资产的交易和文化产业的运营，可以直接连接文化产品的创作者和消费者，使得文化项目的进入门槛更低，生产速度更快，更适应文化产业快速变化的趋势。一项众筹由发起人、支持者和众筹平台三个主体构成。发起人一般是拥有创意点子但缺乏资金、经营能力和销售经验的人。支持人由对发起人的故事和回报感兴趣的大众组成。众筹平台在发起人和支持人之间扮演连接桥梁的中介角色，提供网络平台服务。众筹融资平台在收到创意项目简要说明后，平台工作人员会按照指南对项目是否适合该平台进行评估。如果项目通过评估，众筹平台将要求项目发起人进一步完善项目介绍以适应市场需求。发起人完成修改后，该项目在 Kickstarter 网站上向众多潜在投资者展示并募集资金，募集期限不得超过规定天数(Kickstarter 一般规定为 60 天)。若在规定期限内完成募集目标，融资者可以提取资金，但需要通过 Amazon 支付系统向 Kickstarter 支付手续费。投资者在项目实施后，可从发起人那里获得 T 恤衫、明信片、CD 等相关产品馈赠。若没有按期完成融资目标，融资者无法提取资金，必须返还给投资者。由于众筹没有以获得股权作为回报的形式，其在本质上属于一种文化产品实现经济价值的交易形式，此种模式承诺只要一定人员支付足够的费用，创作者就同意提供内容产品，扭转了版权生成后制作方须投入大量资金用于营销环节并艰辛地进行版权保护的局面，有效克服了文化产业运用中搭便车的现象①。

众筹交易平台亟待解决下列问题：众筹监督的规范化，法律上须建立标准，明确区分众筹与非法集资的界限，对稳定、健康发展的众筹平台应予以更大的发展空间；众筹形式的多样化，目前主要集中在微电影和音乐领域，参与方式趋于单一，发起方难以获得专业管理、经营经验上的帮助；众筹观念的普及化，众筹作为互联网金融的第三波热潮，需要建立相互信赖、彼此诚信的商业文化。

3. 证券化模式

文化金融的证券化交易模式又称为份额化交易模式，应遵循资产证券化的概念、本质和交易规则。证券化（Securitization）是一种金融衍生工具，指把其他金融资产组合起来，销售给投资者的过程。证券化的本质是一种金融创新，是将传统金融资产重新组合起来，以满足企业多样化的融资需求。证券化是结构化融资（Structured Finance）的一种。弗兰克·法博齐（Frank J. Fabozzi）认为，"资产证券化可以被广泛地定义为一个过程，通过这个过程把具有共同特征的贷款、消费者分期付款合同、应收账款或其他不流动的资产包装成可以市场化的、具有投资特征的带息证券"。② 资产证券化可以归纳为以下几个特征：第一，资产证券化的结果是提供了一系列的带息证券。第二，这种证券的偿付，是以特定资产或资产组合未来能够产生的现金流为基础的。只要能够在未来产生可预测现金流的资产，就能够实施证券化。第三，这种融资形式不经过商业银行，是一种直接融资。

中国文化产品证券化交易业务滥觞于上海，主要以艺术品为交易对象，自 2009 年始，上海文化产权交易所已完成交易 300 宗。继之而起的深圳文化产权交易所、天津文化艺术品交易所，皆以证券化方式进行艺术品交易。天津文交所将艺术品份额化视为金融改革的创新实践，将艺术品标的物切割成若干份 1 元的等额单位，使用不限制参与人数、集合定价、T+0 式连续交易等交易模式。天

---

① 肖本华：《美国众筹融资模式的发展及其对我国的启示》，载《南方金融》2013 年第 1 期，第 52—56 页。

② Anand K. Bhattaharya and Frank J. Fabozzi, Asset-Backed Securities, Frank J. Fabozzi Associates.

津文交所交易的《黄河咆哮》和《燕塞秋》作为第一批份额化交易,在市场上创造了连续暴涨的奇迹,两幅作品申购价格分别为600万元和500万元,拆分为600份份额和500份份额,并以1元的份额价发行。前15个交易日,作品连续10天出现15%的涨停,首月收盘日两幅作品达到17.16元/份和17.06元/份,作品市值达1.03亿和8535万元①。天津文交所的份额化(证券化)交易方式产生了很多问题:第一是法律问题。根据相关证券法规定,向不特定对象发行证券或向特定对象发行累计超过200人的情况,视为公开发行,必须特别规定所有权。份额化交易模式以"量大"为盈利基础,忽略份额化后的权益分配,并在二级市场完全开放,造成艺术品权益持有人远高过法定人数,涉嫌违法。第二是信息不对称问题,艺术市场有别于股票市场,行情不仅取决于投资者,更受制于历史环境、社会认知等因素的影响,在交易环节中,投资者和交易者存在信息不对称的问题,使炒作、哄抬价格的可能性大增,令人质疑其公正性。第三是价格与价值间的相等性问题。国内还没有艺术品鉴定的权威机构,艺术品的真伪与价值评估体制尚未健全,艺术品价格缺乏严格把关,易造成泡沫化现象,并产生价值清算与价格剥离的情况。第四是退市机制问题。天津文交所虽然约定在单个账户收购金额达67%时,便要强制收购,该账户也有义务收购其他份额,但此种机制忽略了艺术品价格过高时的收购风险。为了免除风险,许多投资人都会刻意将占比控制在67%以下,间接导致交易的不良发展。天津文交所成了一个违背市场规律、恶意炒作艺术品价值的"黑机构",被业界有识之人视为艺术市场的大毒瘤。

2011年,《国务院关于清理整顿各类交易场所切实防范金融风险的决定》出台,规定任何交易场所"不得将任何权益拆分为均等份额公开发行;不得集中竞价、做市商交易",敲响了艺术品份额化交易模式的丧钟。2012年,中宣部等5个部门出台了《加强文化产权交易和艺术品交易管理的意见》,加强了文化产权交易和艺术品交易的管理,提出"总量控制、合理布局、依法规范、健康有序"的文交所设立原则,要求新的文交所的成立必须由省级人民政府批准,但批准前还要征求文化部、国家新闻出版广电总局的意见,并经中央文化体制改革工作领导小组办公室和清理整顿各类交易场所部际联席会议认可。目前,全国文交所的

---

① 张锐:《文化产权交易所的野蛮生长与纠错矫偏》,载《东北财经大学》2012年第4期,第65页。

清理整顿工作基本完成,政府重点支持上海和深圳两地的文交所作为试点。

4. 期货化模式

期货是与现货相对的概念,是正在生产或即将进入生产的存续于未来的商品。期货交易,是指采用公开的集中交易方式或者国务院期货监督管理机构批准的其他方式进行的以期货合约或者期权合约为交易标的的交易活动。根据《期货交易管理条例》规定,期货合约是指"期货交易场所统一制定的、规定在将来某一特定的时间和地点交割一定数量标的物的标准化合约。期货合约包括商品期货合约和金融期货合约及其他期货合约"[1]。文化金融的期货化交易指文化产品成为期货合约的标的物交易。因此,文化产品期货交易指"在期货交易场所统一制定的、规定在将来某一特定的时间和地点交割一定单位数量文化产品的标准化合约"。文化产品的期货合约属于商品期货合约,而全球文化产品中最早被期货化的是艺术品。期货化交易模式不仅给不想收藏或永久占有文化产品的投资者敞开了投资渠道,而且还对文化产品的创作者予以基本的经济保障,保证了文化产业走向可持续的发展道路。

以艺术品期货化为代表的文化产品期货化历史不长,美国梅摩指数的 All Art Index、英国 Art Market Research 等各种艺术指数,不仅可以查询艺术家的市场行情,还能反映艺术市场的整体状态,为艺术品期货化交易模式的实施奠定了基础。2008 年 10 月,国际市场预测平台 Intrade.com[2] 根据梅摩艺术指数实验性地列出了现金价值清算期货,成为全球历史上首次启动的艺术品期货投资,为控制艺术品收藏带来的风险并减少保险、保管费等收藏艺术品的成本,从而连接艺术品收藏家和战略性投资者两个不同圈子提供了经验借鉴。2009 年 1 月,梅摩艺术指数成功转换成实际的价格数字,大大增加了操作期货交易的可行性。2010 年,电影票房期货化的创意出现。2010 年 4 月,美国期货交易委员会批准通过趋势交易所(Trend Exchange)和坎特交易所(Canter Fitzgerald)提交的电影

---

[1] 参见《期货交易管理条例》(第四次修订),2017 年 3 月 6 日发布实施。
[2] www.intrade.com 为 1999 年成立于爱尔兰(Ireland)的商业组织,是一个市场预测的平台,其团队有约 80 年的市场预测经验,可提供会员交易最新颖、透明的市场,领域涵盖政治、金融、流动和相似的活动期货(current and similar event futures)。

票房期货交易所的申请,但由于争议性太大,不到一年便被叫停。

文化金融的期货交易方式与其他期货合约一样,通过开户审核后的投资者缴纳开户保证金,在法定期货交易所依次做开仓、持仓、平仓或实物交割来完成交易。交易过程中需要缴纳期货手续费,但和股票交易相比,期货交易没有印花税、过户费等其他费用。目前,国内文化资产期货市场发展缓慢的原因是:第一,缺乏权威市场指数;第二,文化资产期货合约标准难以规范;第三,缺乏权威的、非营利的交易平台。

5. 信贷化模式

文化金融的信贷化交易是文化资产进入信用贷款体系内实现其货币价值的交易模式,以知识产权为主的无形资产作为质押保证或质押担保。文化金融信贷化的理想模式是由贷款企业、担保机构、商业银行、再担保机构和政府等五个部门及其相关机构的共同参与才能完成的。① 文化产业经营主体以中小企业或微型企业为主,缺乏流动资金且没有充足的有形资产做商业银行贷款的担保或抵押。交通银行北京分行的"智融通"系列、北京银行的"创意贷"知识产权质押贷款系列,都是商业银行进行文化资产信贷模式的尝试。

文化金融信贷化模式的主要形式是版权质押,可具体分为两种模式:版权质押保证贷款和版权质押担保贷款。前者占据多数,以版权质押与法人代表的个人无限连带责任共同担保的结合融资模式;后者以第三方合作担保机构的连带责任保证结合版权质押的模式。版权质押贷款多以一年为期,只有以固定资产抵押作为附带条件的贷款是以三年为期。一般采取项目贷款的监管方式,银行与律师事务所、评估机构合作开展业务。

版权质押是文化金融信贷化的重要突破,多数文化企业通过版权质押获得信贷融资。版权质押贷款模式是文化企业以自身或者控股股东合法拥有且依法可以转让的核心知识产权(发明专利、影视剧版权、外观设计专利、软件著作权)质押给政府合作的担保公司,作为反担保措施向银行融资的贷款模式。

---

① 向勇、杨玉娟:《我国文化企业版权质押融资模式研究》,载《福建论坛(人文社会科学版)》2013年第2期,第17—25页。

政府要给予一定比例的贴息贴保、第三方信用担保机构要给银行一定比例的风险补偿。但是,文化资产的价值评估、处置和变现还有很大障碍,商誉和相关技术专利也得不到充分的价值认可,文化资产的信贷化模式依然还面临很多困难。从政策上急需推进相关法律法规建设,认可知识产权的质押物效用,加强知识产权的保护。政府应通过和商业银行的积极沟通,缓和国内银行普遍重视不动产担保的倾向,促使创新担保方式,针对以知识产权为主要资产的新兴文化产业单位全方位开展政策性担保业务,实现符合时代需求的业务转型。建立统一健全的版权动态信息数据库和简易便捷的登记、查询程序,各地知识产权部门要进一步发挥文化产权交易所的平台功能[1],对社会无形资产处置与变现问题予以相应的回应。

6. 物权化模式

文化金融的物权化交易模式,即以知识产权为主的客体,透过版权等知识产权操作获利的交易模式,具代表性的有艺术授权模式、全版权模式、双边市场模式和艺术银行模式等。

艺术授权模式是艺术作品拥有者将其所拥有的各种权利授权给想要使用该艺术作品进行复制、衍生生产、再制、销售等商业应用的经营方式[2]。艺术复制品被广泛运用,如书画复制品在专业领域可用于图书馆、档案馆、纪念馆、博物馆、美术馆等为陈列或者保存版本的需要,复制本馆收藏作品,以供美术画家、艺术院校学生、艺术机构研究和教学需要;而非专业领域则可复制著名美术作品用于星级宾馆、饭店、会所、家庭等。艺术授权以艺术作品知识产权的外围经营为核心,其艺术授权的运作模式是将所拥有、代理的艺术品以合同的方式授权给使用者,被授权者按规定从事经营活动,并向授权者支付相应的版税(权利金);同时授权者收到版税后按比例回馈给艺术家。艺术授权的前提是法律依据,是以

---

[1] 北京已搭建文化金融中介服务平台,即依托北京产权交易所文化产权交易中心、北京东方雍和国际版权交易中心,与各金融机构联合,推动创新和开发适合文化产业特点的金融服务产品和服务模式,这是在传统金融机构之外开设准金融服务的一次尝试。

[2] 台湾"国际技术授权主管总会中华分会""文化艺术基金会":《艺术授权手册规划计划——期末总结报告书》,2007年5月15日,第3页。

第十一章 文化金融：文化产业的资本运营

艺术作品的财产权利为标的。权利人享有艺术作品的占有、使用、收益以及处分等权利。艺术授权的法律依据体现在著作权(版权)上，包括复制、发行、出租、展览、表演、放映、广播、信息网络传播、摄制、改编、翻译、汇编、许可他人使用或者转让他人并获得报酬等权利①。以艺术授权机构 Artkey 为例，该公司将艺术授权业务流程分为三个环节：上游的资料收集与数字化；中游的品牌塑造与授权；下游的贩卖、权利金回馈和营销咨询。艺术授权存在以下问题：第一，当前艺术品原作的交易平台多，但知识产权交易平台明显不足；第二，版权意识过低缩减了艺术授权的市场规模，大部分买家没有"作品所有权"和"著作财产权"的概念，认为购买艺术作品，即拥有了作品的散布、重置、出租等权利，导致"艺术授权"的概念和模式难以推展；第三，权利救济的效率低，当侵权发生时，许多企业会消极回避司法救济，以减少高昂的诉讼费，导致侵权情况越演越烈，减弱了艺术授权的社会说服力。

全版权模式指一个产品的所有著作权(原始作品及各种衍生品)，从网上的电子著作权到线下的出版权、游戏的改编权等的授权模式。全版权模式最典型的是盛大文学的版权操作模式，包含版权的生产和分销两部分：以平台掌握大部分内容资源，减少外购著作权的开支，再从众多文学作品中选择具有商业前景的内容进行分销。盛大文学版权的内容在网站上完成的，产生原始的著作权，版权的分销，则是与其他内容生产商协作完成的。盛大文学 2011 年共出版作品 651 部，2012 年旗下售出百部小说的影视著作权，包括《步步惊心》《裸婚时代》《我是特种兵》等脍炙人口的作品。

双边市场模式是视频网站推出的一种版权交易模式，以乐视网的 Hulu + Netflix 模式为代表。网络视频的营运模式大致分为 UCG(用户生成内容)、P2P 模式、Hulu(正版视频)、Netflix(流媒体播放服务商)等四种类型。乐视网是一家提供网络视频和正版影视著作权网络发行服务的民营公司，建构了一个著作权资料库，透过多渠道分销，充分实现著作权的资产价值，以优秀的正版视频、高质量的内容吸引用户，避免了影视纠纷和法律风险，其收入模式是一种双边市场模式：结合广告收入(Hulu 模式)和用户直接付费埋单(Netflix 模式)。乐视网将网

---

① 赵书波：《艺术授权在中国》，载《文化产业评论》2012 年第 1 期，第 153 页。

站分为免费但质量低的"乐视网络电视"和付费但质量高的"TV 服务",同时利用独家网络影视著作权资源,为合作方提供著作权分销服务。

艺术银行模式即以政府提供资金或政策保障的非政府文化艺术机构购买艺术家作品,再将作品转租或销售给企业、政府单位或私用于陈列和收藏等,从而获得运转资金的非营利性艺术机构经营模式。此种操作模式源自加拿大,盛行于日本、韩国、澳大利亚和中国台湾地区。澳大利亚 1980 年开办艺术银行,以富有潜力的年轻艺术家为宗旨,实行一系列艺术品出租计划,将国内艺术作品收购下来,再向本国大众出租。2013 年我国台湾地区文化机构推出"艺术银行计划",以"只租不卖"为原则,透过公开征件的方式操作和取得艺术作品的物权、著作权、展览权,来扶持知名度较低的青年艺术家。艺术银行以艺术价值为前提推广艺术作品,不仅提升了大众的审美能力,更促进了当代艺术的发展。在艺术银行的运作中,政府的角色是把双刃剑,以台湾当局为例,艺术银行是台湾当局推动艺术品交易的美意,但也引来不少批评,认为当局介入艺术银行的运作过多,只能在官方系统中刻板地出租与陈列。艺术银行成为一种近似文化补助政策的扶持方式。此外,艺术银行需要足够的配套,如足够的客源、公开稳定的展览渠道、补助和合同规范与咨询服务。

文化金融的交易模式是实现文化产业运营的基本形式。总体而言,中国文化企业还处于探索阶段,知识产权管理体系还未成熟完善,从内容创意到图书、音像、食品、服装、玩具等衍生品开发环节还存在许多断层,在交易方式、交易配套和推广营销等环节还存在诸多困难。文化资产的理想交易模式形式多样,但受文化体制、法律规范、市场环境等外部限制,当前主要的交易模式仍采取"一对一"或"一次性买断"的单一方式,效率低下,成本过高,造成"上游权益无法保证、下游履约风险变高"的恶性循环。①

---

① 本节内容参考向勇主编:《文化产业无形资产价值评估:理论与实务》,北京:北京大学出版社 2015 年版。

四、文化金融的风险规避

文化金融是文化产业快速发展的重要动力，是文化企业现代经营的成熟表现。文化金融是文化资源和文化资产的金融化经营管理活动，需要构建多层次、多渠道、多元化的文化金融市场层次和文化产业投融资体系，需要构建公平、合理、有效的文化金融生态环境和风险规避体系。

1. 制定扶持性的政府资助政策

文化产业的自身特点需要政府提供多元化的混合资助模式，通过政府的政策性扶持优势，降低创业风险和投资风险，引导社会资金进入文化产业。北京2006年率先成立了文化创意产业发展专项基金，用于文化企业的贷款贴息、项目补贴和后期奖励，用于支持具有一定的创意性、市场性的项目，引导银行和投资机构进入文化产业。其后，中国各省、自治区和直辖市都设立了类似的政策性扶持基金，出台了文化金融合作的各项政策，推动金融资源与文化资源的有效对接。

2010年，我国台湾地区颁布了"文化创意产业发展法"，对台湾文化创意产业的发展带来了积极的影响。在资金挹注方面，台湾专门匡列100亿新台币，用于促进民间参与投资文化产业，新增中小型文创融资计划，以补助与辅导联结文化产业价值链。一方面，基于"专业管理公司以不低于'文建会'投资额度之30%共同投资"要点原则引领社会投资，运用不同配投比例，加强投资早期阶段企业、原创创作事业等投资案。另一方面，做好融资配套，为使文化产业投融资政策更具专业及效率性，成立"文化创意产业投资及融资服务办公室"，办理投资与融资执行机制倡导、案源汇整、个案辅导及后续监理等，积极辅导建立会计与财务管理制度，提供可信赖的财务报表，减少业者与银行之间信息不对称现象。

2014年，我国文化部、中国人民银行通过创建文化金融合作试验区，探索金融扶持文化产业发展的长效机制，营造系统、完备的政策环境，积极鼓励文化企业利用国内外资本市场、国内产权市场和其他要素市场，探索建立适合文化产业特征的新兴资本市场，不断丰富投资品种，完善投资体系，更有效地满足各类文化企业的融资需求。

2. 设置合理的风险分担机制

文化金融是现代经济和新兴产业的融合发展,是金融业与文化产业的协同发展。文化金融的健康持续发展,离不开合理有效的风险分担机制的保障。银行贷款的抵押品在更多选择版权抵押品之后,就需要第三方信用担保机构提供担保、再担保、联合担保与保险相结合的专业服务分散风险。银行机构要建立完善、独立的文化企业信用评级制度;完善文化产业的保险市场,创新文化产品的特殊险种,"为文化企业提供人才激励配套的养老和医疗保险产品","为文化企业制订一揽子保险计划,提供'一站式'服务";①完善知识产权评估体系,建立第三方知识产权评估机构,设立知识产权法庭;"鼓励金融机构开发演出院线、动漫游戏、艺术品互联网交易等支付结算系统,鼓励第三方支付机构发挥贴近市场、支付便利的优势,提升文化消费便利水平,完善演艺娱乐、文化旅游、艺术品交易等行业的银行卡刷卡消费环境。探索开展艺术品、工艺品资产托管,鼓励发展文化消费信贷。鼓励文化类电子商务平台与互联网金融相结合,促进文化领域的信息消费"。②

3. 设立杠杆性的文化产业基金

文化产业投资基金是指以政府相关部门发起、采取市场化运作、发挥基金放大效应、专门用于文化产业的直接投资、为文化企业提供资金支持的组合式投资基金。文化产业投资基金由于文化产业的专属性,可以降低文化企业对银行贷款和风险投资的依赖,发挥杠杆性作用,降低投资风险。为此,中央部委专门制定了推动产业投资基金和创业投资基金设立的法律法规。

产业投资基金是"指一种对未上市企业进行股权投资和提供经营管理服务的利益共享、风险共担的集合投资制度,即通过向多数投资者发行基金份额设立

---

① 参见 2010 年 12 月 29 日保监会、文化部联合发布的《关于保险业支持文化产业发展有关工作的通知》。

② 参见 2014 年 3 月 17 日文化部、中国人民银行、财政部联合发布的《关于深入推进文化金融合作的意见》。

基金公司,由基金公司自任基金管理人或另行委托基金管理人管理基金资产,委托基金托管人托管基金资产,从事创业投资、企业重组投资和基础设施投资等实业投资",具有"定向募集、目标规模不得低于1亿元、首期募资不得低于目标规模50%"的限制。①

创业投资基金是指中央财政从产业技术研究与开发资金等专项资金中安排资金与地方政府资金、社会资本共同发起设立的创业投资基金或通过增资方式参与的现有创业投资基金,指中央财政资金通过直接投资创业企业、参股创业投资基金等方式,培育和促进新兴产业发展的活动,投资基金重点投向"具备原始创新、集成创新或消化吸收再创新属性、且处于初创期、早中期的创新型企业,投资此类企业的资金比例不低于基金注册资本或承诺出资额的60%"等②。

4. 建立完善的现代企业制度

现代企业制度的主要特征即企业的经营权和所有权相分离。在这里,企业所有者掌握企业资产所有权及选择企业经营者、审定企业重大决策的权利;企业经理人掌握企业资产的控制权、企业经营决策权和企业经济活动的组织管理权。现代企业制度的典型企业是公司制企业,是由两个以上的投资者出资,按照一定的法律程序组建的以盈利为目的的经济组织。公司制企业实行企业法人制,企业出资者承担有限的责任,企业内部形成了法人治理结构。文化企业也是一种现代工商业组织,在西方也随着现代企业制度的成熟以公司制的普遍形式存在。在中国,文化企业是伴随着文化体制改革国有文化单位的转企改制、管办分离等措施以及民营文化企业和外资文化企业的发展而出现。一方面,文化金融的深入发展有利于文化企业的现代企业制度的建立和完善,提升了现代企业治理水平;另一方面,具有完善的现代企业制度的文化企业具有更强的防范风险能力,更易于参与文化金融的经营活动。

文化企业在初创期、发展期、成熟期和转型期等不同的发展阶段,有不同的

---

① 参见2006年3月1日国家发改委颁发的《产业投资基金管理暂行办法》。
② 参见2011年8月17日财政部、国家发改委联合发布的《新兴产业创投计划参股创业投资基金管理暂行办法》。

业务重点和资金要求,需要开展不同的金融运营业务。在初创期,文化企业需要开展"解决资金瓶颈、优化商业模式、规划现金流、提高财务经管水平"等基础性的文化金融运营业务。在成长期,文化企业需要开展"研发产品、扩展市场通路、建立品牌、获得政府资源补助"等发展性的文化金融运营业务。在成熟期,文化企业需要开展"扩散品牌、提高市场占有率、复制创意模式、扩大生产线、降低成本、强化竞争优势、开展增资上市"等成熟的文化金融运营业务。在转型期,文化企业需要开展"跨界合作、周边开发、产业群聚和上下游策略联盟、跨业投资、企业购并"等整合性的文化金融运营业务。

5. 构建平台型的文化产业投融资服务

通过文化产业投融资服务平台建设,理顺文化企业投融资产业链,搭建以文化产业投融资服务平台为核心的文化产业多层次投融资服务体系,为各个发展时期的文化企业提供个性化融资服务。文化产业投融资服务的平台构建包括文化产业投融资服务体系构建、文化产业投融资中介服务体系构建、文化企业投融资制度及工作流程制定、专家评价系统构建和国际合作业务开展(见图11-3)。

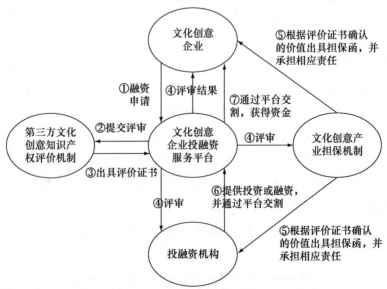

图11-3 文化产业投融资服务平台服务功能

2010年5月,文化部文化产业投融资公共服务平台正式上线运营,以中国文化产业网为服务窗口,即时发布最新资讯、政策法规、融资项目、行业评论等信息,在线提供信贷服务、保险业务、直接融资、产权交易等业务。文化部文化产业投融资公共服务平台提供了一个文化企业投融资项目融合、服务渠道畅通、集成创新的途径,提高了文化产业相关资源的利用率,降低了开发成本和交易成本,推动了文化创意成果的转化与文化产业发展,促进了文化产业与金融业的结合发展。

本章要点

文化金融是指在文化产业的创意、研发、生产、配送和消费等全产业链过程中的资金的融通。文化企业的融资来源包括内部融资和外部融资。文化企业的融资性质分为股权融资和债券融资。文化企业要根据自身发展的不同阶段、资源禀赋和经营管理水平,采取不同的融资方式。

企业并购指企业之间的兼并与收购,把文化企业作为一种资产进行交易,通过购买被收购企业的股票或资产,以股票交换股票或资产以获得控股权等方式来进行。企业并购已经成为文化产业发展最常见和最有效的资本运营模式,是资本经营的核心。文化企业的并购方式分为横向兼并、纵向兼并和混合兼并。

文化企业并购风险源于兼并过程中的成本膨胀和不可控,并购后或未能取得和发挥兼并企业或被兼并企业的核心能力,包括并购前、并购中和并购后的风险。

文化金融的创新模式,主要包括基金化、信贷化、证券化(份额化)、期货化、众筹化和物权化等六种模式。每种创新模式具有不同的内涵、方式以及风险状况。

文化金融的基金化交易主要体现在艺术作品,可理解为艺术品基金化,将众多投资者的基金集中并通过艺术品投资组合,尽可能控制风险,增加规模收益。文化金融的信贷化交易是文化资产进入信用贷款体系内实现其货币价值的交易模式,以知识产权为主的无形资产作为质押保证或质押担保。文化金融的证券化交易模式又称为份额化交易模式,应遵循资产证券化的概念、本质和交易规则。文化金融的期货交易,是指采用公开的集中交易方式或者国务院期货监督管理机构批准的其他方式进行的以期货合约或者期权合约为交易标的的交易活动。文化产品的期货合约属于商品期货合约,而全球文化产品中最早被期货化的是艺术品。文化金融的众筹化模式是指融资者借助于互联网上的融资平台,为其项目向广泛的投资者融资,每位投资者通过少量的投资金额从融资者那里获得实物(例如预计产出的产品)或股权回报(而当前国内股权回报是违法行为)。文化金融的物权化交易模式,即以知识产权为主的客体,透过版权等知识产权操作获利的交易模式,具代表性的有艺术授权模式、全版权模式、双边市场模式和艺术银行模式等。

文化金融是文化资源和文化资产的金融化经营管理活动,需要构建多层次、多渠道、多元化的文化金融市场层次和文化产业投融资体系,需要构建公平、合理、有效的文化金融生态环境和风险规避体系。

文化金融的风险防范包括制定扶持性的政府资助政策、设置合理的风险分担机制、设立杠杆性的文化产业基金、建立完善的现代企业制度、构建平台型的文化产业投融资服务等多种形式。

第四编 社会治理

第十二章
文化聚落：文化产业的集群效应

产业集群理论(Industrial Cluster)是迈克尔·波特在1990年《国家竞争优势》(The Competitive Advantage of Nations)一书中提出的,指在某一特定领域内,在地理位置上邻近、有关联性的企业和相关机构,具有竞争与合作关系,并以彼此的共通性和互补性相联结形成相互联系的网络。一个国家的产业是否具有竞争力,与其是否能形成所谓的产业集群有很大的关联性。① 产业集群成为发掘区域优势、提升创新能力和竞争水平的一种手段。文化产业的集群,就是在地理上以文化聚落(Cultural Quarter)为资源依托,在空间上以创意集聚(Creative Aggregation)为表现形态,在功能上以文化企业为协作链条,基于产品的共同性和企业的互补性,把文化资源供给者、创意阶层、产品生产商、知识中介机构、渠道销售者等不同的利益相关者和价值参与者联结起来,通过分工合作,把文化价值转化为商业价值的文化生产协同体系。文化产业集群不仅是一个特殊的地理现象,更是代表着一种文化产业及其相关产销的企业组织、专业劳动和支援机构的密集聚合。

---

① 参见〔美〕迈克尔·波特:《国家竞争优势》,李明轩、邱如美译,北京:中信出版社2012年版。

一、文化产业的集群理论

1. 文化聚落与文化产业集群

文化与空间维度的地理环境和时间维度的历史传统息息相关。在某种意义上,文化的生成和艺术的创作更容易受到地理环境的影响。法国艺术哲学家丹纳(Hippolyte Adolphe Taine)认为,一件艺术品并不是孤立的,属于一个艺术家的全部作品,而艺术家本身,连同他所产生的全部作品,都隶属于与其同时同地的艺术宗派或艺术家族,受风俗习惯与时代精神的影响。艺术是一种模仿的艺术,决定于某个特定环境,即便艺术家在创作中有意改变客观对象各个部分的关系,也是要凸显对象的某个主要特征,彰明较著地表现事物的本质,以及这个主要特征或事物本质与特定地区密切的关系。"一个地区,连同它的结构、外形、耕作、植物、动物、居民、城市等等的无数细节在内","不仅构成地理的外貌和本质,并且构成居民及其事业的特色,精神与物质方面的特质"。[①] 文化是"烙在自然景观上的人类活动的印记"。"作为一定居住群体生活的场所的自然环境,它也是文化形成和发展的场所和基本条件,而一定的生产方式和经济基础是形成一定生活方式和社会组织结构、产生一定思想观念的基础"。[②] 文化与环境的特定关系,使得文化往往呈现一种聚落空间的分布形态。

文化聚落是文化地理学(Cultural Geography)主要关注的一种文化空间和人文地理。文化地理学强调地理景观是有意义的地图,重视文化与环境之间的套嵌关系,关注"文化生态学、文化源地、文化扩散、文化区和文化景观"等研究议题。文化聚落从类型上可以分为形式文化区(formal region)、机能文化区(functional region)和乡土文化区(vernacular region);从大小幅度上可以分为文化大区(cultural realm,如东亚文化大区)、文化世界(cultural world,如阿拉伯世界)、文

[①] 〔法〕丹纳:《艺术哲学》,傅雷译,南京:江苏文艺出版社2012年版,第10—30页。
[②] 伍家平:《论民族聚落地理特征形成的文化影响与文化聚落类型》,载《地理研究》1992年第3期,第53—54页。

第十二章 文化聚落：文化产业的集群效应

化圈(cultural sphere,如盎格鲁文化圈)。① 文化聚落是一种复杂的文化的空间系统,是某种特定的文化类型在某个特定的自然环境中的聚集和分布状态,包括物理的环境空间、非物质的精神空间和活化的生活空间,具有持续性、阶段性和生态性的特征。文化聚落是某种具有相似文化主题的文化资源的空间聚集,其构成要素与文化资源的类型一样,包括物质要素、非物质要素和自然要素。文化聚落分为物质层、心物层和心理层。其中,物质层"表现为聚落的形态、构成要素及其布局,是聚落文化形态的表层和外显因子",是文化内涵的载体;心物层"表现为聚落选址中对自然环境的文化反映,以及社会形态中政治组织、社会制度、宗教信仰、意识形态和生产方式等因素在聚落物质空间中的反映,是聚落文化的外显因子,对聚落文化形态起着某种中介和操控的作用";心理层"表现为聚落的价值观、思维方式、审美观和民族性格等,是聚落文化的核心层和隐性因子,对聚落文化形态起着决定的作用"。② 文化聚落在不同层面的表现之间相互影响和彼此制约。文化聚落是文化资源重要的空间聚集形式,是文化产业集群发展的空间基础。因此,文化产业的空间集聚是以文化聚落的自然形塑为基础和前提的。地理环境的地方性特征对形成文化产业集群具有关键的作用,因为"特定的传统、习惯和技能为当地的产品增添了一种独特的气质,这种气质在其他地方只能被模仿,但无法被完全复制",地理环境"既是(文化)产品的关键成分,又是真实性和象征性的一种保证"。③

2. 文化产业集群的理论模型

文化产业集群表现为一种基于园区、城市、区域和国际区位的空间经济形态。空间维度对社会生产和经济活动的规模效应起到重要作用。产业集群是产业发展适应经济全球化和竞争日益激烈的新趋势,是为创造竞争优势而形成的一种产业聚集的空间组织形式,它具有群体竞争优势和集聚发展的规模效益。

---

① 周尚意:《文化地理学研究方法及学科影响》,载《中国科学院院刊》2011 年第 4 期,第 416—421 页。
② 杨庆:《西双版纳傣族传统聚落的文化形态》,载《云南社会科学》2000 年第 2 期,第 78—82 页。
③ 联合国教科文组织、联合国开发计划署编:《2013 创意经济报告——拓展本土发展途径》,意娜等译,北京:社会科学文献出版社 2014 年版,第 13 页。

产业集聚的理论解释有六种框架模型:经济地理理论、产业区位理论、产业分工理论、增长极理论、竞争优势理论和新公共理论。

经济地理学(Economic Geopraphy)认为,产业集聚主要由于资源禀赋、地理区位等经济的地理因素决定的。阿弗雷德·马歇尔认为,自然条件、专门技能和交通工具等影响了产业地理分布,从而形成地方性产业集聚。产业集聚就是企业、供货商、相关产业和专业化机构集中于某一地理区位,并以彼此的共通性和互补性相联结,此地理区位可以是国家、州(省)或城市的特定地区。集聚在一起的厂商能够比孤立的厂商获得更多的利益,这种集聚效益来源于企业间的"网络效应"或者源自核心企业群的外溢效应。他认为,产业集群通过外部规模经济帮助企业形成规模,产业区域内企业间的知识交换和信用关系形成了一种产业氛围。产业集群的形成与自然地域的地理环境、历史传统、政治制度和文化背景有紧密的联系。①

产业区位理论从交易成本、规模利润和企业行为等角度分析了产业集群,关注资源在地理空间上的配置形态和关联构成。韦伯(Alfred Weber)以工业区位理论来分析产业集群的效益,认为区位因子的合理组合使得企业成本和运费最小化,企业按照这样的思路就会理所当然地将其场所放在生产和流通上最节省的地点。保罗·克鲁格曼(Paul Krugman)认为,资金外部性、技术外部性、运输成本、规模报酬递增和垄断竞争能够解释社会生产的空间集聚,提出了产业集群的"核心—边缘"模型,指出产业集聚能发挥市场放大效应、突发性集聚、循环累积因果关系、内生的非对称以及驼峰状聚集租金等。② 奥塔维亚诺(Ottaviano Gip)认为企业异质性、消费者偏好异质性以及移民异质性等因素也是产业集聚的重要原因。③ 皮奥里(Piore)和萨贝尔(Sabel)认为产业区域是生产系统或生产系统的一部分在地理上的集聚,是弹性专业化的驱动下推动中小企业形成竞

---

① 〔英〕阿弗雷德·马歇尔:《经济学原理》,廉运杰译,北京:华夏出版社2005年版,第227—233页。

② Paul Krugman, "Increasing Returns and Economic Geography," *The Journal of Political Economy*, 1991, 119(3), pp.483—499.

③ Ottaviano Gip, Puga D., "Agglomeration in the Global Economy:A Survey of the 'New Economic Geography'", *World Economy*,1998,21(6):707—737.

第十二章 文化聚落：文化产业的集群效应

争与合作的新型空间组织形式,这种弹性专业化有助于创新的实现。① 运输成本、产业分工、消费市场和贸易行为推动了产业分布和产业布局的集群效应。

社会分工理论认为,社会分工与专业化生产对产业集群形成的影响是基础性的,产业集群的形成是专业化分工下产业报酬递增的空间表现形式。需求结构、资源禀赋以及技术进步推动了社会分工,而社会分工促进了企业的专业化和产业结构的优化,最终促使生产效率的提高。从专业分工的视角来看,"产业集群的形成是人们为降低专业化分工产生的交易费用和获取由分工产生的报酬递增的一种空间表现形式"。分工网络的组织形态是产业集群形成的关键,它是由大企业、骨干企业和中小企业形成的一种分工体系。与此同时,产业集群通过纵向专业化分工和横向经济协作,提高了交易效率,降低了交易费用,进而促进了分工的演进。②

弗朗索瓦·佩鲁用增长极理论来解释"经济空间"(Economic Space)的力场效应。佩鲁把"经济空间"看成一种"存在于各种经济要素之间的经济关系",分为"按计划界定的、按力场界定的和均质的"等三种经济空间。"增长并非同时出现在所有地方,它以不同的强度首先出现于一些点或增长极上,然后通过不同的渠道向外扩散,并对整个经济产生不同的终极影响"。一个国家或地区的经济均衡发展是一种理想状态,在现实中如同物理学的磁极作用,经济空间中存在若干个类似于"磁极"的中心或极,产生各种离心力和向心力,吸引力和排斥力的相互作用形成不同的经济"场域",那些条件较好的区域和产业就成为这个地区的经济增长极,并依靠产业之间的关联效应,逐渐向其他地区、部门和产业传导。法国经济学家布德维尔(J. R. Boudville)将增长极理论与地理空间相结合,认为增长极理论既包含经济变量之间的结构关系,也包括了经济现象的区位关系或地域结构关系,提出"区域发展极"。增长极理论认为区域发展与资源禀赋、企业家创新和外部环境等息息相关。③ 因此,一个国家或地区要把特定的地

---

① 转引自李克等:《内生性产业集群、产业分工网络和产业生产价值链》,载《经济社会体制比较》2012年第1期,第181—194页。
② 惠宁:《分工深化促使产业集群成长的机理研究》,载《经济学家》2006年第1期,第108—114页。
③ 转引自李仁贵:《增长极理论的形成与演进评述》,载《经济思想史评论》2006年第1期,第209—234页。

理空间培育成增长极,由点到面、由局部到整体地次第推进,最终通过乘数效应带动经济的整体增长。增长极理论认为,依托区域推进型企业和推进型区域等推进型单元,增长极对于地区经济增长可以实现区位经济、规模经济和外部经济等整体效应。

迈克尔·波特用竞争优势理论来分析产业集聚的原因,认为产业集群是集中在特定区域的业务上相互联系的一群企业和机构,这些彼此独立、非正式联系的企业机构形成了一种生产效率、综合效益和永续发展等方面具有明显优势的空间形态。企业的合作与适度竞争,是集群内单个企业与整个产业集群保持活力、形成创新与竞争优势的决定性因素。产业集群对提高企业竞争力极为重要,既可以使企业更好地接近劳动者和公共物品以及相关机构的服务,又有利于企业创新和产品出口。他认为,产业集群的核心内容是其竞争力的形成和竞争优势的发挥,这是产业集群在市场经济中生存和发展的根本保障。例如,餐饮一条街将不同的餐饮品牌集中到一起,彼此竞争,但因为集聚在一起,总体客流量增大,因此每个餐厅分到的客流量也会变大。当然,产业集群的形成需要注意差异化的管理,否则会出现恶性竞争。

哈贝马斯的新公共领域理论(public sphere)也可以解释文化产业网络化和社会化的集群现象。哈贝马斯认为,市民社会经历了政治社会、经济社会和文化社会三个阶段。公共领域是国家权力与市场经济之间的缓冲地带,其核心诉求是通过观念和文化的力量对抗政治权力,用观念启蒙来影响公众和政治权力持有者,不断发扬和扩大民主。哈贝马斯的公共领域理论对于规范政治权力、促进后发国家理解现代性问题、启示人类解放的途径都有着积极的作用。私人领域和公共权力领域中间存在一个公共领域的中间地带。文化产业的空间集群应该被看作一个哈贝马斯所谓新公共领域的新公共空间,既不是传统的公共空间,也不是私人空间。在这个文化产业集群的新公共空间里交换的双方是私人部门和公共部门,交换的原则是公共利益和私人利益的博弈,交换的对象是半公共产品和半私人产品。从私人产品抵达公共产品或从公共产品到私人产品的转换不是线性的,中间有半公共产品和半私人产品的过渡地带,其转换风险比传统产业要大。因此,需要政府出面建设、运营和管理园区。

3. 创意集聚与文化产业集群

文化产业集群依赖于创意的集聚。文化产业集聚越来越倚重于一种社会关系的人际网络。创意人士的参与是文化产业集群成功的重要保证，它突破了单个企业的约束边界，文化产业集群管理机构的重要职责就是吸引和组织创意人士积极参与其中，创意人才是推动文化企业集聚的基石。文化产业的集群空间既是文化产品的生产空间，又是创意人士的生活空间。创意阶层的流动性很强，创意人士的集聚促成了有识别能力的当地市场，这让文化企业"了解新的趋势和时尚的基本因素"，是文化产业创新的动力之源。文化产业的集群空间既是文化产品的产制空间，又是文化消费的体验空间。创意的集聚有利于文化产业所需的市场培育和信誉建立，而信誉的保持是文化产业集群可持续发展的重要指标。为了有效地吸引创意人士，形成创意集聚，就要积极推动集群与世界的联结，因为创意企业家往往涌现于在地文化与世界文化的交汇之处；保持集群的文化多样性、交易自由和表达自由，促使新人、新想法和新产品的自由开放和完全流通；联结生产与消费，甚至无需中间环节；集合艺术、教育、文化和旅游等商业以外的因素。[1] 创意集聚促进了信息的自由传播、创意的认同分享、精神的道义激励和创新的知识共享，通过弱连接的强力量，为集群内的个体和团队创造了资源利用、整合的各种条件。

文化产业集群是文化产业实现规模经济的一种现代产业组织形式，现代文化经济大多通过文化生产的活动集群而形塑。文化产业集群是"垂直分离的生产单元网络，能够灵活地应对文化商品和服务生产与消费的高度不稳定性中普遍存在的风险"，这种集群式的文化生产网络有利于多样化技能和情感型的地方劳动力市场的崛起。这类劳动力市场具有位置特异性，带有特定传统、情感和规范印记，构成地方氛围，形成一个强大的"创意场域"，规定了文化企业间的创新网络和构成关系。文化企业及其相互关系、各类资本和社会先行资本，"如学校、研究机构、设计中心等"组合要素为"创意场域"提供了发展动力或补充养

---

[1] 转引自李仁贵：《增长极理论的形成与演进评述》，载《经济思想史评论》2006 年第 1 期，第 79 页。

料,形成了文化产业大规模的聚集过程,产生了诸多积极的外部效应。① 这些积极的外部效应包括"知识溢出(某个公司从其他公司开发的新构想、新发现或新工艺中受益)、产品溢出(指由于其他公司的产品开发造成某个公司的产品需求增加)、网络溢出(指某些公司从位于附近的其他公司受益)、培训溢出(指在某个产业中培训的劳动力流动到其他产业)、艺术溢出(某个艺术家或公司的创新工作促进了其他艺术家或公司的艺术创作)"。文化产业可以通过集群战略进行国家合作和区域合作,实现综合效益的最优化,"集群可以自发生成,也可以为了某个目的而人为创造;它们可以覆盖许多行业;它们可以促进某个地区的发展","创意企业的一个显著特征就是共生共荣。不管是伦敦东区的艺术家、宝莱坞的电影制作人、米兰的时装设计师,还是首尔的漫画家,他们的创意企业集中在明显的热点区域,成为能够自我生存的创意集群"。②

4. 文化产业集群的空间形态

文化产业集群可以按照纵向价值链、横向产业链和斜向协同链的全产业价值链结构,在创意研发、生产开发、分销与发行、零售消费等不同阶段的价值链环节中放大、重组和再造,形成创意设计集群、生产制作集群和消费体验集群等不同的集群现象。文化企业和文化产业在初始期、成长期、成熟期、衰退期和消亡期等不同的生命发展周期,对于资源、技术、资金和市场的不同需求,会出现不同的集聚区位分布。文化产业集群在空间分布和区域布局上具有不均衡性。文化产业集群具有文化园区、创意街区、产业新区和创意城市不同的存在形态,包括微观层面的企业集聚、中观层面的行业集聚和宏观层面的区域集聚等不同的空间层次,但以文化产业园区和创意城市两种主要的空间聚集形态为发展重点。

创意城市是文化产业以城市为空间集聚的发展路径,创意城市的出现是城市发展到一定历史高度的必然选择。从世界城市进程的总体层面来看,城市分为商贸城市、工业城市、商务城市和创意城市四种形态。中国的城市化运动正同

---

① 联合国教科文组织、联合国开发计划署编:《2013 创意经济报告——拓展本土发展途径》,意娜等译,北京:社会科学文献出版社 2014 年版,第 11—12 页。
② 联合国贸发会议埃德娜·多斯桑托斯主编:《2010 创意经济报告》,张晓明等译,北京:三辰影库音像出版社 2011 年版,第 78—80 页。

第十二章 文化聚落：文化产业的集群效应

时经历着一次城市化和二次城市化的转化过程。一次城市化是推动田园乡村向都会城市转型的初次城市化。二次城市化指那些已经完成初级城市化的地区，要进行城中村的改造和旧街区的重整，要进行聚集要素的提升和产业结构的升级，要从支撑商贸城市的农业创新与支撑工业城市的工业创新过渡到支撑商务城市的信息创新和支撑文化城市的创意创新。许多城市在二次城市化进程中，选择了商务城市化的发展道路。于是，旧建筑的拆迁，原住民的搬迁，商务区、金融街的营建，大广场、宽马路的铺设，铸造了大多数城市千城一面的悲哀。当前，中国许多城市处在二次城市化阶段，到底是往商务城市转型还是向创意城市拓展？这是许多城市决策者必须面对的战略选择。

"创意城市"的首倡者查尔斯·兰德利认为，创意城市以人才能力、意志力和领导素养、人员的多样性、组织文化、强有力的地方认同、城市空间与基础设施、社会网络与文化组织为发展根基。[①]"创意城市是一种推动城市复兴和重生的模式。它强调消费引导经济、以科技创新和文化创意双轮驱动经济发展。在全球性竞争日趋激烈、资源环境的约束日渐增强的形势下，它使地方城市从主要依赖自然客体资源的发展转向着重开发人类主体资源，努力解放文化生产力，重塑城市形象，再获生机，实现持续发展的战略转型。"[②]文化产业成为创意城市关注的现实和打造的重点，赋予城市新的生命力和竞争力。创意城市是文化产业发展的温床，通过文化遗产的保护、文化资源的开掘和文化资本的利用，通过对创意人士的吸引和创意阶层的集聚，推动文化产业的发展和勃兴；创意城市是承载创意经济的空间载体，通过发达的文化产业，以文化创意、符号价值、象征管理、故事驱动的新模式推进更为广泛的经济连接。

放眼全球，那些名列前茅的国际城市无不具有发达的文化产业，并通过文化产业支持了其他产业的创新，发展成为新经济的创意城市，比如美国的奥克兰、西班牙的毕尔巴鄂和德国的鲁尔区，在迪士尼的主题乐园、古根海姆的现代艺术和工业遗产的艺术创意的创新推动下，城市再一次焕发生机，开拓创新蓝海。

---

① Charles Landry, *The Creative City: A Toolkit for Urban Innovations*, Earthscan Publishment Ltd, 2000, pp. 481—482.
② 厉无畏：《迈向创意城市》，载《理论前沿》2009年第4期，第5—7页。

2004年,联合国教科文组织成立了"创意城市网络",分为文学之都、电影之都、音乐之都、工艺与民间艺术之都、设计之都、传媒艺术之都和美食之都等七类创意之都。中国的深圳、上海和北京入选设计之都,杭州入选工艺与民间艺术之都,成都入选美食之都。

二、文化产业的园区集聚

随着弹性化社会生产取代程式化社会生产、公共资源取代稀缺资源、无形资产取代物质资产、协同性生产取代专业化隔离、全球生产取代在地生产的不断发展,文化产业价值链的空间分布也出现了文化分工全球化、文化生产地方化和文化产业园区化的发展趋势。规模经济、收益递增、制度红利和市场竞争是文化产业空间集聚的主要动力。文化产业园区是一种文化产业的集群形态,是一种占据主导地位和发挥重要作用的文化产业的空间形态和地理集聚。

1. 文化产业园区的发展特征

文化产业园区是"为进行文化产业资源开发、文化企业和行业集聚及相关产业链汇聚,对区域文化及相关产业发展起示范、带动作用,发挥园区的经济、社会效益的特定区域"。文化产业园区要有配套的公共服务体系,能够为进入园区的企业提供企业孵化、融资中介、技术、信息、交易、展示等公共服务。[①] 德瑞克·韦恩(Derek Wynne)认为,文化园区是一个集中了城市绝大多数文化娱乐设施的特定地理区域,结合了文化生产与消费以及工作、休闲、居住等多项功能。希拉里·昆福(Hilary Anne Frost-Kumpf)认为,文化园区是一个在都市中具备完善组织、明确标示,以供综合使用的地区,它提供夜间活动且延长地区的使用时间,让地区更具有吸引力;提供艺术活动与艺术组织所需的条件,给居民与游客相关的艺术活动;提供更多就业或居住的机会给当地艺术家,让艺术与社区发展

---

① 参见《国家级文化产业示范园区管理办法(试行)》。

第十二章 文化聚落：文化产业的集群效应

更紧密结合。① 由于群聚之后达到的"关键众数"效应（critical mass）和"园区剩余"②，文化产业园区往往成为居民与游客聚集、享受城市文化娱乐生活的理想场所。在一定的地理环境内，文化产业园区以富集的文化资源、集中的文化设施和聚集的创意人士为基础，以内容创意、产品生产和消费流通为运营目的。艾伦·斯科特（Allen J. Scott）指出，当代文化产业在空间上出现明显的群聚现象，即"团块化"模式。文化产业的团块化现象可以降低文化产业交易的成本，加速资本与信息在文化产业体系中的流通速率，强化文化生产中的社会联结关系。

最早的文化产业园区可以追溯到20世纪80年代的美国，如匹兹堡（Pittsburgh）、列克星敦（Lexington）、马萨诸塞（Massachusetts）等地，以艺术文化特区（Arts and Cultural District）作为活化振兴褐色都市区块（Brownfield Sites）的发展策略。英国最早的文化产业园区为20世纪80年代末成立的谢菲尔德文化产业园区（Sheffield Cultural Industries Quarter），以及1993年的北曼彻斯特园区（the Manchester Northern Quarter）。文化产业园区的核心工作是设立各种机制推动这些转变，而非单纯追求营业收入和财政税收。沃尔特·圣阿加塔（Walter Santagata）将文化产业园区分为产业型、机构型、博物馆型和都市型等四种不同类型。其中，产业型文化产业园区是以积极的外形、地方文化、艺术和工艺传统为基础，通过"工作室效应""创意产品差异"发挥协同效益；机构型文化产业园区以产权转让和象征价值为基础，有正规机构，并将产权和商标分配给受限制的生产地区；博物馆型文化产业园区以网络外形和最佳尺寸搜寻为基础而建立，通常围绕博物馆网络而建，位于具有悠久历史的城市市区，其本身的密度能造成系统性效应，吸引旅游观光者；都市型文化产业园区以信息技术、表演艺术、休闲产业和电子商务为基础，通过使用艺术和文化服务，赋予社区新生命以吸引市民，抵抗工业经济的衰落，并为城市塑造新的形象。③ 汉斯·姆马斯（Hans Mommas）在分

---

① 转引自樊盛春、王伟年：《文化产业园区理论问题探讨》，载《企业经济》2008年第10期，第9—11页。

② "园区剩余"是一种园区集聚的解释理论，是指某单个文化企业进入与不进入园区的利润之差，由成本剩余和收益剩余来确定。参见史征：《文化产业园区发展研究——机理·评价·对策》，杭州：浙江工商大学出版社2013年版，第15—21页。

③ Santagata Walter,"Cultural Districts, Rooerty Rights and Sustainable Economic Growth,"*International Journal of Urban and Regional Research*,2002,26(1):9—23.

析荷兰文化产业园区后提出了文化产业园区的基本标准:园区内活动的横向组合及其协作的一体化水平;园区内的文化功能——设计、生产、交换和消费等活动的垂直组合,以及与此相关的园区内融合水平;涉及园区管理的不同参与者的园区组织框架;金融制度和相关的公私部门的参与种类;空间和文化节目开放或封闭的程度;园区具体的发展途径;园区的位置。[①]

文化产业园区是文化聚落、创意集聚与产业集群的多重叠加,要考虑到利益相关者的参与,比如原住民、非营利组织、企业、消费者、游客、政府部门等等。文化产业园区既要有博物馆、美术馆和艺术中心等文化聚落,又要有创意研发、生产制作、交易体验的创意集聚和产业集群。在这些空间集聚中,那些历史街区、名人故居、文化遗迹、咖啡茶馆、工艺商店,构成园区独特的文化资本。文化产业园区的文化聚落,保证了园区是从本土文化资源中生长出来的,而不是单纯靠招商引资从外引进的。文化产业园区的产业集聚,保证了园区不是一个纯粹的文保单位或公益机构,而是具有价值实现的商业使命。文化产业园区提供了特色各异的文创活动,是一个融合文化跨界、艺术流行和媒体互动的创新工厂,是一个展现科技、产品、空间和创意的试验基地。

文化产业园区作为推动中国文化产业区域转型与产业升级的空间集聚,正式进入中央政府的政策擘画,肇始于21世纪初,经历了近十五年的发展实践。文化产业园区是在文化生态的基础上呈现文化聚落,在文化聚落的基础上吸引创意集聚,通过创意集聚形成产业集群。文化产业园区是文化生产的新公共空间,是文化资源从公共文化资源向私人文化资源转化的孵化平台。

2. 文化产业园区的发展现状

文化产业的园区集聚是文化产业组织形式不断发展的结果。文化产业的组织形式包括垂直一体化、纵向分离和弹性专殊化(又称灵活专业化)等三种发展历程。弹性专殊化是文化产业组织形式的新阶段,代表了文化产业网络型柔性生产的新特征。从文化产业价值链来分,中国文化产业园区可以分为三种类型:

---

① Mommaas Hans,"Cultural Clusters and the Post-industrial City: Towards the Remapping of Urban Cultural Policy," *Urban Studies*, 2004, 41(3): 507—532.

(1)创意研发型,比如北京宋庄艺术区、上海张江文化产业园;(2)生产制作型,比如北京怀柔影视基地、深圳大芬油画村;(3)交易体验型,比如北京798艺术区、深圳东部华侨城、西安曲江新区,以及国内各类主题公园。当然,大多数文化产业园区开始具有两种以上的类型趋势,比如深圳大芬村和北京798艺术区,既有作品原创、商品复制,又有产品交易、旅游体验。截至2014年10月,中国各类文化产业园区不下2500家,大体分成国家梯队和地方梯队。国家梯队分为两个层级:第一层级包括了8家国家级示范园区和7家国家级试验园区。其中,示范园区从2007年、试验园区从2011年开始,都由文化部授权命名与统一管理。第二层级包括了文化部2004年开始授权命名的344家国家级示范基地中具有园区特征的企业主体,也包括上百家由国家新闻出版广电总局、商务部授权命名的影视、动漫、对外文化贸易等专门领域的国家级基地。地方梯队也分为两个层级:第一层级是省市级示范基地,比如北京有32家,山东有71家;第二层级是地市及以下的园区。2014年4月,北京市有关部门发布规划,将建设20个文化创意产业功能区,形成特色化、差异化、集群化的发展态势。

中国文化产业园区的建设模式大多注重财税优惠,重视房地产等物理平台的搭建,运用招商引资式的传统工业园区开发模式,引进"候鸟型"的文化企业,在一定程度上取得了高速发展,同时也出现了同质化竞争、地产化套利的发展现象。文化部门也意识到了园区发展的诸多问题,推出了国家级园区和基地的巡检制度,实行"不合格就摘牌"的惩罚措施。2014年,中国政府推出"藏羌彝文化产业走廊"重大项目,探讨文化遗产、自然生态和文化产业的协同整合,通过文化产业特色功能区的创建,推动区域发展模式的转型,这是一种落实文化产业空间战略的顶层设计。

文化既有历史性的时间沿袭,又有国际化的空间传播,在传统与现代、民族与世界的多重维度中传承创新。产业是现代工业文明的产物,为了追求经济效率而大量采用高新技术,进行批量化和标准化的规模生产,按照市场需求进行商品经营和企业管理。当文化成为一种产业,就是要按照工业标准生产、再生产、存储以及分配文化产品和服务的一系列活动。文化成为产业最为关键之处就是创意,基于个人的知识和技能,在商业环境下通过知识产权的开发,从而带来潜在的就业和创造巨大的财富。文化资源成为后工业社会的主要生产要素,具有信息、知识和创意等不同形态。文化资源要经历资源资产化、资产资本化、资本产权化和产权金融化的转变。文化产业园区的功能就是要实现这种转变,要素集聚的核心是知识产权,其园区开发的关键是基于无形知识产权的授权经营。因此,文化产业园区聚集的企业不是看企业资金规模,而是评估企业自身无形资产的规范管理和精细运营,园区的重点是建立无形资产登记、质押、评估等一系列产权服务体系,构建文化资产流转市场。只有这样,文化资源才能变成文化产品,成为文化品牌,最后实现文化产业的规模效益。

3. 文化产业园区的主要问题

中国文化产业园区的发展模式还停留在初级发展阶段,发展的重点不是放在内容创意而是放在简单复制上,主要依托地方不可移动的物质文化资源、以文化旅游为突破口的传统历史文化产业园区,出现"园区主题同质化、经营模式单一化、商业本质地产化和园区现状空壳化等发展弊端"。大多数文化产业园区利用文化项目吸引地方政策的支持,进行圈地、卖地或建筑开发、房屋租售等简单的商业开发,最终使得文化产业园区沦落为传统商业的物业模式,或成为"个体艺术家的工作空间",或成为"政府文化展会的交流场所",缺乏创意孵化、产品研发、企业创新和品牌打造的集聚效应。这种发展方式基本上是粗放型的,对地方自然景观、历史景观、名人资源的开发方式是近乎粗暴的,主要希望通过门票收入、周边土地增值以房地产开发的形式获得收益。这种在地(On Land)文化产业的资源转化方式,前期投入非常巨大,大部分景点开发又跟文化遗产保护混杂在一起,很难分清公共文化事业和盈利文化产业的边界,很难分清政府的公共责任和市场的私人利益的边界,很难有效实现文化事业与文化产业的依存、支撑和转化的关系,所以往往是政府投入了大量的财政资金和行政资源,最终要么让私人公司得利,要么破坏祖国山水、农林用地和生态环境,要么造成区域文化资源和引进企业的恶性竞争。

中国文化产业园区的效益实现主要依托产品规模化生产的大工业化模式带来的规模经济和范围经济,实现综合效益。一方面,产品的规模经济来自产品的数量乘以产品的价格。而文化产品的价值由物质价值和非物质价值,即功能价值和象征价值构成,而真正形成文化产品的高价格在于象征价值。只有充分提高文化产品的象征价值,才能维持文化产品的高价格,才能带来真正的规模经济,而不是仅仅靠提高文化产品的数量。另一方面,产品的范围经济来自文化产业价值链所形成的集聚效益,即建立不同的文化产业园区和基地,这是 21 世纪以来中国地方发展文化产业的主要形式,在一定程度上推动了地方文化产业的快速发展。但文化产业的产业价值链集聚的核心在于由象征价值所形成的知识产权的流动而产生的价值传递和价值递增。目前,在大部分文化产业园区内,很少看到文化产业上下游之间由于知识产权所形成的产业关联。与此同时,产品的范围经济还在于产品所拓展的国内市场和国际市场,产品由于远销国际而能形成比较大的经济效益。这些文化产业效益的成功因素目前在中国还很少出现。

4. 文化产业园区的突破趋势

文化产业园区是文化产业集群的空间载体。根据英国学者西蒙·鲁德豪斯(Simon Roodhouse)的研究,一个成功的文化产业园区需要独特的区域文化为内核支撑,具有地理上的共生、知识外溢、吸纳衍生和创新的效应,一般具有以下特征:处在城市文化中心、历史建筑遗迹与文化富集带上;有财富创造意义上的创意经济增长;存在并利用转向性的文化资产管理机构;拥有文化基础设施与旅游人口流量;高校为其提供劳动资源储备及向大学提供价值不断提升的就业岗位;高新信息技术的利用;文化多样性与多元形象的培育;防范沦为个别利益集团的私人盈利工具。①

文化企业是文化产业园区集聚的聚集主体,政府部门是文化产业园区的推动关键,入园机构、原住民、消费者等其他利益相关者互补协同,共同形成一个资源共享、生态共生的产业系统。文化产业园区整合的广义资源应该包括"人、文、地、景、产",涉及"人、事、物、场、境"的规划维度,是一个不断循环且螺旋式上升的复合结构②。园区搭台,文化唱戏。文化是园区的灵魂,园区只是文化的

---

① Simon Roodhouse, *Cultural Quarters: Principles and Practice*, Intellect, 2006.
② 宋建明:《当"文创设计"研究型教育遭遇"协同创新"语境——基于"艺术+科技+经济学科"研与教的思考》,载《新美术》2013 年第 11 期,第 14—20 页。

物理载体,知识产权是园区的核心,内容创意是园区的重点,文化创意是园区推动文化聚落向产业集群转化的手段。文化产业园区并不是越多越好,要因地制宜、着眼全国市场和国际市场进行优势定位,形成特色功能区。文化产业园区不是围墙封闭的私地,是开放的公共空间,是共享的创意工场。政府要建立健全全国统一的评价指标体系,规范各地园区的建设与管理,实施年检制度。所幸的是,政府授牌之后的园区考核和巡检工作已经开始。我们要坚决警惕文化产业园区的建设充斥三种异味:挂羊头、卖狗肉的地产化的血腥味,低端机械复制化的机油味,过度文化金融化的铜臭味,要逐步恢复文化产业园区"人文"的味道,真正实现文化产业园区在"文化聚落""创意集聚""产业集群"之间的循环化生。

三、文化产业的集聚要素

文化产业集群是文化共生、创意共生和产业共生的竞合共存效应,需要具备共生单元、共生模式和共生环境等三要素。① 文化共生表现在人类情感、审美和文化认同的相通性。创意共生表现为画家、手工艺者、设计师、音乐人等各类艺术家和大学教授、工程师、专业人士等各种创意阶层聚居形成城市的创意地带和先锋生活圈,进而成长为城市的创意群体。产业共生指产业链之间的聚集协作和价值链之间的关联效应。理查德·佛罗里达在人力资本(受过良好教育的人才集中于某地区,可促进该地区的成长)与社会资本理论(经济成长是因为社会的凝聚力、信任关系及小区的联结)之上进而提出创意资本理论,即创意阶级是推动区域经济成长的动力,而这些人喜欢创新、多元、包容的区域。技术、人才和环境包容度促进了创意的集聚。创意阶层喜欢有活力、非正式、街头形式的生活方式,偏好都市生活。查尔斯·兰德利认为,富有创意的区域群聚举足轻重,这些地方往往被称为创意聚落。任何有关城市活力与繁荣的讨论重心都在于群聚,其中的主张也耳熟能详:财务、技术及精神上的互相支持;提高市场效率;媒合买卖双方;在相近领域或可利用的卓越中心间形成重叠,并促进竞争,以制造"乘数"效应,促成协作性互补交流与资源的交换。文化产业集群的共生效应需

---

① 参见丁立义:《基于共生理论的创意产业园区模式创新研究》,武汉理工大学2012年博士论文。

要产业环境、公共服务环境、人力资源环境、市场需求环境、政策法律环境、文化环境和生态环境等诸多要素的共同作用。

1. 文化产业园区的功能定位

文化产业园区集聚具有三重功能定位,反映了三种不同的定位形态。文化产业园区集聚的形象功能是第一层级,即园区集聚的空间定位,主要包括那些构成城市景观的真实的、形式具象的、可由经验来描述的事物。形象空间是我们所看到的园区的物质、物理的自然空间。一般来说,文化产业园区在外观上往往是一个地理区域的形象地标。

文化产业园区集聚的产业功能是第二层级,即园区集聚的产业定位。这是将园区集聚视为一个提供服务与功能的场域,可以称为功能空间。例如:大部分园区会依据自身的比较优势,构建相关产业链。在构建产业链外,不同类型的文化产业园区侧重提供的相关服务功能也有所不同,如动漫产业园区会聚焦在产业孵化功能上,主题公园在提供娱乐功能之外,还需要重视构建完备的接待、管理、医疗、出租服务体系。

文化产业园区集聚的意象功能是第三层级,即园区集聚的文化定位。这是结合消费情境与过程,消费者在物质、功能空间内进行欲望生成、消费和想象而建构起意象,产生物质体与功能体相互依存的空间,称之为意象空间。通常空间集聚打造一个"文化故事",促使人们去体验、追寻文化主旨,进而丰富了文化想象。在这里,园区集聚是进行重要会议、仪式、节庆和聚会的空间,具有历史感和上进感,展现了区域的身份认同和文化形象,彰显了价值的包容度和文化的多元化。

文化产业园区集聚是形象空间、功能空间和意象空间的复合空间。形象空间提供的是园区集聚的形象功能,即第一层级的城市景观,是具象的,可直接能看到的物质、物理的自然空间。功能空间提供的是园区集聚的产业功能,即第二层级的产业定位,这是将园区集聚视为功能体,是能提供服务与功能的场域。意象空间提供的是园区的文化功能,即第三层级的文化空间。消费者结合自身在形象空间和功能空间中进行的体验消费,通过欲望满足、情感消费和价值生成而建构起对园区的想象认同。

2. 文化产业园区的关键要素

约翰·蒙哥马利(John Montgomery)认为一个成功的文化产业园区主要体现为活动、形式和意义等三方面的营造。① 文化产业集聚发展的关键要素为环境营建、人员组织和事件管理。其中,第一个关键要素是环境。环境指的是建筑环境与自然环境的综合,是一个适合追求创意、生活的环境。例如,精致而独特的城市(景观)形态;建筑材料的多样性及协调性;街景画的渗透性;易辨认性;公共空间的数量和质量;活跃的街道临街;对人群的吸引性。理想的文化产业园区是"没有围墙的公园"。既要考虑到建筑环境和自然环境的和谐统一,即外在的城市景观,又要慎重对待内在的人文环境,从人性化的角度完善园区的服务功能,最终呈现出一个适合追求创意和生活的宜居空间。文化产业园区的环境打造,是在对自然、历史遗迹的保护上,对文化遗产的传承上的再建设,而不是对经济指标的盲目追求。例如日本六本木新城将现代化的高层建筑与大量的露天空间交织在一起,屋顶上设置大面积的园林景观,各式雕塑作品点缀于空地、绿地和休憩空间内,打造了一个都市型的生态乐园。

第二个关键要素是人员。这些人员包括:在园区内,各种人在此互动,每个人在这个园区提供不同的角色。佛罗里达认为,有创造力的人才对所处城市的技术、周围人的才能和宽松愉悦的环境等三因素要求更高。一个城市必须发展出有利于经济繁荣的人文气氛,不断提升创意集聚的条件,为创意人才集聚营造良好条件,才能加快创意产业发展。而理想的文化园区的宜居生态可以让在园区中互动的各种人用创意精神激活物理空间,发挥自己的特长,完成了对园区生活的新的诠释。从另一方面讲,园区也担负了提升市民生活品质,解决劳动力就业,提升劳动力素质的社会责任。例如:从六本木的设计者到在该地区生活的居民,从在六本木工作的员工到参观的游客,每个人扮演的是不同的角色,但是他们共同构建了这个新的城区,他们的创意丰富着该区域的历史,同时,他们活动其中,也日益受到这个区域文化氛围的熏染,进而园区和人物也能形成一个良性

---

① John Montgomery, "Cultural Quarters as Mechanisms for Urban Regeneration," *Planning, Practice & Research*, 2003, 18(4):293—306.

第十二章 文化聚落：文化产业的集群效应

互动。

第三个关键要素是事件。这些事件包括街区活动、节庆活动、餐厅文化、艺术、音乐和户外活动,这些活动创造出活泼、刺激、有创意的生活方式。包括咖啡文化在内的夜晚经济的呈现;包括文化创意企业的小微公司经济的加强;文化艺术教育培训的提供,地方特色节日和事件的呈现;为艺术家和大众文化生产者提供工作空间在内;小微公司经济可以在相关文化领域获得发展;为办公室和工作室使用者提供良好的管理;艺术发展机构和公司的进驻;艺术和媒体的培训及教育;白天和夜晚的活动互补性。这些经济的、文化的和社会的活动,应当强调情、景、人融为一体,同时能够在一定大主题下,长年不断、轮流交换,通过充满创意的规划使活动具有长久的生命力。这样既能够实现在财富创造意义上的创意经济增长,又能够带来多样性的文化形态,并具有一定的社会影响。①

总之,文化产业园区要具有以下主要特性:第一,文化产业园区是文化聚落、创意集聚和产业集聚的结合。先有文化的积累,再有创意的聚集和产业的导入,最后通过多元力量,形成一个文化产业园区。第二,需要用非营利的财政法人机构或者社会企业的组织形态进行管理运营。第三,文化产业园区是一种新公共领域空间,需要具备文化资源整合、文化创意培育以及产业孵化辅导的复合功能。

四、文化产业的集群模式

文化产业集群在规模大小和形态布局上非常灵活,可以小到一个老宅旧厂或某条街景巷弄,也可以大到一个遗产聚落或整座创意城市。以亚太文化创意产业协会推出的两岸城市文化创意产业竞争力指数为例,文化产业城市集群的核心竞争力由文化硬实力(15%,为权重。下同)和文化软实力(85%)两部分构成。其中,文化硬实力包括基础实力(10%)、财政实力(25%)、文创实力(35%)和产出实力(30%)等四个衡量构面,文化软实力包括文化支持度(25%)、文化

---

① 以上参见向勇、陈娴颖:《文化产业园区理想模型与曲江模式分析》,载《东岳论丛》2010年第12期,第139—143页。

内涵度(10%)、文化融合度(15%)、文化创造力(20%)、文化发展力(20%)和文化影响力(10%)等六个衡量构面。①

1. 文化产业集群的驱动模式

文化产业集群的形成和发展有四种驱动模式:社会驱动模式——如北京圆明园画家村;市场驱动模式——如深圳大芬村;行政驱动模式——如西安曲江新区;多元驱动模式——如北京798艺术区。第一种为社会驱动模式,指文化产业园区在社会变迁、人口流动的影响下,由艺术家的自发聚居而形成的一种艺术聚落。例如圆明园画家村。1990年以后,中国政治和经济环境的急剧变化导致艺术人才逐渐脱离体制、离开原有的事业单位和居住过的二、三线城市,纷纷到北京、上海等一线城市追逐艺术理想和寻求发展机会。由于收入有限,加之城市生活成本的压力,艺术家往往选择房租低廉的城乡接合部集聚而生,居住空间也是创作空间,一个一个逐渐扩大规模。越来越多的艺术家逐渐聚居在圆明园福缘门村、挂甲屯等地,到1994年达到高潮,1995年受到各方压力而逐步迁出,发展成后来的798艺术区、宋庄、东村、上下苑等新的艺术区。圆明园画家村虽然存在的时间很短,从自然集聚到被迫取缔,前后仅四五年,却代表了中国文化产业园区早期阶段的发展模式。这种文化产业园区是社会转型、人口迁移所带来的一种艺术现象和社会现象,虽然其产业功能价值小,但艺术象征意义大,是我国文化产业园区的雏形。

第二种为市场驱动模式,指在经济因素的驱动下,或企业个人自发,或在政府的驱动引导下,形成的具有一定市场规模、具有完整产业链的文化产业园区。例如深圳大芬油画村便是典型的市场驱动模式。大芬油画村位于深圳市龙岗区布吉镇布吉村,占地面积0.4平方公里,1989年为了承接油画创作、临摹、收集和批量转销的国际订单开始形成集聚,1998年起政府开始把大芬油画村作为独特的文化产业品牌进行环境改造,逐渐形成了一定规模的油画产业。大芬油画村以分散性的生产作坊和产业性质的企业公司为主体,形成了"画家+企业"的

---

① 亚太文化创意产业协会:《两岸文创耀寰宇——2013年两岸42座城市文化创意产业竞争力调查报告》,台北:亚太文化创意产业协会2013年版,第152—153页。

第十二章 文化聚落:文化产业的集群效应

一个分工合理、竞争有序的生产组织方式,并在市场的主导下,形成了产供销一体化的完整产业链,通过大批量的工业化生产,使得油画从一种仅供少数人欣赏的艺术品变成了可以赚钱的商品。大芬油画村模式的核心就是艺术的产业化,即以市场为导向,让艺术作品成为商品,让艺术创作成为商品生产。2004年11月,大芬油画村被文化部命名为"国家文化产业示范单位",成为全球油画产业基地。

第三种为行政驱动模式,指随着文化产业的发展,在中央政府的倡导下,地方各级政府积极介入到文化产业园区的开发与建设中,通过政府引导、统一规划、市场运作和政策扶持,在短时间内形成具有一定集聚效应的文化产业园区。行政驱动型的文化产业园可分为两个种类:第一种为"旧城改造模式",通过对城市中被废弃的旧厂房、旧仓库、旧街区的再改造和重新利用,或以大学为区位依托,吸引众多文化企业和个人工作室等创意集聚,使得旧空间集聚新机制,老建筑释放新能量。这样既可以保存城市历史人文脉络和工业遗产价值,又能够节省旧城改造费用和活化空间资源,促进了城市产业升级和经济结构转型。台北的华山1914创意文化园、松山文化创意园,北京的南锣鼓巷、方家胡同,上海的田子坊、八号桥、M50艺术区等大部分文化产业园都采取了这种模式。第二种为"新区开发模式",为促进地方文化产业发展,政府借鉴了工业园区、科技园区和开发区的发展经验,新规划出某块区域,投入大量资金建设配套的基础设施,为企业搭建公共服务平台,实施吸引文化企业入驻的优惠政策,集中发展文化产业。政府一般会成立相应的管理委员会,负责规划、招商、全程监管和运营管理。上海张江文化科技创意产业基地是其中最为成功的政府主导模式,而西安曲江国家文化产业示范区由于采取了大规模的新城运动,在文化资源开发、原住民搬迁、文化园区运营等方面取得了很大的成功,被誉为"曲江模式",但同时也在一定程度上出现了破坏文化遗产、损害原住民利益、滥用宗教资源、通过文化地产牟利的问题,引起了社会的极大争议。

第四种为多元驱动模式,指在社会、政府和市场等诸多元素促使下,以文化遗址聚落、特色文化社区、历史街区和艺术家村落为区位依托,逐步形成的多元化发展、多业态共存的文化产业园区,以台北华山1914创意文化园、北京798艺术区最为典型。北京798艺术区最初是一个自然形成的艺术家聚居区,其后北京798艺术区建设管理办公室成立,开始对该区域进行规划和管理。目前,北京798艺术区的产业形态涵括了文化艺术服务类、影视传媒和出版发行类、设计咨询类、文化休闲娱乐类、网络文化服务类、版权服务类等产业形态,初步实现了从艺术集聚区到产业园区的蜕变。北京798艺术区不仅是一个艺术家聚集的艺术区,还是一个公众了解和进入当代艺术的重要桥梁,更是一个多元化发展、多业态共存的产业园,代表了进入新世纪的北京逐渐培育起来的一种开放性、创造性和时尚化的生活方式。

2. 文化产业集群的集聚动力

文化产业园区的集聚动力包括文化资源禀赋、制度红利扶持、高新技术支撑、人力智力资源等因素。因此,文化产业园区的区位选址应该考虑如下地区:第一,文化积淀深厚的地区,尤其是当地的文化资源具有较高知名度的区位更佳,充分挖掘区域文化资源的绝对优势,再以比较优势为核心往外拓展文化产业群;第二,比邻大专院校、科研机构密集的地区,该地区信息技术发达、创意人才聚集,为园区内各文化企业间形成密切联系的网络提供条件;第三,具备观念开放、市场活跃和政策完备的区域,区域内文化产业发展已纳入政府国民经济和社会发展规划,相关扶持制度已经出台,产业前瞻意识强;第四,艺术氛围浓厚、创意生活活跃、文化设施便利的区域,能吸引文化创意人才在此聚居、创业;第五,信息技术发达、公共交通便捷畅通的区域,便于同国内外其他地区的企业和个人进行交流与合作。①

文化产业园区的运营与管理可以从以下几个角度提升园区的集聚功能:第一,加强资源整合的提升,引入某些关键性资源或推进型企业作为园区运营的核心资源,实现产业链的整合;第二,加强专业能力的提升,比如技术创新能力、品牌运营能力等;第三,加强服务平台的提升,拓宽园区的社交网络沟通和准公共服务水平;第四,加强产业链条的提升,着眼于产业链的互补性和相关度,施行互补、错位和共存;第五,加强创业成长的提升,鼓励企业家群体的创业精神,引进

---

① 王伟年、张平宇:《城市文化产业园区建设的区位因素分析》,载《人文地理》2006年第1期,第110—115页。

第十二章 文化聚落:文化产业的集群效应

创业型企业,实现园区内文化企业的共同生长;第六,加强互补性提升,增强文化企业间的差异化和协同性,实现错位生长。①

文化产业园区是文化产业集群的新公共领域,融合了宽松自由、个性的艺术创意和适度约束、企业的商业创意,融合了政府的公共文化服务和市民的个体文化消费的不同需求。文化产业园区是一个将文化遗产、民间工艺、艺术创作或社会风尚等文化现象转变为文化活动、创意产品和文化产业等经济现象的中介平台,需要进一步强化自由交流的社会网络、创意研发的信息平台、知识产权保护的协同机制、高新技术共享的支撑平台、塑造品牌的节庆活动以及产业链协同的政策措施。

空间生产是文化生产的主要组织形态,空间集聚是文化产业集群的重要特征,文化产业园区已成为文化产业发展的重要趋势。文化产业的园区集聚要更多地关注聚集主体间分工协作的关联性、产业链上下游的协同性、创意溢出和知识共生的网络性、市场效应和消费扩展的放大性。

本章要点

文化产业集群不仅是一个特殊的地理现象,更是代表着一种文化产业及其相关产销的企业组织、专业劳动和支援机构的密集聚合。文化的生成和艺术的创作更容易受到地理环境的影响,文化与环境的特定关系,使得文化往往呈现一种聚落空间的分布形态。

文化地理学强调地理景观是有意义的地图,重视文化与环境之间的套嵌关系,关注"文化生态学、文化源地、文化扩散、文化区和文化景观"等研究议题。文化聚落是文化资源重要的空间聚集形式,是文化产业集群发展的空间基础。文化产业的空间集聚是以文化聚落的自然形塑为基础和前提的。

文化产业集群表现为一种基于园区、城市、区域和国际区位的空间经济形态。产业集聚的理论解释有六种框架模型:经济地理理论、产业区位理论、产业

---

① 陈少峰:《从策划视角提升文化产业园区运营模式》,载《中国国情国力》2013 年第 3 期,第 27—29 页。

分工理论、增长极理论、竞争优势理论和新公共理论。

文化产业集聚越来越倚重于一种社会关系的人际网络。创意集聚促进了信息的自由传播、创意的认同分享、精神的道义激励和创新的知识共享,通过弱连接的强力量,为集群内的个体和团队创造了资源利用、整合的各种条件。

文化产业集群是文化产业实现规模经济的一种现代产业组织形式,文化产业可以通过集群战略进行国家合作和区域合作,实现综合效益的最优化。文化产业集群可以按照纵向价值链、横向产业链和协同网络链的全产业价值链结构,形成创意设计集群、生产制作集群和消费体验集群等不同的集群现象。

文化产业园区是一种文化产业的集群形态,是一种占据主导地位和发挥重要作用的文化产业的空间形态和地理集聚。文化产业园区是文化聚落、创意集聚与产业集群的多重叠加,要考虑到相关利益者的参与,比如原住民、非营利组织、企业、消费者、游客、政府部门等等。

中国文化产业园区可以分为三种类型:创意研发型、生产制作型和交易体验型。一个成功的文化产业园区需要独特的区域文化为内核支撑,具有地理上的共生、知识外溢、吸纳衍生和创新的效应。文化企业是文化产业园区集聚的聚集主体,政府部门是文化产业园区的推动关键,入园机构、原住民、消费者等其他利益相关者互补协同,共同形成一个资源共享、生态共生的产业系统。

文化产业集群是文化共生、创意共生和产业共生的竞合共存效应。文化产业空间集聚是形象空间、功能空间和意象空间的复合空间,主要体现为活动、形式和意义等三方面的营造。文化产业集聚发展的关键要素为环境营建、人员组织和事件管理。

文化产业集群的形成和发展有四种驱动模式:社会驱动模式、市场驱动模式、行政驱动模式和多元驱动模式。文化产业园区的集聚动力包括文化资源禀赋、制度红利扶持、高新技术支撑、人力智力资源等因素。文化产业集群的形成需要进一步强化自由交流的社会网络、创意研发的信息平台、知识产权保护的协同机制、高新技术共享的支撑平台、塑造品牌的节庆活动以及产业链协同的政策措施。

第十三章
文化软实力:文化产业的全球竞争

文化是一个民族的血脉、气质和灵魂,是世界对于一个国家的想象。在国家想象的背后,是一个整体的国家形象。这个国家形象是一个综合体,它是国家的外部公众和内部公众对国家本身、国家行为、国家的各项活动及其成果所给予的总的评价和认定。国家形象的综合国力由"硬实力"(Hard Power)和"软实力"(Soft Power)构成,形成"巧实力"(Smart Power)。美国学者约瑟夫·奈(Joseph S. Nye)认为,与物质资源、军事、科技和经济等有形硬实力相对应的国家凝聚力、文化全球普及、在国际机构中的作用等无形力量就是软实力。软实力由文化吸引力、意识形态或政治价值观念的吸引力和塑造国际规则以及决定政治议题的能力等三大部分组成,包括文化、政治和外交等构成要素。[①]"文化是软实力的基础,作为最人性、最具渗透力的体系,成为意识形态和外交手段的基本载体;政治是软实力的核心,通过意识形态代表了阶级和阶层的基本利益,起着引导方向和树立愿景的作用;外交是软实力的展开,通过发起和引领国际组织和国际活动规则,以一定的强制性规定了各国的行为准则和交往方式。"[②]软实力是一种同化力、吸引力和导向力,软实力的核心是人文精神和价值观念,文化软实力是软实力的重要组成部分,对软实力起着决定性的作用。文化产业的发展与繁荣

[①] 参见〔美〕约瑟夫·奈:《软力量:世界政坛成功之道》,吴晓晖、钱程译,北京:东方出版社2005年版。

[②] 花建等:《文化软实力:全球化背景下的强国之道》,上海:上海人民出版社2013年版,第7页。

不仅在一个国家内部产生强大的经济效益和社会效益,而且在国际上对出口创汇、塑造国家形象、提升文化软实力发挥着重要作用。

一、文化软实力与全球化格局

文化软实力是以文化为基础的国家软实力,是综合国力的重要组成部分。文化软实力包括认同性、培养性、创新性、规模性、扩散性和民生性等基本要素。其中,认同性代表文化动员力,表现了文化软实力是一种通过吸引和影响获得对方的认同而不是通过强制手段来达到目的的软性力量;培养性代表文化环境力,表现了文化软实力作为一种国家的重要实力和基本资源,具有可培养性;创新性代表文化贡献力,表现了文化软实力是一个国家具有文化创新、技术发明、作品原创的基本能力;规模性代表了文化生产力,表现了文化软实力在一定程度上是由文化产业的规模优势和对外文化贸易水平所决定的;扩散性代表文化传播力,表现了文化软实力是一个国家通过各种途径向全世界扩展其文化价值观并获得国际范围广泛认同和好感的能力;民生性代表文化消费力,表现了文化软实力是一个国家全体国民享受文化服务和进行文化消费的能力。[①] 一个国家通过文化外宣、文化交流和文化贸易等多种途径展现了这些文化软实力的不同要素,构成了一个国家文化"走出去"的整体战略。这些途径分别由政府部门、行业协会和文化企业等不同主体实施主导。

约瑟夫·奈认为,文化软实力的建构不能完全依赖于政府,"大国企图运用文化和宣传来建立软实力从而加强它们的优势,但是,软实力在很大程度上非政府所创建","加强软实力不能仅仅靠国家机器的高度垄断和强制使用,这样只能与软实力注重说服与诱导、注重心理同化的规律背道而驰"[②],要充分"利用辐射全球的资本网络和市场网络,汇聚和包容来自全球的多种多样的资源,通过制度的保障鼓励文化的创造,以大量的文化产品去覆盖全球市场,从而对各国人士

[①] 花建等:《文化软实力:全球化背景下的强国之道》,上海:上海人民出版社2013年版,第37—38页。

[②] 季桂保、田晓玲:《约瑟夫·奈:请不要误解和滥用"软实力"》,载《文汇报》2010年12月7日。

产生广泛的文化辐射力"①。因此,国际文化贸易是根据国际文化市场的需要、以文化产业方式推动的企业主导型文化"走出去"形式,将成为一个国家文化"走出去"的主渠道,成为塑造文化软实力的主要形式。

1. 文化软实力的理论辨析

文化软实力是一个国家文化主权的法统性论证。文化主权是一个国家的意识形态、价值观念、宗教信仰、知识产权在国家利益的高度上所具有的主权属性。文化主权是大国政治的核心观念,作为一种新的主权理论,文化主权强调主权的最高表现形式不是国家实力的支配,而是韦伯所说的文化领导权,或者文明领导权。② 中国现代化的最终意义上是文化现代化,没有文化的现代化中国的现代化就不可能达成,因此,文化主权"指一个国家和民族的文化自觉,就是从主权角度来考察一个民族国家的文化自觉意识之构成"。

文化软实力的提升要警惕文化扩张所导致的文化霸权。国家文化战略的文化扩张的保守形式就是文化主权,激进倾向就是文化霸权。加拿大学者马修·弗雷泽(Matthew Fraser)认为,美国通过电影、电视、流行音乐和连锁快餐等四大文化传播形式,向全世界推广美国的流行文化、生活方式和价值观念,在全世界形塑美国的文化霸权主义。③ 西方国家长期以来希望用西方的价值观念来改变世界,通过"文化同步化"的文化帝国主义形式主导世界事务,运用文化力量来制约和影响发展中国家的内部发展过程。④ 塞缪尔·亨廷顿(Samuel Huntington)认为,世界的划分不再按照政治制度和经济制度的异同,而是根据文化和文明的背景。未来决定世界格局的是西方文明、儒家文明、日本文明、伊斯兰文明、印度文明、斯拉夫—东正教文明、拉美文明和非洲文明等文化实体。文化方面的差异将成为人类分歧和冲突的主要因素,主宰全球的将是"文明的冲突"。

---

① 《金融危机后的中美实力——约瑟夫·奈在复旦大学社会科学高等研究院的讲演》,载《文汇报》2010年12月25日。
② 强世功:《国家主权与公民伦理》,载《读书》2007年第1期,第95—103页。
③ Matthew Fraser, *Weapons of Mass Distraction: Soft Power and American Empire*, Thomas Dunne Books, 2003.
④ 王沪宁:《文化扩张与文化主权:对主权观念的挑战》,载《复旦学报(社会科学版)》1994年第5期,第9—15页。

世界的主要冲突将围绕着不同文明的文化差异而爆发,文明之间的差异界线将成为未来的战线。①

文化软实力是经济全球化语境下文化安全的风险防范和国家利益的主动维护。文化认同是一个民族和国家存在和发展的最基本的前提。所谓国家文化安全,就是指"一个国家能够独立自主地选择政治制度和意识形态,抵制其他国家试图以意识形态和意识形态指导下的政治、经济模式强加于本国的做法,防范来自内部或外部文化因素的侵蚀、破坏或颠覆,从而能够很好地保护本国人民的价值观、行为方式、社会制度,保护文化的民族性,维护民族的自尊心和凝聚力,并利用必要的手段扩大本国文化在国际上的影响"②。捍卫文化安全是一种对文化霸权主义导致国家利益损害的反应策略。如果说捍卫文化安全是一种被动的国家文化战略,那么提升文化软实力就是一种主动的国家文化战略,两者都是为了强化一个国家的文化认同和集体认同。当然,绝不能以反对文化普遍主义、文化帝国主义和文化霸权主义的名义来搞极端文化安全主义、文化保守主义和文化封闭主义。

文化软实力是一个国家对文化全球化的反抗和文化多样性的捍卫。经济全球化是否导致文化全球化,对此20世纪90年代以来学术界和实践界都一直存在争议。全球化虽然侧重于资金、商品、劳动力、技术和信息的全球流动,却也影响着意识形态、价值观念和生活方式。费孝通反对"文化全球化",认为"当前所说的全球化,指的主要是经济的全球化,人类社会在政治、文化、意识形态、生活习俗方面是多元的。"③中国社会科学院于沛认为,文化是一个国家和民族的生活方式,是其存在的前提,"任何一个民族的文化,包括生产方式、社会结构、思维意识、宗教信仰、伦理观念和风俗习惯都是这个民族存在的标志和进一步发展的前提"。④ 北京大学郭建宁教授认为,社会发展的系统化、经济运行的市场化、

---

① 参见〔美〕塞缪尔·亨廷顿:《文明的冲突与世界秩序的重建》,周琪等译,北京:新华出版社2010年版。
② 郝良华:《美国文化霸权与中国国家文化安全》,山东大学2012年博士学位论文。
③ 费孝通:《经济全球化和中国文化"三级两跳"中的文化思考》,载《中国文化研究》2001年春之卷。
④ 于沛:《反"文化全球化"——经济全球化背景下对文化多样性的思考》,载《史学理论研究》2004年第7期,第26—38页。

第十三章 文化软实力：文化产业的全球竞争

通讯与传媒的信息化、网络化、数字化以及文化的商业化，使文化全球化具有可能性，"不仅经济全球化蕴涵着文化全球化，经济全球化必然有文化含量，而且随着经济全球化的发展，文化全球化的过程也会加速"。① 文化全球化的目标不是为了文化同质化或文化一体化，而是要维护文化多样性和文化多元化。虽然文化产业具有跨越文明界限和制度藩篱且内含着抑制差异的标准化的特性，在一定程度上成为文化全球化的内在动力，但是，"文化多样性可能是人类这一物种继续生存下去的关键"。国家化的政策保护、本土化的自我意识和个体化的自由选择成为维护文化多样性、反抗文化全球化的重要力量。② 2005 年 10 月，联合国教科文组织通过了《保护文化内容和艺术表现形式多样化公约》，体现了 126 个签约国对保护文化多样性的一致信念。

2. 国际文化贸易的影响因素

全球化带来经济全球化、政治全球化和社会全球化等多个领域的深刻变革，国家和区域内的经典文化产业也随之过渡为国际范围内的全球文化产业。全球化赋予了文化产业全新的运作模式。"1945—1975 年，文化仍基本属于上层建筑。这时，统治和反抗以意识形态、符号、表征的形式出现；在日常生活中，文化产品仍较为少见，更多的是属于经济基础的物质产品（商品）……截至 2005 年，文化产品以信息、通信方式、品牌产品、金融服务、媒体产品、交通、休闲服务等形式遍布各处。文化产品不再是稀有物，而是横行天下。文化无处不在，它仿佛从上层建筑中渗透出来，又渗入并掌控了经济基础，开始对经济和日常生活体验两者进行统治。"全球文化产业表现为文化被彻底"物化"，出现"从同一到差异""从商品到品牌""从表征到物""从象征到真实""从广延物到内涵物"③"虚拟的

---

① 郭建宁：《文化全球化的可能、现实与应对》，载《社会科学》2003 年第 4 期，第 113—119 页。
② 单世联：《全球化时代的文化多样性》，载《天津社会科学》2005 年第 2 期，第 24—31 页。
③ 在斯科特和西莉亚看来，广延物类似于笛卡儿的自然物，把文化产品看作彼此相同的原子式商品，受牛顿机械论原则的支配。内涵物类似于笛卡儿的思维物，思维物一旦被物质化就不再存在于人体内部，成为物质化的非物质，成为内涵物。经典文化产业以广延物的形式运作，全球文化产业以内涵物的形式运作。

兴起"的运作逻辑①,加速了全球文化的虚拟变形。

"文化例外"(Culture Exception)就是在 WTO 自由贸易规则下国家行使的一种文化多样性的保护性原则。"文化例外"是由法国提出的旨在保护本国文化不被其他文化侵袭的一种保护性贸易政策,强调文化产品的商品属性和文化属性,不能简单地同其他商品一样适用完全无限制的贸易政策,坚决反对国际文化市场的自由贸易。文化产品的生产和对外文化贸易不仅具有经济功能,而且能够传播意识形态、价值观念和文化理念。哈瑞·查坦德(Harry Chartrand)认为,文化产品和文化服务不像咖啡壶、汽车或银行卡等一般商品那样只具有某种实用功能,在本质上是价值观的携带者②,文化产品因其特殊价值不能屈从于市场。比如,GATT 1994 第 4 条"电影配额"条款,是在 WTO 规则里直接针对文化产品使用例外待遇的条款,允许各个国家通过电影配额的方式为国产电影保留放映时间,以保护国产电影产业。GATS 第 2 条(最惠国待遇)和第 16 条(市场准入)规定,在服务贸易中,成员可以通过其在"具体承诺减让表中同意和列明的条款、限制和条件"以及最惠国原则的例外来减缓本国的服务贸易自由化的过程。如果承诺表中没有作出承诺的包括文化产业在内的项目,本国就可以对其进行保护。GATT 1994 第 20 条的(a)项和 GATS 第 14 条的(a)项都表明,为保护公共道德,其采用的措施可以偏离 GATT 和 GATS 规定的义务。文化产品具有双重属性,其文化属性和社会效益的要求可以适用"公共道德例外"条款来进行政策性保护。③

国际文化贸易受文化产品的消费偏好性的制约。所谓文化产品消费的偏好性,是指人们在消费文化产品时,更倾向于消费那些在语言类型、文化内涵和价值观念等方面更为熟悉的文化产品。1977 年,诺贝尔经济学奖获得者乔治·斯蒂格勒(George Stigler)和盖利·贝克尔(Gary Becker)在《偏好无争辩》一文中指出,在消费音乐的过程中,消费者的消费资本会随着消费音乐的时间而增加,

---

① 〔英〕斯科特·拉什(Scott Lash)、西莉亚·卢瑞(Celia Lury):《全球文化工业——物的媒介化》,要新乐译,北京:社会科学文献出版社 2010 年版,第 6,7—21 页。

② Harry Hillman Chartrand, "International Cultural Affairs: A Fourteen Century Survey," The Journal of Arts Management, Law, and Society, 1992, Vol.22, Issue 2, 134—155.

③ 吴承忠、牟阳:《从 WTO 与"文化例外"看国际文化贸易规则》,载《国际贸易问题》2013 年第 3 期,第 132—142 页。

第十三章 文化软实力:文化产业的全球竞争

欣赏音乐的时间越长,已经建立起来的消费资本就越多,消费者的消费资本增长也就越容易。消费资本的投入和消费是相互促进的,音乐消费的边际效益会随着时间的增加而增长。所以,消费资本作为自变量,和所消费的商品组成了相关的效用函数。假定这个函数不变,在收入和商品价格不变的条件下,消费资本的增加可能会引起消费者对音乐商品需求的增加。如果人们长期欣赏某种音乐,对其产生依赖,欣赏水平越来越高,虽然人们的收入和商品的价格没变,但是人们的购买行为却可能会增加。这一原理可以解释文化产品消费的偏好性如何在文化消费中发挥作用。1996年,贝克尔进一步阐释了消费资本的概念,将消费资本区分为个人消费资本和社会消费资本。个人消费资本是指从个人的消费积累和其他相关的个人经验中得来的,而社会资本是指他人对个人效用的影响,如周围朋友的影响。[①] 文化资本是社会消费资本中的一部分,对于社会中的个人来说,这种资本是既定的。个人只能通过选择不同的社会生活环境,不同的朋友圈子来实现十分有限的影响。这一原理说明,社会群体对文化产品的消费偏好具有趋同性,个人的消费会受到周围朋友的影响,最终形成该群体普遍认同的文化形式。

国际文化贸易受到本土的自我意识和个人的自由选择所形成的"文化折扣"的制约。1988年,加拿大学者考林·霍斯金斯(Colin Hoskins)和罗夫·米卢斯(Rolf Mirus)提出了"文化折扣"(Cultural Discount,又译为"文化贴现")的概念。所谓文化折扣,是指在国际文化贸易中,当根植于某一文化环境中,受当地欢迎和喜爱的特定文化产品,移植到其他地区时,由于文化环境不同,观众无法认同文化产品中所呈现的这种风格、价值观、信仰、历史、神话、社会制度、自然环境和行为模式,其吸引力会大大降低。[②] 人们在接触陌生的文化产品时,对其所反映的风格、价值观等并不熟悉,还没有建立起对外国文化产品的个人消费资本,由于周围的都不了解这种陌生的文化产品,社会消费资本也有待发展。道金斯提出的觅母(文化基因)造成的文化结构的差异导致了"文化折扣"。霍斯金

[①] 范周、陈曼冬:《大审美经济时代的文化产业突破》,载《中国艺术报》2011年7月11日。
[②] Colin Hoskins & Rolf Mirus, "The Impact of Transborder Data Flows Reasons for the U.S. Dominance of the International Trade in Television Programmes," *Media, Culture and Society*, Vol. 10, pp. 499—515.

斯和米卢斯把外国电视节目或电影在价值上减少的百分比叫作"文化折扣"。一个特定文化产品的"文化折扣"可以用公式计算得出：(国内相应产品的价值—进口价值)/国内相应产品的价值。中国的国粹京剧艺术，在中国特定观众群众中很受欢迎，但由于文化折扣的存在，在西方国家很难流行。文化折扣也有高低之分，文化折扣高的产品，很难引起其他文化环境中人们的兴趣，如日本的歌舞伎是日本的传统文化，在日本很流行，但其他国家的人们很难接受；文化折扣低的产品，则易于为人们所接受，如日本的动漫。对于文化产品来说，文化接近性越高，文化折扣就越小，从而国际文化贸易就越密切。文化接近性与地理环境和语言因素有关，是地理距离、共同语言以及交往历史等影响因素的综合函数。

3. 国际文化贸易的竞争格局

文化软实力的提升不仅要强调时间层面的纵向维度，注重历史文化遗产继承基础上的自我肯定和独特表达；也要强调空间层面的横向维度，注重国际文化开放联系中的自我超越和努力创新。[①] 不同的国家和地区，依据各自的历史传统、地理环境、资源禀赋、国家利益和文化战略，采取了不同的文化软实力发展模式。

美国采取了"聚集全球资源的文化软实力模式"，"以跨国公司和大量企业为主导，不强调政府在文化方面的集权功能，而是倡导市场经济基础上的自由、民主、平等、竞争、科学等观念"，通过全球文化产品占据国际文化市场，获得国际文化贸易的绝对优势，在全球范围内产生持续的文化影响力。

欧盟采取了"区域整合的文化软实力模式"，强调欧洲一体化的基础不仅在于经济和地缘，更在于古希腊文明、基督教传统和自由民主理想所形塑的共同的文化基础，倡导多样性的一致，通过发展创意经济和实施"创意立国"战略，建立各种文化协调机制，营造文化多元。日本采取"推动时尚贸易的文化软实力模式"，实施 21 世纪文化立国方略，倡导全球城市文化，注重信息技术、休闲经济和流行文化商机。有学者研究，近年来全球文化软实力总量规模排名前十强

---

① 花建等：《文化软实力：全球化背景下的强国之道》，上海：上海人民出版社 2013 年版，第 69 页。

的国家分别为:美国、日本、英国、德国、法国、意大利、中国、俄罗斯、韩国和印度。①

国际文化贸易作为一种可持续的文化交流机制,不仅关系着中国参与国际贸易分工的竞争力,而且直接影响着中华文化的国际影响力和中国国家形象的树立,是未来我国对外文化交流与合作的主要形式,是提升我国文化软实力的主要模式。文化贸易在国际贸易中极具特殊性,涉及货物贸易、服务贸易和知识产权,以文化产品和文化服务作为交易标的。2013 年,中国货物进出口总额达到 4.16 万亿美元,位居世界第一,但是中国核心文化产品进出口总额仅为 274.1 亿美元,不足贸易总额的 1%,且输出引进比仍高达 1∶3,存在巨大的贸易逆差②。根据《文化软实力蓝皮书:中国文化软实力研究报告(2013)》显示,中国文化产业在世界文化市场上的份额不足 4%。在世界文化市场,美国占 43%的份额;欧盟占 34%的份额;人口最多、历史悠久的亚太地区仅占 19%的份额。而在这 19%中,日本占 10%,澳大利亚占 5%,剩下的 4%才属于包括中国在内的其他亚太地区国家③。

二、国际文化贸易的发展形势

1. 国际文化贸易的全球现状

文化贸易分为国内文化贸易和国际文化贸易(对外文化贸易)。国际文化贸易作为一种新的行业形态,在全球范围内迅速发展并改变着传统的经济形式,对世界竞争格局、经济发展趋势和可持续发展产生重要影响,已经成为推动经济增长,培育创新能力,增强地区、国家和城市综合竞争力的重要因素。国际文化贸易是一种有形的文化产品与无形的文化服务在全球范围内的贸易方式,成为国际贸易中的新引擎。2002—2008 年间,文化产业(创意产业)在全球市场的

---

① 花建等:《文化软实力:全球化背景下的强国之道》,上海:上海人民出版社 2013 年版,第 71—98 页。
② 李正强:《对外文化贸易步入机遇期 文化保税区应运而生》,载《中国联合商报》2012 年 6 月 11 日。
③ 董伟:《我国文化产业占世界文化市场不足 4%》,载《中国青年报》2011 年 2 月 19 日。

份额增加,年均增长率达 14.4%。发达经济体持续主导着文化产品的进出口贸易,发展中经济体的全球市场份额在逐年增长,由 2002 年的 37% 增长到 2008 年的 43%。2008 年创意产品发达经济体十大出口国分别为:美国、德国、意大利、英国、法国、荷兰、瑞士、比利时、加拿大和日本;发展中经济体十大出口国家和地区分别为:中国、中国香港、印度、土耳其、墨西哥、泰国、新加坡、阿联酋、韩国、马来西亚。①

弗雷德里克·马特尔(Frederic Martel)认为,全球文化产业的主流文化不再是精英文化,而是大众文化,是经过设计的标准化的商业文化。蔓延五大洲的文化战争正在打响,每个国家都在摩拳擦掌地谋划全球化的文化贸易,"这是一场各个国家通过传媒进行的旨在谋取信息控制权的战争:在电视领域,为谋取音像、电视连续剧和脱口秀节目的支配地位而战;在文化领域,为占领电影、音乐和图书的新市场而战;最终,这还是一场通过互联网而展开的全球内容贸易的战争"。美国的文化产业模式和文化贸易模式无人匹敌,"美国文化无论是'高雅的'还是'低俗的',是艺术的还是娱乐的,是来自哈佛的还是好莱坞的,都总是处在(全球软实力的)影响力的中心地位";一个由 27 国组成的欧盟影响巨大,是世界第二的文化商品出口地;印度拥有宝莱坞的经验、12 亿人口的市场和新兴的经济实力,兴致勃勃地向全世界推广印度的价值理念;沙特阿拉伯通过罗塔纳集团采取多媒体战略和泛阿拉伯文化战略,以全球 15 亿穆斯林为受众,旨在建立一种全球性的阿拉伯文化;中国拥有深厚的文化资源、13 亿人口的市场、雄厚的资金和最具活力的经济,文化产业各领域的准航母舰队正在形成;与此同时,日本、韩国、巴西、南非、印尼、埃及、墨西哥、俄罗斯、越南,都在积极谋划文化产业的竞争优势和全球格局。那么,谁将打赢未来的文化战争?全球文化产业和国际文化贸易将会与地缘政治紧密相连,这场为文化软实力而发动的文化战争表现出力量的极度不均衡。②

---

① 联合国贸发会议埃德娜·多斯桑托斯主编:《2010 创意经济报告》,张晓明等译,北京:三辰影库音像出版社 2011 年版,第 121—122 页。
② 参见〔法〕弗雷德里克·马特尔:《主流——谁将打赢全球文化战争?》,刘成富等译,北京:商务印书馆 2012 年版。

2. 国际文化贸易的统计框架

目前国际上比较常用的国际文化贸易统计口径有两个来源：一个来自 2009 年联合国教科文组织公布的文化统计框架，并据此统计框架创建了联合国商品贸易统计数据库，记录了自 1962 年以来超过 160 个国家的对外贸易数据；一个来自联合国贸发会议的分类体系，并据此创建了联合国贸发会议全球创意经济数据库，记录了自 1948 年以来主要国家的创意经济数据。中国还没有一个权威的文化贸易统计指标，国家统计局、商务部、外汇管理局、海关总署仅从国际贸易相关指标和数据中剥离出、估算出文化贸易的指标和数据，但由于各部门核算的口径和方法不尽相同，往往出现同一指标的不同数据结果。

《2009 年联合国教科文组织文化统计框架》的文化领域代表着一系列具有文化属性的生产制造活动和实践，可以归为纵向领域和横向领域（见图 13-1）。其中，纵向领域包括：A. 文化和自然遗产；B. 表演和庆祝活动；C. 视觉艺术和手工艺；D. 书籍和报刊；E. 音像和交互媒体；F. 设计和创意服务。横向领域包括：非物质文化遗产、教育和培训、档案和保存、装备和辅助材料。纵向领域的所有范畴与横向领域的非物质文化遗产都属于文化范畴，代表了最为核心的文化领域，联合国教科文组织也鼓励各国至少应该在这些领域中收集可比数据。其他三个横向领域在文化周期中对文化的生产和传播起着关键作用。当然，在某些情况下，有的文化活动可分属好几个领域，例如，音乐既可以归入"表演和庆祝活动"，也可以归入"音像"类，因为它既有现场音乐（表演）形式，又有音乐唱片（音像产品）形式，为了避免重复计算，每项活动只能进行一次归类。①

文化和自然遗产：包含博物馆、考古和历史遗迹（包括考古遗址和建筑物）、文化景观和自然遗产等。文化遗产包括历史文物、纪念馆、建筑群和遗址，具有象征价值、历史价值、艺术价值、审美价值、人种学或人类学价值、科学价值和社会价值等多元化价值。文化景观是人与自然共同的杰作，传达了人类与自然环境之间长期的密切联系。自然遗产包括自然地貌、地理和地形构造，为濒危动植

---

① 参见联合国教科文组织、联合国开发计划署编：《2013 创意经济报告——拓展本土发展途径》，意娜等译，北京：社会科学文献出版社 2014 年版，第 7 页。

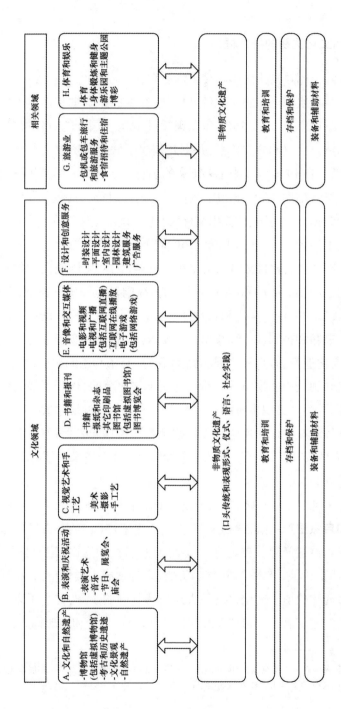

图 13-1 联合国教科文组织文化统计框架

物开辟的保护区域,以及具有科学价值、保护价值或天然审美价值的自然区域,分为自然公园和保护区、动物园、水族馆和植物园。博物馆是"以研究、教育、欣赏为目的而获取、保护、研究、传播和展览人类的物质和非物质遗产以及环境的,为社会及其发展服务的,向大众开放的、非营利的永久性机构",包含多种形式的博物馆,比如仍然在社区仪式或宗教活动中被使用的物品的"活的博物馆",和以 CD 或网站形式呈现的"虚拟博物馆"。

表演和庆祝活动: 包含所有形式的现场文化活动。艺术表演既包括专业的活动,又包括业余的活动,如戏剧、舞蹈、歌剧和木偶戏等。它还包括节日、盛会和庙会等地区性或非正式性的文化庆祝活动。所有形式的音乐都属于音乐这一领域。因此,它包括现场的或者是录制的音乐演出、音乐创作、音乐录制、数字音乐(包括下载和上传活动)和乐器。

视觉艺术和手工艺: 视觉艺术的重点在于创作,它们具有形象化的本质。它们能够以多种形式吸引人们的视觉。一些当代视觉艺术,如"虚拟艺术",可能包括多领域的艺术形式,可将其归入音像和交互媒体。视觉艺术和手工艺领域包括绘画和雕刻等美术创作、手工艺和摄影、商业艺术馆等展览场所。手工艺产品是"由手工艺者生产的产品,无论它们是纯手工制作,还是借助于工具或是借助于机械的手段,只要直接的手工劳动对最终产品的贡献是最重要的部分都可归为手工艺产品。手工艺品的特殊性源于它们的区别性特征:如实用性、审美性、艺术性、创造性,附属于文化、装饰、功能、传统,具有宗教和社会象征意义等",包括篮筐/柳条制品/植物纤维制品;皮具;金属器皿;陶器;纺织品和木制品。还有一些独有或稀少的或是很难利用的材料,比如石头、玻璃、象牙、骨头、贝壳、珍珠母等等。许多手工艺品已经投入工业化生产,还是可以把具有传统特征(图案、设计、技术或者材料)的产品作为统计框架的一部分。当代手工艺归入设计和创意服务领域。

书籍和报刊: 包括书籍、报纸和期刊等各种形式的出版物,还包括电子或虚拟的出版形式,比如网络报纸、电子书以及书籍和报刊材料的数字化发行。实体或虚拟图书馆及图书博览会均被归入了这一领域。文化统计框架包含那些主要用于文化目的的印刷工作。

音像和交互媒体: 包括电台和电视广播(包括互联网直播)、电影和视频及交互媒体。交互媒体涵盖电子游戏和一些主要通过网络或计算机实现的新型文化表现形式,包括网络游戏、门户网站以及跟社交网络相关的(如 Facebook 网站)、和网络播放相关的(如 YouTube 网站)活动网站。然而,互联网软件和计算机被认为是生产交互媒体内容的基础设施或工具,因此可将其归入装备和辅助材料的横向领域。

设计和创意服务: 该领域涵盖对物体、建筑和景观进行创意、艺术和审美设计所产生的活动、产品和服务,包括时装设计、平面造型设计和室内设计、园林设计、建筑服务和广告服务。建筑业和广告业所提供的服务是文化领域的核心组成部分,其首要目的是向其终端产品提供创意服务或中间投入,但这些终端产品并不都属于文化范畴。

非物质文化遗产(横向文化领域):《联合国教科文组织保护非物质文化遗产公约》将其定义为"被各社群、团体、有时为个人所视为其文化遗产的各种实践、表演、表现形式、知识体系和技能,以及与之相关的工具、实物、手工制品和文化场所"。非物质文化遗产存在于不断延续的文化实践和活动中,包括口头传授和表达,包括作为非物质文化遗产载体的语言、表演艺术、社会实践、仪式和节庆活动,有关自然和宇宙的知识和实践以及传统手工艺。

存档和保护(横向领域): 存档是为了世代传承、展览和再使用而收藏并存放的各种文化形式(可移动对象和非物质对象)的活动(比如,保护历史遗迹和建筑物、音像资料和图片收藏)。保存是指对特定文化和自然资产进行维护、保养或管理。归档和保存活动存在于每一个文化领域(一个作家的手稿、一部作品的首次公演、一场音乐会/展览会的方案)。档案资料还可以作为参照,为新的创作提供灵感。美术、手工艺、设计、建筑、出版和音像等行业的归档和保存工作反过来又能够为生产新作品贡献灵感。例如,历史建筑保存(和展览)的是建筑艺术;博物馆和画廊里收藏(和展览)绘画、雕塑、珠宝以及许多其他的历史文物,它们的价值主要在于其设计的特点(如从家具到汽车);而档案馆中保存的则是诸如手稿、照片、书籍、影片和电台录音之类的原始文件。

教育和培训(横向领域): 教育和培训只是将其作为一种传递文化价值和文化技能的载体时才予以考虑。文化教育和培训能够帮助个人获取创造和生产文化产品所需的技能,教会人们如何去评价消费文化产品和服务的结果或是参加某项文化活动的社会效益。教育还可以通过一个正式或非正式体系传递构成社群认同的非物质文化。在所有文化领域以及整个文化周期中,教育和培训起着重要作用。

装备和辅助材料(横向领域):涵盖"文化产品和活动所需的工具",是辅助产业和附带服务,促进或促成文化产品的创造、生产和分配。互联网是文化产品和服务传递、生产和传播的一个主渠道,属于装备和辅助材料领域。计算机和IT设备也被归入了装备和辅助材料这一领域。

旅游业:从本质上讲,旅游并非文化活动,但表现出一定的文化属性。旅游是一种受需求驱动、消费者主导的活动,同文化领域紧密相连。国际上用旅游业卫星账户(TSA)测量旅游业对经济的影响。文化统计框架只涉及旅游业的文化维度,如文化旅游、精神旅游和生态旅游等活动,"特地游览其他文化和场所,以知情的形式了解其中能够真正代表其价值观念和历史背景的人民、生活方式、文化遗产和艺术,也包括体验其中的差异性"。

体育:文化统计框架对体育的定义比较宽泛,它既包括有组织的和/或竞技体育,又包括健身和体育娱乐活动。对有的国家来说,某些特定的运动跟它们的文化身份认同紧密相关,如日本的相扑运动。在另外一些国家,体育只不过是一种娱乐消遣,或者主要是身体锻炼。在有的分类系统里,观众在现场或通过电视机观看体育赛事被看作文化活动,而专业运动就不一定被看作文化活动。

娱乐:娱乐是一项为了获得快乐或放松从而使人得到消遣、乐趣或刺激而从事的活动,包括博彩、游乐园和主题公园以及其他休闲活动。体育娱乐活动被归入体育领域。

博彩:博彩业由一些主要从事博彩服务的单位组成,比如赌场、赛场博彩设施、宾果游戏厅、电子游戏终端、彩票站和非法博彩机构。在有些国家,如英国,彩票博彩是文化基金的主要来源。

游乐园和主题公园:包括游乐园、主题公园,以及类似的娱乐场所。

2004年联合国贸发会议第11次部长级会议明确了创意产业的分类,分为遗产、艺术、媒体和功能创意等四个组别九个子群。其中,遗产被确认为所有艺术形式的起源、文化与创意产业的灵魂,包括传统文化表现(手工艺品、节庆活动)和文化场所(考古遗址、博物馆、图书馆、展览)等两大子群;艺术是由文化遗产、民族认同和符号意义激发的,包括视觉艺术(绘画、雕塑、摄影和古董)和表演艺术(现场音乐表演、戏剧、舞蹈、歌剧、杂技和木偶戏等)等两大子群;媒体代表了与受众沟通而创作内容的出版和印刷媒体(图书、报纸和其他出版物)以及视听产业(电影、电视、广播和其他形式)等两大子群;功能创意由更具需求驱动和服务导向特色的创造实用性产品与服务的行业构成,包括设计(室内设计、建筑设计、时尚用品、珠宝、玩具等)、新媒体(软件、视频游戏、数字化创意内容)、创意服务(建筑、广告、文化和娱乐活动、创意研发、数字及其他相关创意服务)等三大子群。①

国际文化贸易的统计应遵循贸易原则、文化产业原则和国别原则,宏观统计指标体系包括居民与非居民文化贸易统计、商业存在统计和自然人移动统计等,微观统计指标体系包括文化产业具体行业的核算指标、文化产业单位统计分析指标、文化产业单位的基础指标和文化产业的相关辅助指标等。②

国际文化贸易具备文化同质化和文化差异性的双重属性。一方面,以美国标准产制的娱乐产品成为全球文化贸易的主流,另一方面,地理性的贸易竞争和区域性的贸易保护也逐渐强化。现在,每个国家(除美国之外)都面临美国文化和本国文化的对抗、冲突和交织、融合。文化多元化是全球化的文化共识,各个国家文化软实力的建设以竞争和对话的方式交替进行。无论如何,国际文化贸易将成为主战场。

三、国际文化贸易的战略模式

目前国际文化贸易领域主要有三种战略模式,分别是美国的自由贸易战略、法国和加拿大的贸易保护战略、日本和韩国的新赶超战略。这些战略模式依据不同的理论基础或发展现实,在国家层面制定不同的贸易政策,取得了不同的发展效果。③

---

① 联合国贸发会议埃德娜·多斯桑托斯主编:《2010 创意经济报告》,张晓明等译,北京:三辰影库音像出版社 2011 年版,第 7—8 页。
② 梁昭:《文化贸易统计》,北京:中国统计出版社 2013 年版,第 2—14 页。
③ 本节内容参考向勇、范颖:《中国对外文化贸易的战略方向和政策建议》,载《国际服务贸易评论》2012 卷总第 6 辑,第 114—123 页。

第十三章 文化软实力：文化产业的全球竞争

1. 基于比较优势理论的自由贸易战略

自亚当·斯密的"绝对优势"理论开始，古典贸易学派就提倡各国取消贸易壁垒，参与国际分工，根据各自的优势来进行生产和交换，达到彼此受益。后来，大卫·李嘉图提出了"比较优势"理论，认为国际贸易中各国应遵循自己的比较优势来进行生产和交换，从而增加社会的总财富，实现双赢。其后，瑞典新古典贸易学派的伊·菲·赫克歇尔(Eli F. Heckscher)和贝蒂·俄林(Bertil Ohlin)推出了资源禀赋论，强调各个国家和地区不同要素禀赋和不同商品的不同生产函数对贸易产生的决定性作用。最后，保罗·萨缪尔森(Paul Samuelson)通过"要素均等化定理"将比较优势理论进行了优化，认为即使要素不能跨国流动，只能在国内各产业部门之间自由流动，只要允许自由贸易，那么在一定的条件下各国之间相同要素的价格也会趋于一致。也就是说，商品的流动替代了要素的跨国流动对要素价格产生影响。相对丰裕的要素因为出口的增加而变得稀缺，稀缺要素因为进口的增加而变得丰裕，所以最终两种产品的价格会趋于一致，双方实现共同富裕。① 要素均等化定理成为美国推行自由贸易战略的理论基石。

美国将文化产业各细分行业称为"版权产业"或"娱乐产业"，认为文化产业与钢铁、汽车等传统产业没有差异。美国联邦政府不设文化部，也没有统一的文化产业政策，采取自由竞争和不干预政策，政府只提供一个充分竞争的平台。基于比较优势理论，美国推出文化贸易自由战略，主张宽松自由的贸易环境，支持将关贸总协定的范围扩大到文化贸易，坚决反对法国和加拿大等国家设置的文化贸易保护壁垒，不遗余力地利用其强大的政治经济力量及法律手段为其文化产业的扩张扫除障碍。美国在文化输出上一直保持着领先和强势的地位，通过多渠道、多层面来支持文化输出，比如"教育与文化事务局"的直接参与，也会通过间接方式支持一些非官方组织(如福特基金会等)进行文化输出。

美国很早就意识到电影对于输出美国文化价值观的重要性，试图通过各种手段降低其他国家对好莱坞影片的配额制度，利用美国电影来推销美国的商业、

---

① 李辉文、董红霞：《现代比较优势理论：当代国际贸易理论的理论基准》，载《国际经贸探索》2004年第2期，第11—15页。

文化、政治和生活方式，推行自己的价值理念和美国形象。正是在自由贸易的"外衣"下，美国价值观通过文化产品和服务的出口输往全世界。迪士尼、时代华纳、维亚康姆……这些耳熟能详的名字不仅垄断着全球文化产业的产业链高端，攫取超额的利润，笼络全球的优秀人才，而且它们通过自己的产品影响了进口国的几代观众，形成了难以估量的品牌价值。

但是，比较优势理论的前提假设和结论，并不适用于文化产业，更不应成为自由文化贸易的理论基础。首先，这个理论假设所有国家都拥有同样的技术、相同的生产函数，但实际上，美国通过技术和版权保护而防止技术扩散和知识外溢，长期垄断文化产业价值链的高端，从而攫取超额利润。而且，文化产业的特性就是很多版权产品的边际成本为零，好莱坞的电影多发行一个国家，只是增加几张拷贝的价格，相对于影片的巨大投资来说，几乎没有增加任何成本，所以强势的文化产品会力争占有全球市场，这种"马太效应"必然产生行业垄断，只会加大贫富差距，而绝对不会实现萨缪尔森所说的"共同富裕"。最后，该理论的假设是生产要素在国际完全不流动，所以每个国家的"比较优势"或者说"资源禀赋"是固定不变的，但实际上，文化产业早已实现了资本和人才的全球配置，已经有一些国家放弃相对充足的人力资本优势，战略性地向产业链高端——创意研发端转移，从而通过规模经济达到了新的比较优势，实现了更高的贸易效益。

所以，文化贸易自由战略与美国文化产业在全球的强势地位和绝对占优的局面密不可分。其他国家，无论是英法还是日韩，基本上都赞同文化产业有特殊性，为保证本国的文化独立与文化安全，政府必须采取一定措施保护本国文化产业的发展。

2. 基于文化例外原则的贸易保护战略

1993 年，在关贸总协定乌拉圭回合谈判中，法国坚决反对美国把文化列入一般服务贸易范畴，提出"文化不是一般商品""文化例外"的贸易概念。在标志着欧盟正式成立的《马斯特里赫特条约》中，文化也被纳入其职责范围："共同体将致力于弘扬共同文化遗产，发展各成员国文化，尊重各国各地区的文化多样性。"法国是"文化例外"的提出者，也是文化贸易保护战略的积极倡导者。而加拿大跟美国同处北美，对于自己的文化独立分外敏感，加入了"创造性欧洲"计划，并对本国的文化产业采取多种保护措施。

第十三章 文化软实力：文化产业的全球竞争

法国和加拿大的贸易保护战略，主要通过以下措施和手段来实现：第一，政策和资金扶持。法国政府不仅出台了系统的文化政策和规划，每年还有庞大的政府支出用于电影、音乐等文化产业领域的发展，并永远将"文化遗产"的保护放在法国文化政策的首位。2013年法国文化部直接管辖的机构所占的可支配经费加起来占到文化领域全部公共财政资助的20%（38亿欧元），而从法国地方预算中支出的财政资助则到了45%（85亿欧元），占到了当年法国地方预算总额的42.5%。对公共文化机构的投入而言，法国的艺术剧院等艺术机构70%的资金来源于政府补助，30%来源于演出售票等收入。法国文化部每年制定高额预算，用于文化基础设施投资、资助各类文化活动、收购艺术品、保护文化遗产，为艺术家批评家和其他专业人士提供创作和出版补贴。法国政府还通过一些行业规定，对文化产业进行扶持。比如法国政府规定，每张电影票中要征税11%用于资助本国电影制作①。另外，电影广告及电视台的税收也有一部分用于资助本国的电影产业。加拿大政府则通过基金来扶持本国的电视产业，比如2007—2008年，加拿大电视基金（CTF）拿出了2.42亿加元来资助本国电视节目生产。第二，规定本土内容比例。欧盟制定了统一标准的广播电视法规，希望借此抵御美国电视连续剧和日本动画片的冲击，发展壮大欧洲的广播电视业。1989年，欧盟通过了《无国界电视指导原则》，规定了电视节目必须遵守的最低标准以及节目播出配额等问题，在立法方面为欧盟各国广播电视法规的制定提供了依据②。在这一法规之下，法国规定免费、付费电视台必须将营业额的18%—20%投资于法语影视节目制作，电视台所播放的节目中必须有40%是国产节目，并在欧盟内部积极推动"无国界电视"，强调欧洲内容在视听节目中的比例。加拿大规定私营电视台要获得经营执照，其一年播出的加拿大内容节目要达到60%以上的比例，从早上6点至晚上12点，必须至少播出50%的加拿大节目。加拿大广播公司（CBC）作为国营电视台，在任何时间段都必须至少播出60%的加拿大内容电视节目。第三，施行配额限制。法国通过配额来限制好莱坞电影的进口，规定电影院放映非欧洲本土影片的最高比例不得超过40%。

---

① 饶先来：《对法国公共文化服务运行机制的探析及借鉴》，载《上海文化》2014年第6期，第101—114页。
② 黄玉：《欧盟的视听保护政策》，载《电视研究》2002年第1期，第59—61页。

法国和加拿大等国家的文化贸易保护壁垒,较好地保护了本国的文化产业市场。2011年,35部法国本土电影的市场占有率达41.6%,而欧洲其他国家国产电影的市场占有率仅为20%至30%。但是从整体上看,法国和加拿大的文化贸易保护战略仍然难以阻挡美国文化的入侵。近20年来,美国电影票房平均占法国电影市场的50%以上,加拿大的电影市场也被好莱坞严重侵占。

基于文化例外的贸易保护战略之所以收效不佳,一方面是因为"文化例外"缺乏WTO那样的贸易争端解决机制,所以这种抗议大部分只能停留在道义上的谴责。另一方面,文化产业的投资方、渠道商和文化产品的购买方,在做出决策的时候并不会考虑"文化多样性"等因素,而是纯粹出于商业利益或者个人利益而做出抉择,这时,产业链完善、营销强势的美国文化产品往往会获得机会。

贸易保护战略如果实施不当,过于注重对本国产业的保护,还有可能引发其他问题。比如盗版问题:对电影和电视节目贸易的限制会使消费者的需求不能从正常渠道得到满足,从而造成盗版横行。补贴快餐问题:一些本地公司为了得到政府补贴,仅仅迎合政府的意志而进行产品制作,生产出很多实际上没有市场竞争力的"补贴快餐"。加剧产业的不公平问题:拿到政府补贴的企业往往不是最需要补贴的企业,却为决定发放补贴的部门或者个人创造了寻租的机会。过度保护问题:产业由于长期处于关税壁垒和配额的保护下,企业依赖政府补贴,反而造成惰性,丧失竞争力。

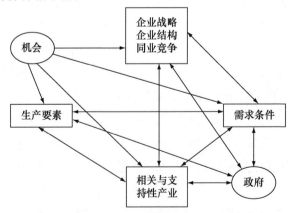

图 13-2　国家竞争优势钻石模型

3. 基于竞争优势理论的新赶超战略

迈克尔·波特提出的"国家竞争优势"理论(见图13-2),认为一个国家的整体竞争优势取决于四个基本要素和两个辅助因素的综合作用。四个基本要素包括:(1)生产要素,包括物质资源、人力资源、知识资源等。这些要素有些属于天然禀赋,有些属于后天创造,一国的产业要在国际竞争中保持优势地位,不仅要发挥天然禀赋,更要进行后天创造,创造出动态竞争优势。(2)需求条件,尤其是国内市场的需求状况。波特认为国内市场需求大,有助于本国企业迅速达到规模经济;而本国买主如果挑剔,必然提升国内企业的产品质量和服务水平,促进企业的技术升级和创新。(3)相关和支持性产业,一个国家的产业链越健全,企业相互之间的沟通越频繁,越能促进企业的技术升级。(4)企业战略、结构和竞争:良好的管理体制、公平竞争的外部环境有助于企业发展,强大的本国竞争对手是企业竞争优势产生并得以长久保持的最强有力的刺激。两个辅助因素分别是机会和政府作用。前者指的是新发明、重大技术变化、投资成本巨变等带来的机遇,但一国能否抓住这样的机遇,还是取决于四个基本要素;后者指的是政府可以通过四个基本要素对产业发展施加影响,但不是直接参与。①

基于国家竞争优势理论的"新赶超战略",是指通过奉行战略性贸易政策,在不完全竞争条件下,凭借生产补贴、出口补贴或保护国内市场等政策手段,扶持本国文化产业的成长,增强其在国际市场上的竞争力,抢占市场份额,从而达到规模经济,获得超额利润。日本和韩国均在20世纪90年代就确立了"文化立国"战略,通过完善各种政策法规、配额和补贴等措施保护本国文化企业的发展,通过建设海外文化中心,实施奖励措施来鼓励文化出口,以此提升本国文化产品在国际市场的竞争力以及国家的文化软实力。

日本动漫产业的发展与其广阔的国内市场和政府的推动作用密不可分。据日本三菱研究所的调查,日本有87%的人喜欢漫画、有84%的人拥有与漫画人物形象相关的物品②。广阔的国内市场不仅为动漫产业的发展创造了机会,同

---

① 参见〔美〕迈克尔·波特:《国家竞争优势》,李明轩、邱如美译,北京:中信出版社2012年版。
② 崔敏:《日本动漫传播和中国的动漫亚文化》,载《新东方》2007年第9期。

时观众品位的提升也不断敦促作品品质的进步。日本的动漫制作商十分重视开拓海外市场,《铁臂阿童木》在60年代就进军美国市场,《聪明的一休》《机器猫》等在70年代开始进军亚洲市场,并逐渐在世界范围内受到了欢迎和青睐。日本政府敏锐地意识到可以通过动漫作品向世界各地渗透日本文化,像好莱坞一样,在国际文化市场中占有一席之地。2005年,日本外务省决定利用"政府开发援助"中的24亿日元作为"文化无偿援助"资金,从动漫制作商手中购买动画片播放版权,无偿地提供给发展中国家的电视台播放,让更多的发展中国家的青少年爱上日本动漫,进而了解日本。2013年日本政府推出"酷日本计划"(Cool Japan),希望大力发展时尚文化产业,通过"产品输出"实现"文化输出",推动日本经济的振兴发展。

韩国在1998年提出"文化兴国"方针,将振兴文化产业作为基本国策,以文化产品输出提升国家形象。一方面,韩国政府着手制定支持文化产业发展的法规,如《文化产业振兴法》《设立文化地区特别法》等,并对《影像振兴基本法》《著作权法》等做了部分或全面修订。另一方面,积极设立专门机构来推广韩国文化,在首尔设立"韩流发祥园区",在中国北京、上海等地建设"韩流体验馆"。此外,还由民间专家学者组建"亚洲文化交流协会",对出口的文化内容质量把关,防止因出口劣质文化产品而降低外界对"韩流"文化产品的信任度。为促进文化产品的出口,自2000年开始,韩国就成立了影音分轨公司,对韩文翻译为外语和产品制作的费用几乎给予全额补助,大力开拓国际市场。韩国还将美国、中国等定位为自己的文化贸易目标市场,挖掘有潜力的文化企业,支援创作,培育能够进军海外市场的项目。为了促进韩国本国的网络游戏进军海外,韩国政府努力提供所需的市场条件、配合相应的营销策略,刺激出口的发展。

无论是从文化贸易额还是从国家形象的树立来看,日本和韩国的新赶超战略均取得了良好的效果。日本漫画、动画、游戏软件等具有代表性的日本内容产业已在世界颇有影响,更有一些西方国家盛赞"酷日本"。目前,世界动画片市场中有65%是日本动画片,在欧洲上映的动画片中日本动画片占80%。韩国的网络游戏产业独树一帜,国内市场份额每年还在以10%—15%的速度增长,韩国游戏产品在亚洲20个国家、欧洲20个国家和北美10个国家均有市场。韩国的流行音乐、电视剧和电影,也都在周边国家形成了一定的影响力,尤其是在

第十三章　文化软实力：文化产业的全球竞争

2005年以后，"韩流"势头强劲，《大长今》《我是金三顺》《浪漫满屋》《来自星星的你》等韩剧和音乐不仅赢得了大批的国外"粉丝"，而且树立了韩国人重礼守信、家庭观念强等良好的国际形象，同时带动了韩国时装、电子产品、汽车工业的销售，拉动了韩国旅游业。

综上可见，基于竞争优势理论而实行新赶超战略的日本和韩国，通过政府主导型的文化产业政策，引领产业跨越式发展，同时大力推动本国文化企业走出去，在世界文化贸易市场争得了一席之地。

四、对外文化贸易的中国方略

2003年至2013年，中国文化产品进出口从60.9亿美元攀升至274.1亿美元，年均增长16.2%；文化服务进出口从10.5亿美元增长到95.6亿美元，年均增长24.7%。但与此同时，中国对外文化贸易在对外贸易中的比重偏低，核心的文化产品和服务贸易逆差仍然存在，文化企业参与国际竞争的能力还较弱，有待进一步改善和加强。

1. 中国对外文化贸易的主要问题

第一，中国文化产品在海外遭遇的"文化折扣"较高。由于中西方文化差距巨大，西方消费者对中国的信仰、历史、神话、社会制度、自然环境和行为模式等缺乏了解，难以产生认同，自然降低中国文化产品对西方受众的吸引力。过去一百多年以来，尤其是改革开放以来，西方文化大批量涌入中国，经过多年的引进和文化的积累，国外文化产品在中国占据了稳定的市场环境，拥有了丰富的"消费资本积累"，在中国市场的"文化折扣"低。西方消费者对中国文化产品接触机会较少，对中国文化产品的"消费资本积累"少，对中国文化产品的印象仍然停留在古董、丝绸、瓷器等传统商品上，对中国的现代文化产品不甚了解，远没有形成对中国文化产品的消费偏好。

第二，中国文化产业链延伸不充分，附加值低。随着文化产业的不断发展，中国也涌现出了一些受消费者们喜爱的优秀的文化产品，在文化市场上取得一定的成功。但是,这些优秀的文化产品并没有被充分开发,文化企业只是停留在文化产品的本身层面,没有继续挖掘其新的价值,相关衍生品缺乏,文化产业价值链中断。在国际文化产业的分工中,我国基本上还处于其产业链的下游,获利空间非常狭窄,还没有形成一定的产业优势。[①] 与此同时,中国文化市场的微观主体创新意识不足,以电影为例,国产电影技术、制作、画面等方面的质量逐年提高,但最弱的是编剧环节,不能在视听形式和故事内容上推陈出新,类型电影缺乏,同质化题材扎堆,编剧缺乏全球化讲故事的能力,故事情节架构创新不足。

第三,中国文化产品出口种类单一。我国文化贸易总量规模较大,主要以货物贸易为主,货物贸易总额处于顺差地位,文化产品在世界市场占有一定的份额,贸易增长速度快,但是服务贸易的总量规模小,且长期处于逆差中。文化产品出口种类单一,能够承载价值观的文化出口产品寥寥无几。比如电影,主要集中在动作类文化产品;图书版权方面,中国图书版权的输出内容主要集中在武术、中医、汉语学习、古典文学等方面,反映中国当代经济建设、教育、科技人文方面的图书版权出口极少;表演艺术方面,海外表演艺术在节目类型上以武术表演、杂技表演等动作表演为主。在我国文化贸易的货物出口中,设计品、文化艺术品和视觉艺术品等三者的比重之和超过90%,尤其是设计品占了出口额的70%,而声像制品、表演艺术品和印刷品三者所占的比例很小,总和不到5%。

第四,中国文化产品出口地区过于集中。文化产品的输出地区主要集中于美英等国家的华人文化圈,以及中国台湾、中国香港和韩国、东南亚等国家和地区。出口地区过于集中,不利于中华文化影响力的扩大和提升,而且容易造成国内文化企业与文化源头同类的韩日等国的文化企业之间的恶性竞争,产生贸易摩擦。

第五,中国文化企业规模小,难以实现规模经济和品牌效应,难以抵抗国际文化巨头的竞争。规模经济是影响文化企业发展的重要因素,中国文化企业规模较小、实力弱,难以在国际文化市场上进行创造、生产、营销的产业链经营,难

---

① 朱文静、顾江:《我国文化贸易结构与贸易竞争力的实证分析》,载《湖北经济学院学报》2010年第2期,第56—61页。

以实现规模经济。中国文化企业缺少对文化资源的创意性研发和市场化开发，缺乏对国际文化市场的受众调研，缺乏在国际上被广泛接受的文化名牌，无法发挥文化产品的品牌效应。①

2. 中国对外文化贸易的战略方向

国际文化贸易影响一个国家的文化软实力和文化产业的竞争力，无论是自由贸易战略、贸易保护战略还是新赶超战略，其实各国政府都在或多或少地运用不同的手段扶持本国文化产业，积极推动对外文化贸易。从日本和韩国的发展经验来看，通过制定国家层面的文化产业振兴规划及相应的文化贸易政策，有助于实现文化产业的跨越式发展和国际竞争力的提升，是现阶段中国推动对外文化贸易可以借鉴的战略模式。

中国政府于2009年颁布了《文化产业振兴规划》，把"促进文化产品和服务的出口"作为振兴文化产业的主要任务。2011年党的十七届六中全会将"推动中华文化走向世界"作为文化产业的重点任务。2014年国家颁布《国务院关于加快发展对外文化贸易的意见》，明确提出了"扩大文化产品和服务出口，加大文化领域对外投资，力争到2020年，培育一批具有国际竞争力的外向型文化企业，形成一批具有核心竞争力的文化产品，打造一批具有国际影响力的文化品牌，搭建若干具有较强辐射力的国际文化交易平台，使核心文化产品和服务贸易逆差状况得以扭转，对外文化贸易额在对外贸易总额中的比重大幅提高，我国文化产品和服务在国际市场的份额进一步扩大，我国文化整体实力和竞争力显著提升"。

中国对外文化贸易实施新赶超战略，要进一步按照国家竞争优势理论，培育相关优势要素：

第一，文化生产要素。我国有丰富的文化资源和充足的人力资源，文化设施与机构也越来越完善，但是目前懂得文化产业经营管理和内容创意的产业人才

---

① 参见中华人民共和国文化部对外文化联络局（港澳台办）、北京大学文化产业研究院编：《中国对外文化贸易年度报告(2012)》，北京：北京大学出版社2012年版。

尚显不足;有大量的民间资本,但是产业的技术水平有待提高。

第二,文化需求条件。我国广阔的国内文化市场需求尚未得到满足,为产业发展提供了良好的支撑;但是群众的文化需求层次有待提升。

第三,文化相关和支持性产业。我国的文化产业价值链日益健全,但技术创新和内容创意不足,大部分企业集中在产业链中下游,与信息产业和旅游产业等相关产业的融合度还不高。

第四,文化企业战略、结构和竞争。文化体制改革正在进行,转制企业亟待提升市场竞争力;市场的公平竞争环境有待改善;企业创新动力不足,距国际水准差距较大,为外国竞争者的渗透留下了空间;品牌企业不多,存在恶性竞争。

第五,文化发展机会。目前中国的文化创意企业普遍存在创新力不足的问题,如此下去将难以把握产业的新兴机会。

第六,政府扶持政策。已将文化产业上升为国家战略并积极推动中华文化走出去,但由于四个基本要素存在不足,所以收效尚不理想。

3. 对中国对外文化贸易的主要建议

国际文化贸易的一个显著特点在于文化产品和服务的出口和进口高度集中于少数几个国家,属于典型的产业内贸易①。这种现象符合国际贸易的"偏好相似"理论,意味着国内已经满足大规模需求的产品才会是具有最大的相对优势的产品。在长期致力于满足国内需求的过程中,文化企业的市场意识不断增强,规模不断扩大,成本利润结构趋于合理,会逐步提高其在国际市场的产业竞争力。

因此,中国对外文化贸易的发展,首先取决于中国文化产业自身的发展和繁荣。基于对文化产业基本要素和辅助要素的分析,中国文化产业的发展应充分发挥在生产要素和国内需求方面的优势,并在政策扶持、版权保护、人才培养、激励创新等方面为文化企业营造良好的产业环境。在对外文化贸易的推动上,政府应转换思路,做好服务和支持工作,注重发挥文化企业的主体性和能动性,鼓

---

① 产业内贸易指的是一个国家在出口的同时又进口某种同类产品。

励和引导优秀的文化企业"走出去",最终实现中华文化"走进去"。

第一,适度保护,参与竞争。目前中国文化产业的很多领域尚不能直面国际竞争,比如音乐产业、电影产业等,适度的贸易保护政策可以为这些文化行业赢得发展时间。在适度保护的同时,也要鼓励中国的文化企业主动出击,在国际竞争中提升水平,不能躲在保护伞下"沾沾自喜"。那些与国际水平相近的文化行业,比如网络游戏等,可以放开保护,公平竞争。

第二,搭建平台,鼓励出口。通过文化贸易服务信息平台的搭建,帮助文化企业及时了解国际文化贸易市场供求的变化,同时积极推动优秀企业参加国际展会,与国际生产商、发行商建立合作,建立海外生产基地,掌握渠道资源,打开国际通路。

第三,适度补贴,降低文化折扣。对于像图书、演艺、电影等文化折扣较高的产业,适度给予补贴,调动文化企业对外出口的积极性。引进优秀的翻译人才,为这些"文化折扣"较高的产品提供原汁原味的翻译。借助国际赛事、大型书展、文化展览和演艺节庆等国际知名活动,增进中外文化的沟通和了解,逐步提升中国文化的国际影响力。

第四,兼顾内容原创和外包服务。目前中国的很多文化企业拿到了国际订单,尤其是动漫游戏产业,这有利于文化企业的扩张和发展,也为其在国际合作中不断提升经营水平创造了机会。但从长远看,文化贸易的前途不在于国际代工的发展,而是自有文化品牌的创造和输出。所以,政府要引导文化企业兼顾发展与创新的平衡,实现从制造到创造的跨越式发展,从而赢得更广阔的国际文化市场。

全球化扩大了规模经济和范围经济,消解了地理和国家的界限,强调了全球之间的联结性。文化产业的全球化不只是推动了文化贸易的全球化内容传播和产品运输,更是推动了全球文化产业的创意生产超越了地理上的疆界,通过支配全球性的创意资源和经济资源,激发出文化产品更好的多样性和多元性。当然,全球化的浪潮也加剧了国际竞争,也导致文化生成的复杂和文化贸易的艰难。构建一个健全的文化产业全球价值网是文化产业的全球化和文化贸易的国际化能够取得具体成效的关键。

本章要点

国家形象的综合国力由"硬实力"和"软实力"构成,形成"巧实力"。软实力是一种同化力、吸引力和导向力,软实力的核心是人文精神和价值观念,文化软实力是软实力的重要组成部分。文化软实力包括认同性、培养性、创新性、规模性、扩散性和民生性等基本要素。

文化软实力是一个国家文化主权的法统性论证。文化主权是一个国家的意识形态、价值观念、宗教信仰、知识产权在国家利益的高度上所具有的主权属性。文化软实力的提升要警惕文化扩张所导致的文化霸权。国家文化战略的文化扩张的保守形式就是文化主权,激进倾向就是文化霸权。文化认同是一个民族和国家存在和发展的最基本的前提。捍卫文化安全是一种对文化霸权主义导致国家利益损害的反应策略。

文化软实力是一个国家对文化全球化的反抗和文化多样性的捍卫。全球文化产业加速了全球文化的虚拟变形。"文化例外"是由法国提出的旨在保护本国文化不被其他文化侵袭的一种保护性贸易政策,强调文化产品的商品属性和文化属性,不能简单地同其他商品一样适用完全无限制的贸易政策,坚决反对国际文化市场的自由贸易。

国际文化贸易受文化产品的消费偏好性的制约。国际文化贸易受到本土的自我意识和个人的自由选择所形成的"文化折扣"的制约。文化折扣受文化起源与文化背景、语言文字、宗教信仰的影响很大。中外文化的巨大差距、落后的文化贸易观念、国际文化标准的限制、国产文化产品的创作手法等因素导致中国文化产品在海外的文化折扣高。

文化贸易在国际贸易中极具特殊性,涉及货物贸易、服务贸易和知识产权,以文化产品和文化服务作为交易标的。国际文化贸易是一种有形的文化产品与无形的文化服务在全球范围内的贸易方式,成为国际贸易中的新引擎。

2009年联合国教科文组织文化统计框架的文化领域代表着一系列具有文化属性的生产制造活动和实践,可归为纵向领域和横向领域。

国际文化贸易领域主要有三种战略模式,分别是美国的自由贸易战略、法国和加拿大的贸易保护战略、日本和韩国的新赶超战略。这些战略模式依据不同的理论基础或发展现实,在国家层面制定不同的贸易政策,取得了不同的发展效果。

中国文化产品在海外遭遇的"文化折扣"较高,文化产业链延伸不充分、附加值低,文化产品出口种类单一,文化产品出口地区过于集中,文化企业规模小,难以实现规模经济和品牌效应。中国对外文化贸易实施新赶超战略,要进一步按照国家竞争优势理论,培育相关优势要素。

第十四章
文化治理：文化产业的政策规制

　　国家治理体系是关于国家运行的制度设计,国家治理能力是关于治国理政的能力及制度执行的有效性问题。① 在这里,治理不同于统治,"统治的指向是单向的,主要指向人民、公众或某个群体。而治理的对象是整个国家和社会,它的指向不是单向的,而是双向或多向的",治理的目的"是要通过积极的参与、沟通、协调、激励、规范和约束,形成一种遵循正确的价值取向、朝向一定目标的良好的秩序和状态"。② 随着经济市场化和政治民主化的转型发展,中国目前所面临的各种经济、社会和政治问题对现有国家治理体制产生了巨大的压力和一定的治理困境,要求不断推进国家治理体制的转变和调整。③ 一方面,文化治理是国家治理的重要组成部分,与政治治理、经济治理、社会治理和生态文明治理等共同构成了国家治理体系;另一方面,文化治理是国家治理超越政治治理、经济治理的新的发展阶段,是国家治理能力现代化的重要标志,表明"中国在经历了政治治理('以阶级斗争为纲')——经济治理('以经济建设为中心')之后,正在走向文化治理('建设社会主义文化强国')"④。文化治理包括传统文化传承

---

① 张健:《中国国家治理体系和治理能力现代化:历史逻辑和实践框架》,载《长沙理工大学学报(社会科学版)》2014年第5期,第33—39页。
② 李忠杰:《治理现代化科学内涵与标准设定》,载《人民论坛》2014年第7期,第22—25页。
③ 徐湘林:《转型危机与国家治理:中国的经验》,载《经济社会体制比较》2010年第5期,第1—14页。
④ 胡惠林:《国家文化治理:发展文化产业的新维度》,载《学术月刊》2012年第5期,第28—32页。

治理、公共文化服务治理、国际文化软实力治理和文化产业发展治理等多项内容,是落实文化立国战略的根本举措。

一、文化治理与文化政策模式

由于文化具有历史传承和集体认同的特性,文化具有天然的治理功能。孔子说,"《诗》可以兴,可以观,可以群,可以怨;迩之事父,远之事君;多识于鸟兽草木之名"①。孔子认为,以《诗经》为代表的文化艺术具有抒发情志、观察社会自然、结交同道好友、讽谏怨刺不平之事的功效,可以习得赡养父母、侍奉君王之道,可以了解鸟兽草木的知识。可见,文化治理是一种包容性治理,容纳了心理修养、知识传播、亲情伦理、社会发展等综合作用。文化治理就是关于人的全面治理,可以解决人的身与心、人与人、人与社会以及人与自然万物之间出现的种种问题。文化治理可以实现布尔迪厄所谓"文化资本与经济资本和社会资本之间的价值转换",可以实现哈贝马斯所谓"从政治社会、经济社会向文化社会的过渡"。

1. 文化治理的概念辨析

文化治理统合和超越了葛兰西(Antonio Gramsci)的文化霸权(Cultural Hegemony)和福柯(Michel Foucault)的文化治理术。葛兰西用"文化霸权"来描述国家内部政治社会与市民社会之间以同意为基础的强制的支配权,不同于政治霸权的强制关系和武力支配,是一种意识形态控制的文化领导权。② 福柯批评传统的法权模式③,认为现代社会有两大权力技术,围绕着对身体的规训和对人口的调节,通过在形式上借助各种法律和规范(纪律规范和调节规范)对社会整体成员和每个个体进行控制,这就是治理术,是一种现代社会的权力和规则。④

---

① 《论语·阳货》。
② 参见〔意〕安东尼奥·葛兰西:《狱中札记》,曹雷雨等译,中国社会科学出版社2000年版。
③ 福柯认为,传统的政治哲学和法学理论习惯性地把权力简单界定为政治性的权力,以法律的形式规定权力行使的界限,在权力的合法性的基础上对它进行抽象的论述,这是一种法权模式。
④ 参见〔法〕米歇尔·福柯:《安全、领土与人口》,钱翰、陈晓径译,上海人民出版社2010年版。

文化霸权和治理术都强调自上而下的软控制,而文化治理强调自上而下和自下而上的双向规制和多元治理。

广义的文化治理是"借由文化以遂行政治与经济(及各种社会生活面向)之调节与争议,透过各种程序、技术、组织、知识、论述和行动等操作机制而构成的场域"①。狭义的文化治理是"国家通过采取一系列政策措施和制度安排,利用和借助文化的功能用以克服与解决国家发展中问题的工具化,对象是政治、经济、社会和文化,主体是政府和社会,政府发挥主导作用,社会参与共治"。文化治理通过法律和行政的强制性约束力,凸显人、社会、国家各个主体的能动性和自主性,其主要特征就是通过主动寻求一种创造性文化增生的范式实现文化及其相关领域的包容性、渗透性和多元化发展。②

文化治理的包容性表现为公权与私权的博弈以及公平与效率的均衡。国家认同、意识形态、公共文化服务是公权,个体消费、自由创造和市场竞争是私权,文化体制改革和文化产业发展的文化治理就是公权与私权的兼顾。社会公平是起点和目的,经济效率是手段和途径,公益文化事业和经营文化产业两手齐抓共管的文化治理就是公平与效率的均衡。

文化治理的渗透性发展表现为文化治理与政治治理、经济治理、社会治理和生态文明治理的高度协同和密切融合。文化治理中的文化产业治理是一种经济治理,是通过市场的力量发挥文化生产、交换、分配和消费的经济价值,通过文化创意和设计服务增加传统产业的文化价值,通过企业经营和市场满足实现国家经济结构调整和产业结构升级的经济治理目标。文化治理中的国家文化软实力治理是一种政治治理,是通过文化软实力的塑造提升国家形象,建构国家实力,实现政治稳定。文化作为意识形态,其本身就是一个政治性观念,能整合和巩固现有社会秩序。文化治理中的公共文化服务治理是一种社会治理,以公共部门为主体提供文化产品满足社会发展、文化传承的精神需要,增强价值认同和社会稳定,实现一种社会生活的治理化。文化治理有利于调整人和自然的关系,注重

---

① 王志弘:《文化如何治理?一个分析架构的概念性探讨》,载《世新人文社会学报》2010年第11期。

② 胡惠林:《国家文化治理:中国文化产业发展战略论》,上海:上海人民出版社2012年版,第3页。

非物质资源在社会发展、经济进步中的作用,减少资源消耗,有利于环境保护和生态建设。因此,文化治理具备了政治治理、经济治理和社会治理等多副治理面孔①。

文化治理的多元化发展表现文化创造性、文化多样性、文化民主化和文化认同性等多种价值目标的治理追求。文化创造性是人类进步的源泉,文化治理要致力于培育一个国家和民族的原创精神;文化多样性是人类最宝贵的财富,要维护区域文化的多样性;人类通过文化做出辨别和选择,捍卫民主化的文化权益,其根本是为了增进一个国家和民族的文化认同。这些价值目标是多元化的,甚至在某种程度上彼此存在一定的冲突,比如文化认同的一致性和文化形态的多样性。文化治理是一种动态的治理过程,根据一个国家的历史传统、经济基础、地理环境、人民素质、国际关系等因素的变化而不断调整。

文化治理的手段具有公共手段、准公共手段和市场手段,而公共手段主要包括财政手段和政策手段。法国学者奥古斯丁·杰拉德(Augustin Girard)认为,政策是由最高宗旨、具体目标和执行手段组成的一套体系,由社会组织通过权威机构制定执行。在工会、党派、教育组织、研究机构、企业、市镇或者政府中都可以看到文化政策。但是,不管政策的执行主体是谁,一套政策中必定包含了长期最终目的、中期可测量的目标和具体实施手段(人员、资金和立法),这三个要素构成了一个连贯一致的体系。文化政策成为政府、赢利机构、文化团体、艺术家、公益组织等利益相关集团影响民众思想的手段并且反映着各个利益集团的价值取向②。

2. 文化治理的政策模式

文化治理的政策模式往往在干预主义与自由主义之间摆动,甚至连选择"文化产业"还是"创意产业"的政策术语,都能反映出政策背后秉承的国家干预主义或市场自由主义的治理理念。事实上,纯粹的新自由主义文化政策或极端

---

① 吴理财:《文化治理的三张面孔》,载《华中师范大学学报(人文社会科学版)》2014年第1期,第58—68页。
② 转引自郭灵凤:《欧盟文化政策与文化治理》,载《欧洲研究》2007年第4期,第64—77页。

国家干预主义文化政策已经并不多见,以个人天赋为导向的政策还可能与以国家发展为导向的国家干预主义政策相结合。加拿大哈瑞·特兰德(Harry Chartrand)和克莱尔·麦考吉(Claire McCaughey)概括了四种文化政策模式:提供便利型(Facilitator)、庇护人型(Patron)、建筑师型(Architect)和工程师型(Engineer)。① 其中,提供便利型文化政策模式呼应了市场驱动的发展理念,政府不直接提供艺术资助,也不通过法律法规对文化艺术创作活动进行管理,不直接涉足文化价值、文化潮流发展等方面的工作,只是规范市场,通过免税等优惠政策促进艺术家进行创作,通过减免企业税收等手段鼓励私人企业或机构捐助文化生产。美国"无为而治"的文化政策就是一种典型的提供便利型,坚持新自由主义的治理观念,崇尚自由主义市场竞争,认为市场可以自我修正,可以更有效地实现资源配置,同时服务于公众利益,加大立法规范和引导非营利文化艺术的多元资助,坚持以文化企业为主体、由文化市场主导文化产业的发展。

庇护人型文化政策模式的政策目标是提高文化创作的品质和艺术活动的质量,而不是面向社会大众进行艺术普惠,实行分权管理,政府充当文化事业的庇护人,由独立运作的艺术委员会分配资金。不过,政府对艺术的资助有精英主义情结和天才论倾向。英国"一臂之距"(Arm's Length)的文化政策就是庇护者型,已被欧洲以及其他多数国家普遍接受。"一臂之距"原指在队列中与前后左右的伙伴保持相同的距离,后被引入经济领域,表达具有隶属关系的经济主体在交易时具有独立交易原则。英国政府对文化拨款实行间接管理模式,避免直接干预文化艺术创作活动,防止资金分配上的政治影响,中央政府采取经由中间环节拨款的方式,把资金间接地分配给艺术组织或艺术家。由著名经济学家凯恩斯主导的大不列颠艺术委员会成立于 1946 年,是全球第一个体现保持"一臂之距"原则的中介组织。这些中介性质的非政府公共文化机构通过具体分配拨款的形式,负责资助和联系全国各文化领域的文化艺术协会、组织、团体、机构和个人,形成全社会文化事业管理的网络体系。②

---

① Harry Hilman-Chartrand and Claire McCaughey,"The Arm's Length Principle and the Arts: An International Perspective—Past, Present and Future," in Milton C. Cummings, Jr. and J. Mark Davidson Schuster, Who's to Pay for the Arts, New York: ACA Books, 1989.
② 陆晓曦:《英国文化管理机制:"一臂之距"》,载《山东图书馆学刊》2012 年第 6 期,第 37—41 页。

建筑师型文化政策模式是指中央政府制定全国文化发展的总体框架和政策目标,地方政府制定具体规划和执行手段,各级文化团体的运作经费来自政府的直接资助。此种模型的政策目的在于保护传统文化,促进文化艺术的发展,实现文化的民主化。中国于2012年在党的十八大报告中提出了艺术民主化,目的在于既要保护发展文化遗产、鼓励文化艺术发展,又要进行艺术教育和艺术普及。法国政府主导型的文化政策就是建筑师型,政府负责文化规划、文化管理和文化投资等事务。1983年,法国成立电影与文化产业融资局,旨在帮助文化企业顺利获得银行贷款。该局的资本金由两部分构成:政府出资占资本金49%,商业银行或贷款机构出资占资本金51%。该局的担保基金只针对银行贷款,额度在贷款总额的50%—70%。韩国也是采取此种模式,于2001年成立韩国文化产业振兴院等相关机构,制定积极的扶持政策和优惠措施,推动文化产业的发展。

工程师型文化政策模式,指文化的生产和分配都由政府直接负责,政府向那些符合政治要求和意识形态目的的文化生产和艺术创作提供资助。在此模式中,政治宣传目标处于主导地位。苏联社会主义阵营普遍采取这种模式,随着冷战结束和苏联解体,这种模式逐渐消失只在个别国家依然存在。中国文化体制改革的目标就是从这种模式向建筑师型和庇护人型的政策模式转型。

二、文化产业政策的中国转型

按照全球治理委员会的概念,治理是各种公共的或私人的个人和机构管理其共同事务的诸多方式的总和。它是使相互冲突的或不同的利益得以调和并且采取联合行动的持续过程。这既包括有权迫使人们服从正式制度和规则,也包括各种人们同意或以为符合其利益的非正式的制度安排。在文化治理的概念之下,治理不是自上而下的权威管制,而是利益相关者在平等的基础上,为了一个共同的目标向前发展。目前,中国正处于战略转型和产业升级的关键时期。从人均GDP的角度来看,一个国家和地区的人均GDP达到8000美元时,便从技术和资本驱动转变为了创新驱动和财富驱动。尽管中国2013年人均GDP仅6700美金,但东部沿海的许多地区的人均GDP已经达到了8000美元,可以适时地提出进入到以文化逻辑为导向的时代。因此,政府的治理方式也将随之发生变化。

从中国的发展状况来看,1978年改革开放之后,中国大体经历了经济创富、科技创新和文化创意三个战略发展阶段。1978年的改革开放政策,可以将之称为经济创富战略,即以改革开放作为经济发展的变量,促进经济的发展。时至今日中国依然坚持这一战略,但不同的是之前的改革仅停留在经济市场领域,属于表层的,现在需要向深层改革和顶层改革发展。1986年开始,科学技术在经济发展中的作用越来越重要。1988年,邓小平提出"科学技术是第一生产力"。我们进入到科技创新战略阶段,从要素驱动转变为技术和资本驱动。国家主席胡锦涛于2006年1月9日在全国科技大会上宣布中国未来15年科技发展的目标:2020年建成创新型国家,使科技发展成为经济社会发展的有力支撑。1998年文化部成立文化产业司,标志着中国进入到文化创意的时代。

1. 中国文化产业培育期的政策演变

1979年到1998年,是文化市场的观念形成期及文化市场的初步培育期。1979年,广州出现第一家音乐茶座,市场力量开始向传统文化领域渗透。1985年,国家统计局出台《关于建立第三产业统计的报告》,第三产业被纳入国民经济的范畴,表明作为上层建筑的文化、服务等可以按照人们的需求来进行生产,这是很大的观念突破。

1988年,文化部、国家工商行政管理局在《关于加强文化市场管理工作的通知》中指出,凡以商品形式进入流通领域的精神产品和文化娱乐服务活动,都属于文化市场管理范围,要求各级文化主管机关对文化市场进行日常的行政管理和业务指导,文化市场的概念得以确立。1989年,国务院批准在文化部设立文化市场管理局,"管理文化市场,推动演出市场、电影、音像市场、书刊市场、文物市场、字画市场、文艺游乐场所以及其他提供精神产品与文化服务的社会市场的健康发展",明确了政府部门进行文化市场管理的职能。

1998年8月,文化部文化产业司成立,负责拟订文化产业发展规划和政策,起草有关法规草案;扶持和促进文化产业建设与发展;推进文化产业信息化建设;指导文化产业基地和区域性特色文化产业群建设;督促重大文化产业项目实施,配合推进对外文化产业交流与合作。这是政府部门第一次设立文化产业专门管理机构。作为国家对文化产业发展的宏观指导部门,文化产业司进行相关的法律法规的制订,相关配套资金的支持等等。

2. 中国文化产业准备期的政策演变

1998年到2002年,是文化产业观念的形成期和文化体制改革的准备期。随着文化部文化产业司的成立,政府加大了文化产业的宏观调控和政策规制。2000年10月11日,《中共中央关于制定国民经济和社会发展第十个五年计划的建议》,提出了"深化文化体制改革""完善文化产业政策"的任务,首次在政府文件中使用"文化产业"概念。

2002年11月,党的十六大报告厘清了文化事业和文化产业两者之间的关系,首次提出"社会主义文化建设分为公益性的文化事业和经营性的文化产业","根据社会主义精神文明建设的特点和规律,适应社会主义市场经济发展的要求,推进文化体制改革"。从对待文化意识形态属性的一元思维转变为文化事业与文化产业并轨发展的二元思维,既看到文化的公共属性、意识形态属性,又看到文化的商品属性、产业属性。2002年,中国文化产业完成了其合法性建构,自此进入到合理性建设阶段。

3. 中国文化产业发展期的政策演变

2003年至2011年是文化体制改革的全面推动期和文化产业的快速发展期。2003年6月,包括深圳在内的9个地区和35个文化单位成为文化体制改革试点,试点任务即是"培育市场主体、深化内部改革、转变政府职能、建立市场体系"。2003年12月,胡锦涛在全国宣传思想工作会议上提出"坚持把积极发展文化事业和文化产业作为宣传文化部门的重要任务"。2005年10月,《中共中央关于制定国民经济和社会发展第十一个五年规划的建议》提出:"丰富人民群众精神文化生活。积极发展文化事业和文化产业"。同年12月,中共中央、国务院下发《关于深化文化体制改革的若干意见》。2006年3月,中央召开全国文化体制改革工作会议,新确定了全国89个地区和170个单位作为文化体制改革试点。文化体制改革在稳步推进的基础上,走上全面推开的新里程。2006年9月,中共中央办公厅、国务院办公厅印发《国家"十一五"时期文化发展规划纲要》,对"十一五"时期文化发展的指导思想、方针原则、目标任务作出全面阐述,对进一步加快文化建设、推动文化体制改革作出部署。2007年10月,党的十七大从中国特色社会主义事业"四位一体"总体布局、增强国家文化软实力的战略高度,提出兴起社会主义文化建设新高潮、推动社会主义文化大发展大繁荣的战略任务。

2009年7月22日,国务院常务会议原则通过了《文化产业振兴规划》,这是新中国成立60年来第一个文化产业专项规划。同年9月,华谊兄弟传媒股份有限公司创业板上市,成为第一家成功上市的影视制作公司。

2010年2月,胡锦涛、温家宝在省部级主要领导干部深入贯彻科学发展观加快经济发展方式转变专题研讨班上,深刻阐述了发展文化产业在加快经济发展方式转变中的重要地位,强调要加快发展文化产业、加快开拓文化市场。2010年3月,中办、国办转发《中央宣传部关于党的十六大以来文化体制改革及文化事业文化产业发展情况和下一步工作意见》,强调加快推进文化产业发展,把文化产业培育成推动中国经济发展方式转变的战略性新兴产业。2010年3月,温家宝在政府工作报告中强调,国家发展、民族振兴,不仅需要强大的经济力量,更需要强大的文化力量,要在继续加快文化体制改革、发展文化事业的同时,加快发展文化产业,满足人民群众多样化的文化需求。同年7月23日,胡锦涛总书记主持中央政治局第二十二次集体学习时强调"三加快一加强"的文化改革发展总体布局,明确指出一定要从战略高度深刻认识文化的重要地位和作用,以高度的责任感和紧迫感,顺应时代发展要求,深入推进文化体制改革,推动社会主义文化大发展大繁荣。这个时期的文化产业还处于初级阶段,以旅游产业为例,依然是大兴土木、搞景点建设等传统的发展思路。

2011年5月,刘云山主持召开文化产业发展座谈会,研究加快推动文化产业发展的政策措施,强调要以新的视角认识文化产业的地位作用,坚持内容为王,以更有力的措施推动中国文化产业实现新的更大发展。同年10月,党的十七届六中全会决定:"创新文化发展观念,进一步深化文化体制改革,推动发展文化产业。"创新文化发展观念,即文化在综合国力竞争中的地位和作用更加凸显,维护国家文化安全任务更加艰巨,增强国家文化软实力、中华文化国际影响力要求更加紧迫。深化文化体制改革,即建设社会主义文化强国,提出到2020年文化改革发展奋斗目标,培养规模宏大的文化人才队伍,加强和改进党对文化工作的领导。推动发展文化产业就是,推动文化产业跨越式发展,要构建现代文化产业体系,形成公有制为主体、多种所有制共同发展的文化产业格局,推进文化科技创新,扩大文化消费。

4. 中国文化产业扩张期的政策演变

2012年至今,是中国文化体制的深化改革期和文化产业的市场扩张期。2012年2月,颁布《国家"十二五"时期文化改革发展规划纲要》,提出"构建现代文化产业体系,促进从粗放型向集约型、质量效益型转变,增强文化产业整体实力和竞争力;建成公有制为主体、多种所有制共同发展的文化产业格局,培育一批核心竞争力强的国有或国有控股大型文化企业或企业集团,在发展产业和繁荣市场方面发挥主导作用。在国家许可范围内,引导社会资本以多种形式投资文化产业,参与国有经营性文化单位转企改制;推进文化科技创新,发挥文化和科技相互促进的作用,深入实施科技带动战略,增强自主创新能力;扩大文化消费,增加文化消费总量,提高文化消费水平。创新商业模式,拓展大众文化消费市场,开发特色文化消费,扩大文化服务消费,提供个性化、分众化的文化产品和服务"。

2012年8月,《国家文化科技创新工程纲要》出台,指出"到2015年,文化科技共性支撑技术取得重要突破,科技对文化产业的带动作用明显提高,以文化和科技融合示范基地为主体的产业化载体建设全面推进,文化事业科技服务能力和文化行政管理科技手段显著增强,文化科技创新体系初步建立,重点文化领域科技支撑水平显著提升,推动文化产业逐步成长为国民经济支柱性产业"。同年11月党的十八大召开,把"文化产业成为国民经济支柱性产业"列入2020年全面建成小康社会的指标体系,加速文化产业与相关产业的融合发展,提出"扎实推进社会主义文化强国建设"。2013年11月党的十八届三中全会召开,指出"进一步深化文化体制改革,完善文化管理体制,建立健全现代文化市场体系,构建现代公共文化服务体系,提高文化开放水平,把文化产业发展成为国民经济的支柱性产业,建设社会主义文化强国"。

2014年2月,《国务院关于推进文化创意和设计服务与相关产业融合发展的若干意见》出台,重点推动文化产业下的文化创意和设计服务(包括文化软件服务、建筑设计服务、专业设计服务和广告服务)与装备制造业、消费品工业、建筑业、信息业、旅游业、农业和体育产业等相关产业的融合发展,以知识产权保护利用和创新型人力资源开发为核心,充分发挥市场作用,促进资源合理配置。同年3月,文化部颁布《关于贯彻落实〈国务院关于推进文化创意和设计服务与相关产业融合发展的若干意见〉的实施意见》,将支持建设数个有国际影响力的"设计之都",启动文化产业创业创意人才扶持计划,营造鼓励创新、宽容失败的文化创造环境,支持企业和个人加强产品研发和内容原创。同年3月,《国务院关于加快发展对外文化贸易的意见》颁布,提出建立健全对外文化贸易工作联系机制,通过"明确支持重点内容、加大财税支持力度、强化金融支持措施、完善服务保障措施"等系统措施发展对外文化贸易,进而推进文化产业发展、推动中华文化走出去、提升开放型经济水平。同年3月,文化部、中国人民银行、财政部颁布《关于深入推进文化金融合作的意见》,进一步鼓励金融资本、社会资本、文化资源相结合。同年4月,国务院颁布《文化体制改革中经营性文化事业单位转制为企业的规定》和《进一步支持文化企业发展的规定》,对文化企业发展涉及的财政税收、投资融资、资产管理、土地处置、收入分配、社会保障、人员安置、工商管理等多方面支持政策做出了详细的安排。同年8月,文化部联合工业和信息化部、财政部共同印发《关于大力支持小微文化企业发展的实施意见》,专门针对占文化企业总数80%、从业人员占文化产业从业人员总数77%、实现增加值约占文化产业增加值60%的小微企业进行支持,培育"专、精、特、新"的企业发展优势,激发企业创新意识,提升经营管理水平。8月,中央全面深化改革领导小组审议通过《关于推动传统媒体和新兴媒体融合发展的指导意见》,重视技术建设和内容建设,推动传统媒体和新兴媒体在内容、渠道、平台、经营、管理等方面深度融合。文化产业政策越来越出现顶层性、全局性、系统性的发展特征。

当前,中国处于"传统社会向现代社会、农业经济向工业经济和后工业经济、计划经济向市场经济"等三大转型的战略机遇期,文化产业政策作为国家文化治理的重要范畴,是伴随着经济领域的改革开放和文化体制改革与发展的国家部署逐渐完善起来,逐渐成为推动中国文化产业发展模式转型的重要力量,实现传统文化产业、现代文化产业和新兴文化产业协调发展的外在驱力。

三、文化产业政策的绩效评价

迈克尔·波特认为,一个国家的竞争优势依赖于生产要素、需求条件、相关产业和支持产业的表现,企业的战略、结构和竞争对手等四个基本要素,以及机会和政府两个外部变量。虽然受自由主义思想的影响,迈克尔·波特非常审慎地看待产业政策在构建国家竞争优势中的作用,但为了弥补市场失灵,政府可以通过政策法规和行政手段来引导、规范、加速和提升某个产业的竞争优势。文化产业政策是一个国家顶层规划、系统设计的有关文化产业发展的战略规划、发展目标、发展动力、结构演变等措施和手段,是国家干预文化产业发展的高级形式。文化产业政策是国家文化治理的重要手段,在政府管制和市场机制之间扮演积极的平衡角色,以追求发展公平和市场效率的双重价值为目标,决定着一个国家文化生产的体制与机制。政策引导与市场拉动、资源驱动一起,共同构成中国文化产业发展的动力系统。

1. 文化产业政策的评估标准

政策是一个国家的政府和政党有关行动的规则体系,是政府、政党或其他组织为实现其目标而制定的各种规则和采取的各种行动的总和,其表达方式可以是法律、法令、章程、规定、规划、方案、计划等,一般会包括对所要处理的事项必须遵循的原则、政策目标、行动方式、执行者、目标对象、具体的行动规则等的说明和解释[①]。在中国,政策包括正式的法律、党中央和国务院行政法规、地方法规、各级政府及行政部门制定的各种规范性文件。产业政策是一种公共政策,具体表现为路线、战略、方针、规划、计划、方案、措施、法规等文件形式,以"指示、纪要、决定、条例、章程、计划、批复、意见、工作报告等"文字形式出现。

文化产业政策的评估要以公众参与度(Participation)、可预见性(Predictive)、程序公正性(Procedural Fairness)为评估原则,以效果(Effectiveness)、效率(Efficiency)、效能(Efficacy)及其充分性(Adequacy)为判断标准,以效能、效率、

---

① 关信平:《社会政策概论》,北京:高等教育出版社2009年版,第5页。

适当性(Adequacy)、公平性(Equity)、反应度(Reactivity)和执行能力(Executive capacity)等七项标准为政策评估的绩效指标。总体来说,文化产业政策评估可以分为政策系统、政策过程和政策结果等三大评估标准。其中,政策系统的评估标准包括政策主体、政策客体、政策环境、政策工具等四个方面的评估标准,如合法性、合理性、适当性、有效性、回应性、适宜性、充分性、社会发展总指标等;政策过程的评估标准包括政策制定、执行、监控、评估、终结等过程的评估标准,如执行能力、反应度、充分性、适当性、公众参与度、可预见性、程序公正性、可行性、执行力、政治可接受性、经济可承受性、社会可接受性、政策影响、社会可持续发展等;政策结果的评估标准包括效率、效益、效能、工作量、公平性、充足性、回应性、适宜性、绩效、有效性、生产力等①。

2. 文化产业政策的评估维度

文化产业政策评估是为了避免政府失灵,可以从产业活动、政策效力和政策工具等三大维度进行分析(见图14-1)。产业活动维度是从文化产业价值链角度来分析文化产业政策。文化产业价值链包括内生价值链、横向价值链和协同价值链等三条产业价值链,包括文化素材、内容研发、产品生产、传播载体、消费终端、产业内转化和产业外转化等多个环节。在这些环节中,文化产业活动一般由投资、研发、生产和消费等要素组成。政策效力维度是从文化产业政策的效力角度分析政策工具之间的效力等级关系。文化产业政策的颁布主体和表现形式具有不同的等级和层次划分,其效力也表现为不同的层次性或等级性。在中国,文化产业政策的效力层次具有多层次性的结构特征,可以分为法律、行政法规、部门规章、司法解释和行业规定五个层次,具有从高到低不同的政策效力。

政策工具维度是分析政府为达到文化产业政策目标而采用的手段组合,其核心是"如何将政策意图转变为管理行为,将政策理想转变为政策现实",包括工具(Policy Instrument,是一种社会制度的类型)、技术(Policy Technique,是一种运作制度的具体装置)和手段(Policy tool,是一种技术内的微观装置)等三个层

---

① 高兴武:《公共政策评估:体系与过程》,载《中国行政管理》2008年第2期,第58—62页。

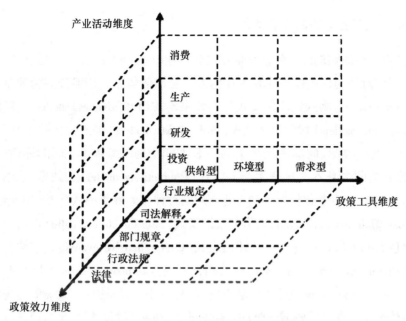

图 14-1 文化产业政策评估的三大维度

次。① 文化产业政策可以按照政策工具的类型分为供给型、环境型和需求型等三种政策工具。其中,供给型政策工具主要对文化产业产生较为直接的推动作用,通过影响人才、资金、信息和基础设施等要素,直接扩大该产业的供给,改善产业相关要素配比,具体可分为人力资源培养、科技信息支持、技术设施建设、资金投入和公共服务等;环境型政策工具主要由政府制定的政策法规构成,用以构建一个适合文化产业良好发展的经济、政治和社会环境,通过间接的影响力来促进产业发展,大多主要影响产业融资、税收激励、知识产权保护等因素,以引导产业健康发展;需求型政策工具则从产生需求的角度直接作用于文化产业,主要用来为产业创造需求,开拓和稳定市场环境,通过政策采购外包等手段刺激市场需求或采取贸易管制等措施促进国内的文化产业发展。②

---

① 黄红华:《政策工具理论的兴起及其在中国的发展》,载《社会科学》2010 年第 4 期,第 13—20 页。
② 周庆山、周格非:《我国数字内容产业政策的内容分析与完善策略》,载《图书情报工作》2014 年第 5 期,第 11—18 页。

3. 文化产业政策的评估模式

文化产业政策的绩效评估是依据文化产业政策的评估主体、评估客体、评估标准、评估方法与评估模式等要素建构的一套评估体系。瑞典公共管理学者韦唐(Evert Vedung)将政策评估模式分为效果模式(Effectiveness models)、经济模式(Economic models)和专业化模式(Professional models)等三大类共十种,分别代表了目标—结果、成本—效果、短期—长期和个别—综合等不同的评估视角。经济模式的两个基本变种是生产力模式(Productivity model)和效率模式(Efficiency model)。专业化模式强调专业性的同行评议。效果模式包括目标达成模式(Goal-attainment evaluation)、附带效果模式(Side-effects evaluation)、自由目标模式(Goal-free evaluation)、综合评估模式(Comprehensive evaluation)、顾客导向模式(Client-oriented evaluation)、利益相关者模式(Stakeholder model)和委员会模式(Policy commissions)等多种基本模式。[1] 其中,目标达成模式需要考虑两个因素:政策是否在目标领域内驱动预期的效果,所观察到的结果是否是该政策作用的产物。附带效果模式旨在评估政策非预期的附带影响,通过列表的方式能够评估的就评估,不能评估的就留给决策者自行评估。自由目标模式又称无目标评估模式,让评估者在没有任何目标约束下开展评估。综合评估模式将政策的前期准备(投入)、落实(转化)和取得成果(产出)等三个阶段都纳入评估范围。顾客导向模式着眼于政策受用者角度,确定政策的用户定位,选择评估样本,调查用户意见,通过统计分析做出评估结论。利益相关者模式的评估关键在于政策制定、执行和评估过程中相关利益人的确定,然后通过组成评估委员会或利益相关人访谈完成评估。[2] 政策评估模式的选择应该体现公民自由参与、利益相关者的理性判断,构建动态协调的评估机制和多元价值的评估模式。

文化产业政策的评估方法分为定性分析方法和定量分析方法。其中,定性分析方法有同行评价、问卷调查、当面访谈、电话采访及案例研究等;定量分析方法有内容分析、文献计量、专利数据统计、经济计量方法、投入—产出分析、动力

---

[1] Evert Oskar Vedung, *Public Policy and Program Evaluation*, Transaction Publishers, 2000.
[2] 王瑞祥:《政策评估的理论、模型与方法》,载《预测》2003年第6期,第6—11页。

学模型分析①等。评估主体是政策评估的分析者,可以是政策制定者、执行者、政策对象或政策第三方,具有多元化的特点。② 文化产业政策评估可以根据评估需要、成本预算、人员素质、评估时效等具体情况选择不同的评估方法和评估主体。

四、文化产业政策的治理建议

1. 文化产业政策的治理策略

第一,要推动各级政府形成对文化产业发展的观念治理。文化治理是包括传统文化传承能力、公共文化服务能力、文化产业发展能力和文化软实力提升能力的综合能力治理,要在国家层面上推行文化立国战略。各级政府要把文化治理能力作为最重要的治理能力之一,纳入各级党政主要领导干部的行政绩效考核。在实施新型城镇化建设和产业转型升级过程中,要推行"文创造镇""古村维新",借鉴日本的"文化造镇"和我国台湾地区的"社区总体营造"发展经验,建设特色文化城镇,以文化为统领,促进生产、生活与生态的和谐发展,把"文化软实力"变成"经济硬实力"。

第二,要破除中央各部委多头管理文化产业发展的机制治理。中国文化产业的政府管理部门过多,存在权力交叉、管辖重叠的现象,比如,独立与联合颁布数字内容产业的部门多达 25 个。按照决策、执行和监督既相互制约又相互协调的原则,我国要建立一种适合文化传承创新与市场经济发展的政府治理模式,逐渐扩大文化管理部门的职能范围,实现职能有机统一的文化大部制。具体可以分为三个步骤进行:第一步,整合现有的文化和旅游部、国家广播电视总局,成立一个统一的文化部门;第二步,在第一步成立的文化部门的基础上,再整合中国文联、国家体育局,成立一个更大的文化、体育与旅游部;第三步,设立各种办事

---

① 动力学模型(dynamical model)由美国麻省理工学院的福瑞斯特(J. W. Forrester)于 1956 年提出,是基于系统行为与内在机间内的相互紧密的依赖关系,并通过数学模型的建立与操弄的过程而获得的一种系统仿真方法。动力学模式的结构元件包括:流(flow)、积量(level)、率量(rate)、辅助变量(auxiliary)。
② 王晓丽:《政策评估的标准、方法、主体》,载《福建论坛(人文社会科学版)》2008 年第 9 期,第 137—140 页。

灵活的行政法人与执行机构,加强各种委员会,比如国家艺术委员会、国家艺术基金委员会的执行、调节和监督作用。

第三,要创新现阶段文化产品内容管理的模式治理。文学艺术的繁荣是文化产业发展的源头活水,自下而上的民众参与是文化产业发展的动力之源。多元化的市场需求是一个产业成熟与发达的标志之一。因此,我国行使多年的内容审查制度应该向分类分级的灵活管理模式转变。要营造创意氛围,鼓励基层和民间的创造性。要不断提升公民的文化素养,实施以文化消费为核心的"新生活运动"、以文化素养提升为目标的"改造国民性计划"。

第四,要推动国有文化企业基础角色、中小微企业共生发展的企业治理。国有文化企业作为政府掌控的经济工具,是为了维护文化产业公平与效率的平衡,发挥文化市场与政府部门间的第二守门人的第一道防线。国有文化企业不仅仅只考虑如何做大做强,而是要从国家文化利益、文化传承与价值引导的角度,维护一种文化价值的认同性、文化类型的多样性、文化内容的创造性,在文化市场中的比重适度为宜。国有文化企业应发挥社会型企业的作用,注重平台建设和渠道建设,运用资源经营、品牌经营和版权经营等模式,更多介入公共文化产品与私人文化产品之间的准公共产品与准私人产品构成的新公共文化领域。注重自主创业和微型企业的作用,实施文化星光计划,鼓励"中小微"文化企业的创新发展。

第五,要提高文化产业增长方式、商业模式的效益治理。现阶段中国文化产业的利益环节大多集中于低端的制作加工环节,其重点不在内容创意而是放在生产制作,主要依托地方不可移动的物质文化资源,发展文化旅游作为主要的突破口。要警惕文化圈地、限制文化产业园区和基地的建设,降低对土地、技术等硬件资源的依赖。未来的产业政策应着眼于如何推动从中间环节走到产业链的前后端环节。要以文化和知识创意为生产要素,以品牌、专利、设计权和版权为经营资产,加大文化与科技融合的创新力度以及知识产权的保护力度。

2. 文化产业政策的治理重点

第一,提高文化产业政策中政策效力较高的条例、法律政策的出台。过去十五年以来,在政策形式方面,文化产业政策主要以部门规章为主,法律政策偏少。

第十四章 文化治理：文化产业的政策规制

以数字内容业为例，2000—2012年间各部门出台的70份政策文件中，体现在"通知""意见""办法"等三种政策形式上就占到了总数的74.3%，成为政策工具的主要形式，以"条例""规定"形式制定的政策工具仅有6条，占总数的8.5%，以"法律"形式颁布的政策工具只有一条①。以通知、意见和办法等形式颁布的政策工具的约束效力要低于以条例、规定以及法律形式存在的政策工具，后者不仅影响面更加广泛，稳定性也较强，还具备一定的强制性。要加强文化产业政策的顶层设计和法律规范的完善。

第二，调整文化产业政策在政策工具类型的合理布局和产业活动环节的合理分布。目前，文化产业政策大部分为环境型政策工具，缺乏供给型和需求型政策工具，可能会造成政府对文化生产的过度干预，从而桎梏了个人创意、原创活力和产品差异性。供给型政策工具对文化产业的创意研发起到直接的推动作用，需求型政策工具对文化产业的体验消费起到直接的拉动作用。环境型政策工具的过度使用，暴露了文化产业政策的国家主义立场，要求"创意担当国家传统、体制和目标等责任"，"强调系统、网络和基础设施"，"高举国家及国家机构的价值观念与理想，将创意企业锁入国家官僚机构的铁笼"，造成文化产业发展的"宗旨、价值和目标的维系以牺牲创新为代价"②。

第三，增强文化产业政策在文化事业与文化产业之间资源转换的枢纽功能。一方面，公益性文化事业保障了民众基本的文化权益，通过看电视、听广播、读书、看报、文化赏鉴和公共文化活动等形式满足大众基本的文化需求，提高了民众的文化素养和审美能力，为自由选择市场化的文化产品提供了基本能力，培养了文化产业的消费市场；另一方面，文化事业虽以政府为主导，但可以采取政府采购、外包等多种形式引导多元社会主体参与公共文化产品的供给，增强文化企业的市场生存能力，为文化企业向大众提供多方面、多层次、多样化的文化产品提供了基本的生存条件。此外，公共文化基础设施也是展示个人创意、孵化文化项目的重要平台。数字文化素材库的建设既方便了公共文化服务，也成为文化

---

① 周庆山、周格非：《我国数字内容产业政策的内容分析与完善策略》，载《图书情报工作》2014年第5期，第11—18页。

② 〔英〕克里斯·比尔顿：《创意与管理：从创意产业到创意管理》，向勇译，北京：新世界出版社2010年版，第214页。

产业创意研发的资源宝库,通过文化资源、萃取要素、素材库建设、展示交易、创作生产(设计服务)、产品服务和传播消费,打通了文化事业和文化产业的壁垒,完成了文化再生产的价值循环。文化产业政策在保障文化事业的公共性、基础性和普惠性的前提下,加强公共文化资源的利用、转化和共享,可以积极发挥财政补贴型公益文化事业单位担当准公共文化服务机构的作用。①

第四,加强文化产业政策成本的核算和政策绩效的评估。任何一个部门出台任何一项文化产业政策,都经历了问题收集、需求调研、课题研究、实地走访、会议研讨、专家咨询、文件起草、修改完善等若干过程,其间消耗了大量的人力物力和财力。每项政策都配套一定的财政政策、税收政策、土地政策等政策工具,动用了一定的公共资源,是否符合政策制定主体的成本承担能力,是否符合所在机构的财政支出实力,都要进行认真的核算。政策实施一段时间后,应对照政策目标和实施效果,采取客观、中立、真实的绩效评估,以核查、检验政策的有效性和可行性,并决定是否需要适时调整、修改、完善。

总之,文化产业政策既是文化政策的组成部分,又是产业政策的组成部分,其政策治理的目的是鼓励自由创意、公平竞争和创业创新,发挥市场机制作用,以文化企业为主体,注重基础设施、网络关系和文化生态的营造,通过文化资源的开发利用和文化市场的繁荣发展,实现文化的经济价值和社会价值。文化产业政策的治理既要摆脱国家主义和自由主义的两个极端,又要在总体上逐步向有利于市场撤销管制的新自由政策模式靠拢;既要避免自由竞争的"市场失灵",也要防止公共干预的"政府失灵",更要警惕政策实施的"系统失灵"。

本章要点

文化治理是国家治理超越政治治理、经济治理的新的发展阶段,是国家治理能力现代化的重要标志。文化治理包括传统文化传承治理、公共文化服务治理、国际文化软实力治理和文化产业发展治理等多项内容,是落实文化立国战略的根本举措。

---

① 高书生:《感悟文化改革发展》,北京:中信出版社2014年版,第31、147页。

第十四章 文化治理：文化产业的政策规制

文化治理可以实现布尔迪厄所谓"文化资本与经济资本和社会资本之间的价值转换"，可以实现哈贝马斯所谓"从政治社会、经济社会向文化社会的过渡"。文化治理统合和超越了葛兰西的文化霸权和福柯的文化治理术。

文化治理的包容性表现为公权与私权的博弈以及公平与效率的均衡。文化治理的渗透性发展表现为文化治理与政治治理、经济治理、社会治理和生态文明治理的高度协同和密切融合。文化治理的多元化发展表现为对文化创造性、文化多样性、文化民主化和文化认同性等多种价值目标的治理追求。

文化治理的手段包括公共手段、准公共手段和市场手段，而公共手段主要包括财政手段和政策手段。文化治理的政策模式往往在干预主义与自由主义之间摆动，纯粹的新自由主义文化政策或极端国家干预主义文化政策已经并不多见，以个人天赋为导向的政策还可能与以国家发展为导向的国家干预主义政策相结合。

文化政策模式分为提供便利型、庇护人型、建筑师型和工程师型等四种模式。中国大体经历了经济创富、科技创新和文化创意三个战略发展阶段。文化产业政策演变也经历了培育期、准备期、发展期和扩张期的不同阶段，实现了文化体制改革和文化产业发展的多重转型。

政策引导与市场拉动、资源驱动一起，共同构成中国文化产业发展的动力系统。文化产业政策是一种公共政策，具体表现为路线、战略、方针、规划、计划、方案、措施、法规等文件形式，以"指示、纪要、决定、条例、章程、计划、批复、意见、工作报告等"文字形式出现。文化产业政策评估是为了避免政府失灵，可以从产业活动、政策效力和政策工具等三大维度进行分析。文化产业政策评估模式分为效果模式、经济模式和专业化模式等三大类共十种模式。文化产业政策的评估方法分为定性分析方法和定量分析方法。

文化产业政策的治理策略包括观念治理、机制治理、模式治理、企业治理和效益治理。文化产业政策的治理重点包括高政策效力的法律制定、政策工具的合理布局、文化事业与文化产业的对接枢纽、政策模式的成本核算和绩效评估。文化产业政策既是文化政策的组成部分，又是产业政策的组成部分，以追求经济价值和文化价值为政策目标。

结语
文化与产业：文化产业的发展迷思

文化产业从来没有像今天那样被赋予如此多的历史责任和社会关注。正是文化产业赋予了文化经济价值，让其跳脱意识形态的桎梏，赋予了文化产业以鼓励自由创意、升级传统产业、助推经济转型的社会期盼。可是，文化产业的出身具有天然的二元性，文化与经济的价值融合与冲突始终无法以一种相对固化、约定俗成的学术范式或发展共识得以确认。文化与产业之间，竟有如此种种认识论上的理论迷思，值得我们去抽丝剥茧，探寻究竟，谨防实践中的发展迷失。对于个人、企业、区域、国家抑或是某个国际组织而言，无论在什么样的情势下以什么样的立场和方式进入文化产业，都毫无疑问选择了一种自我抗争，希望通过艰难的坚守和不懈的努力，得以超越那些似是而非的二元悖论。

一、中国复兴的救赎途径：文化复兴还是经济振兴

当前，中华民族的伟大复兴成为中国经济发展、社会进步的最大愿景。"实现中华民族伟大复兴，是中华民族近代以来最伟大的梦想"，"到新中国成立100年时建成富强民主文明和谐的社会主义现代化国家的目标一定能实现，中华民族伟大复兴的梦想一定能实现"①。在这里，"复兴"指改变衰落局面、重回盛世

---

① 习近平：《承前启后继往开来 朝着中华民族伟大复兴目标奋勇前进》，载《人民日报》2012年11月30日。

的状态,包括经济富强、技术创新、制度文明、文化繁荣的全面复兴。西方的"文艺复兴"是对黑暗中世纪的超越,是对古希腊、古罗马巅峰文化的复兴。中国的"文化复兴"是中华民族伟大复兴的根本标志和核心内容,是对中国古代文化的重新照亮和当代文化的崭新创造的兼容并蓄。西方工业革命与启蒙运动、资本主义与新教伦理相伴相随,只有最终创造了与经济模式相适应的文化模式,经济模式才得以永续发展,发展模式才能得以最终确立。

"中国复兴"成为全球性事件,影响多数国家的经济发展、地缘政治和国际贸易,"中国的奋斗,就是全世界的奋斗"。① 如何看待中国复兴的救赎途径?无论如何,中国复兴的标志显然不是单一的经济指标。经济富强是物质基础,却不是唯一目的。经济发展是硬道理,文化发展是软道理,软硬巧施才是真道理。中国复兴之路是双轮驱动。虽然中国经济总量自2010年起已居世界第二,甚至有在2020年超美的预测,但是文化复兴和经济振兴不可偏废,甚至应更重于文化复兴,更重于软环境的建设。文化作为一种生活方式,包括了器物、组织、制度和价值。中华民族伟大复兴的根本是新中式生活的重建。

二、文化产业的效益评价:文化重构还是经济彰显

事实上,文化产业的提出就是为了回应中国复兴途径的平衡设计。如何看待文化产业的绩效评估?究竟用什么标准来衡量一个好的创意?陶东风认为文化的核心问题是价值观问题,"一直以来的一个错误观念是,一个好的创意就是一个能赚钱的创意。现在必须改变观念:一个好的创意是一个有益于人类文明的创意,它必然有自己正面的道德维度和价值维度"。他提出文化与经济互动的理想状态:人文价值和道德关怀应该渗透到产业和经济中,以免后者一味追求经济效益而变得唯利是图②。文化产业追求经济效益就一定会变得唯利是图吗?我们似乎听到了法兰克福学派式的道德诘难。固然,作为现实意义和机构

---

① 〔美〕罗纳德·科斯、王宁:《变革中国:市场经济的中国之路》,徐尧、李泽民译,北京:中信出版社2013年版,第205页。
② 陶东风:《警惕没有文化的"文化产业"》,载《领导文萃》2012年第2期,第24—25页。

组织层面的法兰克福学派已经解体,但作为学术范式和思想源流的法兰克福思维却时时在现实领域里激起广泛的回响。"本雅明悖论"让我们看到了一种对待文化与技术联姻、文化与经济携手的宽容姿态。当政府资助的"高雅艺术"与商业追捧的"流行文化"之间泾渭分明的界限正在消解的时候,当艺术家不得不需要能够辨识出自己作品的商业潜力,才能获得文化企业的投资或文化政策的扶持的时候,我们又该对哪一边说"不"呢?

一边是雄心勃勃的"倍增计划"工程、信誓旦旦的"支持产业"目标和春风得意的并购上市,政府将文化产业颂扬为提振经济发展、创造财富奇观的良方;一边是对文化沦丧、道德滑坡的痛心和娱乐泛滥、低俗横溢的疾首,个别知识学人将文化产业视为"恶之花"。政府业界对文化产业经济绩效的强调与人文学者对文化产业道德责任的预设在面对某些文化现象时常常爆发冲突。究竟是什么力量造就了赵本山现象、小沈阳现象、李宇春现象、郭敬明现象和韩寒现象?有人说是巨大的商业利益引诱,有人说是80后、90后的娱乐精神驱使。有人说,文化传播日益明显的产业化和商业化趋向,让社会文化逐渐失去应有的公共精神,文化因垃圾化、快餐化和低俗化而走向"反文化性",文化产业的本质是"反文化"的[①]。胡惠林认为,文化产业捍卫正义的基本标准就是承担公共责任,"这是由文化作为公共领域的公共属性以及文化产业所生产和提供的文化产品的功能性属性规定的",公民、社会和国家构成了文化产业公共责任的三维空间[②]。那么,如何监管文化的公共性?谁为文化的外部效益负责?靠文化企业的自觉,文化行业的自律,还是政府部门的内容管控?当文化话语权从精英主义过渡到大众主义,当市场的力量和互联网的精神重构了文化生产模式,那些道德家和意见领袖的角色该由谁来扮演更为合适?对文化权威的重新确认和部分质疑,对不同阶层所拥有的截然不同的文化品位的褒贬,这些伴随着文化变迁和社会变革所带来的社会断裂和市场区隔,在很长一段时间将会是整个社会的文化常态。文化产业的价值结构的复杂性使得我们可以在其身上找到任何可以批驳的

---

① 柏定国:《论文化产业发展中的"反文化性"》,载《东岳论丛》2011年第3期,第105—110页。
② 胡惠林:《国家文化治理:中国文化产业发展战略论》,上海:上海人民出版社2012年版,第94—106页。

结语 文化与产业：文化产业的发展迷思

靶子。

  毫无疑问，文化产业的绩效评估是一个综合性的评价体系，但无论尝试启用什么样的评估模型，都不应该将文化和经济看作二元对立的矛盾体，而是将它们作为内嵌于文化产品的本质属性的统一体，在评估"文化"时考虑"价值"，在评判"经济"时考量"价格"。

三、文化产业的驱动模式：艺术创意还是管理创富

  文化产业是把文化符号、故事创意进行市场化经营的新兴产业，文化产业交易的是创意、符号、形象和体验等象征产品。当艺术成为商品时，艺术是否就退化为"表面的、缺乏内涵、无深度"①的一般物？安迪·沃霍尔（Andy Warhol）承认自己既是"纯艺术家"，又是"商业艺术家"。在他看来，商业艺术家就"是卖作品的人"，"商业艺术乃是'艺术'的下一个阶段"，"在我从事过叫作'艺术'——或不管叫什么——的那件事之后，我跨进商业艺术。我想成为一名艺术商人或者商业艺术家"②。看来，市场需求是商业艺术家创作的内在动力。在如今的文化经济时代，没有哪一个艺术家可以面对商业市场却熟视无睹。

  如果商业艺术如此，那更广泛的文化产业呢？文化产业的发展动力到底是创意还是管理？创意在于自由的独立表达，管理在于约束的系统规制。这反映到政府的政策重点到底是支持富有想法的天才般的艺术家和创意人，还是支持团队创业、基础设施建设和社会网络营建？在理论上，艺术家、创意人与创业家、企业家的分别在于："前者主要专注于文化生产活动，后者的活动领域则延伸至价值链上的发行端。"③政府和投资人如何评估一个文化项目的价值？创意的新颖性、团队的可行性如何协调，才能消弭创意与管理之间对立的鸿沟？

  最近，常常听到因为金融资本家和艺术创意家之间的冲突、决裂，而导致文

---

  ① 〔美〕詹明信：《晚期资本主义的文化逻辑》，张旭东编，陈清侨等译，北京：生活·读书·新知三联书店1997年版，第439页。
  ② 〔美〕沃霍尔：《安迪·沃霍尔的哲学》，卢慈颖译，桂林：广西师范大学出版社2008年版，第90页。
  ③ 〔英〕克里斯·比尔顿：《创意与管理：从创意产业到创意管理》，向勇译，北京：新世界出版社2010年版，第148页。

化项目流产、文化企业关闭的事例,甚为遗憾。而中外文化企业发展史上,我们可以看到很多兄弟创业或两人创业的成功样本:华纳兄弟、华谊兄弟。两人创业公司在气质、性格和才华上互为补充,一个扮演"艺术创意",一个扮演"创意管理",一个发散思维,一个聚合思维,而在产品层面的创意追求和市场层面的经济目标又高度一致,彼此信任。创意管理的特色在于"必须善于即兴发挥、灵活变通",创意管理人须"扮演多重角色,并能去包容、激励团体形成兼掌多职的文化",更重要的,创意管理人"需要摆脱经济诱因的理性逻辑"。①

文化产业的逻辑起点之一在于全产业价值链思维。无论是艺术创意还是创意管理,都分布在文化产业价值链的各个环节,面对文化产品创制生产的共同任务,既可能彼此重叠,又可能互相牵连。

四、文化产业的学科定位:人文学科还是社会科学

文化产业的二元性还反映在文化产业的学科建设上,它到底归属于人文学科还是社会科学?人文学科重思辨,探求存在的价值和意义,属非实证研究;社会科学重方法,解释对象的性质和规律,重实证研究②。然而,"人类知识划分为三大部类,主要是出于实用的方便。实际上,三者之间的界限并不是很严格的,重叠、交叉之处可以顺手撷拾"。可以找出许多跨领域的学科,比如政治哲学,既是哲学,又是政治学;心理学,可以横跨三个领域——实验心理学、生物心理学、神经心理学等属于自然科学,社会心理学、社区心理学等属于社会科学,人格心理学、精神心理学等属于人文学科③。吊诡的是,教育部门通过"文化产业管理"本科专业既可以授予管理学学士,又可以授予艺术学学士的学科安排,似乎想搁置争议。当然,也有人说,这个追问是中国式追问,西方没有中国这样的学科划分观念,也就不存在这个讨论。但另外的问题随之而来,文化产业专业属于

---

① 李天铎编著:《文化创意产业读本:创意管理与文化经济》,台北:远流出版公司2012年版,第153—154页。
② 汪信砚:《人文学科与社会科学的分野》,载《光明日报》2009年6月16日第11版。
③ 李醒民:《知识的三大部类:自然科学、社会科学和人文学科》,载《学术界》2012年第8期,第3—34页。

结语 文化与产业：文化产业的发展迷思

学术型专业还是职业型专业？如果是职业型专业，如何在本科阶段落实？如果是学术型专业，在课程设置上如何平衡人文类课程和社科类课程的比例？"以经营技能为核心、以人文为素养为根基"①的文化产业复合型人才如何在四年的本科教育中养成？文化产业专业合适的学历起点是定位在本科层次还是硕士研究生层次？针对这些问题，中国不同的高校结合自身的学科特色和创办团队的专业素养，都可以找到一些实践的回应，又都似乎无法令人满意。

文化产业学科建设的核心目标是创意创业家精神的培养。这种创意创业家精神是文化情怀、创意能力和创业家精神的高度集合。文化产业人才培养的核心的确不是为了培养在经济上获得成功的"精致的利己主义者"，而是有文化担当、有社会责任的"文化创新主义者"。即便文化产业的学科以意义重建为旨归②，但这种意义重建的方式是可操作的，不只是培养思辨的气质，还要提供实践的方法和操作的技能。如果不是这样，那开设文化产业管理专业的现实意义也不大，因为公民素质的培养、人文素养的涵养和文化梦想的追求，是现有人文学科、社会科学每个专业都应该坚守的人才培养的价值底线。

人文学科和社会科学的统一在于人的统一。由于社会发展的复杂性和研究对象的可变性，跨学科和交叉学科的学术领域频频出现。文化产业的学科建设，是否可以很好地成为一个联结人文学科和社会科学的纽带，取决于文化产业学人的共同努力。

---

① 陶东风：《文化产业需要人文教育的支撑》，载《学习时报》2007 年 4 月 2 日第 6 版。
② 柏定国：《文化产业学科应以意义重建为旨归》，载《福建论坛（人文社会科学版）》2011 年第 2 期，第 17—20 页。

建议阅读书目

1. Walter Benjamin, *Illuminations: Essays and Reflections*, translated by Harry Zohn, Edited and with an Introduction by Hannah Arendt, New York: Schocken Books, 2007.

2. Theodor Adorno, Max Horkheimer, *The Culture Industry: Enlightenment as Mass Deception*, most of one chapter from *Dialectics of Enlightenment*, Verso, 1979.

3. Adorno, *The Culture Industry,: Selected Essays on Mass Culture*, Edited and with an introduction by J. M. Bernstein, London: Routledg Classics, 2007.

4. Augustin Girard, "Cultural Industries: A Handicap or a New Opportunity for Cultural Development," *Cultural Industries: A Challenge for the Future of Culture*, Paris: UNESCO, 1982.

5. Pierre Bourdieu, Randal Johnson, *The Field of Cultural Production: Essays on Art and Literature*, Cambridge: Polity Press, 1993.

6. Stuart Hall, *Encoding and Decoding in the Television Discourse*, Birmingham: Centre for Contemporary Cultural Studies, University of Birmingham, 1973.

7. David Throsby, *Economics and Culture*, Cambridge: Cambridge University Press, 2001.

8. Ruth Towse, *A Textbook of Cultural Economics*, Cambridge: Cambridge University Press, 2010.

9. David Hesmondhalgh, *The Cultural Industries*, 2nd Edition, London: Sage, 2007.

10. John Hartley, ed., *Creative Industries*, Oxford: Blackwell, 2005.

11. Nicholas Garnham, "From Cultural to Creative Industries: An Analysis of the Implications of the 'Industries' Approach to Arts and Media Policy Making in the United Kingdom," *International Journal of Cultural Policy*, 11, 2005.

12. Chris Bilton, *Management and Creativity: From Creative Industries to Creative Management*, Wiley Blackwell, 2008.

13. Paul Stoneman, *Soft Innovation: Economics, Product Aesthetics, and the Creative Industries*, Oxford: Oxford University Press, 2010.

14. William J. Baumol and William G. Bowen, *Performing Arts: The Economic Dilemma: A Study of Problems Common to Theater, Opera, Music and Dance*, New York: Ashgate, 1993.

15. Marc Gobé, *Emotional Branding: The New Paradigm for Connecting Brands to People*, Undated and Revised Edition, New York: Allworth Press, 2010.

16. Bill Ryan, "The Contradictions of the Art-Capital Relation" and "The Production and Circulation of Cultural Commodities: A Sectoral Analysis of the Culture Industry," *Making Capital From Culture: The Corporate Form of Capitalist Cultural Production*, New York: Walter de Cruyter, 1991.

17. Graham Murdock, "Back to Work: Cultural Labor in Altered Times" and Mike Jones, "The Music Industry as Workplace: An Approach to Analysis", in Andrew Beck, ed., *Cultural Work: Understanding the Cultural Industries*, London: Routledge, 2003.

18. Elizabeth Currid, *The Warhol Economy: How Fashion, Art, and Music Drive New York City*, Princeton, NJ: Princeton University Press, 2007.

19. Mark Lorenzen and Lars Frederiksen, "Why Do Cultural Industries Cluster? Localization, Urbanization, Products and Projects" and Pedro Costa, "Creativity, Innovation and Territorial Agglomeration in Cultural Activities: The Roots of the Creative City," in Philip Cooke and Luciana Lazzeretti, eds., *Creative Cities, Cultural Clusters and Local Economic Development*, Cheltenham: Edward Elgar, 2008.

20. Simon Roodhouse, *Cultural Quarter*, Bristol: Intellect, August 2010.

21. UNCTAD, *Creative Economy Report 2010*, New York: United Nations, 2010.

22. Jason Potts, "Why Creative Industries Matter to Economic Evolution", *Economics of Innovation and New Technology*, 18(7—8), 2009.

23. Terry Flew, *The Creative Industries: Culture and Policy*, SAGE Publications Ltd, 2012.

24. Stuart Cunningham, "What Price a Creative Economy?", *Platform Papers*, No. 9 July, 2006.

25. Greg Hearn, Simon Roodhouse & Julie Blakey, "From Value Chain to Value Creating Ecology: Implications for Creative Industries Development Policy," *International Journal of Cultural Policy*, Volume 13, Issue 4, 2007.

26. Brian Moeran, *The Business of Creativity: Toward an Anthropology of Worth*, Left Coast

Press,2013.

27. Colette Henry edited, *Entrepreneurship in the Creative Industries*: *An International Perspective*, Edward Elgar Publishing Ltd. ,2007.

28. Brian Moeran, Jesper Standgaard Pedersen, *Negotiating Values in the Creative Industries*, *Fairs*, *Festivals and Competitive Events*. Cambridge University Press,2011.

29. Teresa M. Amabile, "Creativity and Innovation in Organizations," *Harvard Business Review*, January 5, 1996.

30. 〔英〕贾斯汀·奥康诺(Justin O'Connor):《艺术与创意产业》,王斌、张良丛译,北京:中央编译出版社 2013 年版。

31. 〔英〕斯科特·拉什、约翰·厄里:《符号经济和空间经济》,北京:商务印书馆 2006 年版。

32. 〔美〕凯夫斯:《创意产业经济学:艺术的商业之道》,孙绯等译,北京:新华出版社 2004 年版。

33. 〔美〕派恩、吉尔摩:《体验经济》,毕崇毅译,北京:机械工业出版社 2012 年版。

34. 〔美〕坎贝尔:《千面英雄》,朱侃如译,北京:金城出版社 2012 年版。

35. 〔美〕克里斯托弗·沃格勒:《作家之旅:源自神话的写作要义》,北京:电子工业出版社 2011 年版。

36. 叶朗:《美学原理》,北京:北京大学出版社 2009 年版。

37. 李天铎编著:《文化创意产业读本:创意管理与文化经济》,台北:远流出版公司 2012 年版,第 21 页。

38. 陈少峰、张立波:《文化产业商业模式》,北京:北京大学出版社 2011 年版。

主要人名对照表

A

阿尔伯特·赫希曼(Albert Otto Hirschman)
阿尔弗雷德·克罗伯(Alfred Kroeber)
阿尔弗雷德·马歇尔(Alfred Marshall)
阿尔让·阿帕都莱(Arjun Appadurai)
阿兰·米亚(Alan Meyer)
阿洛伊斯·李格尔(Alois Riegl)
阿南德·纳拉西姆汉(Anand Narasimhan)
埃德娜·多斯·桑托斯(Edna Dos Santos)
艾尔·巴比(Earl Babbie)
艾伦·斯科特(Allen J. Scott)
爱德华·伯内特·泰勒(Edward Burnett Tylor)
爱德华·德·波诺(Edward de Bono)
爱德华·梅森(Edward Mason)
爱弥尔·涂尔干(Emile Durkheim)
安东尼·葛郭克(Anthony F. Gregorc)
安东尼·史密斯(Anthony D. Smith)
安东尼奥·葛兰西(Antonio Gramsci)
安耐特·穆瑟-魏曼(Annette Moser-Wellman)

奥古斯丁·杰拉德(Augustin Girard)

B

芭芭拉·明托(Barbara Minto)
保罗·克鲁格曼(Paul Krugman)
保罗·莱文森(Paul Levinson)
保罗·斯通曼(Paul Stoneman)
贝蒂·俄林(Bertil Ohlin)
彼得·德鲁克(Peter F. Drucker)
比尔·莱恩(Bill Ryan)
伯德·施密特(Bernd H. Schmitt)
伯德·米亚基(Bernard Miege)
布莱恩·摩尔安(Brian Moeran)

C

查尔斯·兰德利(Charles Landry)
查尔斯·斯诺(Charles Percy Snow)

D

达·芬奇(Leonardo Di Ser Piero Da Vinci)
达纳·阿奇利(Dana Atchley)
大卫·奥格威(David Ogilvy)

大卫·赫斯蒙德夫(David Hesmondhalgh)
大卫·李嘉图(David Ricardo)
大卫·罗伯茨(David Roberts)
大卫·索罗斯比(David Throsby)
戴维·麦克利兰(David McClelland)
丹尼·米勒(Danny Miller)
丹尼尔·卡尼曼(Daniel Kahneman)
德瑞克·韦恩(Derek Wynne)

F

法恩斯·沃思(Philo Taylor Farnsworth)
菲利普·科特勒(Philip Ketler)
费希尔(A. G. D. Fisher)
费尔顿(B. M. Feilden)
费孝通
弗拉基米尔·纳博科夫(Vladimir Vladimirovich Nabokov)
弗兰克·法博齐(Frank J. Fabozzi)
弗朗索瓦·科尔伯特(Francois Colbert)
弗朗索瓦·佩鲁(Francois Perroux)
弗朗索瓦·萧伊(Francoise Chaoy)
弗雷德里克·马特尔(Frederic Martel)
弗雷德里克·韦伯斯特(Frederick Webster)
弗里德里希·威廉·尼采(Friedrich Wilhelm Nietzsche)

G

盖利·贝克尔(Gary Becker)
纲纳·缪尔达尔(Gunnar Myrdal)
格尔诺特·波梅(Gernot Bohm)
根里奇·阿利赫舒勒(Genrikh Saulovich Altshuller)

宫崎清
古列尔莫·马可尼(Guglielmo Marconi)

H

汉斯·姆马斯(Hans Mommas)
赫伯特·马尔库塞(Herbert Marcuse)
亨利·明茨伯格(Henry Mintzberg)
亨利·庞加莱(Jules Henri Poincaré)
霍夫曼(W. C. Hoffman)
霍华德·加德纳(Howard Gardner)
霍利斯·钱纳里(Hollis B. Chenery,)

J

季羡林
吉尔福特(J. P. Guilford)
加里·贝克尔(Gary S. Becker)
贾斯汀·奥康诺(Justin O'Connor)
杰弗雷·乔叟(Geoffrey Chaucer)
杰里米·边沁(Jeremy Bentham)
杰弗里·摩尔(Geoffrey A. Moore)
杰森·波茨(Jason Potts)
居伊·德波(Guy Debord)
金伟灿(W. Chan Kim)

K

卡尔·马克思(Karl Marx)
卡尔·荣格(Karl Jung)
卡罗·皮尔森(C. Pearson)
考林·霍斯金斯(Colin Hoskins)
科林·克拉克(Colin Clark)
克莱德·克拉克洪(Clyde Kluckhohn)
克利福德·吉尔兹(Clifford Geertz)

克里斯·比尔顿(Chris Bilton)

克里斯托弗·沃格勒(Christopher Vogler)

L

拉菲·穆罕默德(Rafi Mohammed)

赖声川

勒妮·莫博涅(Renée Mauborgne)

雷蒙德·威廉姆斯(Raymond Williams)

雷夫·艾德文森(Leif Edvinsson)

厉无畏

厉以宁

李·德温(Lee Devin)

李凤亮

李振道

理查德·道金斯(Richard Dawkins)

理查德·佛罗里达(Richard Florida)

理查德·霍加特(Richard Hoggart)

理查德·凯夫斯(Richard Caves)

理查德·罗蒂(Richard Rotry)

理查德·舒斯特曼(Richard Shusterman)

列夫·马诺维奇(Lev Manovich)

路易·达盖尔(Louis – Jacques – Mandé Daguerre)

鲁思·陶斯(Ruth Towse)

罗布·奥斯汀(Rob Austin)

罗伯特·J·斯腾伯格(Robert J. Sternberg)

罗伯特·劳特朋(Robert F. Lauterborn)

罗伯特·麦基(Robert Mckee)

罗伯特·沃特曼(Robert Waterman)

罗夫·米卢斯(Rolf Mirus)

罗杰·冯·欧克(Roger Von Oech)

M

马丁·海德格尔(Martin Heidegger)

马克·格兰诺维特(Mark S. Granovetter)

马克·约翰逊(Mark Johnson)

马克思·霍克海默(Max Horkheimer)

马克思·韦伯(Max Weber)

马修·弗雷泽(Matthew Fraser)

玛格丽特·伯登(Margaret Boden)

玛格丽特·马克(M. Mark)

米歇尔·福柯(Michel Foucault)

迈克·费瑟斯通(Mike Featherstone)

迈克尔·波特(Michael E. Porter)

迈克尔·曼(Michael Mann)

梅洛-庞蒂(Maurece Merleau – Ponty)

梅帅元

默尔·科迪(Merle Curti)

P

皮埃尔·布尔迪厄(Pierre Bourdieu)

Q

齐安马可·奥塔维亚诺(Gianmarco Ottaviano)

钱穆

钱学森

邱于芸

乔·贝恩(Joe Bain)

乔·兰伯特(Joe Lambert)

乔安妮·恩特维斯(Joanne Entwistle)

乔治·波利亚(George Polya)

乔治·斯蒂格勒(George Stigler)

乔治·布拉克(Georges Braque)

R

让·鲍德里亚(Jean Baudrillard)

S

塞缪尔·戈尔德温(Samuel Goldwyn)
塞缪尔·亨廷顿(Samuel Huntington)
赛斯·高汀(Seth Godin)
斯科特·拉什(Scott Lash)
斯蒂芬·卡明斯(Stephen Cummings)
斯图亚特·霍尔(Stuart Hall)
苏格拉底(Socrates)

T

唐·E.舒尔茨(Don E. Schuhz)
唐纳德·诺曼(Donald A. Norman)
汤姆·彼得斯(Tom Peters)
陶东风
托马斯·爱迪生(Thomas Alva Edison)
托马斯·库恩(Thomas Kuhn)
托马斯·谢林(Thomas C. Schelling)
托尼·布莱尔(Tony Blair)
驮田井正

W

王国维
王潮歌
威廉·鲍莫尔(William Baumol)
威廉·麦克高希(William McGaughey)
威廉·莫里斯((William Morris)
威廉·佩蒂(William Petty)

温德尔·史密斯(Wendell R. Smith)
沃尔夫冈·韦尔施(Wolfgang Welsch)
瓦尔特·本雅明(Walter Benjamin)
沃尔特·圣阿加塔(Walter Santagata)

X

西奥多·阿多诺(Theodor Adorno)
西奥多·舒尔茨(Thodore W. Schults)
西格蒙德·弗洛伊德(Sigmund Freud)
希拉里·昆福(Hilary Anne Frost – Kumpf)
西蒙·鲁德豪斯(Simon Roodhouse)
许焯权(Desmond Hui)

Y

亚伯拉罕·马斯洛(Abraham H. Maslow)
亚当·斯密(Adam Smith)
亚历山大·奥斯特瓦德(Alexander Osterwalder)
杨振宁
叶朗
伊波利特·阿尔道夫·丹纳(Hippolyte Adolphe Taine)
伊夫·皮尼尔(Yves Pigneur)
伊曼努尔·康德(Immanuel Kant)
伊森·莫里克(Ethan Mollick)
尤尔根·哈贝马斯(Jürgen Habermas)
约翰·布洛克曼(John Brockman)
约翰·厄里(John Urry)
约翰·费斯克(John Fiske)
约翰·弗里德曼(John Friedman)
约翰·冯·诺依曼(John von Neumann)
约翰·古登堡(Johann Gutenberg)

约翰·哈德利(John Hadley)
约翰·霍金斯(John Hawkins)
约翰·库地奇(John Kurdich)
约翰·罗斯金(John Ruskin)
约翰·蒙哥马利(John Montgomery)
约翰·托尔金(John Tolkien)
约瑟夫·蓝贝尔(Joseph Lampel)
约瑟夫·坎贝尔(Joseph Campbell)
约瑟夫·奈(Joseph S. Nye)

约瑟夫·派恩(Joseph Pine)
约瑟夫·熊彼特(Joseph Schumpeter)

Z

詹姆斯·乔治·弗雷泽(James George Frazer)
詹姆斯·吉布森(James Gibson)
詹姆斯·吉尔摩(James H. Gilmore)
詹姆斯·索罗维基(James Surowiecki)